KB190791

CNB
538
역대기 상하에 담긴 성경적 구속사 강해
역사가 증거하는 메시아에 관한 메시지

역대상하

이 광 호

2019년

교회와성경

지은이 | 이광호

영남대학교와 경북대학교대학원에서 법학과 서양사학을 공부했으며, 고려신학대학원
(M.Div.)과 ACTS(Th.M.)에서 신학일반 및 조직신학을 공부한 후 대구 가톨릭대학교
(Ph.D.)에서 선교학을 위한 비교종교학을 연구하였다. '홍은개혁신학연구원'에서 성경신
학 담당교수를 비롯해 고신대학교, 고려신학대학원, 영남신학대학교, 브니엘신학교, 대구
가톨릭대학교, 숭실대학교 등에서 학생들을 가르쳤으며, 이슬람 전문선교단체인 국제
WIN선교회 한국대표를 지냈다. 현재는 실로암교회에서 담임목회를 하면서 한국개혁장
로회신학교 교장을 맡고 있으며 부경신학연구원에서 강의하고 있다.

저서

- 성경에 나타난 성도의 사회참여(1990)
- 갈라디아서 강해(1990)
- 더불어 나누는 즐거움(1995)
- 기독교관점에서 본 세계문화사(1998)
- 세계 선교의 새로운 과제들(1998)
- 이슬람과 한국의 민간신앙(1998)
- 아빠, 교회 그만하고 슈퍼하자요(1995)
- 교회와 신앙(2002)
- 한국교회 무엇을 개혁할 것인가(2004)
- 한의 학제적 연구(공저)(2004)
- 세상속의 교회(2005)
- 한국교회의 문제점과 극복방안(공저)(2005)
- 교회, 변화인가 변질인가(2015)
- CNB 501 에세이 산상수훈(2005)
- CNB 502 예수님 생애 마지막 7일(2006)
- CNB 503 구약신학의 구속사적 이해(2006)
- CNB 504 신약신학의 구속사적 이해(2006)
- CNB 505 창세기(2007)
- CNB 506 바울의 생애와 바울서신(2007)
- CNB 507 손에 잡히는 신앙생활(2007)
- CNB 508 아름다운 신앙생활(2007)
- CNB 509 열매 맺는 신앙생활(2007)
- CNB 510 웨스트민스터 신앙고백(2008)
- CNB 511 사무엘서(2010)
- CNB 512 요한복음(2009)

- CNB 513 요한계시록(2009)
- CNB 514 로마서(2010)
- CNB 515 야고보서(2010)
- CNB 516 다니엘서(2011)
- CNB 517 열왕기상하(2011)
- CNB 518 고린도전후서(2012)
- CNB 519 개혁조직신학(2012)
- CNB 520 마태복음(2013)
- CNB 521 히브리서(2013)
- CNB 522 출애굽기(2013)
- CNB 523 목회서신(2014)
- CNB 524 사사기, 룻기(2014)
- CNB 525 옥중서신(2014)
- CNB 526 요한 1, 2, 3서, 유다서(2014)
- CNB 527 레위기(2015)
- CNB 528 스코틀랜드 신앙고백서(2015)
- CNB 529 이사야(2016)
- CNB 530 갈라디아서(2016)
- CNB 531 잠언(2017)
- CNB 532 욥기(2018)
- CNB 533 교회헌법해설(2018)
- CNB 534 사도행전(2018)
- CNB 535 소선지서〈I〉(2018)
- CNB 536 소선지서〈II〉(2019)
- CNB 537 시대 분별과 신학적 균형(2019)

역서

- 모슬렘 세계에 예수 그리스도를 심자(Charles R. Marsh, 1985년, CLC)
- 예수님의 수제자들(F. F. Bruce, 1988년, CLC)
- 치유함을 받으라(Colin Urquhart, 1988년, CLC)

홈페이지 http://siloam-church.org

역대상하

CNB 538

역대상하

A Study on the Book of 1, 2 Chronicles
by Kwangho Lee
Copyright © 2019 by Kwangho Lee

Published by the Church & Bible Publishing House

초판 인쇄 | 2019년 10월 12일
초판 발행 | 2019년 10월 26일

발행처 | 교회와성경
주소 | 평택시 특구로 43번길 90 (서정동)
전화 | 070-4894-7722
등록번호 | 제2012-03호
등록일자 | 2012년 7월 12일

발행인 | 문민규
지은이 | 이광호
편집주간 | 송영찬
편집 | 신명기
디자인 | 조혜진

총판 | (주) 비전북출판유통
주소 | 경기도 고양시 일산구 장항동 568-17호 (우) 411-834
전화 | 031-907-3927(대) 팩스 031-905-3927

저작권자 © 2019 이광호

이 책의 저작권은 저자에게 있습니다.
내용의 일부를 발췌 및 배포할 경우
서면에 의한 저자와 출판사의 허락을 받으십시오.

값은 표지에 있습니다.
파손된 책은 구입처나 출판사에서 교환해 드립니다.
ISBN 978-89-98322-33-5 93230

Printed in Seoul of Korea

CNB카페 | http://cafe.daum.net/C.N.B.(교회와 성경)

CNB 시리즈
서 문

CNB The Church and The Bible 시리즈는 개혁신앙의 교회관과 성경신학적 구속사 해석에 근거한 신·구약 성경 연구 시리즈이다.

이 시리즈는 보다 정확한 성경 본문 해석을 바탕으로 역사적 개혁 교회의 면모를 조명하고 우리 시대의 교회가 마땅히 추구해야 할 방향을 제시함으로써 교회의 삶과 문화를 창달하는 것을 그 목적으로 하고 있다.

따라서 이 시리즈는 진지하게 성경을 연구하며 본문이 제시하는 메시지에 충실하고 있다. 그렇다고 이 시리즈가 다분히 학문적이거나 또는 적용이라는 의미에 국한되지 않는다. 학구적인 자세는 변함 없지만 궁극적으로 하나님의 나라를 지향함에 있어 개혁주의 교회관을 분명히 하기 위해 보다 더 관심을 가진다는 의미이다.

본 시리즈의 집필자들은 이미 신·구약 계시로써 말씀하셨던 하나님께서 지금도 말씀하고 계시며, 몸된 교회의 머리이자 영원한 왕이신 그리스도께서 지금도 통치하시며, 태초부터 모든 성도들을 부르시어 복음으로 성장하게 하시는 성령께서 지금도 구원 사역을 성취하심으로써 창세로부터 종말에 이르기까지 거룩한 나라로서 교회가 여전히 존재하고 있음을 그 무엇보다도 중요하게 여기고 있다.

아무쪼록 이 시리즈를 통해 계시에 근거한 바른 교회관과 성경관을 가지고 이 땅에 진정한 그리스도인의 삶과 문화가 확장되기를 바라는 바이다.

시리즈 편집인
김영철 목사, 미문(美門)교회 목사, Th.M.
송영찬 목사, 교회와성경 편집인, M.Div.
오광만 목사, 대한신학대학원대학교 교수, Ph.D.
이광호 목사, 실로암교회 목사, Ph.D.

역대상하

2019년

교회와성경

머 리 말

역대기는 이스라엘 민족이 BC587년 예루살렘 패망과 더불어 바벨론 포로로 잡혀갔다가 본토로 귀환한 후 기록되었다. 역대하 36장 22절에는 BC538년 페르시아의 고레스 왕 원년에 선지자 예레미야의 예언에 관한 내용이 나타나고 있다. 역대기가 기록된 의도 가운데는 포로 생활에서 돌아온 언약의 민족을 결집하려는 하나님의 뜻이 담긴 것으로 보인다.

장기간의 포로생활로 인해 엄청난 상처를 입었을 언약의 백성에게 역대기는 저들의 정체성을 확립하는 데 큰 역할을 하게 되었다. 즉 하나님께서 허락하신 저들의 혈통적 계보와 더불어 메시아에 연관된 계시의 말씀을 주신 것은 저들이 본토로 귀환한 것이 하나님의 뜻에 의한 것이라는 사실을 분명히 드러나도록 했다. 이 특별한 역사적 계시로 말미암아 그 백성이 민족적 정체성을 확립하게 된 것이다.

그러므로 하나님께서는 이 말씀을 계시하시면서 먼저 메시아를 기다리는 이스라엘 백성에게 아담, 셋, 노아, 셈, 아브라함, 다윗, 솔로몬을 잇는 계보를 통해 하나님의 그 언약이 이루어질 것에 관한 사실을 말씀하셨다. 본토로 귀환하게 된 백성들은 무너진 예루살렘 성전을 재건하고 성벽을 세우면서 그에 대한 분명한 깨달음을 가지고 있어야만 했다. 그것을 위하여 메시아를 보내시고자 하는 아담 이후의 핵심 계보를 되새기도록 했던 것이다.

역대기에는 수많은 인물들의 출생과 사건들이 기록되어 있으나 연대기 순으로 배열되어 있지 않다. 어느 정도 역사적 순서에 따라 기록되어 흘러 가다가 다시금 앞의 사건이 나타나기도 한다. 이는 역대기가 단순히 역사를 기술하고자 하는 서책이 아니라 하나님의 구원 사역에 연관된 특별한 의도가 담겨 있다는 사실을 보여준다.

하나님께서는 역대상 앞부분에서 창세기의 초반에 언급된 인물들을 기록하도록 하셨다. 하나님의 형상에 따라 흙으로 지음 받은 첫 사람 아담으로부터 시작된 구속사와 연관된 족보와 그 주변에 맴도는 자들의 혈통에 속한 사람들도 포함되어 있다. 그 모든 이름들을 성도들이 다 암기하거나 기억할 필요가 없지만 구체적으로 나타나고 있다.

성경에 기록된 다양한 인물들은 계시적 개념과 더불어 정확성을 띠고 있다. 하지만 성경본문 가운데는 하나님의 의도에 따라 앞뒤를 오가며 그 순서가 빈틈없이 배열되어 있음을 우리가 기억해야 한다. 그것을 통해 하나님께서 자기 백성에게 보여주시고자 한 구속사적 의미가 드러나고 있음을 알 수 있는 것이다.

하나님의 뜻을 모르는 사람들은 본문 가운데 그렇게 많은 이름들이 언급될 필요가 있느냐고 반문하기도 한다. 그중에는 이름 외에 달리 그의 지위나 역할에 대하여 아무것도 알 수 없는 경우가 많이 있기 때문이다. 그것은 성경이 직접 말하고자 하는 중요한 스토리와 성경 독자들이 납득할 수 있는 필요한 인물들만 기록하는 것이 훨씬 더 효율적이라 여기는 인본주의자들의 생각이다.

그러나 우리는 역대기 본문에 나타나는 여러 사람의 이름들을 통해 그것이 전적인 하나님의 계시로 말미암았다는 사실과 성경 다른 본문에 기록된 내용들과 조화되는 그 정확성에 놀라게 될 따름이다. 즉 그 많은 이름들은 아무렇게나 나열된 것이 아니라 하나님의 의도에 따라 기록된 것이다. 따라서 그 이름들은 구속사에 연관된 각 분야에 대한 의미들을 명확하게 드러내 보여주고 있다.

어떤 사람이 개인의 기억으로 그 많은 이름들을 정확하게 기록한다는 것은 가능하지 않다. 그들의 모든 이름을 암기하여 기억할 수 없기 때문이다. 물론 그 이전에 그와 연관하여 계시된 하나님의 말씀이 있었다. 설령 그렇다할지라도 그들의 정확한 이름과 족보를 언약적 목적에 따라 새로운 각도에서 기록하기는 어렵다. 더구나 중간 중간 설명되고 있는 특수한 내용들 중에는 하나님의 계시가 아니고서는 도저히 알 수 없는 내용들이 많이 있다.

우리가 또한 반드시 기억해야 할 바는 그 가운데 많은 이름들이 믿음의 조상들로서 오늘날 우리와 영적 실제적인 연관성을 지니고 있다는 사실이다. 그들이 이미 오래전 지구상에 살다가 죽은 사람들이지만 현대 교회에 속한 자들과 무관하지 않다. 이는 그 사람들이 언약의 중심부에 있기도 했으며 긍정적이든 부정적이든 하나님의 언약에 상당한 영향을 끼친 믿음의 선배들이기 때문이다.

그러므로 우리는 역대기의 말씀이 오늘날 우리를 포함한 언약의 백성들을 위한 은혜의 책이란 사실을 기억하게 된다. 모든 교인들이 그 이름 전체를 암기하지 않는다고 해도 족보와 연관된 그 모든 인물들이 지상 교회에 선포되고 있기 때문이다. 하지만 그 가운데 상당수는 성경에 단 한 번만 언급되고 있기도 하다. 따라서 그들의 구체적인 사역이나 역할에 대하여 알 수 없는 경우가 많다. 그럼에도 불구하고 그들의 이름이 언급된 사실 자체로서 나름대로 분명한 의미를 지니고 있음을 기억해야 한다.

또한 역대기를 설교하면서 할 수 있는 대로 다른 성경의 역사서들과 뒤섞지 않고 가급적이면 역대기에 기록된 고유한 내용을 살펴보기 위해 힘썼다. 사무엘서를 기록한 목적이 있는가 하면 역대기를 기록한 목적이 따로 있을 것이란 생각 때문이다. 물론 전체적인 이해와 더불어 성경 각 서책의 고유한 의미를 깨닫는 것 역시 매우 중요하다.

이 책은 필자가 목회하는 실로암교회에서 강설과 강의를 위해 준비된 내용이다. 본문 가운데는 특별한 내용과 더불어 사람들의 이름이 많이 나오기 때문에 어떤 경우에는 서너 장(chapter) 씩을 한 주일 설교 본문으로 삼기도 했다. 온 교회가 본문 말씀을 찬찬히 읽어나가는 것 자체로써 큰 은혜가 되었다. 쉽지 않은 내용인데도 말씀에 잘 참여해 준 실로암교회 모든 성도들에게 깊은 감사의 마음을 전한다.

그리고 이 책을 펴내기 위해 여러모로 애쓴 친구 송영찬 목사님을 비롯한 CNB 모든 관계자들과 원고를 읽고 교정을 하며 수고한 아내 정정희에게도 고마운 마음을 전한다. 무슨 일이든지 좋은 이웃의 도움 없이 혼자 이루어낼 수 있는 일은 아무것도 없다는 생각을 해 본다.

또한 이번 가을에는 우리 가정과 교회에 특별히 감사한 일이 기다리고 있다. 10월 26일 시골의 조그만 우리 예배당에서 필자의 아들 이준혁 군과 본 교회 성도인 정다감 양이 혼례를 치를 계획이기 때문이다. 이들 부부가 타락한 세상에 저항하는 가운데 교회와 언약의 상속을 위해 성실한 신앙인의 삶을 살아가길 빈다. 모쪼록 이 책이 세속화 된 우리 시대 교회에 작은 유익을 끼치게 되길 바란다.

2019년 가을
이광호 목사

차 례

CNB 시리즈 서문 / 5
머리말 / 9

역대상 _ 15

역대하 _ 167

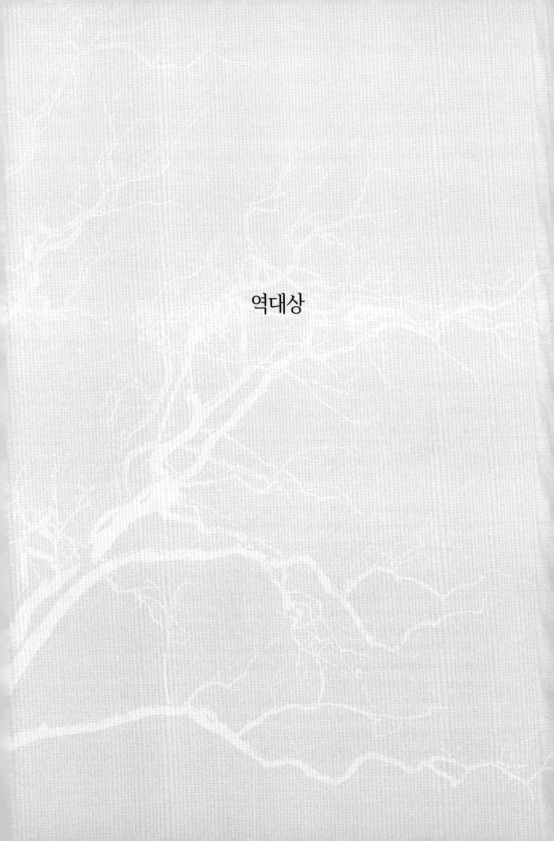

역대상

역대상

〈차례〉

제1장

아브라함의 자손과 그 족보
(대상1:1-54)

1. 하나님께서 창조하신 첫 사람 아담

역대상 맨 앞부분에는 아담의 자손들의 족보가 기록되어 있다. 물론 그의 모든 자손들의 이름이 다 기록된 것은 아니다. 그것은 나중에 메시아가 오시게 될 핵심 구속사적 혈통에 중점이 있기 때문이다. 우리가 또한 여기서 가장 관심 있게 보아야 할 이름은 역시 아담이다. 오늘날 기독교가 인본주의화 되고 자유주의자들의 성경에 대한 고등비평으로 인해 극도로 타락한 우리 시대에는 더욱 그렇다.

우리가 성경 전체를 통해 알 수 있는 것처럼 역대기에서도 아담이 실제 실존 인물이라는 사실이 분명히 드러나고 있다. 우리 시대에 크게 기승을 부리고 있는 진화론은 하나님에 의해 직접 지어진 아담의 존재를 부인한다. 더욱 안타까운 사실은 스스로 기독교인이라 자처하는 자들 중에서도 아담은 실제로 이 세상에 살았던 구체적인 인물이 아니라고 주장하는 유신진화론자들이 많다는 점이다.

그것은 소위 기독교인이라 주장하는 타락한 신학자들, 목사들 그리고 기독교 지성인이라 자처하는 자들의 거짓 주장으로 나타나고 있다. 그들은 하나님께서 아담을 흙으로 지으신 사실을 부인한다. 오랜 진화과정에서 미생물과 하등 동물로 인해 인류가 생겨난 것으로 주장하는 것이다. 그와 같은 태도는 성경을 거부하는 행위로서 사탄의 꼬임에 넘어간 자들의 근거 없는 주장이 아닐 수 없다. 그런 자들은 성경의 기록을 받아들이지 않을 뿐 아니라 하나님의 교회를 어지럽히고 있으면서도 그 실상을 깨닫지 못하고 있다.

성경에는 하나님께서 자기가 창조하신 세계를 다스리게 할 목적으로 특별히 자신의 형상을 닮은 아담과 하와를 흙으로 창조하셨음이 기록되어 있다(창1:26-28). 그에 대한 구체적인 창조 과정이 창세기 2장에 나와 있다. 하나님께서 직접 흙으로 아담을 지으신 사실과 그의 갈비뼈로 하와를 만든 사실이 기록되어 있는 것이다.

> "여호와 하나님이 흙으로 사람을 지으시고 생기를 그 코에 불어 넣으시니 사람이 생령이 된지라"(창2:7); "여호와 하나님이 아담을 깊이 잠들게 하시니 잠들매 그가 그 갈빗대 하나를 취하고 살로 대신 채우시고 여호와 하나님이 아담에게서 취하신 그 갈빗대로 여자를 만드시고 그를 아담에게로 이끌어 오시니 아담이 가로되 이는 내 뼈 중의 뼈요 살 중의 살이라 이것을 남자에게서 취하였은즉 여자라 칭하리라 하니라"(창2:21-23)

우리는 이 말씀이 하나님으로부터 계시된 절대 진리라는 사실을 받아들인다. 하나님께서는 자신의 형상을 닮은 인간을 지으심으로써 그의 인격적인 순종과 더불어 모든 피조세계를 통해 영광을 받으시고자 했던 것이다. 인간은 결코 진화 과정에서 생겨난 존재가 아니라 하나님께서 특별한 의도에 따라 지으신 사실을 믿고 받아들이는 것은 매우 중요하다.

역대상에서 아담의 이름이 가장 먼저 언급된 것은 매우 중요한 의미를 드러내 보여주고 있다. 아담은 뒤이어 기록된 저의 후손들인 셋이나 에노스 등과 마찬가지로 다른 사람과 동일한 사람이었음을 명백히 증거해 주고 있기 때문이다. 이 말씀을 믿고 받아들인다면 아담을 실존인물이 아니라든지 신화적인 존재라는 식의 어처구니없는 주장을 할 수 없다. 우리는 이에 대한 분명한 깨달음을 가져야만 한다.

2. 아담의 후손들 : 노아 홍수 이전의 자손들 (대상1:1-4)

역대상 1장 맨 앞부분(대상1:1-4)에는 창세기에 기록된 언약의 조상들의 이름이 그대로 나타난다(창5:4-32). 창세기에는 그들에 관하여 좀 더 구체적으로 기록되어 있는 것에 비해 역대기에는 그 이름들만 간략하게 언급되어 있다. 이를 통해 역대기가 창세기의 의미를 그대로 담고 있음을 보여준다.

성경에는 하나님께서 자기 형상에 따라 창조하신 첫 사람 아담과 하와가 사탄의 유혹을 받아 범죄한 후 여자의 몸을 통해 그 후손들을 허락하시리라는 사실이 기록되어 있다. 그와 더불어 아담을 범죄에 빠뜨린 사탄을 응징하고 심판할 '여자의 후손' 곧 메시아를 보내시기로 작정하셨다(창3:15).

하나님께서는 그 일을 이루시기 위해 아담 이후 특별한 계보를 잇는 자손들을 허락하셨다. 따라서 창세기와 달리 역대기에는 아담의 이름 다음에 곧바로 셋이 나온다. 즉 가인과 아벨의 이름이 등장하지 않는다. 이는 메시아를 보내시고자 하는 하나님의 언약에 밀접하게 연관되는 것으로 이해해야 한다.

아담 뒤에 이어지는 모든 이름들은 메시아의 족보에 속한 조상들이다. 홍수 이전의 메시아의 직접적인 족보를 기록한 다음 맨 마지막에 노아와 그의 세 아들인 셈과 함과 야벳의 이름이 나타나고 있다. 이는 인간의 모든 역사가 진행되는 중심에는 메시아를 보내 구원사역을 완성하시고자 하는 하나님의 뜻이 존재함을 보여준다.

3. 노아의 자손들

노아시대 대홍수가 있기 전 인간들은 풍요로움에 빠져 메시아에 대한 소망을 버린 자들이 많이 있었다. 어리석은 자들은 이 세상에서 부를 누리 며 살아가는 것을 최상의 삶으로 여겼던 것이다. 즉 죄에 빠진 인간들은 자신을 구원해 주실 메시아의 강림과 그의 사역을 소망하지 않았다.

하나님께서는 죄에 대한 자각을 하지 못한 채 자신의 뜻을 멸시하는 모 든 인간들을 대홍수를 통해 심판하셨다. 단지 메시아에 대한 분명한 신앙 을 가지고 있던 의인 노아와 그의 자녀들의 생명을 유지시켜 주셨다(창 7:13). 이는 하나님께서 노아와 그 자손들을 통해 메시아를 보내시고자 하 는 그의 뜻에 따른 것이었다.

우리는 여기서 노아의 세 아들이 처음부터 상이한 종족을 이루거나 피 부 색깔이 서로 다른 것이 아니었다는 사실을 기억해야 한다. 그들은 피부 에 아무런 차이가 없었으며 한 형제인 만큼 동일한 언어를 사용하고 있었 다. 그것이 나중 하나님의 심판의 결과로 드러나지만 야벳과 함과 셈이 일 반적인 측면에서 구별되지 않는다. 하지만 그들은 하나님의 언약에 있어 서는 전혀 다른 의미를 가지게 된다.

(1) 야벳의 자손(대상1:5-7)

창세기에는 홍수 심판 이후 포도주를 과음한 노아가 자신의 벌거벗은 몸을 노출한 사건으로 인해 세 자녀들에게 각기 다른 언약적인 예언이 주 어졌음이 기록되어 있다. 노아는 그 예언을 통해 장차 야벳을 창대케 해 주시지만 셈의 장막에 거하게 되리라는 사실을 말했다(창9:27). 하지만 그 것은 야벳을 언약적인 관점에서 축복한 것으로 볼 수 없다. 야벳의 자손이 창대케 되리라는 것은 그들이 셈의 자손과 우호적인 관계 속에 있게 되리 라는 사실을 말해주고 있다.

역대상에는 야벳 자손들의 이름이 나타난다. 그것들은 창세기에 기록된 이름과 일치를 이루고 있다(창10:2-4). 그 자손들은 메시아 계보와 직접적인 상관이 없었다. 하지만 저들을 통해 구속사 주변에서 발생하게 될 역사적 상황에 관한 사실이 별다른 설명이 더해지지 않은 상태에서 시사되고 있다.

(2) 함의 자손(대상1:8-16)

창세기에는 대홍수 후 포도주를 과음한 노아의 노출사건에 대하여 함이 취한 부당한 태도에 관한 내용이 기록되어 있다. 그로 말미암아 함의 자손들이 저주를 받으리라는 사실이 예언되었다. 함의 아들 가나안의 후손들은 다른 형제들 곧 셈과 야벳 자손들의 종이 된다는 것이었다(창9:25). 이는 하나님께서 모든 인간들에게 동등한 구원의 은혜를 베푸시는 분이 아니라는 사실을 보여주고 있다.

역대상에는 또한 함의 자손들의 족보가 기록되어 있다(창10:6-18). 그 자손들 가운데 출생하게 될 니므롯은 세상의 첫 영걸(英傑)이 된다고 했다. 성경은 여기서 타락한 이 세상에서 세력을 구축하는 것은 하나님의 자녀들이 아니란 사실을 보여주고 있다.

오히려 하나님으로부터 저주의 대상으로 지목된 자의 후손들에게 그것이 주어진다. 이는 세상의 힘을 소유한 자들이 장차 오시게 될 메시아의 길을 방해하리라는 사실을 시사하고 있다. 이를 통해 홍수 이후에 전개될 구속사뿐 아니라 인간들의 일반 역사가 순탄치 않으리라는 점이 예언되고 있는 것이다.

(3) 셈의 자손(대상1:17-23)

성경은 장차 셈의 자손들로 형성될 언약 공동체가 메시아를 잉태하리라는 사실을 시사하고 있다. 그래서 창세기에는 '셈의 하나님 여호와를 찬송하리로다' 라는 언급과 더불어 '셈의 장막' 의 독특함이 기록되어 있다(창9:26,27, 참조). 이는 나중 셈의 후손들이 메시아가 오시기 전 언약의 민족을 이루어 왕국을 건설하게 되리라는 사실에 직접 관련되는 말씀이다. 이 사실은 나중 이스라엘 민족의 조상이 되는 아브라함에게 주어진 언약과 이스라엘 왕국을 세우게 될 다윗에게 허락된 언약을 통해 구체화된다.

이와 연관하여 역대기에 기록된 모든 이름들은 창세기에 나타나는 그 족보와 동일하다(창10:22-29). 이들을 통해, 창세전에 예정되었으나 사탄으로 말미암아 사망의 구렁텅이에 빠진 하나님의 자녀들을 구원하실 메시아를 이땅에 보내실 것에 대한 하나님의 언약이 드러나고 있다. 하지만 그들 가운데서도 끊임없이 분열 분리된다는 사실을 시사해주고 있다. 그럼에도 불구하고 셈의 자손들은 다른 두 형제 곧 야벳과 함의 자손들과 혈통이 아니라 본질적으로 구별되는 의미를 지니고 있었던 것이다.

3. 메시아 계보를 보여주는 아브라함의 혈통적 조상 (대상1:24-27)

구약 성경에서 보여주는 가장 핵심적인 교훈은 메시아 계보와 연관된 내용이다. 역대상 1장의 본문 가운데는 장차 오시게 될 메시아 계보를 보여주는 중요한 흐름이 기록되어 있다. 이들은 노아 홍수 이후 셈으로부터 믿음의 조상 아브라함에 이르는 직접적인 메시아 계보에 속한다.

나중 신약성경 마태복음에는 아브라함과 다윗의 자손 예수 그리스도를 언급할 때 메시아의 언약적인 혈통이 성취된 사실을 보여주고 있다(마1장). 이는 구약에서 예언되고 있는 내용과 그대로 일치한다. 따라서 역대상에 기록된 아브라함 이전의 메시아의 혈통 계보에 연관된 모든 이름들은 창세기에 그대로 나타나고 있는 내용이다(창11:10-26).

4. 아브라함의 육의 자손들(대상1:28-33)

아브라함의 아들들은 본처 사라로부터 난 이삭과 사라의 몸종이었던 하갈로부터 출생한 이스마엘, 그 다음 나중 얻은 여인 그두라로부터 난 자식들이 있었다. 하나님의 약속에 의해 출생한 이삭은 다른 자식들과 구별되는 매우 특별한 자식으로서 성경은 그를 독자(only son)로 칭하고 있다(창22:12,16). 그에 반해 이스마엘과 그두라에게서 난 자식들은 일반적인 육체의 자식이었다. 이는 하나님께서 이삭 이외에 다른 자식들은 아브라함의 자녀로 인정하시지 않았다는 의미를 지니고 있다.

성경에는 아브라함이 자기 아내 사라와의 사이가 아닌 하갈과 그두라를 통해 얻은 자식들에 관한 기록을 남기고 있다. 역대상에 기록되어 있는 하갈의 자식 이스마엘로부터 난 자손들은 창세기에 언급된 내용(창25:12-18)과 동일하다. 그리고 그두라가 낳은 자손 역시 창세기의 내용(창25:1-4)과 같다.

그런데 저들의 자손은 대체적으로 하나님의 뜻에 반하는 사고와 행동을 하게 된다. 즉 그들은 참 신앙을 소유하지 않은 자들로서 언약의 자손인 이삭의 자손들을 주변에서 괴롭히는 역할을 하게 되는 것이다. 그것은 물론 인간들의 사고를 벗어난 하나님의 섭리와 경륜으로 말미암아 이루어져 간다.

아브라함의 몸에서 출생한 여러 자식들은 동일한 아버지를 두고 있는 자손들이었지만 나중 상호 적대관계에 놓이게 된다. 우리는 이를 통해 하나님께서 이땅에 메시아를 보내시기 위해 매우 다양한 방법으로 인간 역사를 구체적으로 간섭하신 사실을 알 수 있다. 그의 완벽한 섭리 가운데 구속사를 위한 자신의 거룩한 뜻을 이루어 가셨던 것이다.

5. 이삭의 아들 에서의 자손 (대상1:34-54)

하나님의 약속에 따라 태어난 아브라함의 독자 이삭은 리브가를 아내로 맞아 쌍둥이 아들 야곱과 에서를 얻었다. 그것은 우연히 발생한 일이 아니라 하나님의 섭리 가운데 허락된 일이었다. 즉 그것은 하나님의 특별한 사역을 드러내 보여주시기 위한 방편이었던 것이다. 역대상의 본문에는 에서의 자손들에 관한 기록이 나타나고 있다. 그리고 에돔 지역에서 통치권을 행사한 자들의 이름이 구체적으로 언급되어 있다.

그 모든 이름들은 창세기에 기록된 것과 동일하다(창36:1-30). 또한 그 자손들 가운데 약속의 땅 주변의 에돔 지역에 세력을 갖춘 왕국을 세우는 자들에 대해서도 그렇다. 따라서 그 자손들 가운데 많은 사람들이 왕이나 족장이 되어 통치권을 행사한다(대상1:43-54, 창36:31-43). 하지만 그들은 항상 약속의 자식인 이삭과 그의 자손들인 언약의 백성에게 대적하는 악한 역할을 감당하게 된다.

우리가 여기서 기억해야 할 점은, 야곱 곧 이스라엘 자손이 애굽에서 험난한 나그네 생활을 하며 고통을 당하는 동안 그의 형제 에서의 자손들은 에돔 땅을 정복했다는 사실이다. 그들이 통치권을 가지고 왕위를 계승해가는 동안 언약의 자손들은 전혀 그렇지 못했다. 하나님께서는 자기를 떠난 배도자들로 하여금 세상에서 흥하게 하신 반면, 자기 백성은 일정 기간 고통에 빠뜨려 둔 채 자신의 뜻을 이루어 가셨던 것이다.

여호와 하나님께서는 이를 통해 구원 역사를 이루어 가시는 자신의 거룩한 뜻을 보여주셨다. 믿음의 조상이자 하나님의 언약을 소유한 동일한 아버지로부터 출생했지만 그것 자체로서 구원의 방편이 되지 못한다. 거기에는 하나님의 절대적인 뜻이 인간들의 혈통이나 외적인 형편 여하에 달려 있지 않음을 보여주고 있다.

제2장

야곱으로부터 다윗을 잇는
메시아 계보와 언약의 자손들
(대상2:1-55)

1. 이스라엘 곧 야곱으로부터 다윗을 잇는 메시아 계보
(대상2:1-17)

역대상 본문에는 이스라엘과 유다로부터 이어지는 메시아 계보가 기록되어 있다. 이는 마태복음에 기록된 내용과 동일하다(마1:3-6). 하나님께서는 야곱의 열두 아들들 가운데 특별히 유다 지파를 통해 메시아를 보내고자 하셨다.

그러므로 유다의 자손들이 본문 가운데는 다윗에 이르기까지 그 이름이 기록되어 있다. 하나님께서는 그 자손들 가운데 악한 자들을 가려내어 심판하여 죽이시기도 하셨다(대상2:3). 또한 유다는 자기 며느리 다말을 통해 쌍둥이 아들을 얻었다(대상2:4). 그것은 일반 상식에 어긋나는 비윤리적인 행위의 결과로서 납득하기 어려운 일이었다.

그럼에도 불구하고 하나님께서 그렇게 하신 근본적인 이유 가운데 하나는 성자 하나님인 메시아를 보내시는 그의 뜻이 결코 인간들의 보통 상식에 근거하지 않는다는 점을 말씀해 주시기 위해서였다. 하나님은 윤리를 벗어난 그와 같은 특수한 과정을 통해 이땅에 메시아를 보내시는 통로로 삼으셨던 것이다. 하지만 그것은 나중의 인간들이 어떤 경우에도 핑계로 삼을 수 없는 일이었다.

하나님께서는 결코 평범하지 않은 그런 과정을 통해 이땅에 메시아를 보내시고자 했다. 하지만 그 자손들 가운데서도 이스라엘 민족을 괴롭히는 자들이 생겨났다(대상2:7). 이는 하나님을 알지 못하는 불신자들에게 유다의 자손들이 거룩해 보이지 않게 되어 메시아에 연관된 그 사실이 비밀에 가려있었음을 말해주기도 한다. 따라서 일반 사람들의 눈에 비윤리적으로 비쳐지는 그 집안에서 나중 언약의 왕국을 세우는 다윗 왕이 출생하게 된다.[1] 그가 곧 '하나님 나라의 왕' 으로 오시게 될 예수 그리스도의 조상이 되었던 것이다.

2. 헤스론의 자손

(1) 헤스론 자손의 사정(대상2:18-24)

역대상에는 헤스론이 어느 시기에 중심 인물로 언급되고 있음을 알 수 있다. 그리고 그의 아들 갈렙의 자손들이 중요하게 기록되어 있다. 갈렙은 메시아 계보에 속한 인물이 아니었다. 그럼에도 불구하고 본문에 중요한 인물로 언급된 것은 그가 메시아의 직계 조상이 아니라 할지라도 언약 백성의 조상이었던 사실과 연관되어 있다.

갈렙은 이스라엘 민족이 출애굽한 후, 애굽에서 다양한 경험을 한 모든

---

1) 역대상 2:15에서는 다윗이 일곱째 아들이라고 한 반면, 사무엘상 16:10,11에서는 다윗이 이새의 여덟 번째 아들이라는 사실이 밝혀져 있다. 이는 다윗의 형들 가운데 하나가 미리 죽음으로 인해 그렇게 묘사되었을 것이 분명하다. 혼인을 하지 않거나 자식이 없이 젊은 시절에 죽는 경우 그를 형제의 수에서 빼는 것이 고대에는 자연스런 일이었다.

사람들이 죽은 다음 언약의 백성을 여호수아와 함께 요단강 건너 가나안 땅으로 인도한 인물이다. 역대기에는 이스라엘 백성이 약속의 땅 가나안으로 들어가는 그 과정을 매우 중요하게 다루고 있는 셈이다. 우리는 그것이 아브라함에게 약속한 언약의 땅을 성취해가는 시발점이라는 사실을 눈여겨 볼 필요가 있다.

분문 가운데는 갈렙의 자손 야일이 길르앗 땅에서 스물세 개의 성읍을 정복했지만, 나중 그술과 아람이 저의 성읍을 포함한 그에 딸린 육십이나 되는 성읍들을 빼앗았음을 언급하고 있다. 이는 개인적인 능력이나 군대의 세력을 통해 얻은 것을 보존할 수 없었음을 말해준다. 즉 이스라엘 백성이 가나안 땅에 들어갔으나 하나님의 도우심이 없이는 아무 것도 취할 수 없었다. 하나님의 의도에 따른 것이 아니면 영구적이지 않았던 것이다.

(2) 헤스론의 장남 여라므엘의 자손들(대상2:25-41)

여라므엘은 메시아 계보에 속한 자로서 그의 자손들에 대하여 특별히 언급하고 있다. 하지만 역대상 본문 가운데는 여라므엘의 자손이면서 메시아 계보에 속하지 않은 자들에 대한 내용이 기록되어 있다. 그들은 넓은 관점에서 볼 때 언약 백성의 한 구성원을 이루고 있었던 것이다.

역대상 본문 가운데 눈에 크게 띠는 대목은 그의 자손들 가운데 딸을 애굽 사람인 자기 종에게 아내로 주었다는 사실이다(대상2:35). 헤스론의 아들 여라므엘의 후손들 가운데 아들이 없고 딸만 두고 있는 세산에게 야르하라고 하는 애굽인 종이 있었다. 어떤 이유에서인지 모르지만 세산은 자기의 딸을 그 종의 아내가 되도록 허락했다.

우리의 눈에는 그것이 결코 예사 문제가 아니었던 것으로 비쳐진다. 하지만 본문의 문맥을 볼 때 그 일이 심각한 문제를 일으켰다든지 주변 사람들이 부정적인 견해를 가지고 있었던 것으로 보이지 않는다. 오히려 그에 관한 모든 일이 매우 자연스럽게 진행된 것으로 보인다. 우리가 여기서 알 수 있는 점은 비록 이방인 출신이라 할지라도 이스라엘 민족과 동일한 신앙을 고백하고 할례를 받게 될 경우 언약의 백성으로 받아들여졌다는 사실이다.

그러므로 그들 부부 사이에 태어난 자녀들은 이스라엘 민족 가운데 불평등한 대우를 받지 않았다. 언약의 백성들 가운데 동등하게 여겨졌던 것이다. 역대기에는 애굽 출신의 종으로부터 태어난 아들 가운데 '나단'의 이름이 나타난다(대상2:36). 어쩌면 그는 다윗이 우리야의 아내 밧세바를 부당하게 취했을 때 그에게 경고한 선지자였을지도 모른다.

역대기에는 나단의 아들 '사밧'을 언급하고 있으며(대상2:36), 성경 다른 곳에는 나단의 아들 '사붓'이 지위가 높은 대신이자 왕의 개인 자문관 역할을 했던 것으로 기록되어 있다(왕상4:5, 'Zabud the son of Nathan was principal officer, and the king's friend').[2] 우리는 역대상에 기록된 '나단'이 왕의 자문관으로서 선지자였던 '나단'과 동일인물일 가능성을 완전히 배제할 필요가 없을 것 같다.

이처럼 구약 시대에는 언약의 백성에 속했다고 할지라도 이스라엘 민족의 혈통주의 자체를 절대시 하지 않았다. 하나님께서 아브라함과 이삭과 야곱의 자손을 특별히 선택하신 것은 그 언약의 백성을 통해 이땅에 메시아를 보내시고자 했기 때문이다. 즉 이스라엘 민족 자체가 아니라 그 가운데 출생할 메시아가 중요했던 것이다.

(3) 갈렙의 자손(대상2:42-55)

역대상에서는 여라므엘의 형제 갈렙과 그의 자손들에 관한 언급이 특별히 나타나고 있다. 앞에서도 언급한 것처럼 '악사의 아버지 갈렙'은 이스

[2] 역대상 2:36에 기록된 나단의 아들 사밧(Zabad)과 열왕기상 4:5의 사붓(Zabud)을 동일한 인물로 볼 수 있기 때문이다. 히브리어에서 'zabad'와 'zabud'는 '수여하다, 부여하다'는 뜻을 지닌 동일한 어원에서 발생한 단어로서 사람의 이름으로 사용되었다.

라엘 백성이 출애굽한 후 여호수아와 함께 약속의 땅을 정탐한 인물이자 시내 광야에서 유리하던 언약의 자손들을 요단강 건너 가나안땅으로 인도한 지도자였다. 그의 자손들은 언약의 백성으로서 이스라엘 왕국을 세워가는 데 나름대로 중요한 역할을 하게 된다(수15:13-17, 참조).

여기서도 우리가 반드시 기억해야 할 바는 그 모든 말씀의 중심에는 항상 메시아가 존재하고 있다는 사실이다. 성경은 줄곧 하나님께서 약속하신 메시아와 그를 보내시게 될 그림자 왕국으로서 다윗 왕국의 설립에 연관된 사실을 예언하고 있다. 즉 특정 개인을 영웅화하기 위한 것이 성경기록의 주된 목적이 될 수 없었던 것이다.

우리가 역대상 앞부분에서 보게 되는 점은 언약 백성들의 조상들이 대개 그다지 모범적이지 않았다는 사실이다. 역대기 본문을 통해 종종 만나게 되는 말 가운데 하나는 첩(妾)이라는 단어이다(대상1:32; 2:26; 2:46,48, 참조). 이는 아내 이외에 다른 여성을 성적인 대상으로 두고 있었음을 말해준다. 이 말은 곧 저들의 가정생활이 원만하지 못했을 뿐 아니라 정상적이지 않았다는 점을 말해주고 있다.

그럼에도 불구하고 하나님께서는 자신의 구속사역을 이루어가는 과정에서 부족하고 문제 있는 그런 자들을 불러 사용하셨다. 심지어는 윤리적인 변화를 요구하지 않은 상태에서 저들을 통해 자신의 일을 진척시켜 나가셨다. 즉 하나님은 인간들의 윤리와 도덕성에 의존하는 분이 아니라는 사실을 분명하게 보여주셨다. 이를 통해 우리는 하나님의 절대적인 주권적 사역을 보게 되는 것이다.

제3장

다윗-솔로몬 왕의 메시아 혈통 계보와 일반 족보
(대상3:1-24; 4:1-43)

■ ■ ■ ■ ■ 역대상 3장

1. 다윗 왕의 가정과 그의 자식들(대상3:1-9)

다윗은 메시아를 잉태하는 언약의 족보 가운데 매우 중요한 위치를 차지하고 있는 인물이다. 그는 이스라엘 왕국의 초대 왕으로서 나중에 강림하실 하나님 나라의 왕이신 예수 그리스도를 예표하기 때문이다. 하지만 여전히 죄인 가운데 한 사람인 그의 가정생활은 전혀 모범적이지 않았으며 매우 복잡했다.

그로부터 태어난 여러 자식들은 각기 다른 어머니를 두고 있는 경우가 많았다. 다윗에게 많은 첩들이 있었지만 그의 아내는 한 사람이다. 다윗의 유일한 참 아내는 비록 좋은 동기로 인해 혼인한 것은 아니었지만 사울의 딸 미갈이었다(삼상18:20-27). 본처가 죽은 후 정당한 과정을 통해 얻은 아내가 아니라면 나머지 모든 여인들은 정상적이지 않은 첩으로 이해해야 한다.

다윗 왕이 즉위하기 이전의 사울 왕은 하나님의 언약에 연관된 정통성을 가지지 못했다. 약속의 땅을 완전히 정복하지 못한 상태에서 왕위에 올

랐던 사울이 통치권을 상실한 후, 다윗은 하나님의 뜻에 따라 언약의 왕국
에서 정통 왕위를 가지게 되었다. 이는 사울이 정치 사회적인 목적에 따라
백성들에 의해 세워진 왕이었다면, 다윗은 전적으로 하나님께서 친히 세
우신 왕이었음을 보여준다.

그는 예루살렘을 정복하기 전 헤브론에서 왕위에 올랐다. 그곳에서 칠
년 육 개월을 거하며 나라를 통치했다. 당시 헤브론은 언약적인 의미를 지
닌 매우 특별한 지역이었다. 헤브론의 막벨라 굴에는 믿음의 조상인 아브
라함과 사라, 이삭과 리브가, 야곱과 레아가 묻힌 무덤이 있었다.

이스라엘 민족은 과거 애굽에서 나그네 생활을 할 때도 항상 그곳을 바
라보며 가나안 땅에 대한 하나님의 약속을 기다렸다. 하나님께서 세우신
다윗 왕이 바로 거기서 왕위에 올라 예루살렘을 정복함으로써 아브라함에
게 주어진 언약이 일차적으로 완성되었던 것이다.[3] 다윗은 헤브론에서 아
히노암을 통해 장남 암논을 낳았다. 그리고 다른 여러 여성들을 통해 압살
롬을 비롯한 여러 자식을 얻었다.

또한 헤브론에서 예루살렘을 공격하여 정복한 후에는 언약의 왕국을 위
한 수도를 그곳 예루살렘에 정했다. 그것은 전적인 하나님의 경륜에 의한
것이었다. 그런데 다윗 왕은 예루살렘에서 악하고 부당한 방법으로 자신
의 충신이었던 우리야를 죽이고 그의 아내 밧세바(밧수아)를 빼앗았다. 그
여인을 통해 솔로몬이 태어났다. 바로 그가 나중 아버지 다윗을 이어 왕위
를 계승하게 된다.

솔로몬의 어머니 밧세바는 혼인 관계에 있어서 커다란 흠이 있는 여성
이었다. 그리고 막내로 태어난 솔로몬에게는 아버지 다윗이 낳은 배다른
형들이 있었다. 하지만 일반 백성들이 납득하기 어려운 가운데 문제가 될

---

[3] 다윗왕의 예루살렘 정복이 아브라함에게 주어진 일차적 성취라면 솔로몬 왕
이 그곳에 율법에 따라 거룩한 성전을 건립함으로써 이차적으로 성취된 것으
로 볼 수 있다.

수 있는 막내인 그에게 왕위가 돌아갔다. 이는 메시아를 잉태하는 계보가 일반 가정 질서나 윤리적인 기준에 얽매이지 않았으며 사람들이 이해하기 어려운 상황에서 왕위가 계승되었음을 말해준다.

뿐만 아니라 다윗의 장남인 암논은 집안에 끔찍한 문제를 일으켰다. 역대상 본문에 언급된 그의 이복누이 '다말'(대상3:9)을 강간한 사건은 다윗 왕가(王家)뿐 아니라 다윗 왕국(王國)의 권위에 심각한 타격을 주었다. 그와 더불어 배다른 형제인 압살롬이 암논을 살해한 사건이 발생했기 때문이다 (삼하13장). 집안에서 남매간에 강간사건이 일어나고 형제간에 살해사건이 발생한다는 것은 있을 수 없는 일이었다.

하지만 언약의 핵심에 위치한 다윗 왕가에서 상상을 초월하는 그런 끔찍한 문제가 발생하게 되었다. 이는 다윗의 집안뿐 아니라 왕으로서 그의 통치력에 심각한 거침돌이 되었을 것이 틀림없다. 우리는 이를 통해, 하나님께서는 다윗 왕가의 윤리성에 의존하여 일하시는 분이 아니라 자신의 절대적인 뜻에 따라 역사하시는 분이라는 사실을 알게 된다.

2. 솔로몬 왕의 계보 (대상3:10-16)

다윗과 솔로몬 왕으로부터 유다왕국이 패망할 때까지 연결되는 핵심 자손들은 정통성을 지닌 왕족이었다. 역사상 본문에는 솔로몬 이후 이어지는 족보를 잇는 자들로서 그 이름이 열거되어 있다. 이 사람들은 메시아 계보를 잇는 인물들이었다. 이는 신약성경 마태복음에 기록된 내용과 동일하다(마1:6-12).[4]

---

4) 마태복음 1:11에는, 메시아로 이어지는 혈통계보를 언급하며 '요시아가 여고냐를 낳은 사실'을 기록하고 있다. 그런데 여고냐는 요시아의 아들이 아니라 손자이다. 역대상 3:15,16에는 여고냐의 아버지는 여호야김이며 할아버지가 요시아라는 사실이 기록되어 있다. 그리고 유다 왕국의 마지막 왕인 시드기야는 정상적으로 계승된 왕이 아니며 그는 메시아 계보에 속한 인물이 아니다.

　솔로몬 왕이 죽은 후 다윗 왕국이 남북으로 갈라지게 된다. 예루살렘 성전을 중심에 둔 남유다 왕국은 정통성을 이어가지만, 북이스라엘 왕국은 율법을 떠나 저들만의 성전을 만드는 등 배도의 왕국이 되었다. 결국 북 왕국은 BC722년 앗수르 제국에 의해 패망하게 되어 그 수명을 다한다.

　하지만 남유다 왕국은 BC587년 바벨론에 의해 패망할 때까지 예루살렘 성전을 중심으로 왕위가 계승되어 여러 왕들이 존속하게 된다. 하나님께서 그 왕국을 일정기간 보존시킴으로써 자신의 뜻을 지속적으로 드러내 보여주셨다. 장차 그 왕들의 후손으로 예수 그리스도께서 이땅에 오셔서 영원한 왕위에 앉으시게 된다.

　유다 왕국의 왕들 가운데 특별히 눈에 띄는 인물은 아하시야 왕이다. 그것은 긍정적인 의미 때문이 아니라 그와는 전혀 다른 모습을 보여주고 있기 때문이다. 그의 어머니는 나중 유다 왕국에서 통치권을 장악하게 되는 아달랴이고, 그의 외할머니는 성경에 기록된 역사상 가장 악한 여인으로 간주되는 이세벨이었다.

　이세벨은 시돈의 왕이자 바알 제사장의 딸로서 이방인이었다. 그는 북이스라엘 왕국의 아합 왕에게 시집을 와서 세속적인 풍요를 추구하며 자기 남편으로 하여금 맹신적인 바알 숭배자가 되도록 만들어버렸다. 하나님께서는 배도에 빠진 행위로 인해 선지자 엘리야를 보내 저들의 거짓 신앙을 파괴하도록 하셨다.

　하지만 여호와 하나님을 경외하지 않는 이세벨은 그에 개의치 않았다. 그녀는 도리어 하나님의 선지자 엘리야를 박해하고 죽일 계략을 꾸미기도 했다. 또한 자기의 딸 아달랴를 남유다 왕국의 여호람 왕에게 시집을 보내 그곳에도 바알숭배 사상이 퍼지도록 했다. 아달랴 또한 배도에 빠진 북 왕국의 사조를 받아들여 유다 왕국에 우상을 퍼뜨린 악한 여인으로 손꼽히는 인물이었다.

　아하시야는 요람과 아달랴 사이에서 출생한 자식으로서 부왕 요람(여호람)을 계승하여 유다 왕국의 왕위에 오르게 되었다. 배도에 빠진 아하시야 왕이 급작스레 죽게 되자 아달랴는 왕위 계승권을 가진 모든 자들에 대한 살해를 시도했다. 그 와중에 아하시야의 누이 여호세바가 어린 조카 요아스를 빼내 유모의 침실에 숨김으로써 생명을 구할 수 있었다. 그후 아달랴가 왕위를 찬탈하여 6년간(BC841-835) 통치자의 자리에 앉게 되었다.

그동안 요아스는 여호와의 성전에 숨어 지내야만 했다(왕하11:1-3). 하지만 아달랴가 통치권을 장악한 후 7년이 되던 해, 제사장 여호야다가 반란을 일으켜 성전에서 왕자 요아스에게 왕관을 씌워 율법책을 주고 기름을 부어 왕으로 세웠다(왕하11:4-16). 그로 인해 아달랴는 살해당하게 되었다. 이는 유다 왕국에 있었던 비극의 역사가 아닐 수 없었다. 그후부터 요아스가 왕위를 계승하여 언약의 백성들을 통치하게 되었다.

우리는 여기서 유다 왕들의 피에도 순수하지 못한 이방인의 피가 섞였다는 사실을 알 수 있다. 이는 메시아를 보내게 되는 왕들의 계보도 순수 이스라엘 민족의 혈통이 아니었음을 말해준다. 이를 통해 깨달을 수 있는 점은 메시아를 보내는 계보라 할지라고 순수 혈통을 고집하지 않았다는 사실이다. 하나님께 중요한 것은 왕들의 계보를 통해 나중에 영원하고 참된 왕을 보내시는 것일 뿐 유대인들의 혈통 자체가 아니었던 것이다.

타락한 유다 왕국은 결국 바벨론에 의해 패망하게 된다. 예루살렘 성전은 이방인의 손에 의해 철저히 파괴되었으며, 정상적인 과정을 통하지 않고 왕위에 오른 시드기야는 이스라엘 민족의 마지막 왕이 되어 처참한 상황을 맞게 되었다.[5] 그리고 이스라엘 자손은 바벨론의 포로가 되어 이방

5) 시드기야의 원래 이름은 맛다니야이다. 유다 왕국에 군사력을 행사하던 바벨론 제국은 선왕 여호야김의 아들 여호야긴 왕을 포로로 잡아간 후 맛다니야를 왕위에 앉히고 바벨론식 이름인 시드기야로 강제 개명했다(왕하24:17). 예루살렘이 패망하고 성전이 파괴된 후 그는 바벨론 군대의 야전 사령부가 있는 립나로 끌려가 자신의 두 아들이 처형당하는 광경을 목격해야 했으며 그 자신도 두 눈이 뽑힌 채 사슬에 묶여 바벨론으로 잡혀가는 처참한 신세가 되었다. 그는 바벨론 땅에서 불행한 죽음을 맞았다.

지역으로 사로잡혀가는 수모를 겪어야만 했다. 그로 인해 이스라엘 민족 가운데는 왕이 끊어지게 되었다.

그렇게 되자 나라 잃은 이스라엘 자손들은 하나님께서 보내실 참된 왕인 메시아를 간절히 기다리지 않을 수 없었다. 그들은 다윗 왕국의 회복을 꿈꾸며 하나님으로 말미암은 완벽한 왕이 오기를 소망했다. 그와 같은 형편이 이스라엘 백성으로 하여금 메시아가 오시지 않고는 아무런 소망이 없다는 사실을 깨닫게 했던 것이다. 이를 통해 메시아 대망사상(待望思想)이 이스라엘 민족 가운데 더욱 구체화 되어갔다.

3. 패망한 왕족을 잇는 메시아 계보(대상3:17-24)

유다 왕국이 패망한 후 이스라엘 민족이 바벨론의 포로가 되어 이방 지역으로 이거한 후에도 아브라함과 다윗을 잇는 메시아 계보는 지속되었다. 그들은 왕의 혈통을 지녔으나 나라가 망한 상태에서 더 이상 왕이 될 수 없었다. 하지만 왕위를 계승하게 될 인물들의 계보는 매우 중요했다. 그 혈통 가운데서 장차 메시아가 오실 것이었기 때문이다.

다윗 왕의 혈통 계보를 잇는 여고냐 곧 여호야긴은 유다 왕국의 패망과 예루살렘 성전의 파괴와 더불어 포로가 되어 바벨론 지역으로 사로잡혀 갔다. 왕족이었으나 왕위를 지속할 수 없었던 여고냐를 통해 스알디엘이 태어났으며 그로부터 스룹바벨이 출생했다. 스룹바벨은 나중 바벨론을 정복하고 승리한 페르시아 제국의 고레스 왕이 내린 칙령에 따라 BC538년 이후 이스라엘 백성이 포로로 잡혀간 이방 지역으로부터 가나안 본토를 향해 귀환할 때 민족을 이끈 지도자 역할을 했던 인물이다.

바벨론 제국이 예루살렘을 정복함으로써 유다 왕국을 멸망시키고 거룩한 성전을 파괴했지만 하나님께서는 저들의 행위를 그냥 두지 않으셨다. 나중 페르시아 제국을 도구로 사용하여 바벨론을 패망시키셨던 것이다.

하나님은 그로 말미암아 바벨론 군대가 사로잡아간 언약의 자손들을 페르시아를 통해 본토로 돌아오게 하셨으며, 바벨론의 느부갓네살이 파괴한 예루살렘 성전을 페르시아의 고레스 왕을 통해 성전 재건을 허락하도록 하셨던 것이다.

4. 유다의 자손들과 일반 족보 (대상4:1-23)

역대상에서는 다시금 유다 지파에 관한 기록을 하고 있다. 그러나 이들은 메시아 계보가 아니라 폭넓은 유다 자손들에 관한 기록이다. 메시아의 직접 계보에 속한 베레스와 헤스론 이외의 다른 후손들에 대한 언급을 하고 있는 것이다.

그 자손들 가운데 한참 후손에 해당되는 야베스가 두드러지게 묘사되고 있다. 그는 다른 형제들보다 특별히 존귀한 자라는 표현이 나타나고 있기 때문이다(대상4:8). 그 말은 절대적인 개념으로 사용된 것이라기보다 그 부모가 보기에 그러했다는 것이다. 그럼에도 불구하고 그는 하나님의 은총을 받은 인물이었음에 틀림없었음을 성경이 증거하고 있다.

야베스는 자신의 형편에 대하여 하나님께 간구하며 도움을 요청했다. 그는 하나님이 자기에게 도움을 주실 수 있는 분이라는 사실을 확실히 알고 있었다. 따라서 주님께서 자기에게 복에 복을 더하여 자신의 지경을 넓혀주시고 주님의 손으로 자기를 도와 환난에서 벗어나 근심이 없게 해 달라고 기도했던 것이다. 그의 간구를 들으신 하나님께서는 그의 기도를 들어주셨다(대상4:10). 이는 그가 하나님을 진정으로 경외하는 인물이었음을 말해준다.

우리는 여기서 알 수 있는 점은, 메시아 강림을 위한 직접 계보에 속한 자들이라 해서 세상에서 더 큰 복을 받는 것이 아니라는 사실이다. 그들이 도리어 다른 언약 백성들보다 더 심한 고난을 받는 경우도 많이 있다. 하나님의 주된 관심은 오직 메시아 핵심 계보에만 집중한 것이 아니라 언약의 백성들에게 폭넓게 존재했다는 점을 기억하는 것 역시 매우 중요하다. 그 가운데서 하나님의 구속사적인 뜻이 끊임없이 드러나기 때문이다.

그 자손들 가운데는 사사시대 최초의 사사가 된 옷니엘을 비롯한 지도층 인물들이 많이 있었다. 또한 유다의 후손인 요압의 자손들 가운데는 기능공들의 집단을 조성하는 자들이 있어서 나름대로 중요한 역할을 한 사실이 기록되어 있다(대상4:14). 아마 그들은 단순한 기능공에 지나는 것이 아니라 일반적인 일과 더불어 예루살렘 성전을 비롯한 종교적인 성물 제작이나 중요한 사역에도 연관되었을 것으로 보인다.

또한 아스베야의 집 후손들 가운데는 세마포 짜는 직무를 감당하는 자들도 있었다(대상4:21). 나아가 유다의 자손들 가운데는 '수풀과 산울' 6)에 거하며 옹기장이가 되기도 했으며(대상4:23) 그것을 통해 왕과 함께 직무를 수행하는 공직자로 일하기도 했다(대상4:23). 즉 그 후손들이 나중 왕궁에서 중요한 일을 감당하게 된 사실을 말해주고 있다.

유다의 자손들은 메시아 계보에 속하지 않았다고 할지라도 성전을 비롯한 이스라엘 왕국에 공적으로 필요한 일들을 많이 담당했던 것으로 보인다. 즉 저들의 기술이 단순히 개별적인 삶을 영위하기 위한 수단에 제한되지는 않았으리라는 것이다. 역대기 기록자는 위에 언급된 모든 내용들이 옛 서책에 남아있다는 점을 강조하면서 임의로 기록한 것이 아니라는 점

---

6) 한글개역성경과 개역개정, 그리고 영어성경 KJV에서는 '수풀과 산울'(plants and hedges)로 번역되어 있지만, 한글 새번역, 공동번역, 현대인의성경과 NIV, NASB에서는 '느타임과 그데라'(Netaim and Gederah)로 번역되어 있다. 성경의 문맥을 볼 때, 앞의 자연 환경이 아니라 나중의 지명으로 이해하는 것이 바람직한 것으로 보인다.

을 강조하고 있다(대상4:22). 이는 그 모든 것들이 하나님의 구속사에 해당
된다는 사실을 말해주는 것과 같다.

5. 시므온의 자손들 (대상4:24-43)

또한 야곱의 아들 시므온에게는 여러 아들들이 있었다. 하지만 유다의
자손들이 번성한 데 반해 시므온의 자손들은 크게 번성하지 못했다(대상
4:27). 이는 경제적인 것에 연관되는 것이 아니라 후손들의 수에 관한 의미
를 지니고 있다.

시므온의 자손들은 주로 브엘세바와 하살수알 등 가나안 땅의 남방 지
역에 거주했다. 그들은 다윗 왕이 즉위할 때까지도 그 지역의 많은 성읍들
을 지배하고 있었다. 그리고 그 성읍들 주변을 둘러싸고 있는 촌락들에 흩
어져 살기도 했는데 그들도 시므온 자손의 족보에 올라 있었다.

시므온 자손들 가운데 역대기에 기록된 모든 사람들은 그 가문의 중요
한 지도자들이었다. 그 사람들이 속한 소(小) 가문이 같은 가문의 다른 집
안에 비해 자손들이 더 번성했던 것이 일반적이었다. 그리하여 그들은 해
당 지역에서 나름대로 강력한 세력을 구축할 수 있었던 것이다.

시므온의 자손들은 대개 양떼를 치기 위해 초목이 있는 목장을 구하고
자 애썼다. 그리하여 '그돌' 어귀의 골짜기 동편에 이르러 아름답고 기름
진 목장을 발견할 수 있었다. 그 땅은 사방이 광활하며 조용하고 평화로운
곳이었다. 그 지역에는 과거에 함의 자손들이 살고 있었다. 이는 이스라엘
자손이 가나안 땅으로 들어오기 전 함의 자손이 그 지역을 정복하고 살았
다는 사실을 말해주고 있다. 즉 그들은 함족에 속한 가나안 족속으로서 그
땅을 차지하고 있었던 것이다.

역대기의 명단에 기록된 시므온 자손들이 그 지역으로 이주해 간 때는
유다 왕 히스기야 시대(BC716-687)였다. 그들은 그 땅에 천막을 치고 살아가

던 함족 사람들을 무찌르고 '거기에 있는 모우님 사람'[7]을 쳐서 진멸시켰다(대상4:41). 그리하여 시므온의 자손들이 그때까지 양을 치기에 적절한 목장이 있는 그 땅에 거주하게 되었던 것이다.

또한 그의 자손들 가운데 일부인 오백 명 가량의 사람들은 이시의 아들들을 두령으로 삼고 세일산을 향해 나아갔다. 그들은 그곳에 미리 자리 잡고 기거하던 아말렉 사람들을 침략하여 굴복시켰다. 이렇게 하여 약속의 땅에 대한 하나님의 언약이 점차 이루어져 가게 되었다. 그로 말미암아 승리를 거둔 시므온의 자손들은 세일산 지역에 터전을 삼아 그때까지 거주했던 것이다.

---

7) 한글개역성경에 번역된 '거기에 있는 모우님 사람' 이란 말이 영어성경 KJV에서는 'the habitations that were found there' (그곳에 살던 주민들)로 번역되어 있다.

제4장

'르우벤-갓-므낫세 반 지파' 자손들의 융성과 하나님의 심판, 그리고 '레위 지파'의 특별한 직무

(대상5:1-26; 6:1-81)

1. 르우벤 자손 (대상5:1-10)

역대상 5장에는 맨 앞부분에서 매우 중요한 기록이 나온다. 그것은 야곱의 맏아들 르우벤이 장자권을 박탈당한 사실에 대한 내용에 연관되어 있다. 성경은 르우벤이 혈통적으로 장남이기는 했지만 서모와 간통죄를 저지름으로써 아비의 침상을 더럽혔기 때문에 그에게는 장자가 될 만한 기본 자격이 없다는 것이다. 따라서 장자권은 야곱의 여러 자식들 가운데 요셉과 그의 자손들에게 넘어가게 되었다.

성경은 비록 족보상 그의 이름이 장자로 기록된다고 할지라도 언약적 실제로는 요셉이 장자의 권한을 가진다는 사실을 언급하고 있다. 나아가 유다가 비록 다른 형제들보다 뛰어날 뿐 아니라 장차 메시아가 오시는 통로가 된다고 할지라도 장자권은 요셉에게 돌아간다고 했다. 요셉이 장자권을 가진다는 것은 매우 중요한 의미를 지니고 있다.

그것은 오래 전 야곱과 그의 쌍둥이 형제 에서에게 일어났던 일과 동일하다. 이는 혈통적인 형제 서열이 절대적인 역할을 하는 것이 아니라는 사실을 보여주고 있다. 혈통적인 의미와 언약적인 의미가 상이하다는 점이 선포되고 있기 때문이다. 하나님의 구원 사역에 연관된 모든 것들은 인간의 일반적인 상식에 의존하는 것이 아니라 하나님의 절대적인 뜻에 달려 있는 것이다.

역대상 본문에는 장자권을 상실한 르우벤 자손들의 이름이 기록되어 있다. 그의 후손들 가운데 지파 지도자 역할을 하던 브에라는 앗수르 왕 디글랏빌레셀(BC745-727경)에 의해 포로가 되어 이방지역으로 사로잡혀갔다. 이는 이스라엘의 국력이 급속히 기울어져 감을 의미하고 있다. 그후 BC722년에는 사마리아의 함락과 더불어 북이스라엘 왕국이 앗수르 제국에 의해 완전히 패망하게 되었다.

그 일이 있기 오래 전부터 르우벤 지파 자손들은 팔레스틴의 동쪽 지역으로 이주하여 살게 되었다. 과거 그들은 상당한 세력을 구축하여 유프라테스 강에서부터 광야 지경의 먼 지역에까지 미치기도 했다(대상5:9). 또한 그들의 가축들이 많아져 길르앗 땅에서 크게 번식하게 되었다. 사울 왕이 통치하던 시기에 이르러 그들은 하갈 사람과 맞서 싸우며 많은 사람들을 살해함으로써 승리를 거두어 길르앗 동편 온 땅에 기거하게 되었던 것이다.

2. 갓 자손 (대상5:11-17)

역대상 본문에는 르우벤 자손을 언급한 다음 갓 지파 사람들에 관한 기록이 이어지고 있다. 그들은 르우벤 지파가 거하는 곳의 맞은편에 위치한 바산 땅에서 동쪽으로 먼 지역에 이르기까지 흩어져 살아갔다. 갓 지파에는 대대로 백성을 인도하는 지도자들이 있어서 저들을 인도하는 일을 감당했다.

갓 지파에 속한 자손들은 바산 길르앗과 여러 촌락과 샤론 평야 여기저기 흩어져 살았다. 성경은 그들이 남유다 왕국의 요담 왕과 북이스라엘 왕국의 여로보암 2세 왕이 살았던 시기인 BC8세기 중엽에 이르러서야 비로소 족보에 기록되었음을 말하고 있다(대상5:17). 이는 그때 인구조사가 이루어졌음을 의미하는 것으로 보인다.

3. '르우벤-갓-므낫세 반 지파'(대상5:18-26)

(1) 연합군 결성과 정복전쟁(대상5:18-22)

역대상 본문에는 르우벤 자손과 갓 지파 그리고 므낫세 반 지파에 속한 사람들이 전쟁에 나갈 만한 병사들을 모집했음을 언급하고 있다. 즉 칼과 방패로 적군에 맞서 싸울 수 있고 활을 쏠 수 있는 전투에 능한 군인들을 모으게 되었다. 서로 다른 지파에 속한 그들이 일종의 연합군을 결성함으로써 사만 명이 훨씬 넘는 대군을 이루었다.

그들 연합군은 적군을 상대하여 싸우면서 자신의 전투력에 의존하지 않았다. 그 대신 여호와 하나님을 의지했다. 그들이 하나님께 부르짖었을 때 그가 저들의 간구를 들어주셨다. 그리하여 그들은 적군을 물리치고 승리할 수 있었다. 원수들을 제압한 이스라엘 자손들은 낙타, 양, 나귀 등 많은 동물들을 노획했으며 사람 십만 명을 포로로 사로잡았다. 또한 맞서 대항하는 많은 군사들을 죽이게 되었다.

우리가 여기서 기억해야 할 바는 그들 연합군이 전력(戰力)을 통해 승리를 쟁취한 것이 아니라 하나님께서 저들을 승리로 이끌어 주셨다는 사실이다. 즉 군인들의 막강한 전투력과 탁월한 병기로 인해 싸움에서 승리할 수 있었던 것이 아니었다. 따라서 성경은 하나님으로 인해 전쟁에서 이기게 되었음을 기록하고 있다(대상5:22). 하지만 그들이 오만해져 배도에 빠지게 되었을 때 하나님께서는 저들을 징계하시게 된다.

(2) 배도와 하나님의 심판(대상5:23-26)

르우벤, 갓, 므낫세 반 지파의 자손들은 저들이 정복한 땅으로 가서 거주하게 되었다. 그들은 바산에서부터 헤르몬산까지 이르러 크게 번성했다. 그들 가운데는 유능한 지도자들이 있어서 백성들을 인도하며 강력한 세력을 키워나갔다.

하지만 그들은 거기서 점차 번성해 가는 가운데 조상들이 섬기던 여호와 하나님께 크게 범죄하기에 이르렀다. 배도에 빠진 백성들은, 하나님께서 증오하여 파괴한 그 지역의 더러운 이방신들을 마치 간음하듯이 섬겼다. 그들은 거짓 신들을 섬기면서 종교적인 열정을 다하며 자신의 욕망을 채우고자 했던 것이다.

결국 그들의 행위는 하나님의 진노를 살 수밖에 없었다. 하나님께서는 저들에게 징계와 심판을 내리시고자 했다. 그리하여 그는 앗수르 왕 불(Pulu) 곧 디글랏빌레셀(BC745-727)의 마음을 격동시켜 저들을 공격하도록 하셨다. 그것은 역사 가운데 발생한 일상적인 사건이지만 하나님으로 말미암은 것이었다.

그리하여 르우벤, 갓, 므낫세 반 지파에 속한 자손들은 앗수르 군사들에 의해 사로잡혀가는 신세가 되었다. 그들은 이방 지역인 할라와 고산 하숫가로 끌려가야만 했다. 역대기가 기록될 당시까지 그들은 그곳에 살았다. 앗수르의 디글랏빌레셀이 저들을 침략한 후 뒤이어 그 이방인들의 군대는 사마리아를 공격했다. 그리하여 BC722년 앗수르 제국의 살만에셀 5세 왕(BC727-722)과 사르곤 2세 왕(BC722-705) 때 북이스라엘을 완전히 패망시키게 되었다.

4. 레위의 세 아들과 그핫, 아므람을 잇는 자손들 (대상6:1-30)

(1) 아므람 집안의 모세, 아론, 미리암 (대상6:1-15)

레위의 세 아들은 게르솜과 그핫과 므라리가 소개되어 나타난다. 레위 자손의 가문은 구속사 가운데서 하나님께서 맡기신 매우 중요한 역할을 담당하게 된다. 그 가운데 그핫의 아들 아므람의 집안에서 출생한 아론과 모세, 미리암의 역할 때문이었다. 아므람과 요게벳 부부(출6:20, 민26:59)는 모세를 낳고 나서 고통스런 상황 가운데 그가 애굽의 왕궁에 들어가는 것을 보고 오랫동안 침묵하는 가운데 하나님의 섭리를 바라보며 살아가야 했다.

모세는 하나님께서 특별히 지목한 매우 중요한 인물이었다. 그를 통해 애굽에서 신음하던 언약의 자손들을 홍해 바다를 가르고 시내 광야로 인도하실 것과 율법과 성막을 주시기로 작정되어 있었다. 모세가 태어난 후 그의 나이 80세 될 때까지도 그 놀라운 사실을 아는 사람은 아무도 없었다. 모세의 부모형제는 물론 그 자신도 알지 못했다. 하지만 하나님께서는 그를 통해 자신의 놀라운 구속 사역을 이루어가셨다.

그리고 아론 자손들은 나중 하나님의 요청에 의해 성막과 성전을 통한 제사장 직무를 감당하게 된다. 그들의 제사장 직분은 이동식 성전인 성막으로부터 시작하여 예루살렘의 모리아산 위에 돌로 된 성전이 정착될 때까지 유연성이 있어야만 했다. 그 자손들 가운데 아사랴는 예루살렘 성전이 지어지고 난 후 거기서 제사장 직분을 감당한 인물이었다(대상6:10).

나중 바벨론의 느부갓네살에 의하여 예루살렘과 그 안에 있던 거룩한 성전이 파괴될 당시에는 여호사닥이 제사장 직무를 감당하던 시기였다. 그는 성전 파괴와 더불어 이방의 포로로 잡혀가게 되었다(대상6:15). 당시 제사장 무리가 이방의 포로로 잡혀갔을 때 성전은 파괴되고 없어졌으나 제사장들의 고유한 사역은 그대로 존속했다. 즉 제사행위는 더 이상 진행될 수 없었지만 민족 내부에서의 종교적으로 옳고 그름에 대한 판단과 성경 계시와 연관된 중요한 사역은 여전히 저들에게 맡겨져 있었다.

또한 아론과 모세의 자매 미리암은 시내 광야에서부터 저들과 함께 있으면서 나름대로 중요한 역할을 감당했다. 이스라엘 민족이 그의 모든 행위를 가까이서 보며 중요한 교훈을 얻기도 했던 것이다. 우리는 여기서 하나님께서 레위 자손 가운데 아므람의 집안을 택하여 구속사를 위한 특별한 도구로 사용하시고자 한 사실을 알게 된다. 그러나 그것이 저들에게 세상에서 말하는 복을 전제로 한 것은 아니었다. 도리어 아론은 하나님의 말씀에 불순종하는 자식들로 인해 힘든 고통을 감내해야만 했다.

(2) 레위 지파에 속한 여타 자손들(대상6:16-30)

역대기 본문에는 레위 지파 자손들 가운데 모세와 아론을 비롯한 제사장 계열과 미리암 이외의 여러 자손들에 관한 기록을 남기고 있다. 그 자손들 가운데 특히 두드러진 인물은 사무엘이다(대상6:28, 삼상8:1-3). 이처럼 레위 지파에 속한 가문은 사사시대 말기 이스라엘 왕국이 세워지고 올바른 언약의 길로 나아가도록 한 중요한 역할을 담당하게 되었다.

사사시대 말기에 하나님의 특별한 부르심을 받아 선지자 사역을 감당했던 사무엘은 이스라엘 민족에게 하나님의 뜻을 전했다. 그는 하나님의 요청에 의해 베들레헴에 살고 있던 이새의 집을 찾아가 장차 언약 왕국의 왕이 될 다윗을 만나 그에게 기름을 붓기도 했다(삼상16:12,13). 이는 땅과 자손과 더불어 언약의 왕국을 약속받은 아브라함 언약과 율법을 통한 모세 언약의 성취를 향한 과정에 놓여 있었다. 그것은 물론 전적인 하나님의 요구에 대한 순종행위였다.

5. 언약궤와 여호와의 집에서 찬송 (대상 6:31-48)

레위 지파에 속한 사람들은 각각 질서에 따라 자기에게 맡겨진 직무를 감당했다. 다윗 왕 시대가 되어 이스라엘 민족이 예루살렘을 정복하기 전까지는 하나님의 언약궤가 완전히 정착된 상태에 놓여 있지 않았다. 사사 시대에는 성막이 해체된 상태에 있기도 했으며 언약궤를 블레셋에 빼앗긴 경우도 있었다(삼상4:10,11). 물론 그럴 때조차도 하나님의 언약궤는 여전히 하나님께 속한 거룩한 성물이었다.

이스라엘 백성이 예루살렘을 정복한 후에도 돌로 된 성전이 완공될 때까지는 여전히 언약궤가 그 지성소에 안치되지 못했다. 그리하여 다윗은 레위 자손들 가운데 많은 사람들을 세워 여호와의 성전이 솔로몬 왕에 의해 건립될 때까지 회막 앞에서 찬송하는 일을 행하도록 했다(대상6:32). 그것은 개인의 취향이나 열정에 따라 한 것이 아니라 율례에 정해진 질서대로 그 직무를 행하게 되어 있었다.

당시 언약의 백성들 가운데 특별히 찬송하는 자가 있었다는 사실은 우리가 눈여겨보고 이해해야 한다. 역대기에는 사무엘의 손자 헤만이 찬송을 지도하는 자라는 사실이 언급되어 있다(대상6:33). 그는 자기 취향에 따라 찬송을 지도한 것이 아니라 다른 책임 있는 자들과 함께 그 일을 감당했다. 헤만의 형제 아삽은 그의 오른편에서 직무를 행했으며(대상6:39), 그의 왼편에서는 에단이 그 직무를 감당했다(대상6:44).

이는 찬송을 지도하는 책임자인 헤만의 좌우편에는 그에 연관된 직무를 감당하는 자들이 있었음을 말해 준다. 하지만 그것을 두고 마치 우리 시대의 성가대 지휘자나 보조 지휘자인 양 생각해서는 안 된다. 오히려 그들은 진리에 흐트러짐이 없이 올바르게 하나님을 찬송하도록 그에 참여하는 직무를 가진 자로 이해해야 한다.

우리는 여기서 찬송은 아무나 마음에 내키는 대로 입술로 노래 부르는 것이 아니라는 사실을 알 수 있다. 흔히 주장하는 것처럼 개인의 감동에 따라 자유롭게 하나님을 찬송하는 문제에 대해서는 깊은 주의를 기울여 판단해야 할 필요가 있다. 하나님을 노래하는 일은 그 직분적 자격을 갖춘 지도자들의 지도에 따라 신중하게 진행되어야 하는 것이다.[8]

우리는 또한 당시 그들이 회막 앞에서 무엇을 어떻게 노래했을까 하는 점을 잘 생각해 보아야 한다. 분명한 점은 그들이 부른 노래가 우리가 생각하는 음악성을 기초로 한 아름다운 노랫가락은 아니었다는 사실이다. 그들은 시편을 순전한 마음으로 노래했을 것이며 그 가운데 하나님께서 약속하신 장차 오실 메시아를 소망하는 마음이 구체적으로 자리잡고 있었을 것이 분명하다.

헤만을 중심으로 한 아삽과 에단은 회막 앞에서 하나님의 언약을 기억하는 가운데 백성들에게 시편을 노래하도록 지도했을 것이 틀림없다. 그 직무는 나중 레위 지파 자손들 가운데 기본적인 자격 요건을 갖춘 자들을 통해 후대로 상속되어 갔을 것이다. 이처럼 레위 지파에 속한 사람들은 단순히 육체적 노동에 해당되는 일뿐 아니라 영적이며 정신적인 분야에 관한 모든 일들을 감당했다(대상6:48). 하나님께서는 언약의 자손들 가운데 메시아를 보내기 위한 사역을 그렇게 이어져 가도록 역사하셨던 것이다.

6. 모세의 율법에 따른 아론 자손들의 제사장 사역(대상6:49-53)

아론과 그의 자손들에게 맡겨진 가장 중요한 직무는 제사장 사역이었다. 그들은 번제단과 향단 위에 분향하며 여호와 하나님께 제사를 드리는

---

8) 우리 시대에도 교회에서 찬송을 지도하는 직분자는 말씀의 교사로 세워진 목사이다. 자칫 잘못하면 찬양대 혹은 성가대 지휘자가 그 일을 감당하는 것으로 오해할 수 있다. 우리는 이에 대한 분명한 이해를 하고 있어야만 한다; 이광호, 교회헌법해설, CNB533, 평택: 교회와 성경, 2018, p.191. 참조.

일을 감당했다. 그와 더불어 지성소에 관련된 모든 일들은 아론 지파 제사
장들에게 맡겨진 직무였다. 역대기에는 제사장을 잇는 계보가 그 이름들
과 함께 기록되어 있다(대상6:49-53, 참조).

　우리가 여기서 기억해야 할 바는 제사를 지내는 직무가 단순히 아론의
자손 제사장들에게 허락된 '특권'에 해당되는 일이 아니라는 사실이다.
즉 제사장들은 개인적인 판단에 따라 자의로 제사 행위를 할 수 있는 것이
아니었다. 만일 그런 잘못된 자세로 제사 직무를 감당한다면 그것은 도리
어 하나님을 욕되게 하는 것일 수 있었다.

　그러므로 제사장들은 자신의 주장이 아니라 하나님의 종 모세의 모든
명령에 온전히 따르고자 하는 자세를 유지해야만 했다(대상6:49). 즉 그들은
성경이 요구하는 바 율법에 순종함으로써 그 직무를 수행할 수 있었다. 제
사장들이 그렇게 함으로써 이스라엘 백성 곧 언약의 자손들을 위하여 속
죄하게 된다.

　여기서 중요한 점은 제사장들의 제사를 통한 속죄행위가 단순한 상징이
나 기념 행위에 그치는 것이 아니란 사실이다. 구약시대에 제사를 통해 행
해진 속죄사역은 구체적으로 발생하는 실제적인 사건이었다. 아직 인간의
몸을 입은 거룩한 메시아께서 이땅에 오시지 않아 그 사역이 완성되지 않
았지만 그들은 제사와 제물 가운데서 장차 오실 메시아를 기억하는 가운
데 하나님을 실제로 경배할 수 있어야만 했다. 이는 죄의 용서와 밀접하게
연관되어 있었던 것이다(대상6:49).

　우리는 제사장 사역에 관련된 언약적인 의미를 귀담아 들어야 한다. 그
것이 지상 교회에 속한 모든 직분자들은 종교적인 특권을 소유한 자가 아
니라 하나님의 말씀에 온전히 순종하는 가운데 그 직무를 감당해야 한다
는 교훈을 주고 있기 때문이다. 따라서 목사, 장로, 집사 등 교회의 직분자
들은 자의적으로 활동해서는 안 되며 하나님의 계명과 더불어 자기에게
맡겨진 사역을 감당해야 하는 것이다.

7. 레위 지파 자손들은 다른 열한 지파로부터 성읍과 거처를 조금씩 얻음 (대상6:54-81)

(1) 열한 지파 자손들에게 맡겨진 의무 규례

다른 지파들과 달리 약속의 땅에서 거처를 따로 분배받지 못한 레위 지파 자손과 아론의 자손 제사장 가문에 속한 자들은 열한 지파 자손들로부터 성읍과 거처를 조금씩 얻었다. 이스라엘 열한 지파의 입장에서는 그것이 선택의 문제가 아니었으며 당연히 행해야 할 의무에 속했다. 즉 인정이나 감정 혹은 개별적 판단에 따른 것이 아니라 하나님의 명령에 의해 그렇게 한 것이었다.

따라서 우리는 이스라엘에 속한 모든 지파가 예외 없이 레위 지파와 제사장 가문인 아론의 자손을 위해 저들의 땅 일부를 내어놓아야 했다는 사실을 기억해야만 한다. 즉 레위 지파를 제외한 열한 지파가 모두 참여해야만 했다. 그들은 아론의 자손과 그 외 레위 지파 자손들에게 규례에 따라 적절히 나누어주었다.

(2) 아론의 자손 (대상6:54-60)

제사장 직무를 감당하는 아론 지파 자손들은 예루살렘 주변의 사방 지경 안에 거주했다. 즉 그들은 성전으로부터 그리 멀리 떨어지지 않은 지역에 살았다. 본문 가운데 나타나는 특이한 점은 여분네의 아들 갈렙이 유다 지파에 속한 인물이었지만 그에게도 저들과 동일하게 성과 밭과 부락이 주어졌다는 사실이다(대상6:56). 이는 이스라엘 민족이 가나안 땅으로 들어올 때 특별한 지위에 있었기 때문이었던 것으로 보인다.

아론 지파 자손에게는 땅과 성읍들 뿐 아니라 그 지경에 있는 도피성 (City of refuge)들이 주어졌다. 즉 분할 원칙에 따라 그것을 소유하게 된 다른 지파 자손들이 제사장 사역을 하는 아론의 자손들에게 주었던 것이다. 그 가운데 베냐민 지파가 아론의 가문에 제공한 땅이 그 중심에 놓여 있었다.

또한 도피성은 부지중에 살인한 자가 피살자의 가족으로부터 율법을 벗어난 피의 보복을 피하여 생명을 보존하기 위해 특별히 마련된 성읍이다(민35:6, 수20:2). 그리하여 제사장 가문에 속한 아론 자손이 안전한 도피성을 얻게 됨으로써 부당한 보복이나 복수가 일어나는 것을 방지할 수 있었던 것이다.

(3) 레위 지파 세 아들의 자손들이 얻은 땅과 성읍(대상6:61-81)

레위의 아들 그핫 자손의 남은 자들에게는 팔레스틴 중부 지역의 요단강 서쪽에 위치한 므낫세 반 지파가 소유한 성읍들 가운데서 제비뽑아 주었다. 그들의 몇 족속은 에브라임 지파 자손들로부터 성읍과 도피성을 얻기도 했다. 그 가운데는 세겜과 아얄론이 포함되어 있었다. 그리고 게르손 자손에게는 잇사갈 지파를 비롯한 몇 지파 중에서 주었으며 므라리 자손에게는 르우벤 지파를 비롯한 몇 지파에서 여러 성들을 주었다.

이처럼 이스라엘 모든 지파의 자손들이 각기 제비를 뽑아 땅과 성읍들을 레위 자손에게 주게 되었다. 이는 각 지파가 사사로운 판단과 선택에 의해 그렇게 한 것이 아니었음을 말해준다. 그것은 언약에 속한 자손들로서 하나님께서 허락하신 율례에 따라 그 일을 감당함으로써 레위 지파가 감당해야 할 특별한 사역을 지원하게 되었던 것이다. 레위의 아들 가운데 가장 중요한 지위에 있다고 할 수 있는 그핫 자손에게는 유다, 시므온, 베냐민, 에브라임 지파로부터 땅과 성읍들이 주어졌다.

레위의 아들들 중 게르손 자손에게는 팔레스틴 북동부지역에 위치한 므낫세 반 지파, 잇사갈, 아셀, 납달리 지파로부터 바산을 비롯한 갈릴리 주변 여러 지역에 있는 땅과 성들이 주어졌다(대상6:71-76). 므라리 자손의 남은 자들은 스불론, 르우벤, 갓 지파로부터 다볼과 요단강 동편 여리고 맞은편과 헤스본 등지에 있는 땅과 성읍들을 얻게 되었다(대상6:77-81). 이리하여 이스라엘 모든 지파들이 레위 지파와 아론의 자손 제사장 가문을 위해 저들이 소유한 땅과 성읍을 다시금 나누어 주었다.

우리는 여기서 매우 중요한 사실을 이해하지 않으면 안 된다. 그것은 레위 지파 사람들이 예루살렘을 중심으로 한 지역뿐 아니라 약속의 땅 전역에 흩어져 거주했다는 의미가 되기 때문이다. 즉 다른 열한 지파에 속한 백성들이 각기 분배받은 땅에 몰려 살며 공동체를 이루었던 것과 크게 대비되었다.

이는 곧 레위 지파 사람들이 여러 지파 족속들이 살아가는 각 지역에 분리 거주하면서 감당해야만 할 특별한 사역이 있었음을 말해준다. 그들은 각 지파들 가운데서 하나님을 섬기는 일을 맡아 행하며 저들을 종교적으로 지도하는 직무를 감당했다. 그렇게 함으로써 모든 언약의 백성들이 한 율법 아래서 한 하나님을 섬기도록 했던 것이다.

제5장

이스라엘 여러 지파의 자손들과 포로 귀환 후의 형편

(대상7:1-40; 8:1-40; 9:1-34)

■ ■ ■ ■ ■ 역대상 7장

1. 잇사갈, 베냐민, 납달리, 므낫세, 에브라임, 아셀 자손(대상7:1-40)

역대상 7장에는 이스라엘 여러 지파들의 자손들에 관한 내용이 간단하게 기술되어 있다. 가장 먼저 언급된 잇사갈 지파 가운데는 많은 자손들이 태어났다(대상7:1-5). 그들 중에는 다윗 시대에 이르러 유능한 장수들이 상당수 배출되었다. 또한 전쟁에 능한 용맹한 병사들이 많이 나왔다. 그들이 예루살렘을 정복한 다윗 왕국을 세우는 데 큰 역할을 하게 되었다.

베냐민 지파 자손들은 한 때 이스라엘 민족 가운데 골칫덩어리가 된 적이 있었다. 그들은 이스라엘의 다른 모든 지파들과 적대 관계에 놓이기도 했던 것이다(삿20장, 참조). 베냐민은 야곱의 자식들 가운데 막내였지만, 그 자손들 가운데도 용맹한 병사들이 많이 나왔다. 그들은 레위 지파를 제외한 나머지 열한 지파들 가운데 맨 나중에 취하게 될 예루살렘과 그 인근의 땅을 분배받았다.

우리는 이스라엘 자손들이 다른 지역들을 정복하고 난 후 가장 나중에 예루살렘을 공략한 사실을 기억한다. 하나님께서는 이스라엘 열두 지파들 중에 막내인 베냐민 지파에게 아브라함 언약의 중심지이자 다윗 왕국의 수도가 되어 하나님의 거룩한 성전이 세워지게 될 예루살렘을 분배받도록 하셨다. 이는 그들이 가장 늦게 안정을 찾았다는 말이 되기도 한다.

역대상 본문에 기록되어 나타나는 베냐민의 아들들은 상대적으로 중요한 역할을 한 자들로 보인다. 역대기에는 그 자식들 외에 네 명의 아들이 더 있었던 것으로 기록되어 있다(대상8:1). 그들로부터 유능한 지도자들이 나왔으며 전쟁에 나가 적군과 싸울 만한 용맹한 병사들이 많이 배출되었다.

또한 납달리 자손들 중에도 많은 자손들이 태어났다. 그런데 역대상 본문에는 그 자손들의 이름이 불과 몇 명만 소개되어 있으며 저들의 활약상에 관한 내용은 보이지 않는다(대상7:13). 이는 앞에서 잇사갈 지파와 베냐민 지파 자손들 중에 유능하고 용맹한 인물들이 많았음을 기술하고 있는 점과 크게 대비된다.

그렇다고 해서 그들 가운데는 뛰어난 인물이 전혀 없었던 것으로 단정지을 필요는 없다. 납달리 지파 자손들 중에도 나름대로 중요한 역할을 담당한 자들이 상당수 있었을 것이 분명하다. 단지 역대상 해당 본문에서는 그와 같은 점이 보이지 않고 있을 따름이다.

므낫세 지파 중에도 많은 자손들이 출생했다. 본문 가운데는 그들 가운데 여러 사람들의 이름이 기록되어 있다(대상7:14-19). 그들은 아마도 지파 중에 중요한 인물로 여겨지는 자들이었을 것이다. 물론 그들 이외에도 이름이 밝혀지지 않은 더 많은 지도자들이 있었을 것이 틀림없다.

에브라임 지파에도 많은 자손들이 태어났으며 유능한 지도자들이 있었다(대상7:20-27). 역대상 본문에는 그 자손들 가운데서 발생했던 특이한 사건이 기록되어 있다. 그것은 그들 중 몇 명이 가드(Gath)에 살고 있던 원주민에 의해 살해된 사실에 관한 것이다. 그 사람들이 그렇게 된 까닭은 가드 지역을 침략하여 저들의 짐승을 빼앗으려고 했기 때문이다. 하지만 가드 는 그리 만만한 곳이 아니었다.

가드에는 매우 강인한 사람들이 거주하고 있는 성읍으로서 예루살렘 서 남쪽 가사(Gaza)로 가는 길목에 있었다. 그곳은 블레셋에 속한 성읍으로서 장수 골리앗의 출신지(삼상17:4)였으며 네피림(창6:4) 곧 많은 거인들을 배출 한 아낙 자손들이 살았던 곳이었다(민13:33, 삼하21:19-22). 성경에는 에브라임 자손이 그들로 인해 큰 슬픔에 빠지게 된 사실이 기록되어 있다. 성경은 그것을 두고 그 집에 재앙이 임한 것으로 언급하고 있다(대상7:23). 하지만 나중 베냐민 지파가 그들을 상대해 궁극적인 승리를 거두게 된다(대상8:13, 참조).

우리는 본문 가운데서 에브라임 자손들 가운데 여성의 역할에 연관된 한 단면을 본다. 에브라임의 딸이 지도자가 되어 몇 성읍들을 세운 기록이 나오기 때문이다(대상7:24). 이는 이스라엘 백성의 당시 삶이 남성 절대 우 월주의에 얽매인 사회가 아니라 여성들 가운데도 능력을 갖춘 신실한 자 라면 저에게 맡겨진 중요한 역할이 있었음을 말해준다.

또한 에브라임 지파 가운데서 이스라엘 민족을 가나안 땅으로 인도한 여호수아가 태어나게 된다. 그는 모세가 가나안 땅에 각 지파에서 뽑은 열 두 정탐꾼을 보낼 때 에브라임 지파를 대표해 그에 참여했다(민13:8). 정탐 꾼들이 돌아와 적군들의 환경으로 말미암아 부정적인 보고를 했을 때 여 호수아는 갈렙과 함께 그 지역이 비록 막강한 세력을 갖추고 있지만 하나 님의 도우심으로 정복할 수 있는 땅임을 보고했다(민14:6-30, 참조).

아셀 지파의 자손들도 전반적으로 크게 번성했다(대상7:30-40). 그들 가 운데 많은 지도자들이 나왔으며 군대를 지휘하는 지휘관들이 있었다. 그 사람들 중에 중요한 인물로 인정되는 자들이 성경 본문에 기록되어 있 다. 또한 그들 중에는 전쟁에 나가 적군에 맞서 싸울 만한 용맹한 병사들이 많이 있었다.

2. 베냐민 지파의 특별한 역할

(1) 예루살렘과 베냐민 지파(대상8:1-28)

베냐민 자손에 대해서는 앞의 역대상 7장에 언급되어 있는데(대상7:6-12) 뒤이어 또다시 그들에 관한 기록을 하고 있다. 동일한 지면에 설명되었던 그 지파의 자손들이 훨씬 복잡하게 소개되어 있는 것이다. 그 자손들이 되풀이하여 언급된 것은 그들이 분배받은 예루살렘 성읍과 연관되어 있었기 때문이다.

베냐민 지파는 언약의 중심지인 예루살렘 인근 지역을 분배받았다. 그들은 의미상 가장 중요한 땅을 분배받았지만 사사시대 동안 가장 고통스런 과정을 겪어야만 했다. 다른 지파들이 먼저 자신의 땅을 차지하고 어느 정도 안정을 취해가는 동안에도 베냐민 지파는 약속된 예루살렘을 정복하지 못해 가장 끝까지 힘겨운 싸움을 해야 했던 것이다.

역대상 7장 6절에는 벨라와 베겔과 여디아엘 세 명의 아들이 있는 것으로 소개하고 있다. 그런데 8장 1절에는 그가 낳은 자녀들이 훨씬 많은 것으로 기록하고 있다. 또한 창세기와 민수기에는 베냐민의 아들들의 이름이 매우 복잡하게 얽혀 기록되어 있다.[9] 그 가운데는 손자들을 포함한 이

---

9) "베냐민의 아들 곧 벨라와 베겔과 아스벨과 게라와 나아만(벨라의 아들)과 에히와 로스와 뭅빔과 흅빔과 아릇(벨라의 아들)이니"(창46:21); "베냐민 자손은 그 종족대로 이러하니 벨라에게서 난 벨라 가족과 아스벨에게서 난 아스벨 가족과 아히람에게서 난 아히람 가족과 스부밤에게서 난 스부밤 가족과 후밤에게서 난 후밤 가족이며 벨라의 아들은 아릇과 나아만이라 아릇에게서 아릇 가족과 나아만에게서 나아만 가족이 났으니 이는 그들의 종족을 따른 베냐민 자손이라 계수함을 입은 자가 사만 오천 육백 명이었더라"(민26:38-41).

름들과 더불어 상이하게 불리는 이름들이 섞여 나타나고 있기 때문이다.

이처럼 베냐민의 자식들에 관한 내용은 형제의 숫자와 더불어 그 관계가 매우 복잡하다. 이는 인간들의 일반적인 논리를 통한 접근을 배제하는 것으로 판단하는 것이 옳을지도 모를 일이다. 그럼에도 불구하고 우리는 성경에 기록된 모든 역사적 사실을 가감 없이 그대로 받아들인다.[10]

본문 가운데서 우리의 눈길을 끄는 것들 가운데 하나는 베냐민 지파가 가드(Gath) 거민들을 몰아내는 데 성공했다는 점이다. 앞에서 역대상 7장 21절에는 에브라임 지파가 그들에 대한 정복을 실패하고 도리어 큰 고통을 당했던 것과 대조적이다. 우리는 이를 통해 한 지파가 이루지 못한 일을 하나님께서 다른 지파를 통해 성취해 가셨다는 사실을 알게 된다.

베냐민 지파 사람들은 예루살렘을 정복한 후 그 지역을 중심으로 하여 살아갔다. 예루살렘에서 언약의 왕국을 통치한 자들은 유다 지파 출신의 왕들이었으며, 예루살렘 성전에서 제사를 지내고 그곳을 관리하는 자들은 레위 지파에게 맡겨진 일이었다. 하지만 그곳을 정복하여 거주하는 자들은 주로 베냐민 지파였던 것이다.

(2) 베냐민 자손, 사울의 집안(대상8:29-40)

베냐민의 자손들은 나중 예루살렘과 그 인근 지역에 기거하게 된다. 우리의 관심을 끄는 대목은 베냐민의 지파 가운데 이스라엘에서 처음 왕위를 얻은 사울이 탄생했다는 점이다. 사울이 왕이 된 것은 하나님의 의도와는 거리가 멀었지만, 예루살렘 지역이 베냐민 지파에 분배된 사실에 연관된 것으로 이해할 수 있다. 이는 유다 지파 자손인 다윗이 예루살렘에서 통치하는 언약의 왕으로 등극하는 것과 대비된다.

---

10) 이는 우리가 해당 본문에 연관된 사본과 역본을 문자적으로 받아들인다는 의미가 아니다. 그 내용 가운데 복잡하게 얽힌 문제를 우리가 다 이해할 수 없을지라도 계시의 절대적 의미로 받아들인다는 것이다.

베냐민 지파 자손들 가운데는 용맹한 병사들이 많았다. 그들은 활을 잘 쏘며 전쟁을 수행하기에 능숙한 자들이었다. 하나님께서는 그 모든 환경을 통해 약속하신 땅을 최종적으로 정복하도록 하셨다. 베냐민 자손의 병사들은 마지막 정복의 대상인 예루살렘 지역을 공격하는 데 매우 중요한 역할을 했다.

예루살렘 정복은 '멜기세덱의 왕국의 중심부'(창14:17-20)이자 아브라함이 이삭을 바쳤던 모리아산(창22:2)을 언약 가운데 획득한 의미를 지니고 있다. 이로써 아브라함 언약이 일차적으로 이루어지게 되었다. 이는 또한 '여호와 이레'(창22:14)인 그 땅에서 하나님의 아들이 인간의 몸을 입고 완성하게 될 모든 구속사역에 관한 의미가 드러나게 된 사실에 밀접하게 연관되어 있다.

■ ■ ■ ■ ■ 역대상 9장

3. 포로 귀환 후의 이스라엘 민족

(1) 포로 생활로부터 본토로 돌아온 언약의 자손들(대상9:1-9)

역대상에 기록된 해당 본문에는 역사적 간격을 많이 건너뛴 채 이스라엘 민족에 관한 내용이 기술되어 있다(대상9:1,2). 이는 이스라엘 백성이 바벨론의 포로가 되어 이방 지역으로 끌려갔다가 귀환한 이후에 발생한 일들에 연관된 내용이다. 즉 이에 관한 사실은 바로 앞부분에 언급된 역사적 사실보다는 한 참 뒤의 사건이다.

이스라엘 백성은 BC605년, 597년, 587년 세 차례에 걸쳐 포로로 잡혀가게 된다. 첫번째 포로 가운데는 다니엘이 포함되었으며 두 번째 포로 가운데는 에스겔이 포함되어 있었다. 결국 BC587년에는 예루살렘 성전을 비롯한 모든 성읍이 파괴됨으로써 왕과 제사장들을 비롯하여 중요한 인물들이 대거 포로로 잡혀가게 되었다.

하나님께서는 약속의 땅이 폐허가 되고 언약의 자손들이 그렇게 된 것은 유다가 범죄했기 때문이라는 사실을 말했다. 즉 배도에 빠진 이스라엘 백성을 심판하시기 위해 이방 왕국을 채찍과 몽둥이로 사용하셨다. 그로 인해 그들은 하나님의 거룩한 성전과 땅을 완전히 상실한 채 70년 동안 이방에서 포로 생활을 해야만 했던 것이다(단9:2, 렘25:11,12; 29:10).

그후 바벨론 제국을 제압한 페르시아 시대가 도래하게 되어 언약의 백성들은 '고레스 왕의 칙령'에 따라 본토와 본성 예루살렘으로 돌아올 수 있게 되었다. 먼저 귀환한 자들 가운데 예루살렘에 거한 자들은 제사장들과 레위인들 그리고 성전 제사를 위해 일하는 노예들인 느디님들(Nethinim: the Temple servants)이었다. 아직 성전과 성읍이 정비되기 전에 그들이 먼저 예루살렘 지역에 정착했던 것이다.

그리고 유다 지파와 베냐민 지파와 에브라임 지파 자손들 가운데 일부가 예루살렘 지역에 머물렀다. 우리가 여기서 알 수 있는 사실은 그들이 거주하는 장소가 개인의 취향에 따라 이루어진 것이 아니란 사실이다. 그 모든 것은 지도자들의 판단과 규례에 따라 질서 있게 행해졌다.

(2) 예루살렘에 정착한 제사장들(대상9:10-13)

예루살렘에 귀환하여 정착한 제사장들에게는 규례에 따라 맡겨진 중요한 직책들이 있었다. 그들은 레위 지파에 속한 자들 가운데 제사장 아론의 자손들이었다. 그들 가운데 상당수는 하나님의 성전에 연관된 다양한 일들을 감당해야만 했다. 성경에는 그 재능을 가진 자들이 일천칠백육십 명이라 기록하고 있다.

우리는 여기서 성전 종사자들의 수가 엄청나게 많았다는 사실을 알게된다. 그리 큰 규모가 아닌 성전에서 왜 그렇게 많은 종사자들이 필요했던

가 하는 점을 생각해 볼 수 있다. 이는 그들이 당번을 정해 그 직무를 수행하거나 작은 분야에 이르기까지 구체적으로 감당해야 할 일들이 정해져 있었음을 말해준다. 이를 통해 성전에 관련된 일들이 얼마나 정교하게 행해졌는가 하는 점을 알 수 있다.

(3) 예루살렘에 정착한 레위인들(대상9:14-34)

또한 예루살렘에는 레위 지파 자손들이 거하게 되었다. 그들이 행해야 할 사역은 매우 중요했다. 그것은 먼저 문지기 사역을 감당하는 것이었다. 문을 지킨다는 것은 출입이 자유롭게 허용되는 것이 아니라는 사실을 말해준다. 그들은 포로로 잡혀가기 전 그 조상들이 감당했던 일을 상속받았다. 그들 가운데는 왕국의 문뿐 아니라 성막 문들을 지키며 사람들의 출입을 감독하는 일을 수행한 자들이 있었다.

문을 지키는 직무를 담당하는 자들은 개인적으로 자원해서 그 일을 수행했던 것이 아니라 규례에 따라 특별히 선택받아야만 했다. 그들은 레위인이라고 하는 언약적 관점에서의 혈통과 그 일을 하기에 적절한 재능을 겸비하고 있어야 했다. 그 일은 원래 다윗 왕과 선견자 사무엘이 특별히 선택한 사람들에게 그 직무를 맡긴 것에 기인한다(대상9:22). 그후부터 그 자손들이 반열을 좇아 성전 곧 성막의 문을 지키게 되었다. 그 주변 마을에 살던 사람들은 이레마다 성전에 와서 그 직무를 감당했다.

또한 레위 지파 사람들 가운데 문지기의 두목인 레위 사람 네 명이 특별히 선정되어 긴요한 직무를 맡았다. 그들은 하나님의 성전 안에 있는 모든 방들과 곳간을 지키는 직무를 수행했다. 그들은 또한 성전을 맡은 특별한 직무를 감당해야 했기 때문에 성전 사면에 머물면서 아침마다 성전 문을 열어주는 책임을 지고 있었다.

그중에 어떤 자들은 성전 제사에 사용하는 도구들을 맡아 관리하는 일을 했다. 그들은 때에 따라 수효대로 안으로 들여가기도 하고 다시금 밖으로 내오기도 했다. 또 다른 직무를 맡은 사람들도 있었다. 그들은 성소 안에 구비된 특별한 도구들을 책임지면서 고운 가루와 포도주와 기름과 유향과 향품을 맡기도 했다. 또 어떤 사람들은 전병을 굽는 일을 감당하는 자들도 있었으며 안식일마다 상 위에 차리는 떡을 준비하는 모든 직무를 맡게 된 자들도 있었다(대상9:31,32).

뿐만 아니라 레위인들의 족장 가운데는 찬송을 담당하는 인물들이 있었다. 그들은 그 직분을 올바르게 수행하기 위해 골방에 거하며 맡은 바 직분 수행을 위해 밤낮 그 일에 몰두하기도 했다. 그들은 그것을 위해 일절 다른 일은 하지 않았다. 우리는 이를 통해 아론 지파 자손들뿐 아니라 레위 지파 자손들에게 맡겨진 일이 얼마나 소중한 것들이었는가 하는 점을 알 수 있다.

제6장

사울 왕과 다윗 왕
(대상9:35-44; 10:1-14; 11:1-47; 12:1-40)

1. 사울 왕의 족보 (대상9:35-44)

역대상에는 사울 왕의 족보가 소개되고 있다. 그는 넬의 가문 기스의 아들로 출생했다. 사울은 당시 이스라엘 백성이 보기에 왕이 될 만한 충분한 능력을 갖춘 인물이었다. 따라서 사사시대 말기 이스라엘 백성이 사무엘을 향해 왕을 세우도록 요구하면서 사울을 뽑아 그에게 나라를 다스릴 수 있는 통치권을 맡겼다.

하지만 그는 언약 가운데 하나님에 의해 세워진 왕이 아니었다. 언약의 왕국에서는 유다 지파 가운데서 왕이 나와야만 했다. 그가 곧 장차 오실 메시아의 직접 조상이 되며 그 표상이 될 것이었기 때문이다. 그에 반해 사울은 베냐민 지파에 속한 인물로서 백성들의 적극적인 지원을 받았으나 하나님께서 그를 세운 것은 아니었다. 베냐민 지파가 예루살렘을 정복함으로써 그도 그곳에 살아야 했지만 그렇지 못했다.

2. 사울 왕의 죽음 (대상 10:1-14)

(1) 블레셋 군대의 공격과 사울 집안의 몰락 (대상 10:1-6)

사울 왕이 통치하던 시기에 이스라엘 자손과 블레셋 군대가 맞서 전투를 벌이게 되었다. 그때 이스라엘 군대는 강력한 병력을 소유한 블레셋 사람들 앞에서 쫓겨 도망을 하다가 길보아 산에서 전사하여 쓰러지는 병사들이 많았다. 그렇게 되자 그 블레셋 군대는 이스라엘 자손들의 뒤를 맹렬하게 추격했다.

결국 블레셋 군대는 사울과 그 아들들을 뒤따라가 요나단을 비롯한 사울의 여러 아들들을 죽이게 되었다. 그 이방인들이 적극적으로 추격하며 활을 쏘는 병사가 사울 가까이 미치게 되자 사울은 매우 당황하게 되었다. 그는 부정한 이방인의 손에 의해 죽게 되는 것을 치욕적인 불명예로 생각하고 있었기 때문이다.

그러므로 사울은 자기가 데리고 다니던 호위 병사를 향해 칼을 뽑아 자기를 찔러 죽여 달라는 간곡한 당부를 했다. 할례받지 않은 이방 군인에 의해 죽게 되어 욕을 당할까봐 두렵다는 것이다. 즉 언약의 백성이자 이스라엘 민족의 왕인 자신이 부정한 이방인의 손에 죽는다는 것은 결코 용납될 수 없는 일이라는 것이었다.

하지만 그 병사는 사울 왕의 말을 듣고 도리어 심한 두려움에 빠졌다. 그와 같은 행동은 여간 심각한 문제가 아니었기 때문이다. 어떤 극단적인 경우라 할지라도 자기가 이스라엘의 왕을 살해하는 자가 되고자 하는 마음이 없었다. 만일 그렇게 했다가 나중 자기에게 닥칠 문책이 얼마나 클지에 대해 잘 알고 있었던 것이다.

자기의 명령을 듣고 머뭇거리는 호위병의 심중을 알고 있던 사울 왕은 자기의 칼을 취하고 그 위에 몸을 내던져 엎어짐으로써 자결하게 되었다.11) 그 광경을 지켜본 호위 병사는 왕의 죽음을 보고 자기도 칼에 엎드러져 죽는 죽음을 택했다. 그리하여 사울 왕은 길보아 산에서 자기의 세 아들과 함께 죽음으로써 그의 온 집안이 패망하게 되었다.

물론 우리는 여기서 사무엘서의 기록을 통해 그의 자결에 대한 다른 과정에 대한 어느 정도 여지를 남겨둔다. 즉 사울이 자결한 것은 분명하지만 생명이 완전히 끊어지기 직전 한 젊은이가 다윗으로부터의 일종의 포상을 기대하며 확인 살해했을 가능성을 열어둘 수 있기 때문이다(삼하1:10). 하지만 분명한 사실은 어떤 경우라 할지라도 사울이 전황(戰況)에 대한 자기 판단에 따라 자결했다는 점이다.

그런데 성경은 사울의 그와 같은 죽음을 두고 하나님께서 진노하여 저를 죽인 것이라 표현하고 있다(대상10:4). 따라서 설령 사울이 결코 원치 않던 이방 젊은이에 의해 마지막 생명을 마감했을지라도 중요한 사실은 그것은 하나님의 심판에 따른 자결에 해당된다는 사실이며 그 모든 과정이 하나님의 놀라운 섭리와 경륜 가운데 진행되었다는 점이다.

(2) 배도로 인한 사울이 당한 심판(대상10:7-14)

골짜기 지역에 살고 있던 모든 이스라엘 백성은 자기를 지켜주어야 할 병사들이 도망가고 사울 왕과 그의 아들들이 다 죽었다는 소문을 듣고는

---

11) 사무엘하 1:1-10에는, 사울이 스스로 자결한 것이 아니라 다른 사람이 그를 죽였음에 연관된 내용을 기록하고 있다. 다윗이 '시글락'에 머무르고 있을 때 아말렉 출신의 한 젊은이가 찾아왔다. 그 젊은이는 사울 왕의 요청에 의해 자기가 그를 죽였다고 말했다. 그리고 그의 왕관과 팔찌를 가져왔다고 하며 내놓았다. 그러나 그것은 다윗과 적대관계에 있던 사울을 죽였다고 주장함으로써 다윗의 환심을 사고자 거짓으로 보고했을 수 있다. 하지만 그 보고를 들은 다윗은 그에게 포상을 하기는커녕 기름부음을 받은 왕을 죽인 것에 대한 죄를 물어 즉석에서 처형했다(삼하1:15). 우리는 사무엘하에 기록된 사울의 죽음에 관한 사실을 역대상에 기록된 내용과 모순되는 것이라 생각할 필요가 없다.

도망치지 않을 수 없었다. 그들은 오랫동안 거주하던 성읍들을 버리고 피난을 가게 되었다. 그러자 블레셋 사람들이 그곳으로 들어와 차지했다.

사울이 자결한 다음 날 블레셋 병사들이 죽은 자들의 의복을 벗기던 중 길보아 산에 엎드려져 있는 사울 왕과 그 아들들을 보게 되었다. 그들은 사울의 옷을 벗기고 그 머리를 칼로 자른 후 그의 갑옷을 취했다. 그리고는 전령들을 블레셋 땅 사방으로 보내 저들의 신전 우상을 섬기는 자들과 뭇 백성에게 사울의 죽음을 알리도록 했다.

그들은 또한 사울 왕의 갑옷을 더러운 이방 신당에 던져두고 그의 머리는 다곤(Dagon) 신전에 매달아 두었다. 이는 블레셋의 승리가 다곤 신을 비롯한 저들의 신령이 도와준 결과로 믿고 있었음을 말해준다. 즉 블레셋 사람들에게는 그것이 신의 도움으로 말미암아 얻게 된 승리를 확인하는 의미를 지니고 있었다. 하지만 이스라엘 자손에게는 여간 자존심이 상하는 일이 아니었다.

그러므로 블레셋 사람들이 죽은 사울에게 행한 모든 일이 이스라엘 백성에게 전해졌을 때 공분을 일으켰다. 그 사실을 알게 된 자들 중에 길르앗 야베스 사람들은 그냥 가만히 앉아 있을 수 없었다. 따라서 그들 가운데 용맹한 병사들이 일어나 블레셋 지역을 침략하여 사울과 그 아들들의 시체를 취해왔다. 그들은 그 유골들을 야베스로 가지고 와서 그곳 상수리 나무 아래 장사지내고 칠일 동안 금식하며 애도했다.

성경은 사울 왕이 그런 식으로 비참하게 죽게 된 것은 여호와 하나님께 범죄했기 때문이라는 사실을 밝히고 있다(대상10:13). 사울은 하나님의 말씀에 순종하지 않은 채 배도의 길을 걸었다. 그리하여 신접한 점쟁이에게 찾아가 앞날에 대하여 물어보면서 여호와 하나님께 묻기를 거부했다. 그와 같은 행위는 하나님을 멸시하는 무서운 범죄였다. 따라서 하나님께서는 저를 이방인 가운데서 처참한 죽음을 맞게 하셨다. 그대신 이새의 아들 다윗 왕으로 하여금 그 나라를 이어가도록 하셨다.

3. 다윗 왕의 즉위와 예루살렘 (대상11:1-9)

온 이스라엘 자손이 헤브론에 모여 다윗을 이스라엘 민족의 왕으로 옹립했다. 그것은 물론 인간들을 통해 드러나지만 하나님의 섭리 가운데 이루어진 일이었다. 이제 백성들은 하나님의 언약 가운데 존재하는 다윗의 위상을 깨달아 알 수 있게 되었다. 따라서 사울이 왕이었을 때조차도 그 마지막 시기에는 다윗이 이스라엘을 통치하는 자리에 있어야 한다는 언급을 하고 있다.

이스라엘 백성은 다윗 왕의 하나님 여호와께서 그에게 '네가 내 백성 이스라엘의 목자가 되며 내 백성 이스라엘의 주권자가 되리라' (대상11:2)고 한 사실을 외쳤다. 그리하여 이스라엘 모든 장로가 헤브론에 이르러 다윗 앞으로 나아왔다. 그러자 다윗은 여호와 하나님 앞에서 저들과 언약을 세웠으며 장로들이 그에게 기름을 부어 이스라엘의 왕을 삼았다. 이는 하나님께서 사무엘에게 전하신 말씀대로 된 것이었다.

그후 다윗은 온 이스라엘 백성과 더불어 예루살렘 곧 여부스로 쳐들어가고자 했다. 그곳에는 이방인인 여부스 사람들이 저들의 터전으로 삼아 거주하고 있었다. 따라서 그들은 다윗 왕의 세력이 그곳으로 들어오는 것을 방어하며 결코 용납하지 않으려 했다. 그렇다고 해서 다윗이 순순히 뒤로 물러서지도 않았다.

다윗 왕과 그의 군대는 세력을 정비해 일제히 예루살렘을 향해 공격했다. 그는 먼저, 앞장서 여부스를 치는 용맹한 자들을 장군과 지휘관으로 삼겠다는 약속을 했다. 그리하여 요압을 비롯한 용감한 병사들이 그곳을 선제공격하여 시온산을 빼앗았으며 그곳은 나중 다윗 성으로 불리게 되었다.

그후 다윗은 예루살렘 성을 다시금 견고하게 쌓았으며 요압이 나중 남은 성을 중수했다. 그들이 용이하게 그 일을 진척시킬 수 있었던 것은 만군의 하나님 여호와께서 저들과 함께 계셨기 때문이다. 그리하여 다윗 왕국은 점점 강성해져 갔다. 이처럼 언약의 왕국이 강력해져 갔던 것은 다윗 왕이나 그의 군대의 능력 때문이 아니라 전적으로 그와 동행하시는 하나님의 인도하심에 근거하고 있었다.

4. 다윗 왕의 용사들(대상11:10-47)

(1) 다윗을 위한 하나님의 관여하심(대상11:10-15)

다윗에게는 용맹한 군 지휘관들과 많은 병사들이 있었다. 그들이 다윗이 왕위에 오르는 데 큰 힘이 되었을 것은 분명하다. 물론 그가 왕이 된 것은 하나님의 뜻이 이루어진 사실에 연관되어 있다. 즉 하나님께서는 자신의 구속사적인 목표를 이루시기 위해 다양한 백성들의 역할을 동원하셨다.

다윗의 편에 선 백성들이 바스담밈의 전장에 머무르고 있을 때 블레셋 군대가 공격해 왔다. 그러자 이스라엘 백성은 불레셋의 급습으로 인해 그곳으로부터 도망칠 수밖에 없었다. 하지만 그들은 보리밭이 무성한 장소에 이르러서는 방향을 돌려 블레셋 군대를 역공하여 많은 적군들을 죽였다. 그것은 이스라엘의 군사력이 강해서가 아니라 하나님께서 저들에게 기회를 허락하여 큰 구원을 이루셨기 때문이었다.

그러자 삼십인 부대 소속의 세 용사가 전투에서 승리한 사실을 알리고자 아둘람 굴에 피신해 있던 다윗을 찾아갔다. 그들은 다윗에게 이스라엘의 승리를 전하며 하나님께서 행하신 모든 일을 보고했다. 그때 블레셋 군대는 다시금 진용을 구축하여 르바임 골짜기에 진을 쳤다. 이는 아직 전투가 진행중이었음을 말해주고 있다.

(2) 다윗의 군대와 베들레헴의 블레셋 군대(대상11:16-21)

역대기 본문에는 당시 다윗이 산성에 있었다는 사실을 기록하고 있다. 여기서 산성은 예루살렘 산성이 아니라 베들레헴 부근의 어느 산성이었던 것으로 보인다. 왜냐하면 블레셋 사람들의 군대 병영이 베들레헴에 있었기 때문에 그 인근 어느 지역으로 보는 것이 자연스럽다. 당시 다윗 왕 초기 일시적인 수도였던 헤브론과 최종 목표 지점이었던 예루살렘의 중간지점인 베들레헴 인근의 르바임 골짜기에는 블레셋 군대가 주둔하여 다윗 왕의 군대의 진행을 가로막고 있었던 것이다.

따라서 당시 다윗은 자신의 고향 성읍인 베들레헴이 블레셋 군대에 의해 유린당하고 있는 것을 안타깝게 여기고 있었다. 그는 그에 대한 고통스런 맘으로 베들레헴 성문 곁 우물물을 마시고 싶은 마음이 간절하다는 언급을 했다. 그러자 세 명의 용맹한 신하들이 위험을 무릅쓰고 블레셋 군대의 진영으로 잠입해 들어가 베들레헴 성문 곁 우물물을 길어왔다.

그러나 다윗은 그 물을 길어온 것을 기뻐하지 않았으며 마시기를 원하지 않았다. 그대신 그 물을 여호와께 부어 드렸다(대상11:18). 이는 그가 실제로 그렇게 함으로써 하나님께 제사를 드렸다기보다 하나님께서 베들레헴 땅을 회복해 주시기를 바라는 다윗의 간절한 마음의 표현으로 보인다. 그러면서 하나님께 아뢰기를 앞으로는 결단코 부하들로 하여금 그런 무모한 행동을 하지 않게 하리라고 말했다. 그것은 아무런 의미 없는 발상과 행동에 지나지 않았기 때문이다.

다윗은 그와 같은 위험한 행위를 통해 얻은 물은 마치 신하의 피와 같은 것이라 말했다. 왕의 마음을 읽고 그와 같은 일을 행한 자들은 용맹한 병사들이었다. 그들은 이스라엘 민족을 위해 중요한 일을 감당해야 할 사람들로서 다윗 개인의 욕망을 채우기 위해 사사로운 일을 행할 사람들이 아니었던 것이다.

(3) 이방인 출신 병사들과 다윗 군대(대상11:22-47)

다윗 왕의 군대에는 이방인 출신의 병사들이 상당수 포함되어 있었다. 이는 사실 매우 중요한 의미를 지니고 있다. 당시 이스라엘 민족은 이방인들을 몰아내고 약속의 땅을 성취하는 것이 그 중요한 목적이었기 때문이다. 다윗 왕이 다스리던 사사시대 말기에는 여전히 그 지역에 다양한 종족 출신의 이방인들이 많이 거주하고 있었다.

역대상에는 다윗의 병사들이 모압 사람과 애굽 사람을 죽인 기록이 나온다(대상11:22,23). 그들은 그 지역의 여러 이방인들과 뒤섞여 살아가며 갈등과 공존을 되풀이하고 있었던 것이다. 이는 당시 팔레스틴 지역이 인종적으로 보아 어느 정도 국제적인 성격을 지니고 있었음을 보여주고 있다.

그리고 이방인 출신 인물들 가운데는 다윗 군대의 지휘관으로서 중요한 직책을 맡고 있는 자들이 상당수 있었다. 그들은 이방인으로서 할례를 받고 언약의 민족 공동체 안으로 들어온 사람들이었다. 그중에 대표적인 경우는 암몬 사람 셀렉(대상11:39)과 나중 다윗 왕으로부터 억울한 배신을 당한 헷 사람 우리야(대상11:41)이다.

그런 자들은 비록 이방인 출신이었지만 언약 공동체 안으로 들어온 자들로서 순수 유대인들과 아무런 차이가 없었다. 이는 당시 중요했던 점은 종족 자체가 아니라 언약 공동체의 구성원이라는 사실이었다. 이 말은 유대인 혈통주의가 절대적 영향력을 가진 것이 아니란 점을 말해주고 있다. 우리는 이를 통해 이방인들에게도 하나님으로 말미암은 언약의 문이 열려 있었다는 점을 알 수 있다. 따라서 그들은 여호와 하나님의 편에서 이방 군대의 세력과 맞서 싸울 수 있었던 것이다.

6. 다윗의 진영(대상12:1-40)

(1) 사울과 다윗, 그리고 베냐민 지파(대상12:1-7)

사울 왕 말기가 되어 사울의 세력과 다윗 사이에 엄청난 갈등이 발생할 조짐을 보이고 있었다. 그것은 왕권과 관련된 일이었으므로 양쪽의 대결 양상은 여간 심각하지 않았다. 하지만 그것은 하나님으로 말미암아 진행되어간 일이었다. 그런 중 가장 먼저 다윗의 편에 선 자는 놀랍게도 사울이 속한 베냐민 지파였다(대상12:1-7).

다윗이 사울의 공격을 피하여 시글락에 숨어 있을 때 그를 적극적으로 도운 자들은 다른 사람들이 아닌 사울의 동족인 베냐민 지파 사람들이었다. 그 자손들이 대거 다윗의 편에 서게 되었던 것이다. 그들은 자기 지파에 충성하는 것을 목적으로 삼지 않고 하나님의 뜻에 순종하는 마음을 가지고 있었던 것이다. 하나님께서는 이로써 배도에 빠진 사울 왕의 세력을 심판하고자 하셨다.

(2) 갓 지파(대상12:8-15)

베냐민 지파 사람들에 뒤이어 갓 지파에서도 다윗을 지지하는 자들이 많이 일어났다(대상12:8-15). 그들 가운데 다수는 용맹한 지휘관들로서 다윗의 편을 지지하게 되었던 것이다. 그들은 전쟁에 능한 용사들로서 창과 방패를 능수능란하게 사용할 수 있었으며 그들의 얼굴은 마치 사자와도 같아서 아무런 두려움이 없어보였다. 또한 험악한 산들을 자유롭게 뛰어다니는 날렵한 사슴과도 같았다.

갓 지파의 병사들은 지휘 체계가 잘 갖추어져 상급 지휘관으로부터 말단에 이르기까지 매우 굳건한 진용을 형성하고 있었다. 그들은 오래 전 요단강이 범람할 때 강을 건너 그 지역에 남아있던 이방인들을 쫓아내고 점령하기도 했다. 이는 그들이 얼마나 용맹한 자들이었던가 하는 점을 말해준다. 그와 같이 체계적이고 용맹한 병사들이 다윗의 편에 서게 됨으로써 다윗은 더욱 강력한 세력을 구축하게 되었다.

(3) 남은 베냐민 지파와 유다 지파(대상12:16-18)

또한 후일 베냐민 지파의 남은 자들과 유다 지파 자손들이 다윗의 요새로 나아왔다. 그 광경을 지켜본 다윗은 그들이 진심으로 자기편에 선다면 기꺼이 받아들여 연합하겠지만 만일 불순한 의도로 자기를 기만하고 적들에게 유리한 행동을 한다면 이스라엘 민족의 여호와 하나님께서 저들을 감찰하시고 심판하시리라는 사실을 언급했다. 다윗이 한 이 말은 언약적 진술로서 매우 중요한 구속력을 지니고 있는 것으로 받아들여야 한다.

그때 하나님의 성령이 저들에게 임하여 지휘관 가운데 한 사람인 아마세를 감동시켰다(대상12:18). 그리하여 그는 모든 사람들을 대표하여 다윗을 향해 말했다. "다윗이여 우리가 당신에게 속하겠고 이새의 아들이여 우리가 당신과 함께하리니 원컨대 평강하소서 당신도 평강하고 당신을 돕는 자에게도 평강이 있을찌니 이는 당신의 하나님이 당신을 도우심이니이다"(대상12:18). 그러자 다윗이 그를 군대 지휘관으로 세웠다.

이렇게 하여 그 병사들이 다윗의 편에 서자 드디어 완전한 군대의 진용을 갖추게 되었다. 당시 그 두 지파는 아직 분배받은 땅을 온전히 정복하지 못한 상태였으므로 더욱 절박한 마음이었을 것이 틀림없다. 다른 모든 지파들은 분배받은 땅을 정복하여 그곳에서 삶을 누리고 있었지만 그들은 그렇지 못했기 때문이다.

(4) 다윗의 블레셋과의 위장 동맹(대상12:19-22)

우리는 역대상 본문에서 매우 특이한 사실을 발견하게 된다. 그것은 다윗이 일시적이긴 하나 이방인들인 블레셋 사람들과 일종의 동맹 관계를 형성하고자 했기 때문이다(대상12:19).[12] 물론 그것은 진정한 동맹이라기보다 다윗과 블레셋 모두 자신의 목적을 이루기 위한 위장 전략이라 할 수 있다. 당시 두 군대 모두 사울을 적대적으로 보고 있었으므로, '적의 적은 친구' 가 되는 것과 유사하다.

그러므로 다윗은 블레셋 군대와 함께 진용을 구축하여 자신의 생명을 노리는 사울 왕의 세력을 공략하고자 했다. 그 어간에 므낫세 지파에 속한 자들 가운데 몇 명이 다윗의 편으로 돌아오게 되었다. 그러나 블레셋 군대 지휘관들은 저들이 일종의 스파이(spy)일지 모른다고 의심하여 용납하지 않으려 했다.

블레셋 군대의 지휘관들은, 다윗의 편에 선 그 히브리인들이 가까이 지내면서 자기 병사들의 머리를 베어 사울 왕에게 돌아가 그것을 바치며 투항하게 될까 우려했다(대상12:19). 만일 그런 일이 발생하게 된다면 블레셋 전체가 크게 위태로워질 수밖에 없었다. 그들은 여전히 다윗이 미더울 수 없었던 것이다.

그리하여 전투에 나가지 못한 다윗이 시글락으로 돌아갈 때 므낫세 지

---

12) 다윗은 당시 사울 왕의 칼을 피해 블레셋 지역에 피신해 있는 상태였다. 그러므로 자기의 생명을 노리는 사울 왕의 세력을 치기 위하여 블레셋 군대와 일시적 동맹관계를 형성한 것이 분명하다. 하지만 그것이 서로간 동일한 본질이나 가치관을 소유하고 있었기 때문이 아니다. 다윗에게는 언약의 백성이라 일컫는 사울과 그의 추종자들이 더욱 심각한 대적자들이었다. 그에 반해 당시 다윗의 입장에서는 이방인들인 블레셋 군대가 오히려 사울보다 더 우호적인 면이 있었던 것으로 보인다. 따라서 세력이 턱없이 부족한 다윗이 블레셋 군대의 지원을 받아 사울의 군대를 대적하려 했던 것이다. 한편 그것은 오늘날 우리에게 매우 중요한 교훈을 주고 있다. 우리 시대도 그와 별반 다르지 않은 면들을 볼 수 있기 때문이다. 하나님을 떠나 배도에 빠진 자들은 참된 신앙인들을 심하게 핍박하며 고통을 주고 있다. 그에 반해 하나님을 알지 못하는 불신자들이 신실한 하나님의 자녀들에게 외형상 호의적인 태도를 보이기도 한다.

파의 여러 군대 지휘관들이 다윗의 앞으로 나아왔다. 다윗은 주저하지 않고 그들을 받아들였다. 그 병사들은 나중 다윗의 군대를 도와 아말렉 군대의 침략자들을 쳤다(대상12:21, 삼상30:1-20, 참조). 그리하여 이스라엘 여러 지파들 가운데서 다윗을 돕고자 하여 나아오는 자들이 점차 많아져 갔다. 그렇게 되자 다윗은 큰 군대를 갖춤으로써 마치 '하나님의 군대'와 같이 되어 감히 넘볼 수 없는 막강한 전력을 구축할 수 있게 되었다(대상12:22).

(5) 이스라엘 열두 지파에서 나온 다윗 지지 세력들(대상12:23-37)

이스라엘의 모든 지파들 가운데 다윗을 도와 전투를 하고자 예비된 군대 지휘관들이 그후 헤브론에 집결했다. 그들은 다윗 앞으로 나아와 여호와 하나님의 말씀대로 사울이 통치하던 언약의 나라를 그에게 돌리고자 했다. 그것은 사람들의 판단에 근거한 것이 아니라 하나님의 섭리와 경륜에 의한 것이었다. 그들 가운데 다수는 이스라엘 백성이 마땅히 행해야 할 바를 알고 있었다(대상12:32, 참조).

이제 다윗의 군대에는 이스라엘 열두 지파 모두가 참여하게 되었다. 유다 지파, 시므온 지파, 레위 지파, 베냐민 지파, 에브라임 지파, 므낫세 반 지파, 잇사갈 지파, 스불론 지파, 납달리 지파, 단 지파, 아셀 지파, 르우벤 지파, 갓 지파, 나머지 므낫세 반 지파 등 모든 지파가 다윗의 군대에 참여함으로써 언약의 왕국을 세우고자 했다.

이 가운데서 우리의 눈길을 끄는 것은 레위 지파가 그에 동참한 사실이다. 그리고 제사장 계열의 아론의 자손들 가운데서도 그 전투에 참여한 자들이 많았다(대상12:27). 또한 사울이 속한 베냐민 지파 가운데서는 사울을 따른 자들이 상당수 남아 있었으나 다윗에게로 돌아선 자들이 많이 있었다(대상12:29). 이는 하나님의 '의로운 전쟁'에는 예외 없이 모두가 참여해야 한다는 사실을 말해주고 있다.

(6) 왕위에 오르게 될 다윗(대상12:38-40)

이스라엘 열두 지파의 군대 지휘관들과 병사들은 위태로운 상황 가운데서 전열을 갖추어 진정한 마음으로 다윗이 있는 헤브론으로 나아왔다. 그들은 다윗으로 하여금 온 이스라엘의 왕으로 삼고자 했다. 뿐만 아니라 이스라엘의 남은 많은 일반 백성들도 다윗을 이스라엘 민족의 왕으로 세우고자 하는 마음을 가지고 있었다. 이는 하나님께서 사울 왕을 떠남과 동시에 다윗을 합당한 왕으로 받아들이셨기 때문이다.

헤브론에 몰려 온 모든 군대와 병사들은 거기서 다윗과 함께 사흘 동안 먹고 마시며 세력을 과시했다. 그들을 위해 주변의 많은 동족들이 풍성한 음식을 예비하고 있었다. 또한 근처에 있는 지파들뿐 아니라 심지어는 멀리 떨어진 곳의 잇사갈, 스불론, 납달리 지파에서도 밀가루와 무화과로 만든 빵, 건포도와 포도주 등을 나귀와 약대 등에 실어오기도 했으며 소와 양을 잡아먹기 위해 몰고 오기도 했다. 이렇게 하여 다윗을 왕으로 세우고자 하는 이스라엘 백성들 가운데 왕국 언약의 성취에 대한 기대와 더불어 큰 기쁨이 넘쳐났다.

제7장

하나님의 언약궤와 예루살렘

(대상13:1-14; 14:1-17; 15:1-29)

1. 하나님의 법궤를 옮기고자 함

(1) 적법한 규례에 따른 논의(대상13:1-6)

다윗 왕은 하나님의 법궤를 예루살렘으로 옮겨오고자 했다. 그것은 지극히 당연한 판단으로서 '아브라함 언약'과 '모세 언약'의 일차적 성취와 직접 연관되어 있다. 즉 하나님의 법궤가 예루살렘에 와야만 오래전 아브라함이 독자 이삭을 바쳤던 모리아산 바로 그 자리에 성전 건립이 가능하게 된다. 그것은 또한 모세가 시내 광야에서 하나님의 지시에 의해 제작된 법궤가 예루살렘에 안착되는 중요한 의미를 지니고 있다.

그 중요한 일은 어느 누구라 하더라도 개인적으로 결단하고 실행할 수 있는 사안이 아니었다. 따라서 다윗은 먼저 이스라엘 백성의 천부장과 백부장 등 군 간부들과 함께 그에 관한 논의를 했다. 물론 그들은 그에 대한 당위성을 잘 이해하고 있었다. 그다음 다윗 왕은 이스라엘 온 회중에게 그에 관한 저들의 생각을 물었다. 만일 백성이 법궤를 예루살렘으로 옮기는 일을 선하게 여기고 하나님으로 말미암은 것이라면 결행하리라는 것이었다.

즉 하나님의 뜻을 알고 그에 따라 백성들이 법궤를 옮기는 그 일을 선하게 여긴다면 약속의 땅 이스라엘 전역에 흩어져 있는 각 지파 형제들을 불러 모으리라고 했다. 또한 그들과 더불어 제사장들과 레위인들에게 전갈을 보내 모두 한자리에 모이게 하리라는 말을 했다. 그리하여 하나님의 법궤를 예루살렘으로 옮겨 오자는 것이었다. 과거 사울 왕 때에는 하나님의 뜻을 온전히 받아들이지 않아 언약의 백성이 법궤 앞에서 하나님께 묻는 것을 가볍게 여겼다는 것이다(대상10:14; 13:3, 참조).

이는 이제 하나님께서 주시고자 한 약속의 땅 가운데 마지막 남은 가장 중요한 지역인 예루살렘을 쟁취했으니 그곳으로 법궤를 옮기고 성전을 건립하자는 의미를 지니고 있다. 다윗의 설명을 들은 백성들은 그 말을 선하게 받아들였다. 따라서 거기 모인 온 회중이 그에 따르겠다는 의사를 밝혔다. 그러자 다윗은 애굽의 시홀 시내에서부터 하맛 어귀까지 흩어져 살아가는 온 이스라엘 백성의 대표자들을 불러 모았다. 그리고 가랏여아림에서 하나님의 법궤를 옮겨오고자 했다.[13]

다윗은 그 일을 진행하기 위해 먼저 이스라엘 백성을 거느리고 바알라 곧 유다에 속한 기랏여아림으로 올라갔다. 그곳에 있는 여호와 하나님의 법궤를 옮기기 위해서였다. 다윗 왕을 비롯한 언약의 백성들이 법궤를 예루살렘으로 옮겨야 했던 까닭은 여호와께서 법궤 위의 두 그룹 사이에 계시므로 그것이 여호와의 이름으로 일컬어졌기 때문이다. 즉 법궤는 하나

---

13) 이스라엘 자손은 '아벡 전투'에서 패하여 하나님의 법궤를 블레셋에 빼앗겼다. 그때 하나님의 뜻에 불순종한 엘리의 두 아들 홉니와 비느하스가 죽임을 당했다(삼상4:11). 인간들이 자신의 목적을 이루기 위해 법궤와 하나님을 이용하는 것이 얼마나 사악한 행위인지 그대로 보여주고 있다. 그후 이스라엘 민족이 그것을 다시 되찾으면서 기랏여아림의 아비나답의 집에 20년간 보관해 두게 되었다.

님께서 임재하시는 거룩한 영역으로 확인되고 있었던 것이다.

우리가 여기서 눈여겨보아야 할 점은 하나님의 법궤를 옮기는 것이 다윗 왕의 개인적인 의사와 판단에 따른 단독행위가 아니라 민족 대표자들과 온 백성들의 의사에 직접 연관되어 있다는 사실이다. 즉 언약 왕국을 통치하는 왕조차도 지극히 당연한 일임에도 불구하고 개인의 주장에 따라 이러한 결행을 시도하지 않았다. 또한 법궤를 맡은 제사장들도 자의로 그렇게 하지 않았으며 왕과 백성들의 공적인 의사와 더불어 그 일을 실행하게 되었다.

이는 오늘날 지상 교회에서도 그에 연관된 의미가 적용되어야 한다. 지상에 존재하는 하나님의 교회에서는 어느 누구도 독단적으로 판단하고 행동하려 해서는 안 된다. 교회에는 목사 장로 집사 등 다양한 직분자들과 전체 회중에게 맡겨진 나름대로의 소중한 직임들이 있다. 따라서 구약시대 이스라엘 왕국에서 법궤를 옮길 때 적용된 원리처럼 신약시대 교회에도 그와 조화되는 원리가 적용되어야 하는 것이다. 즉 목사나 장로 등 직분자들이 중요한 사안에 대하여 회중의 소리를 외면한 독단적으로 판단하거나 결행하지 말아야 한다.

(2) 특별히 제작된 수레에 의한 규례에 따른 실행(대상13:7-14)

하나님의 법궤를 예루살렘으로 옮기는 일을 위해서는 반드시 새 수레가 필요했다. 이미 다른 목적을 위해 사용한 적이 있는 수레를 다시금 활용할 수는 없었다. 따라서 법궤를 옮기기 위해서 한 번도 사용한 적이 없는 새 수레를 제작해야만 했던 것이다.[14]

이스라엘 백성이 블레셋 군대에 빼앗겼다가 되찾아오게 된 하나님의 법궤는 20년 동안 기럇여아림에 있는 아비나답의 집에 머물러 있었다(삼상

---

[14] 우리는 여기서 예수님께서 사람이 한 번도 타본 적이 없는 나귀새끼를 타고 예루살렘 성으로 입성하신 사실을 떠올리게 된다(슥9:9, 막11:1-10, 참조).

7:2). 그러다가 다윗 왕이 백성들과 함께 그것을 새 수레에 싣고 나왔다. 그때 아비나답의 아들 웃사와 아히오가 수레를 몰았다. 그 과정에서 다윗 왕을 비롯한 온 이스라엘 백성의 무리는 하나님 앞에서 즐거운 축제 가운데 전심을 다해 뛰놀며 노래했다.

뿐만 아니라 자격을 갖춘 자들이 수금과 비파와 소고와 제금과 나팔을 불며 연주하는 가운데 예루살렘을 향해 나아갔다. 그와 동시에 백성들은 시편을 노래하며 즐거운 마음으로 그 뜻 깊은 행사에 참여했다. 이는 구속 사적 의미를 지닌 것으로서 하나님의 법궤가 예루살렘으로 옮겨지는 역사적인 사실을 온 세상과 우주 만방을 향해 선포하는 중요한 의미를 지니고 있었다. 세상의 다른 인간들이 전혀 알지 못하는 사이 예루살렘에는 그 놀라운 일이 진행되고 있었던 것이다.

그런 즐거움과 환호 중에 새 수레에 실은 법궤가 도중에 '기돈의 타작마당'[15]에 이르게 되었다. 그때 심각한 문제가 발생했다. 법궤를 실은 수레를 이끄는 소들이 날뛰자 수레를 끌던 웃사가 손을 펴서 궤를 붙잡았기 때문이다. 그것은 여호와 하나님을 진노케 하는 잘못된 행동이었다. 그리하여 하나님께서 웃사를 치시게 되자 그 자리에서 즉사하게 되었다.

우리의 눈에는 웃사의 행동이 불가피한 것으로 보일 수도 있다. 소가 심하게 날뛸 때 수레에 실린 법궤가 땅으로 떨어지는 것을 방지하기 위하여 그렇게 할 수밖에 없었을 것이기 때문이다. 어떤 의미에서 볼 때 웃사는 지극히 당연한 행동을 취한 것이라 할 수 있다. 하지만 율법에 엄격하신 하나님 보시기에는 전혀 그렇지 않았다.

그렇다면 왜 웃사는 하나님의 무서운 진노를 받아 그 자리에서 즉사하게 되었을까? 아비나답의 아들 웃사는 레위 지파가 아니라 유다 지파에

---

15) 역대상 13:9에 기록된 '기돈의 타작마당'이 사무엘하 6:6에는 '나곤의 타작마당'으로 기록되어 있다. 나곤과 기돈이 동일 인물일 가능성이 있으며, 혹 아니라면 그 집안에 속한 형제들 가운데 다른 사람의 이름일 가능성도 없지 않다.

속한 인물이었다.[16] 유다 지파에 속한 웃사는 레위 지파에 속한 사람이 아니면서 거룩한 법궤를 만졌기 때문에 하나님의 진노를 사게 된 것으로 보인다.

결국 아비나답의 집에서 법궤를 가지고 나올 때 레위 지파가 아닌 자로서 율법을 거스른 그의 아들 웃사가 그 성물에 손을 댐으로써 하나님의 진노를 사서 죽게 되었다. 우리는 여기서 영적인 즐거움 가운데서도 여간 주의를 기울여 조심하지 않으면 안 된다는 사실을 보게 된다. 다윗은 웃사가 잘못하여 하나님의 진노를 받은 것을 알고 크게 분개했다. 그래서 그 장소를 '베레스 웃사' 곧 '웃사를 침' 이라 부르게 되었으며 그것이 지명이 되어 후대에 까지 전해 내려왔다.

따라서 하나님의 백성들은 아무리 다급한 상황이라 할지라도 무분별한 적극적인 대처보다 성경적인 원리가 중요하다는 사실을 깨달아야 한다. 다윗 왕은 웃사가 벌을 받아 죽게 된 사건으로 인해 여호와 하나님을 심히 두려워하게 되었다. 그는 '내가 어찌 하나님의 법궤를 내 곳으로 오게 하리요' 라고 말하며 자신의 부족함을 드러냈다.

그로 말미암아 당시 법궤를 다윗 성 안으로 들여오지 못했다. 그대신 '가드 사람 오벧에돔' (Obed-edom the Gittite)[17]의 집으로 메어 가도록 했다. 그리하여 하나님의 법궤가 오벧에돔의 집에 석 달을 머물러 있게 되었다. 그러자 하나님께서는 그의 집안 사람들과 저들의 모든 소유에 복을 내려주셨다. 이는 법궤가 심판의 근원이 되는 동시에 복의 근원이 된다는 사실을 보여주고 있다.

---

16) 원용국, 역대상 주석, 13:7, 서울: 호석출판사, 1999, P.530.

17) 여기서 '가드 사람' 오벧에돔이란 그가 블레셋 지방의 가드(Gath) 출신임을 말하는 것이 아니다. 이는 그 사람이 단 지파 내의 레위인 성읍인 가드림몬 (Gathrimmon) 출신이었음을 말해주고 있다.

2. 예루살렘에서의 다윗(대상14:1-7)

예루살렘을 정복한 다윗의 위상에 큰 변화가 일어났다. 그것은 국제 관계에서 먼저 드러나기 시작했다. 따라서 주변의 나라들 가운데서는 다윗 왕과 우호적인 관계를 유지하려는 자들이 많아졌다. 그 가운데 두로 왕 히람은 발빠른 외교 정책을 펼치기 시작했다. 그는 예루살렘에 있는 다윗에게 사신들을 보내고 그의 궁궐을 건축해주고자 했던 것이다(대상14:1).

그리하여 두로 왕은 나라의 사신들뿐 아니라 궁궐을 짓기 위한 백향목과 석수와 목수 등을 보냈다. 두로에서 생산되는 최상급의 자재들과 능숙한 기술자들을 보내온 것이다. 그것은 그전에는 상상조차 할 수 없는 일이었다. 외국의 왕이 직접 다윗의 왕궁을 건축해주겠다는 것은 결코 예삿일이 아니었다.

그 의외의 과정을 경험하면서 다윗은 그것이 하나님 때문이라는 사실을 깨달았다. 즉 전능하신 하나님께서 자기를 이스라엘의 왕으로 삼으신 사실을 실감하게 되었다. 이스라엘 왕국이 더욱 흥왕해 가는 것을 보며 그런 깨달음을 가질 수 있었던 것이다. 하나님께서 직접 관여하지 않고는 결코 그와 같은 일이 발생할 수 없었기 때문이다.

언약의 왕국이 점차 부강해지자 다윗은 겸손한 자세를 유지하지 못한 채 자신의 욕망을 추구하기 시작했다. 그리하여 그는 아내 이외에 여러 여성들을 취해 간음에 빠졌다(대상14:3-7). 다윗은 예루살렘에서 취한 여러 여자들을 통해 많은 자식들을 낳게 되었다. 그 가운데서 자신의 신하였던 우리아의 아내 밧세바를 빼앗아 그녀를 통해 솔로몬을 낳은 것은 두드러진 사건이다.

다윗은 악하고 부정한 행동을 했지만 하나님께서는 그의 고유한 섭리

와 경륜 가운데 역사하셨다. 그리하여 부정한 관계에서 출생한 솔로몬을
다윗 왕국의 왕위 계승자로 삼게 되었다. 다윗 왕을 이은 그가 나중 이땅
에 메시아가 오시는 혈통의 중심에 놓이게 된 것은 괄목할 만한 일이다.
하나님께서는 전적인 자신의 뜻에 따라 모든 구속사를 이끌어 가셨던 것
이다.

3. 다윗이 블레셋을 제압함(대상14:8-17)

다윗이 기름부음을 받아 이스라엘 왕위에 올랐다는 소문이 주변으로 퍼
져나갔다. 블레셋에도 당연히 그에 대한 사실이 알려지게 되었다. 당시 블
레셋의 입장에서는 다윗이 그리 대단한 인물이 아니었다. 그 전에는 사울
의 칼을 피해 블레셋 지역으로 도망쳐 온 다윗을 보호해 주기도 했다.

그러므로 블레셋 사람들은 다윗의 소문을 듣고 공격하기 위해 출전했
다. 다윗은 그 정보를 입수하고 방어를 시도했으나 블레셋 군대가 이미 르
바임 골짜기를 침범하고 있었다. 그것을 본 다윗은 급하게 자신의 병사들
과 군사력을 점검한 것이 아니라 먼저 하나님께 기도했다. 블레셋 군대를
치러 나아가야 할지, 그리고 출전하게 된다면 하나님께서 자기에게 승리
를 안겨주실지 물었던 것이다. 그러자 하나님께서는 다윗에게 올라가 블
레셋을 치면 저들을 그의 손에 붙여 주시겠다고 말씀하셨다.

하나님의 뜻을 확인하게 된 다윗의 군대는 바알브라심으로 올라가 블레
셋을 공격했다. 다윗은 그 상황을 하나님이 블레셋 사람들을 마치 물을 흩
듯이 흩으셨다는 표현을 사용하고 있다. 하나님께서 싸우시는 상황에서
적군들은 다윗의 공격을 막아내지 못했다. 결국 블레셋 군대는 저들에게
승리를 안겨 줄 것이라 믿고 가지고 다니던 우상들을 그곳에 버린 채 도망
쳤고, 다윗은 병사들에게 그것들을 모아 불사르도록 명령했다. 그 지역 이
름을 바알브라심 곧 '바알을 깨뜨린 곳'이라 칭하게 된 것은 그에 연관되

어 있다.

하지만 블레셋 군대는 그 상태에서 완전히 뒤로 물러서지 않았다. 그리하여 다시금 전열을 갖추어 이스라엘을 재공격했다(대상14:13). 그러자 다윗은 또다시 여호와 하나님을 향해 어떻게 해야 할지 기도했다. 그 기도를 들으신 하나님께서는 다윗에게 정면으로 저들에 맞서 공격하지 말고 뒤로 돌아 저희 군대를 급습하라고 말씀하셨다. 블레셋 군대가 진치고 있는 뒤편 뽕나무 수풀과 그 나무 위에서 걸음 걷는 소리가 들리거든 나가 싸우라고 하셨던 것이다. 하나님께서 그 싸인을 주시리라는 것이었다.

그리하면 하나님께서 친히 저들 앞에 나아가서 블레셋 군대를 공격하리라고 말씀하셨다. 하나님으로부터 구체적인 전략을 들은 다윗은 하나님의 명령에 그대로 순종했다. 결국 하나님의 지시대로 블레셋 군대를 쳐서 기브온에서 게셀까지 이르렀다. 하나님의 치밀한 작전 계획과 다윗의 온전한 순종으로 말미암아 이스라엘 군대가 승리를 거두게 되었던 것이다.

그렇게 되자 다윗 왕의 명성이 주변 모든 나라에 더욱 크게 퍼져나갔다. 그리하여 사람들의 눈에는 다윗 왕과 그의 용맹한 병사들이 두려움의 대상이 되었다. 하지만 다윗 왕국으로 하여금 승리를 가져오게 하신 분은 여호와 하나님이었다. 즉 그들을 승리로 이끈 분은 눈에 보이지 않는 하나님이었으며 다윗 왕국의 막강한 전력(戰力)이 궁극적인 승리를 가져오게 한 것이 아니었다.

비록 이방 왕국의 통치자들은 전혀 인식하지 못했을지라도 당시 다윗 왕은 그에 대한 명확한 깨달음을 가지고 있었을 것이 틀림없다. 이에 대해서는 오늘날 우리 역시 그와 동일한 입장에 놓여있다는 사실을 기억해야 한다. 즉 교회와 그에 속한 성도들은 성경이 교훈하는 바 하나님의 전략을 따라야 하며, 인간들의 종교적인 경험과 이성을 포기한 채 주님의 말씀에 귀를 기울여 순종해야 하는 것이다.

4. 법궤의 이동

(1) 하나님의 법궤를 옮길 준비(대상15:1-13)

다윗은 자기 이름이 붙은 '다윗 성'에 자기를 위한 아름다운 궁궐을 지었다. 앞에서도 언급된 것처럼 궁전은 두로 사람들이 자원하여 지어준 것이었다. 궁전을 지은 후 다윗은 하나님의 법궤를 안치하고자 그 처소를 예비하기 위해 장막을 쳤다. 다윗은 그 일의 소중함을 잘 알고 있었기 때문이다.

우리는 당시 하나님의 회막이 기브온에 있었던 사실을 기억해야 한다. 법궤가 지성소 안에 안치되어 있지 않을 때도 제사장들은 여전히 성소와 지성소를 향해 하나님께 제사를 지내며 경배하고 있었다. 법궤가 없음에도 불구하고 '하나님의 집'으로서 그 장소적 의미는 유효했던 것이다.[18]

다윗은 그때 백성들을 향하여 레위 사람들 외에는 하나님의 법궤를 멜 수 없다는 사실을 분명히 언급했다. 그것은 여호와 하나님께서 레위 지파 자손들을 특별히 선택하여 하나님의 궤를 메고 영원토록 자기를 섬기도록 하셨기 때문이다. 따라서 다윗은 이스라엘 온 무리를 예루살렘으로 모으고 여호와의 궤를 그 예비한 곳으로 메어 올라가기 위해 아론 자손과 레위인들을 불러 모았다.

---

18) 우리는, 나중 이스라엘 백성이 바벨론의 포로가 되어 이방 지역으로 사로잡혀 갔을 때 다니엘을 비롯한 언약의 자손들이 예루살렘을 향해 하나님께 기도했던 사실을 기억한다. 그때 예루살렘에는 성전이 완전히 파괴되고 없었을 뿐 아니라 법궤도 빼앗기게 된 상태였다. 그럼에도 불구하고 파괴된 예루살렘 성의 언약적인 의미는 존속하고 있었다. 이처럼 기브온에 있던 회막 안에는 법궤가 없었지만 여전히 하나님으로부터 제공된 언약적 의미가 남아 있었던 것이다.

그 명령에 의해 모인 레위 지파에 속한 집안사람들은 구백 명 가까이 되는 많은 수였다. 그 수는 사실 엄청난 숫자라 할 만하다. 다윗 왕은 그들 가운데 족장들을 불러 명령을 내렸다. 모두 몸을 깨끗하게 씻어 성결케 하고 자신이 예비한 장소로 이스라엘 하나님 여호와의 법궤를 메어 올리라는 것이었다.

다윗은 또한 그 전에 레위인이 아니라 다른 지파 자손들이 법궤를 메었기 때문에 하나님께서 진노하셨다는 점을 말했다. 그로 인해 웃사가 하나님 앞에서 죽게 되었던 것이다(대상13:10). 그런 일이 발생한 것은 법궤를 옮기는 과정에서 하나님의 규례에 대하여 민감한 자세를 유지하지 않았기 때문이다.

(2) 하나님의 법궤의 이동과 그 과정(대상15:14-24)

다윗이 말한 대로 제사장들과 레위 사람들이 여호와 하나님의 법궤를 메고 올라가기 위해 몸을 씻어 성결케 했다. 그리고 모세가 율법에 명령한 대로 레위 자손이 하나님의 법궤를 채에 꿰어 어깨에 메었다. 다윗은 법궤를 옮기는 과정에서 전체적인 총지휘를 하며 레위 지파의 책임 있는 위치에 있는 자들에게 명령을 내렸다.

다윗은 법궤를 예루살렘으로 옮기는 과정에서 노래하는 형제들을 세우고 비파와 수금과 제금 등의 악기를 울려서 즐거운 소리를 크게 내도록 요구했다. 그리고 노래하는 사람들을 세워 그 직무를 감당하도록 했다. 그들 가운데는 백성들에게 노래를 가르치는 자들도 포함되어 있었다. 여기서 노래란 하나님의 계시와 시편에 연관되는 것으로 이해된다.

또한 그 가운데는 하나님의 법궤 앞에서 문을 지키는 자들과 궤 앞에서 규례에 따라 나팔을 부는 자들도 있었다. 각자 해당 분야의 일을 감당할 만한 자격과 능력을 갖춘 자들이 선발되어 그 일을 시행했다. 이를 통해 법궤와 더불어 하나님의 언약이 예루살렘을 향해 진행되어 가는 과정이

만방에 선포되어 울려 퍼졌던 것이다.

5. 하나님의 법궤를 예루살렘으로 옮김(대상15:25-29)

다윗 왕과 이스라엘 장로들과 천부장들이 즐거운 마음으로 오벧에돔의 집에 잠시 머물러 있던 언약궤를 메고 올라왔다. 그 중심에는 언약궤를 직접 옮기는 일을 감당한 레위인들이 있었다. 물론 그들은 하나님의 도우심에 의해 그 일을 진행하게 되었다.

이스라엘 자손들은 법궤를 옮기면서 율례에 따라 수송아지 일곱 마리와 수양 일곱 마리로 하나님께 제사를 지냈다. 그 주체는 왕이나 제사장이 아니라 레위인들이었다(대상15:26). 이는 왕과 제사장이 백성들을 대표하는 지위에 있음에도 불구하고 법궤를 옮기는 일을 담당한 레위인들에게 그 직무가 맡겨졌음을 말해준다. 즉 특정 계층이 모든 면에서 하나님의 일을 감당하는 권리의 주체가 될 수 없다는 사실을 보여준다.

하나님께서 이스라엘의 무리가 제사 드린 제물을 기쁘게 흠향하셨음이 확인되자 다윗을 비롯하여 법궤를 멘 레위 사람들과 노래하는 자, 그리고 그 지도자들 등 그 일에 직접 참여하는 자들은 모두 세마포 겉옷을 갈아입었다. 그들은 일상복이 아닌 특별한 옷을 입음으로써 평상시에 입던 자기 옷을 벗었으며, 동시에 그것을 통해 개인적인 존재로서 자신을 감추었다. 또한 그 가운데서 다윗은 제사장들이 하나님께 제사하는 직무를 행할 때 입는 소매 없는 긴 옷인 베로 만들어진 에봇을 입었다. 이는 당시 그 과정에서 다윗에게 맡겨진 특별한 직무가 존재한다는 사실을 말해주고 있다.

그 일에 동참하던 이스라엘 무리는 큰 소리로 노래 부르면서 양각과 나팔을 불고 제금을 치며 비파와 수금을 힘 있게 탔다. 그리고 다윗 왕은 법궤가 옮겨지는 과정에서 왕으로서 춤을 추며 즐거운 모습을 보였다. 이는 법궤를 옮기는 과정에서 그 놀라운 일이 온 세상에 공표되도록 떠들썩하게 진행되었다는 사실을 보여준다.[19] 그렇게 하여 여호와 하나님의 법궤가 예루살렘으로 옮겨지게 되었다.

하나님의 궤가 옮겨지는 그 특별한 과정은 보통 사람들의 눈에는 상식적이지 않게 비쳐질 수 있었다. 그러다보니 언약궤가 다윗 성으로 들어갈 때 사울의 딸이자 다윗의 아내인 미갈이 창 밖으로 내다보며 그 광경이 어처구니없다는 생각을 했다. 그리하여 다윗 왕이 그중에서 춤을 추며 즐겁게 뛰놀면서 축제에 참여하는 것을 보고 속으로 비웃으며 업신여기는 마음을 가졌다. 미갈은 하나님의 섭리와 경륜을 생각하지 않고 자신의 이성과 경험에 따라 모든 것을 판단했다. 따라서 하나님의 구원 사역을 염두에 두지 않은 미갈의 판단은 근본적으로 잘못되었던 것이다.

그렇지만 당시 법궤를 옮기는 과정에서 다윗이 춤을 추며 뛰놀았다는 사실이 우리 시대에 춤을 예배에 도입할 수 있는 근거가 되지 못한다. 또한 당시 다양한 악기들을 동원한 사실을 두고 예배 가운데 다양한 악기들을 사용할 수 있는 근거로 삼아서도 안 된다. 그것은 구속사 가운데 있었던 특별한 사건으로서 우리 시대 교회에 일반화시킬 수는 없는 것이다.

---

19) 다윗이 법궤를 옮기는 과정에서 춤을 춘 사건이나 각종 악기들을 동원한 것은 구속사적인 특별한 의미를 지니는 것으로 이해해야 한다. 이는 마치 세례 요한이 요단강에서 세례를 베푼 것이 예수님의 제자들을 통해 지속적으로 진행된 사역이 아니라 특별한 시기에 일시적으로 행해진 것과 유사한 관점에서 이해할 수 있다.

제8장

언약궤의 예루살렘 도착과 '감사의 노래'

(대상16:1-43)

1. 예루살렘과 언약궤

(1) 번제와 화목제(대상16:1-3)

다윗은 하나님의 언약궤를 메고 예루살렘으로 들어가서 그가 특별히 친 휘장 가운데 두었다. 우리가 여기서 기억해야 할 바는 당시 하나님의 성소 회막은 기브온에 있었다는 사실이다. 즉 당시 회막은 일정기간 법궤가 없는 상태에서 기브온에 설치되어 있었던 것이다. 거기에는 법궤는 없었으나 회막 안에 성소와 지성소가 있었을 것이 분명하다. 따라서 그곳에서는 여전히 제사장들이 규례에 따라 천상을 바라보며 여호와 하나님께 제물을 바치며 제사를 드렸던 것이다.

이제 그 법궤가 예루살렘에 도착하자 제사장들은 그곳에서도 제사를 지냈다. 당시 다윗도 그 앞에서 모세 율법에 기록된 규례에 따라 번제와 화목제를 드렸다. 이는 아마도 법궤가 예루살렘에 도착한 것에 대한 우주를 향한 선언적 의미를 지닌 단회적인 제사행위였을 것이다. 그런데 제사장 아론 지파의 자손이 아니었을 뿐 아니라 레위 지파에 속한 인물도 아닌 유다 지파에 속한 다윗이 하나님 앞에서 제사를 드렸다는 말은 무슨 의미인가?

이 말은 아마도 다윗이 아론 지파 제사장들이 제사를 지내듯이 직접 그 직무를 행한 것을 의미하는 것이 아닐 것으로 보인다. 왕으로서 다윗이 전체적인 지휘를 하는 가운데 제사장들이 그 직무를 감당했을 것이다. 이는 법궤 앞에서 제사를 지낼 때 이스라엘 민족의 왕인 다윗의 특별한 역할이 있었음을 말해주고 있다.

장막 안에 놓여 있던 법궤 앞에서 제사를 지내는 일이 끝나게 되자 다윗은 여호와 하나님의 이름으로 백성에게 축복했다. 언약의 자손으로서 하나님의 법궤를 중심으로 살아간다는 사실 자체가 엄청난 축복이었다. 다윗은 그런 이스라엘의 모든 백성에게 각자 떡 한 덩어리와 고기 한 조각과 건포도 과자 하나씩을 나누어 주었다.

이는 법궤가 최종 목적지인 예루살렘에 옮겨진 사실에 대한 감사와 기쁨의 표현이었다. 또한 그와 더불어 메시아를 예표하는 왕인 다윗에 의해 그 음식이 나누어짐으로써 백성의 생명이 그에게 달려있음을 시사하고 있다.[20] 이 말은 메시아에 관한 예언적 의미를 지닌 것으로 받아들이는 것이 자연스럽다.

하나님의 법궤와 더불어 메시아를 예표하는 위치에 있는 다윗 왕에 의해 베풀어진 이 일은 우리 시대에도 적용되는 것으로 해석할 수 있다. 즉 신약 시대의 모든 성도들 역시 천상의 왕이신 예수 그리스도로부터 공급되는 신령한 양식과 더불어 영원한 참된 삶을 누리게 된다. 이는 교회의 성찬 가운데 항상 실제적으로 그 의미가 드러나고 있는 것이다.

---

20) 이는 예표적이며 상징적인 의미를 지니고 있으며, 멜기세덱이 전쟁에서 승리하고 돌아오는 아브라함에게 떡과 포도주를 나누어 준 사건(창14:17-20, 참조)과 유사한 언약적 성격을 지니고 있다.

(2) 하나님에 대한 찬송과 감사(대상16:4-6)

언약궤를 예루살렘으로 옮긴 이스라엘 백성들은 여호와 하나님 앞에서 승리의 축제를 벌였다. 그러나 여호와 하나님을 섬기는 일은 개인적인 판단이나 열정에 의존해서는 안 되었다. 또한 언제든지 아무데서나 하나님께 경배하거나 찬양을 돌릴 수 없었다. 거기에는 하나님을 온전히 섬기기 위한 규례가 있었다. 따라서 하나님께서 정하신 그 규례에 따라 하나님을 섬겨야만 했다.

그러므로 다윗은 레위인들을 따로 세워 여호와의 법궤 앞에서 하나님을 섬기도록 했다. 그들은 규례대로 하나님을 칭송하는 가운데 심령에서 우러나오는 감사를 드리며 찬양했다. 또한 비파와 수금을 타고 제금을 힘 있게 쳤다. 그들 가운데는 하나님의 언약궤 앞에서 나팔을 부는 일을 담당한 자들도 있었다.

이 모든 것은 법궤가 예루살렘에 도착한 사실을 온 우주 만방에 선포하는 성격을 지니고 있었다. 세상에 흩어져 살아가는 죄인들은 그에 대한 아무런 깨달음이 없었지만 그것은 매우 중요한 역사적 사건이었기 때문이다. 그 과정에서 하나님을 섬기며 노래하는 레위인과 제사장들에게는 분명한 질서가 있어서 그에 따라 모든 직무를 감당해야만 했던 것이다.

2. 감사의 노래(대상16:7-36)

다윗을 비롯한 이스라엘 백성은 하나님의 궤가 예루살렘에 도착하게 되자 기쁨과 감사가 넘쳤다. 다윗 왕은 아삽과 그 형제를 세워 여호와 하나님께 감사의 노래를 부르도록 했다(대상16:7). 이 노래는 개인의 노래에 머무는 것이 아니라 언약의 백성들이 공동으로 부를 노래가 되었다. 하나님의 자녀들은 하나님께서 가르쳐주신 노래를 불러야 하며 인간들의 두뇌에서 나온 것으로서 자의적으로 노래해서는 안 된다.

그들이 부른 노래의 내용 가운데는, 여호와 하나님께 돌리는 감사와 하나님의 이적과 기사를 선포하는 노래가 포함되어 있다. 또한 아브라함과 이삭과 야곱의 언약에 대한 기억, 하나님의 영광과 만민 중에 구원과 심판이 선포되었다. 그리고 우주만물과 언약 백성의 기쁨과 찬양 등이 드러나고 있었다.

그들이 노래불렀던 시는 시가서의 몇몇 시편에 기록된 내용들과 전체적으로 조화된다(시105:1-15; 96:7-13; 106:1,47,48, 참조).[21] 어떤 부분은 완전히 동일하기도 하며 또 다른 어떤 부분은 전체적으로 시가서의 시편과 조화되기도 한다. 물론 어느 쪽이 먼저 계시받아 기록했는가에 대해서는 말하기 어렵다. 그럼에도 불구하고 하나님께서 계시하신 시편이 백성들 가운데서 노래로 불렸다는 사실은 분명하다. 우리는 그 노래의 구성과 내용을 몇 단락으로 나누어 살펴볼 수 있다.

〈다윗의 감사 시〉

(1) 여호와 하나님께 돌리는 감사와 하나님의 이적과 기사 선포(대상16:8-14, 시105:1-7)

역대상 16장 8절에서 14절까지 기록된 시의 내용은 성경 시가서의 시편 105편 1절에서 7절과 동일하다. 다윗은 하나님의 법궤 앞에서 아삽과 그 형제들을 세우고 언약의 백성들을 향해 하나님께 감사하며 그 이름을 불

---

21) 우리는 여기서 예배 시간에 부르는 시편 찬송에 연관하여 매우 중요한 의미와 교훈을 살펴볼 수 있다. 그것은 시편을 노래할 때 여러 시편의 내용들을 가져와 상호 교차 사용이 가능하다는 사실이다. 우리 시대 교회가 공 예배 시간에 시편으로 찬송할 때 긴 시편의 경우 대개 여러 부분으로 나누어 부를 수밖에 없다. 예를 들어 짧은 시편의 경우 공 예배 시간에 시 전체를 노래 부를 수 있지만 긴 시편의 경우 앞부분이나 중간 혹은 나중 부분을 나누어 찬송하기도 한다. 역대기 본문에 기록된 시편의 노래를 통해 그 정당성에 관한 교훈을 얻을 수 있는 것이다.

러 아뢰며 그 행사를 만민 중에 선포하라고 노래했다. 하나님을 향해 계시
로 노래하며 찬양하며 그가 행하신 놀라운 일들을 외치라고 했다. 그로 말
미암아 온 백성들에게 하나님으로 말미암은 진정한 즐거움이 허락된다.

그것은 인간들의 어떤 행위를 통해 얻게 되는 즐거움과는 전혀 다른 성
격을 지니고 있었다. 이에 대해서는 오늘날 우리 역시 동일한 신앙을 지니
고 있어야 한다. 성도의 기쁨과 감사는 이 세상에서 생성되는 것이 아니며
자기 자신에게서 발생하지 않는다. 그것은 오직 하나님으로 말미암아 제
공되는 성격을 지니고 있다. 그에 대한 깨달음은 모든 성도들이 소유해야
만 할 매우 중요한 것이다.

또한 언약의 자손들은 항상 여호와 하나님의 능력을 구하고 그의 얼굴
을 향해 간구하는 삶을 살아야 한다고 했다. 이스라엘 곧 야곱의 자손은
늘 하나님께서 행하신 모든 일과 기적과 그 입으로 판단하신 내용들을 기
억하고 있어야만 한다. 언약의 주님이신 그의 판단이 온 세상에 존재하고
있기 때문이다.

(2) 아브라함과 이삭과 야곱의 언약 기억(대상16:15-22, 시105:8-15)

역대상 16장 15절에서 22절까지 기록된 시의 내용은 성경 시가서 시편
105편 8절에서 15절과 동일하다. 다윗이 가르쳐 부른 노래 가운데는 하나
님의 언약을 기억하라는 요구가 내포되어 있다. 하나님의 자녀들은 천 대
에 걸쳐 명령하신 말씀인 그 언약을 영원히 기억해야 한다는 것이다. 그것
은 아브라함과 이삭과 야곱에게 세우신 언약이자 맹세이며 율례이다. 그
것은 이스라엘을 향해 허락하신 하나님의 영원한 언약이다.

하나님께서는 자기가 친히 가나안 땅을 언약의 백성에게 주어 저들의
기업이 되도록 해주시리라고 말씀하신 점을 언급하셨다. 또한 이스라엘
자손들이 가나안 땅에서 애굽으로 내려가기 전에는 사람의 수가 너무 적
어 아무런 세력을 갖추지 못해 보잘것없는 한 가족에 지나지 않았다는 사

실을 말씀하셨다. 그들이 애굽에서 나그네가 되었으며 출애굽을 앞 둔 말기에는 고된 노예생활에 처해 있었다.

그리고 그후에는 여러 족속들 사이에서 방황하는 신세가 되기도 했다. 하지만 하나님께서는 이방인들이 하나님의 자녀들을 해치지 못하도록 막아주셨다. 그리고 저들을 침략하여 박해하려는 나라의 왕들을 책망하셨다. 나아가 자기의 기름부은 자를 건드리지 말고 자기가 보낸 선지자를 상하게 하지 말도록 경고하셨다. 그것은 하나님의 일을 직접 훼방하는 일이 되었기 때문이다.

(3) 하나님의 영광과 만민 중에 선포되는 구원과 심판(대상16:23-33, 시 96:7-13)

역대상 16장 23절에서 33절까지 기록된 시의 내용은 성경 시가서 시편 96편 7절에서 13절과 조화된다. 시편 가운데는 하나님의 구원과 심판이 만방에 선포되어야 한다는 사실이 언급되어 있다. 따라서 온 땅으로 하여금 여호와께 노래하며 그 구원을 선포하도록 요청하고 있다. 그것을 통해 하나님의 영광이 열방 중에 선포되고 그의 신기한 모든 행적이 만민 중에 드러나게 된다. 여호와 하나님은 무한광대하신 분으로서 찬양을 받으실 뿐 아니라 경외의 대상이 된다는 것이다.

그와 더불어 만방의 이방신들은 헛것에 지나지 않는다는 점을 강조해 선포하고 있다. 이는 여호와 하나님이 하늘을 지으신 분으로서 존귀와 영광이 그 앞에 있으며 능력과 즐거움이 그의 처소에 있는 사실과 크게 대비된다. 본문에서 언급된 하나님의 처소란 언약궤와 연관된 말로 이해하는 것이 자연스럽다.

그러므로 세계만방에 살아가는 모든 족속들은 여호와 하나님께 영광과 권능을 돌려야 한다. 이 말은 원론적인 표현이기도 하거니와 그 가운데는 이방인들 가운데 하나님의 자녀가 될 자들이 존재한다는 사실을 시사하고 있다. 그들은 이성과 감성이 아니라 여호와의 이름에 합당한 영광을 그에게 돌려드려야 한다(대상16:29). 이는 인간들이 성심과 열정으로 하나님을 섬기는 것 자체로 그 의미를 지니는 것이 아님을 말해주고 있다.

또한 그들은 하나님을 경배할 때 규례에 따른 합당한 예물을 가지고 그 앞으로 나아가야 한다. 그리하여 가장 아름답고 거룩한 것으로써 하나님께 경배를 돌려야 한다. 이는 인간의 판단에 근거하지 않고 하나님 보시기에 그러해야 한다. 하나님을 떠나 존재하는 온 땅은 그로 말미암아 하나님 앞에서 떨지 않을 수 없다. 타락하고 오염된 땅은 하나님의 심판 앞에서 마치 사시나무 떨 듯이 떨게 된다. 그렇게 되면 온 세계는 그 앞에서 굳어져 꼼짝하지 못하는 처지가 된다.

또한 다윗을 통해 계시된 이 시 가운데는, 우주 만물로 하여금 여호와의 통치를 기뻐하라는 요구를 하고 있다. 하늘과 땅이 그로 말미암아 기뻐하고 즐거워하게 된다는 것이었다. 그리고 그에 관한 사실이 열방 가운데서 노래로 불리게 된다는 사실을 말했다. 즉 바다와 그 안에 존재하는 것들이 외치며 밭과 그 가운데 있는 모든 것들이 즐거워한다는 것이다.

이는 주님께서 타락한 이 세상을 심판하기 위해 오시는 결과적 사실에 연관되어 있다. 이 말씀은 장차 오실 메시아와 밀접하게 연관된 말씀으로 이해할 수 있다. 이땅에서 그런 놀라운 일이 발생할 때 삼림의 나무들을 비롯한 삼라만상이 여호와 하나님 앞에서 즐겁게 노래부르게 된다.

(4) 우주만물과 언약 백성의 기쁨과 찬양(대상16:34-36, 시106:1,47,48)

역대상 16장 34에서 36절까지 기록된 시의 내용은 성경 시가서 시편 106편 1절과 47, 48절과 조화된다. 특히 "여호와께 감사하라 그는 선하시며 그 인자하심이 영원함이로다"는 본문의 구절은 시편에서 가장 많이 노래로 언급되는 구절들 가운데 하나로서 여러 곳에 나타나고 있다(시106:1; 107:1; 118:1,29).

　그러므로 선하시고 영원토록 인자하신 여호와 하나님께 감사하라는 노래를 하고 있다. 그때 언약의 자손들은 구원의 하나님을 향해 타락한 세상의 만국 가운데서 저들을 건져내어 모으신 사실에 관해 언급했다. 그와 더불어 저들이 하나님의 거룩한 이름을 감사하며 주님의 영예를 찬양할 수 있도록 간구하고 있다.

　그리하여 다윗은 시 가운데서 이스라엘의 하나님을 영원히 송축하도록 기원했다. 그러자 온 백성이 그에 아멘으로 참여하며 여호와 하나님을 드높여 찬양했다. 그것이 하나님께 속한 언약의 자손들에게 맡겨진 가장 소중한 사명이었기 때문이다. 이에 대해서는 세상을 살아가는 모든 성도들이 항상 기억하고 있어야만 한다.

3. 두 군데서 드려지는 경배와 제사 : 예루살렘의 언약궤와 기브온의 회막(대상16:37-43)

　앞에서도 언급한 것처럼 당시 하나님의 법궤는 예루살렘의 다윗 성에 특별히 마련된 처소에 보관되어 있었다. 한편 회막은 기브온에 자리잡고 있었다. 그러니 당시 책임있는 직분자들은 규례에 따라 예루살렘에 있는 법궤 앞에서 하나님을 경배했으며, 동시에 기브온에 있는 회막에서는 제사장들이 하나님께 제사를 지냈다.

　물론 예루살렘의 다윗 성에 보호받고 있던 법궤 앞에서 드려진 경배와 기브온 성막 앞에서의 제사 방법에는 상당한 차이가 났을 것이다. 처음 법궤가 도착했을 때 번제와 화목제를 드린 것은 구속사 가운데서 행해진 선언적이며 일시적인 성격을 지니고 있었을 가능성이 크다(대상16:1,2, 참조).[22]

---

22) 이에 대해서는 세례 요한과 예수님께서 요단강에서 베푼 세례가 선언적이며 일시적인 성격을 지니고 있었던 데 반해, 그후에 따른 교회적 세례가 요단강 세례의 의미와 상당한 차이가 나는 것과 더불어 생각해 볼 수 있다.

즉 언약궤 앞에는 번제단이 없었으므로 동물을 죽여 태워서 하나님께 바치는 제사를 드리지 않았다. 그에 반해 기브온의 회막 앞에서는 동물 제사가 지속적으로 드려졌다. 이는 나중 솔로몬 왕의 일천번제(一千燔祭)를 통해서도 드러나는 내용이다(대하1:6, 왕상3:4).[23]

다윗은 언약의 왕국 가운데 하나님을 경배하며 제사를 드리는 것이 가장 중요한 일이란 사실을 잘 알고 있었다. 따라서 아삽과 그 형제를 예루살렘의 여호와의 언약궤 앞에 머물게 하여 날마다 항상 그 궤 앞에서 규례와 직무에 따라 섬기도록 했다. 그리고 오벧에돔과 그의 집안사람들에게 언약궤가 보관된 장막을 지키는 문지기의 사명을 맡겼다.

또한 제사장 사독과 그 형제 제사장들로 하여금 여호와 하나님의 성막이 있는 기브온[24] 제단에서 여호와 하나님을 위한 제사 직무를 감당하도록 했다. 그들은 아침저녁으로 번제단 위에 번제를 드렸다. 그 제사장들은 율법에 기록하여 이스라엘 민족에게 명령한 대로 맡겨진 모든 사명을 순종하여 준행해야만 했다.

그리고 명부에 기록된 사람들 가운데 남은 자들에게는 여호와 하나님의 영원한 자비하심으로 인해 감사하며 노래하게 했다. 또한 그들과 더불어 나팔과 제금을 비롯한 다양한 악기 소리를 크게 내도록 했다. 뿐만 아니라 저들의 자식들 가운데 일부를 따로 세워 외부와 경계를 이루는 문을 지키는 사명을 맡겼다.

그 모든 일들을 행하도록 정리한 후 백성들은 제각각 자기 집으로 돌아

---

23) 솔로몬이 기브온의 회막에서 일천번제를 드릴 때 그가 직접 제사장 직무를 감당한 것으로 이해할 필요가 없다. 오히려 그가 주도하는 제사를 정해진 규례에 따라 제사장들이 하나님께 번제를 바쳤을 것이기 때문이다.

24) 기브온은 예루살렘 북쪽으로 6km 정도 떨어진 베냐민 지파에 속한 도시로서 그곳에는 사무엘의 무덤이 있는가 하면 솔로몬이 일천번제를 드린 곳(왕상 3:4)이기도 하다. 성전이 건축되기 전에는 그곳에 성막이 있었다(대상21:29, 대하1:3).

가게 되었다. 다윗도 자기 집안사람들을 축복하기 위해 궁궐로 돌아갔다. 자기 집안을 위한 다윗의 축복은 단순히 언어적이거나 일반적인 축복이 아니라 하나님의 약속에 따라 장차 오시게 될 메시아와 연관되는 것으로 이해하는 것이 자연스럽다.

우리가 여기서 기억해야 할 바는, 당시 회막의 동물 제사와 법궤 앞에서 하나님을 경배하기 위해 동원된 모든 악기들이 구약의 특별한 의미 가운데 행해졌다는 사실이다. 그 모든 제사와 경배 행위는 메시아 강림을 소망하는 것과 밀접하게 연관되어 있었다. 따라서 예수 그리스도가 이땅에 오신 후 세워진 교회는 그 언약적 의미를 담고 있을 뿐 당시의 특별한 방법을 수용해 되풀이할 필요가 없다.

4. 법궤가 예루살렘에 도착하기까지의 이동경로

시내 광야 40년을 마친 이스라엘 백성은 하나님의 법궤를 앞세우고 요단강을 건너 가나안 땅으로 진입했다. 백성들의 맨 앞에는 법궤가 앞서 나아갔던 것이다. 그리하여 여호수아와 사사시대에는 회막이 세워져 있던 실로에 오랫동안 법궤가 머물러 있었다(삼상4:3).

그러나 어리석은 이스라엘 백성들이 법궤에 대하여 오해하는 경우가 생겨났다. 그들은 하나님의 법궤를 사사로운 목적을 위해 사용하고자 하는 엄청난 실수를 범했다. 그래서 블레셋과의 전투에서 법궤를 빼앗기는 사건이 발생하게 되었다. 블레셋과의 전쟁에서 승리하고자 법궤를 에벤에셀로 옮겨왔기 때문이다(삼상5:1).

문제는 당시 그 중심에 제사장들이 있었다는 점이다. 그로 말미암아 제사장 엘리의 두 아들 홉니와 비느하스가 하나님의 진노를 받아 죽임을 당하게 되었다. 법궤는 하나님이 현존하여 계시는 곳으로 경배의 대상이 될 따름이며, 어떤 경우에도 인간들이 자신의 목적을 위해 이용할 대상이 아니기 때문이다.

결국 이스라엘 백성은 블레셋 군대와 맞선 아벡 전투에서 대패하게 되었으며 하나님의 법궤마저 그 이방인들에게 빼앗기게 되었다(삼상4:11). 그들은 법궤를 앞세워 혼신의 힘을 다해 싸웠겠지만 도리어 역효과를 가져왔을 따름이다. 따라서 법궤에 대하여 근본적으로 오해하고 있던 이스라엘 자손들은 깊은 절망에 빠지지 않을 수 없었다.

이 문제에 대해서는 오늘날 우리 역시 신중하게 생각해 보아야 한다. 인간들은 어떤 경우에도 자신의 목적을 위해 여호와 하나님을 이용하려는 생각을 하거나 행하지 말아야 한다. 그것이 실상은 하나님에 대한 가장 악하고 무서운 범죄행위가 된다. 하지만 어리석은 자들은 그것이 죄라는 사실을 전혀 인식하지 못한 채 도리어 그런 행위가 마치 하나님을 위한 충성행위라도 되는 양 오해하고 있다.

아벡 전투에서 빼앗긴 하나님의 법궤는 먼저 블레셋의 아스돗에 있는 다곤 신전에 내던져졌다(삼상5:1,3). 그들은 그 법궤에 여전히 여호와 하나님께서 임재해 계신다는 사실을 전혀 알지 못하고 있었던 것이다. 하지만 하나님의 법궤로 인해 블레셋의 신 다곤이 엎드러졌으며 아스돗 사람들에게는 독종의 재앙이 내려지게 되었다.

그 무서운 재앙을 경험하면서 심한 두려움을 느낀 아스돗 사람들은 그 법궤를 가드로 옮겼다(삼상5:8). 그러자 이제 가드 지역에 더 큰 환난이 일어났으며 그곳 사람들에게 더욱 무서운 독종이 퍼지기 시작했다. 그 고통을 견디지 못한 사람들은 다시금 법궤를 에그론 지역으로 옮겨가고자 했다(삼상5:10). 그러나 에그론 사람들은 자기들을 죽이려 한다면 강력한 불만을 토로하기에 이르렀다.

그러자 블레셋 사람들은 법궤를 에그론에 두지 못하고 더 이상 재앙과 죽임을 당하지 않기 위해 이스라엘 땅으로 되돌려보내고자 했다. 그들은 암소가 끄는 수레에 법궤를 싣고 이스라엘 땅으로 보냈다. 그런데 그 일이 순탄하게 진행되지 않았다. 법궤를 실은 수레가 벧세메스 사람 여호수아의 밭에 도착했을 때 그곳 사람들이 법궤 안을 들여다봄으로써 죽음의 재앙이 임했기 때문이다(삼상6:19).

결국 하나님의 법궤는 이스라엘 땅의 기럇여아림의 아비나답의 집으로 옮겨져 그곳에서 20년간 머물게 되었다(삼상7:1,2). 나중 다윗이 그 법궤를 예루살렘으로 옮기고자 할 때 아비나답의 아들 웃사가 수레를 끄는 일을 맡았다. 그 수레가 나곤의 타작마당(삼하6:6) 곧 기돈의 타작마당(대상13:9)에 이르렀을 때 수레를 끌던 소가 날뛰는 일이 발생했다. 그러자 레위 지파에 속하지 않은 웃사가 법궤를 붙잡았다가 그 자리에서 즉사하게 되었다.

그 일로 인해 다윗은 심한 두려움에 빠졌다. 법궤는 예루살렘으로 순탄하게 옮겨지지 못한 채 오벧에돔의 집에 3개월간 머물러 있게 되었다(대상13:14, 삼하6:10,11). 그후 법궤는 예루살렘의 다윗 성에 도착해 특별히 예비된 장막 안에 보관되었다. 나중 솔로몬 왕이 성전을 건립한 후에야 비로소 예루살렘 성전의 지성소에 법궤를 안치할 수 있게 되었다.

제9장

다윗에게 임한 하나님의 계시와 다윗의 감사기도
(대상17:1-27)

■ ■ ■ ■ ■ 역대상 17장

1. 다윗과 하나님의 관계

(1) 성전 건축을 원하는 다윗(대상17:1,2)

예루살렘 성전이 건축되기 전에 다윗 왕의 궁전이 먼저 건축되었다. 두로 왕 히람에 의해 건축되기는 했으나 다윗의 마음은 그다지 편치 않았던 것으로 보인다. 하나님의 성전이 건축되기도 전에 자기가 사는 백향목으로 된 화려한 궁궐을 먼저 짓게 된 것이 그다지 개운치 않았을 것이기 때문이다.

그리하여 다윗 왕은 나단 선지자에게 하나님의 성전을 건축하고자 하는 자신의 순수한 심경을 전달했다. 이는 하나님께서 임재하시는 법궤가 아직 예루살렘 성읍의 한편 장막 아래 임시로 보관되어 있는 것에 대한 자신의 부담스런 심기를 드러내 보인 것과 마찬가지다. 예루살렘 성 안에 성전이 정착되어야만 비로소 성소의 향단과 떡상과 촛대와 더불어 하나님의 법궤가 안치될 지성소가 마련될 수 있다.

다윗의 생각을 귀담아 들은 나단 선지자는 당연히 그의 말을 긍정적으로 받아들였다. 이스라엘의 왕으로서 하나님의 성전을 건축하고자 하는 그 결심이 잘못된 것이라 말할 이유가 전혀 없었기 때문이다. 따라서 나단은 다윗에게 왕이 실행하고자 마음먹은 그 일을 실천에 옮기도록 권면했다.

나단의 반응 가운데는 다윗 왕이 기거하는 화려한 왕궁이 건축된 것을 볼 때 다소 늦은 감이 있으나 지금이라도 하나님을 위한 성전 공사를 시작하는 것이 바람직하다는 의미가 내포되어 있었다. 거룩한 성 예루살렘에 하나님의 성전을 건축하는 것보다 더 중요한 것은 없다는 뜻이다. 하지만 그와 같은 생각은 다윗 왕과 나단 선지자의 입장이었을 뿐 하나님의 뜻과는 전혀 달랐다.

(2) 다윗의 성전 건축을 원치 않음을 나단에게 말씀하신 하나님(대상17:3-6)

다윗 왕과 나단 선지자가 만나 예루살렘 성전 건축에 관하여 긍정적인 대화를 나누었던 그날 밤 하나님께서 나단에게 임하셨다. 그가 다윗 왕에게 직접 말씀하시지 않고 나단 선지자를 통해 계시하심으로써 이스라엘의 왕은 하나님의 말씀을 전하는 선지자의 영적인 권위 아래 놓여 있다는 사실을 드러내 보여주고 있다. 왕을 비롯한 이스라엘 백성 가운데 선지자의 말을 듣지 않아도 좋을 사람은 아무도 없었던 것이다.

하나님께서는 우선 나단 선지자를 통해 다윗으로 하여금 자신이 거할 성전을 건축하지 말라는 명령을 내리셨다. 또한 하나님은 계시된 말씀 가운데서 앞으로 지어질 성전이 '자기가 거하게 될 집' 이라는 사실을 언급하셨다(대상17:4). 예루살렘 성전이 '하나님께서 거하시는 집' 이라는 사실은 그가 언약의 백성 가운데 상시적으로 계신다는 점을 말해준다. 여기에는 성전이 단순한 상징적인 공간에 머무는 것이 아니라 하나님께서 실제로 거하시게 되는 집이라는 의미가 내포되어 있다.

선지자는 그와 더불어 하나님께서 이스라엘 백성을 가나안 땅으로 인도하여 데리고 온 날부터 이제까지 고정된 집 곧 성전에 거하시지 않고 장막이 이동할 때마다 옮겨 다닌 사실을 언급했다. 사사시대에는 형편에 따라 회막과 법궤가 여러 곳으로 이동했었다. 그 말씀 가운데는 법궤가 블레셋의 이방 지역과 성막 밖에서 여러 지역으로 옮겨 다닌 역사적 사실에 관한 내용이 포함된 것으로 보인다.

그런 중에도 선지자는 하나님께서 이스라엘의 사사들을 비롯한 여러 직분자들에게 자기 백성들을 지켜 보호하도록 명령하셨음을 언급했다. 또한 하나님께서는 그동안 자신이 기거할 백향목과 같은 아름다운 목재로 된 집을 건축하도록 채근하거나 책망하지 않았음을 강조했다. 이 말씀 중에는 하나님은 자기의 집을 인간들의 눈에 보기에 화려한 목재로 된 아름다운 건축물로 지어지는 것 자체를 원하는 것이 아니라는 사실을 내비치고 있다.

이는 나중 예루살렘 성전이 아름다운 목재가 아니라 단단한 돌로 건축된 사실과 연관되는 것으로 보인다. 하나님께서 다윗에게 그에 관한 자신의 뜻을 전달하지 않으셨다면 다윗이 잘못된 판단을 했을지도 모른다. 즉 하나님의 집을 자기가 살고 있는 백향목 궁궐보다 훨씬 아름다운 목재 건축양식으로 지으려는 구상을 했을 가능성이 없지 않기 때문이다. 그러나 하나님께서 원하시는 성전은 사람들의 눈에 화려하게 비쳐지는 건축물이 아니었다.

우리는 또한 성경본문의 여러 정황들을 통해 메시아의 조상이 되는 다윗 왕의 성숙한 신앙 자세를 엿보게 된다. 다윗은 자신의 눈과 귀로 직접 보거나 듣지 못했지만 하나님의 명령을 전달한 선지자 나단의 말을 거부하지 않고 그대로 받아들일 준비가 되어 있었기 때문이다. 만일 다윗이 자신의 종교적인 욕망으로 인해 그렇게 하고자 했다면 나단을 꾸짖거나 권력의 칼을 휘둘렀을 수도 있었다. 하지만 다윗은 선지자 나단의 말에 아무런 토를 달지 않고 그대로 수용했던 것이다.

(3) 다윗에게 주신 하나님의 약속(대상17:7-10)

하나님께서는 선지자 나단에게 다윗 왕을 향해 말씀하신 자신의 계시를 그대로 전하라고 하셨다. 하나님께서 초원 곧 들판에 있는 목장 여기저기를 옮겨 다니며 양을 치던 보잘것없는 목동이었던 다윗을 불러내셨다는 것이다. 그리하여 자기가 친히 그를 이스라엘 왕국의 주권자인 왕으로 세우신 사실을 상기시키셨다.

따라서 그가 어디로 가든지 항상 하나님께서 그와 함께 계시면서 모든 대적들을 그 앞에서 궤멸시켰다는 점을 강조하셨다. 이제 이스라엘 왕국의 통치자이자 메시아의 조상으로서 존귀한 자의 이름과 동일한 이름을 저에게 허락하시리라고 했다. 여기서 존귀한 자의 이름이 언급된 것은 메시아 언약에 밀접하게 연관되어 있다.

또한 하나님께서는 자기가 언약의 백성인 이스라엘 민족을 위하여 먼저 한 곳을 정하여 저희를 심으심으로써 '자기의 통치 영역' 안에 거하도록 했음을 언급하셨다. 하나님은 가나안 땅과 예루살렘이 원래 자기가 지정하신 땅인데 자기 백성을 그 안으로 들어와 살도록 하셨다는 것이다. 따라서 이제 다시는 그들을 다른 곳으로 내치지 않을 것이며 사악한 자들이 그 전처럼 저희를 괴롭히지 못하도록 하시겠다는 약속을 하셨다.

우리가 잘 알고 있듯이 사사시대에는 각 지파들이 제각각 분배받은 땅을 정복해 살아가야 했다. 하지만 지역에 따라서는 하나님을 진정으로 의지하는 참된 신앙이 없으므로 인해 백성들이 매우 나약한 모습을 보일 때가 많았다. 하지만 이제 하나님께서 저들을 보호해 주실 것이기 때문에 저들의 모든 원수들이 그 앞에 복종하게 되리라고 말씀하셨다. 그리하여 하나님께서 그곳에 저희를 위하여 '한 집'을 세우시고자 한다는 것이었다.

하나님께서 선지자를 통해 말씀하신 '내가(주님께서) 너를 위하여 한 집을 세우리라' (I declare to you that the LORD will build a house for you)고 하신 약속은 매우 중요한 의미를 지니고 있다. 이는 궁극적으로 메시아 예언에 관련된 것으로 이해하는 것이 자연스럽다. 즉 여기서 '한 집' (a house)이란 우선 전체적으로 다윗 왕조와 연관되기도 하지만 동시에 '예루살렘 성전'과 밀접하게 연관되는 것으로 받아들일 수 있다. 하나님의 집인 성전은 여호와 하나님을 위한 것이기도 하지만 동시에 언약의 자손들을 위한 것이다.

하나님의 아들이신 메시아는 장차 언약의 백성과 다윗의 집안과 예루살렘 성전에 연관되어 이땅에 오시게 된다. 따라서 우리는 '여호와가 너를 위하여 한 집을 세우리라'는 언약의 말씀을 역사적으로 확대하여 생각해 볼 필요가 있다. 이는 오랜 세월이 지난 후 신약 시대에 세워지게 될 지상교회와 밀접하게 연관된 의미를 지니는 것으로 이해할 수 있기 때문이다. 즉 이 약속을 나중 이땅에 메시아께서 강림하신 후 세워지게 될 교회와 연관지어 마음에 새길 수 있어야 하는 것이다.

(4) 솔로몬에 연관된 메시아 언약(대상17:11-15)

하나님께서는 앞으로 다윗 왕이 퇴임한 후 도래하게 될 이스라엘 왕국과 통치권자에 관한 말씀을 하셨다. 다윗의 수한이 다 되어 죽게 되면 하나님께서 그의 자식들 가운데 하나를 세워 언약의 왕국을 견고케 하시리라는 것이었다. 비록 탁월한 왕이라 할지라도 인간은 세상에서 잠시 동안 맡겨진 사명을 감당하게 될 뿐 그 이상의 일을 행할 수 없다. 하지만 영원하신 하나님은 세상 가운데서 자기 자녀들을 위해 지속적으로 일하시게 된다.

우리가 성경 본문을 통해 분명히 알 수 있는 점은 다윗 왕의 후계자로 우리야의 아내 밧세바를 통해 얻은 그의 아들 솔로몬(마1:6, 참조)이 지목된다는 사실이다. 또한 그것은 다윗의 개인적인 의도에 근거한 것이 아니라 전적인 하나님의 뜻에 따른 결과로 인한 것이었다. 다윗의 뒤를 잇는 그 왕이 장차 시행해야 할 가장 중요한 과업은 예루살렘에 하나님의 성전을 세우는 일이다. 따라서 하나님께서는 다윗을 계승하는 왕이 하나님을 위해 거룩한 성전을 건축해야만 했다.

하나님은 또한 다윗을 이어 통치권을 가지게 될 자의 왕위를 영원히 견고케 해주시리라는 약속을 하셨다(대상17:12). 하나님이 친히 그의 아버지가 되고 그는 하나님의 아들이 될 것이라고 했다. 그로 말미암아 하나님께서 그에게 모든 자비를 베풀어 주신다는 것이었다. 따라서 앞으로는 그 전에 이스라엘 백성의 권력자들에게 자비를 베풀지 않을 때처럼 행하지 않으시리라고 말씀하셨다.

이 약속은 앞으로 세워지게 될 솔로몬 왕 개인에게 국한된 내용이라기보다 장차 영원한 왕으로 오실 메시아에 관한 말씀으로 확대하여 이해하는 것이 자연스럽다. 이땅에 오시게 될 메시아는 '하나님의 아들'로서 자기에게 맡겨진 모든 사명을 완벽하게 감당하신다. 따라서 하나님께서 그를 영영히 '하나님의 집'과 '언약의 나라'의 주권자로 세우실 것이며, 그의 왕위는 영원히 견고하리라고 약속하셨던 것이다(대상17:14).

따라서 이 말씀이 다윗의 후계를 잇는 왕 한 사람을 두고 예언된 것으로 보지 말아야 한다. 나중 솔로몬 왕이 통치하던 시기 말기에 이스라엘 왕국은 혼란에 빠지게 되어 결국 다윗 왕국이 분열되는 원인을 제공하게 되기 때문이다. 따라서 솔로몬 왕이 지위가 영원토록 이어지는 것이 아니라 나중 오시게 될 메시아가 통치하는 왕국이 그러하다는 사실을 알게 된다.

나단 선지자는 하나님께서 자기에게 계시하신 이 모든 말씀을 다윗 왕에게 가감 없이 전달했다. 물론 다윗은 그 예언의 말씀을 그대로 받아들여 온전히 순종하게 되었다. 그는 예루살렘 성전을 건축하는 일을 무리하게 시도하지 않는 대신 나중 자기 아들이 왕위에 올라 그 사역을 감당하도록 했다. 다윗은 메시아를 예표하는 인물이자 동시에 혈통에 연관된 메시아의 언약적 조상으로서 그점을 잘 이해하고 있었던 것이다.

2. 다윗의 감사기도

(1) 메시아 언약에 대한 다윗의 감사(대상17:16-19)

성경은 다윗 왕이 여호와 하나님 앞으로 들어가 그곳에 앉아서 기도했다는 사실을 기록하고 있다. 아마도 그는 법궤가 임시로 보관되어 있는 휘장 안으로 들어갔을 것으로 보인다. 그는 거기서 하나님을 향해 자기는 아무것도 아닌 존재이며 자기의 집 또한 그와 마찬가지인데 무엇 때문에 자기를 그토록 중요한 자리에 이르게 하셨는지 아뢰었다. 이는 왕위에 오를 만한 아무런 능력이나 자격을 갖추지 못하여 미천하기 그지없는 자기를 그 자리에 앉혀주신 것에 대한 언급이다.

뿐만 아니라 자기를 존귀한 자로 여겨 주셔서 그보다 훨씬 중요한 언약적 내용이 포함된 '자기 집'에 연관된 먼 장래까지 예언해주신 점에 관해 말했다. 그것은 자기 집안을 통해 하나님의 자녀들을 구원하기 위한 메시아를 보내시고자 하시는 하나님의 뜻에 연관된 말씀이다. 다윗은 그 놀라운 일이 미천하기 그지없는 자기 집을 통해 일어나게 된다는 사실로 인해 놀라워하고 있었던 것이다.

다윗 왕은 하나님께서 자기에게 베풀어주신 무한한 존귀에 대하여 감히 더 이상 할 말이 없다는 사실을 언급했다. 주님께서는 다윗 자신이 얼마나 부족한 존재인가 하는 점을 잘 알고 계신다는 것이었다. 따라서 주님께서 자기의 종 다윗을 통해 행하시고자 하는 '모든 큰 일'을 하나님의 뜻에 따라 작정하신 대로 행하시기를 원한다고 했다. 그 사실과 더불어 하나님께서 그 모든 일을 자기로 하여금 알게 해주셨다는 고백의 말을 했다.

이 표현 가운데는 그 실상을 보고 들으면서도 아무것도 깨닫지 못하는 자들이 여전히 많다는 의미가 내포되어 있다. 동시에 이스라엘 왕국의 통치자인 다윗이 하나님으로 인해 알게 된 사실이라면 전체 이스라엘 백성이 마땅히 알아야 할 내용이라는 점을 시사해주고 있다. 하지만 다윗이 알게 된 '큰 일'은 얼마나 많은 사람들이 인식하느냐의 문제가 아니라 당연히 이루어질 예언이라는 사실을 깨닫는 것이 더욱 중요하다.

(2) '자기 백성'을 위한 구원자가 되시는 여호와 하나님(대상17:20-22)

다윗 왕은 여호와가 유일한 참 하나님으로서 세상에 그와 같은 존재가 없다는 사실을 조상으로부터 들어왔음을 언급했다. 이는 조상들로부터 상속받은 신앙과 그들을 통해 전해들은 바 하나님의 언약에 연관된 언급이다. 그것은 다른 이방 민족이 결코 알 수 없는 놀라운 비밀에 해당되는 진리이기도 하다.

하나님께서는 창세전에 선택하신 '자기 백성'을 죄로부터 구원하시기 위해 그 모든 구속사역을 진행시켜 가시는 분이다(대상17:21). 그것을 이룩하시고자 아브라함과 그의 자손들을 통해 특별히 조성하신 언약의 백성을 약속의 땅 가나안으로 데리고 와 심으셨다. 신약성경은 그 과정을 거쳐 하나님의 아들 그리스도가 인간의 몸을 입고 이땅에 오신 이유가 '자기 백성'을 위한 것이란 사실을 분명히 밝히고 있다.

> "주의 사자가 현몽하여 가로되 다윗의 자손 요셉아 네 아내 마리아 데려오기를 무서워 말라 저에게 잉태된 자는 성령으로 된 것이라 아들을 낳으리니 이름을 예수라 하라 이는 그가 자기 백성을 저희 죄에서 구원할 자이심이라 하니라"(마1:20,21)

구약 시대부터 진행되어온 그 모든 과정에서 많은 기적들이 동반되었으며 하나님께서 친히 행하신 크고 두려운 일로 인해 여호와의 이름이 만방에 선포되었다. 하나님께서는 애굽에서 구출하여 낸 '자기 백성'을 약속의 땅으로 인도하시면서 그곳을 점령하고 있던 이방 나라들을 내쫓으셨다. 다윗은 그것을 통해 여호와 하나님이 그들을 영원한 언약의 백성으로 삼으셨음을 말했다. 그리하여 여호와께서 이스라엘 민족을 다스리고 인도하시는 주권자가 되셨다는 것이다.

(3) 다윗의 집을 견고케 해주실 여호와 하나님: 메시아 예언(대상17:23-27)

다윗 왕은 그 모든 일들을 통해 메시아에 대한 약속이 점차 성취되어 가는 것을 지켜보고 있었다. 따라서 하나님께서 자기와 자기 집에 대하여 말씀하신 바 모든 것을 견고케 하여 역사 가운데 실행에 옮겨주시도록 간구했다. 또한 언약의 주님이신 이스라엘 백성의 하나님께서 만군의 여호와라는 사실이 만방에 살아가는 사람들로 하여금 영원히 드높여질 수 있도록 확고하게 해 달라는 간구를 했다.

다윗은 또한 하나님의 종인 자신의 집이 견고하게 서 갈 수 있도록 도와달라고 간구했다. 이는 단순히 개별적인 욕망을 이루어가기 위한 것이 아니라 메시아 혈통을 잇는 다윗의 집을 견고케 함으로써 하나님의 뜻이 온전히 성취되기를 바라고 있음을 말해주고 있다. 이에 대해서는 다윗 왕 자신이 이미 익히 알고 있는 바였기 때문에 하나님께 간구할 마음이 생겼음을 언급하고 있다.

그래서 유일한 주님이신 여호와 하나님께서 '이 좋은 것'(this good thing)이 '주의 종'인 자기에게 허락되기를 바란다고 했다(대상17:26). 하나님께서 다윗의 집에 복을 주심으로써 자기 앞에 그 복을 영원히 두시기를 기뻐하신다는 사실을 알고 있었기 때문이다. 또한 여호와 하나님께서 자기에게 그 놀라운 복을 허락하시기로 작정하셨으므로 장차 그 복을 영원히 누리게 되리라는 사실을 언급하고 있다.

"여호와여 오직 주는 하나님이시라 주께서 이 좋은 것으로 주의 종에게 허락하시고 이제 주께서 종의 집에 복을 주사 주 앞에 영원히 두시기를 기뻐 하시나이다 여호와여 주께서 복을 주셨사오니 이 복을 영원히 누리리이다" (대상17:26,27); "Now, O LORD, You are God, and have promised this good thing to Your servant, "And now it has pleased You to bless the house of Your servant, that it may continue forever before You; for You, O LORD, have blessed, and it is blessed forever" (NASB, 1 Chronicles 17:26,27)

이 말씀은 메시아 언약과 직접 연관된 의미를 지니고 있는 것으로 이해 해야 한다. 하나님께서는 오래 전 아브라함이 '복의 근원'이 된다는 사실 을 언급하셨는데, 이는 곧 '메시아가 자기 백성들을 위한 복'이 된다는 의 미를 지니고 있다(창12:2, 참조). 그 복은 나중 다윗의 집을 통해 오시게 될 예 수 그리스도와 직접 연관되어 있는 것이다.

즉 역대기 본문에서 다윗에게 특별히 약속하신 '이 좋은 것'(this good thing)이란 일반적인 관점에서 말하는 것이 아니라 하나님께 직접 연관된 특별히 '선한 것'으로 이해되어야 한다. 그것은 곧 메시아를 지칭하는 것 과 관련지어 생각할 수 있다. 우리는 예수님께서 제자들을 향해 장차 '성 령을 보내주시리라'는 말씀을 하시면서 '좋은 것'이라는 표현을 사용하 신 사실을 기억하고 있다.

"하늘에 계신 너희 아버지께서 구하는 자에게 '좋은 것'으로 주시지 않겠 느냐"(마7:11). "너희가 악할찌라도 좋은 것을 자식에게 줄줄 알거든 하물며 너희 천부께서 구하는 자에게 성령을 주시지 않겠느냐"(눅11:13)

위에 소개된 마태복음과 누가복음의 말씀은 같은 배경에서 주어진 병행 구절이다. 이처럼 마태복음의 해당 본문에 기록된 '좋은 것'이, 동일한 상 황의 누가복음 본문에서는 성령(the Holy Spirit)으로 해석된 구체적인 기록을 남기고 있다(눅11:13). 즉 '좋은 것'은 곧 '성령 하나님'이란 사실을 말해주고 있는 것이다.

이와 더불어 우리가 주의 깊게 생각해 보아야 할 점은 역대상 17장 26절에 기록된 '좋은 것' 이란 곧 장차 오실 '예수 그리스도' 로 이해하는 것이 자연스럽다는 사실이다. 즉 본문의 '좋은 것' 이 타락한 이 세상에서 얻을 수 있는 재물이나 부귀영화가 아니다. 하나님의 자녀들에게는 하나님으로부터 이땅에 보내심을 받은 예수 그리스도가 유일하고 영원한 참된 복이 된다는 사실을 기억하지 않으면 안 된다.

제10장

다윗의 승전과 세력 확장

(대상18:1-17; 19:1-19; 20:1-8)

1. 전쟁을 통한 다윗왕의 국제적 위상 변화

(1) 이방 왕국에 대한 정복 전쟁(대상18:1-8)

이스라엘 민족의 통치권자가 된 다윗 왕의 세력은 점차 강력해져 갔다. 그것은 물론 하나님의 은혜 가운데 진행된 일이었다. 다윗은 블레셋 군대를 공격하여 항복을 받아냈다. 그리하여 가드를 비롯한 그 주변 지역을 정복하게 되었다.

또한 모압을 공격하여 승리를 쟁취했다. 그 결과 모압 사람들은 다윗의 지배를 받는 자리에 놓였다. 그들은 다윗 왕국에 조공을 바침으로써 주종 관계가 분명히 정립되었다. 이를 통해 다윗 왕국이 점차 강력한 세력을 갖추어 갈 수 있었다.

당시 그런 식으로 전개되어 가던 국제 정세 가운데서 다윗 왕국에 저항하는 외부 세력들도 상당수 있었다. 이스라엘의 북쪽에 위치한 소바 왕 하닷에셀은 유프라테스 강 주변 지역에서 영토를 확보하고 자신의 권력을 펼쳐나가고자 했다. 그에 관한 정보를 입수한 다윗 왕은 그를 공격하여 하맛까지 나아갔다.

다윗 왕의 군대는 저들로부터 일천 승의 전차를 비롯한 많은 전투 장비들을 포획하고, 칠천 명의 기병과 이만 명의 보병을 포로로 사로잡았다. 그 가운데 일백 승의 전차를 끄는 말들만 남기고 나머지 말은 발의 힘줄을 끊어 더 이상 힘을 쓰지 못하게 만들었다. 이는 이스라엘에게 있어서 엄청난 승리가 아닐 수 없었다.

따라서 다윗 군대의 승전에 관한 소문은 주변 왕국들을 바짝 긴장하도록 했다. 소바 왕 하닷에셀이 다윗 왕의 세력에 크게 패한 것을 목격한 다메섹의 아람 군대가 그를 지원하기 위해 나아왔다. 그때 다윗의 군대는 그 병사들 중에 이만 이천 명을 죽였다. 그로 인해 다윗은 자신의 군대를 다메섹에 주둔시켰다. 따라서 전투에서 패배한 아람 사람들은 다윗 왕국의 지배를 받아 조공을 바치는 신세로 전락하게 되었다.

이처럼 다윗과 그의 병사들은 어떤 강력한 군대를 만나든지 승승장구(乘勝長驅)했다. 엄밀한 의미에서 볼 때 그것은 다윗 왕의 개인적인 능력이나 왕국의 막강한 군사력 때문이 아니었다. 도리어 그가 대대적인 승리를 거둘 수 있었던 것은 하나님께서 저에게 승리를 안겨 주셨기 때문이다.

그런 중에 다윗은 소바 왕 하닷에셀의 최고위 신복들이 가지고 있던 금 방패를 취했다. 그는 그것을 예루살렘으로 가지고 돌아왔다. 또한 하닷에셀에게 속한 성읍들로부터 많은 놋을 빼앗았다. 나중 솔로몬은 그 놋으로 물두멍과 기둥과 그릇들을 만들게 되었다(대상18:8). 이는 성전 건립과 연관된 것들로서 이 모든 상황들은 당시 다윗 왕국의 막강한 세력을 짐작할 수 있게 해 준다.

(2) 다윗 왕의 영향력 확장(대상18:9-13)

다윗 왕이 주변의 여러 나라들을 정복하고 승리하게 된 소문은 급속히

온 세상으로 퍼져나가게 되었다. 그리하여 피 흘리는 전쟁을 치르지 않고
도 그의 세력이 점차 확장되어 갔다. 다윗 왕국과 우호적인 관계를 가지고
자 하는 나라와 족속들이 점차 많이 생겨나기 시작했던 것이다.

하맛 왕 도우(도이, 삼하8:9,10)는 자기 아들 하도람(요람, 삼하8:10)을 예루살
렘의 다윗 왕에게 특사로 보냈다. 왕은 하도람을 보내며 다윗에게 문안하
고 승리를 축하하도록 했다. 그 명분은 소바 왕 하닷에셀과 하맛 왕 도우
가 서로간 적대관계에서 많은 군사적 충돌이 있었는데 다윗 왕이 자기의
원수를 진압해 준 것에 대한 답례라는 것이었다. 그리하여 왕자인 하도람
의 손에 금과 은과 놋으로 된 귀중한 물품들을 가득 가지고 와서 외교관계
를 굳건히 맺고자 했다.

다윗은 그로부터 취한 예물을 에돔, 모압, 암몬, 블레셋, 아말렉 등 여러
족속들로부터 탈취한 전리품과 함께 여호와 하나님 앞에 바쳤다. 하지만
그것이 이방인들과의 전쟁에서 탈취한 물건들을 하나님 앞에 성소 제물로
바친 것이라 말하기 어렵다.[25] 그것은 오히려 저들이 받은 모든 조공과 전
리품을 전쟁에서 승리케 하신 하나님께 돌리는 의미를 지니고 있는 것으
로 보아야 한다.

다윗이 예루살렘에서 그와 같은 일들을 처리하는 중 그의 신복인 장군
아비새는 사해바다 인근의 염곡에서 에돔 군대를 물리치고 대승을 거두게
되었다. 그리하여 다윗 왕은 에돔 지역에 수비대를 두게 되었다. 그로 말
미암아 에돔 사람들이 다윗을 섬기는 처지에 놓이게 되는데 이는 하나님
의 구체적인 섭리와 은혜가 없이는 이루어질 수 없는 사건이었다. 즉 하나

---

25) 역대기에는 이방 왕국으로부터 얻은 전리품을 예루살렘 성전을 건축하는데
   사용한 사실을 언급하고 있다(대상18:8). 그것은 용납될 수 있는 내용이었다.
   하지만 적군으로부터 빼앗은 전리품을 여호와 하나님께 거룩한 제물로 바친
   것으로 이해할 필요는 없다.

님께서 이스라엘 자손에게 승리를 안겨주었기 때문에 발생하게 된 일이었던 것이다.

(3) 다윗 왕국의 체제 정비(대상18:14-17)

다윗 왕국이 여러 전쟁에서 승리하고 주변의 많은 나라들로부터 외교 관계를 제안 받게 된 것은 당시 국제정세 가운데서 이스라엘이 차지하는 위상 변화를 보여준다. 다윗 왕은 많은 승리를 거두었으나 결코 그로 인해 교만한 자세를 취하지 않았다. 하나님께서 그 모든 일을 이끌어 가신 사실을 잘 알고 있었기 때문이다.

그러므로 다윗 왕은 온 이스라엘 왕국을 다스리면서 모든 백성들 앞에서 공평하고 의로운 자세로 임했다. 즉 자신의 권력 유지를 위해 언약의 백성들을 이용하는 악한 행위를 하지 않았다. 그는 하나님께서 자기에게 맡기신 모든 일들을 올바르게 감당하기 위해 최선의 노력을 기울였던 것이다.

또한 다윗은 이스라엘 왕국의 전반적인 체제를 정비해 나갔다. 그는 스루야의 아들 요압을 군대 사령관으로 임명하고 아힐룻의 아들 여호사밧을 문헌을 기록하는 사관(recorder)으로 임명했다. 막강한 군대를 통솔하는 일과 역사적인 모든 사항들을 기록으로 남기는 일은 매우 중요하다. 그것이 왕국을 굳건히 세우기 위한 중요한 기틀이 되기 때문이다.

그와 더불어 아히둡의 아들 사독과 아비아달의 아들 아비멜렉이 제사장이 되었다. 그리고 사워사가 서기관(scribe)이 되었다. 사관이 나라에서 일어나는 중요한 역사적 사실들을 기록하는 행정에 연관된 직책이라면, 서기관은 성경을 필사하거나 종교적인 일들을 기록하는 직분일 것으로 보인다. 또한 브나야는 다른 종족 사람들을 관할하는 직무를 맡았으며 다윗의 아들들에게는 왕을 모시는 측근 참모의 직책이 주어졌다.

2. 다윗 왕과 암몬 자손

(1) 암몬 자손의 배신과 저항(대상19:1-5)

이스라엘 왕국에서 그런 일들이 전개되어 가고 있을 때 암몬에서는 나하스 왕이 죽고 그의 아들 하눈이 왕위에 오르게 되었다. 다윗은 그전에 나하스 왕으로부터 은혜를 입은 적이 있어서 새로 왕위에 오른 하눈에게 은혜를 갚고자 했다. 그리하여 다윗이 보낸 사신들이 암몬 지역으로 가서 왕이 죽은 것에 대하여 위로하며 조문하게 되었다.

그런데 거기서 도리어 심각한 문제가 발생했다. 암몬 자손들 가운데 다윗의 호의를 사실 그대로 받아들이지 않고 정략적으로 해석하는 자들이 있었기 때문이다. 암몬의 관리들은 새로 등극한 왕 하눈에게 다윗이 조문 사절을 보낸 까닭은 죽은 그의 부친을 존경해서가 아니라 다른 군사적 목적이 있다는 주장을 내세웠다.

즉 다윗의 신복들이 암몬 땅으로 온 것은 진정한 조문이 아니라 그 땅을 염탐하여 장차 함락시키고자 하는 전략적인 이유가 있기 때문이라는 것이었다. 하눈은 자기 신하들의 말을 가려듣지 않고 액면 그대로 받아들였다. 이는 다윗 왕의 순수한 호의를 완전히 무시하는 태도가 아닐 수 없었다.

결국 하눈은 다윗 왕이 보낸 조문 사절단들을 체포하기에 이르렀다. 그리고는 저들의 수염을 깎고 그들이 입은 예복의 엉덩이 중앙부위를 잘라내어 아랫도리가 드러나게 한 채 돌려보냈다. 이는 두 왕국 사이에 우호적인 관계가 완전히 파괴되었음을 의미한다. 공적인 임무를 수행하는 한 나라의 사신들에게 창피를 주는 그와 같은 행위는 다윗 왕과 그의 나라에 대한 엄청난 모독행위가 아닐 수 없었다. 즉 그것은 단순한 개인의 문제가 아니라 왕국 전체에 관한 문제였던 것이다.

암몬에서 발생한 그에 관한 전후 사정을 알게 된 사람들 가운데 어떤 자가 급히 다윗 왕에게 그 실상을 보고했다. 사절단이 그와 같은 창피한 모습으로 예루살렘으로 돌아간다는 것은 여간 수치스러운 일이 아니었다. 따라서 다윗 왕은 그 모든 실상을 파악하고 신하를 보내 저들로 하여금 수염이 자라날 때까지 여리고 성에 머물러 있다가 나중에 오도록 했다. 그것은 그 사절단에 대한 다윗 왕의 특별한 배려였다.

(2) 암몬과 아람에 대항한 전투와 이스라엘의 승리(대상19:6-19)

한편 암몬 자손은 자신들이 취한 행동으로 말미암아 다윗 왕이 매우 진노하게 된 사실을 알았다. 하지만 암몬이 다윗 왕국의 막강한 세력을 단독으로 감당하기에는 역부족이었다. 그리하여 암몬 왕은 아람 지역으로 사신을 보내 돈을 주고 전차와 마병의 지원을 요청하기에 이르렀다. 아람은 그 요청을 받아들여 암몬을 위해 전차 삼만 이천 승과 군대를 제공하여 이스라엘의 국경 지역에 진을 치게 되었다.

이는 암몬이 주도한 것이지만 아람 군대와 연합군을 형성한 것과 같은 형국이었다. 암몬 군대는 성문 앞으로 나아가 진을 쳤으며 지원에 나선 다른 군대의 지휘관들과 병사들은 따로 후방에 진을 치고 있었다. 이제 양 진영에서는 일촉즉발(一觸卽發)의 분위기가 고조되어 갔다. 암몬을 중심으로 한 병사들은 명령과 더불어 일제히 이스라엘을 공격하는 마지막 일만 남겨두고 있었던 것이다.

이스라엘 군대는 당연히 적군이 취하고 있는 모든 상황을 면밀히 지켜보며 전세파악을 하고 있었다. 아무런 대응 없이 가만히 앉아서 당하고만 있을 그들이 아니었기 때문이다. 따라서 다윗 왕의 군대 역시 전투에 임하기 위해 모든 병력과 군장비들을 동원해 전열을 가다듬고 있었다.

당시 이스라엘의 군대 사령관이었던 요압은 주변에 진치고 있던 적군 병사들을 보고 전략적 판단을 한 후 공격을 감행하고자 했다. 그리하여 이스라엘 군대 가운데서 특별히 엄선된 용맹한 병사들을 아람 군대에 대항하는 최선봉에 세웠다. 그리고 남은 병사들을 아비새의 수하에 붙여 암몬 자손에 대하여 진을 치도록 조치했다.

그런 다음 요압은 작전을 세워 일시에 온 군대를 향해 명령을 내렸다. 아람 군대의 세력이 강하여 아군의 한 쪽이 밀리면 다른 한 쪽이 그 약한 쪽을 지원하고, 암몬 군의 부대가 강하면 또 다른 한 쪽 병사들이 아군을 적극적으로 지원하라는 것이었다. 서로 협력하여 지원하면 반드시 승리할 것이었기 때문이다

요압은 또한 이스라엘 병사들에게 담대한 마음을 가지도록 요구했다. 전투를 앞둔 자들의 사기를 북돋우어 주는 것은 그가 감당해야 할 중요한 직무 가운데 하나였다. 그들이 언약의 자손과 하나님의 거룩한 도성을 지키기 위하여 용맹한 자세로 전투에 임하는 것은 필수적인 요건이었다. 요압은 그에 대한 실제적인 중요성을 잘 깨달아 알고 있었으므로 그에 대한 강조를 하지 않을 수 없었다.

"너희는 담대하라 우리가 우리 백성과 우리 하나님의 성읍들을 위하여 담대히 하자 여호와께서 선히 여기시는 대로 행하시기를 원하노라"(대상 19:13)

이스라엘 군대를 총지휘하는 사령관인 요압은 병사들 앞에서 눈앞에 펼쳐지게 될 전투를 위해 여호와 하나님께서 선하게 인도해 주시기를 원한다는 사실을 언급했다. 전투에 임하는 모든 병사들은 당연히 그 말씀을 마음속에 받아들였다. 하나님의 계획과 뜻이 저들 가운데 이루어지리라는 사실을 믿음으로 기대했던 것이다.

요압을 비롯한 이스라엘 군대는 곧 바로 하나님의 도우심을 의지하는 가운데 전열을 가다듬어 담대한 마음으로 아람 군대를 공격했다. 이방 병

사들은 이스라엘 군대의 작전이 개시되자 방어는커녕 줄행랑을 놓기에 급급했다. 그 상황을 지켜보던 암몬 군대의 병사들 또한 아비새의 지휘를 받는 이스라엘 병사들 앞에서 도망치게 되었다. 그리하여 이스라엘 군대는 지리멸렬하게 된 적군들을 물리치고 간단하게 승리를 거두었으며 승전한 요압은 개선장군이 되어 예루살렘 성으로 돌아왔다.

한편 이스라엘 병사들의 공격 앞에서 패배한 아람 군대는 거기서 쉽게 물러서려고 하지 않았다. 그들은 사신을 보내 강 건너편에 주둔하고 있던 아람 사람들에게 병력 지원을 요청했다. 당시 하닷에셀의 군대 장관 소박이 그쪽 병사들을 지휘하고 있었다. 이에 대한 모든 실상이 다윗 왕에게 보고되자 다시 군대를 모아 왕이 직접 군대를 통솔하여 요단강 건너 아람 군대를 대항하여 진 치게 되었다.

다윗 왕의 병사들과 아람 군대가 치열한 전투를 벌였지만 결국 아람 병사들이 견디지 못하고 이스라엘 앞에서 도망치게 되었다. 하지만 다윗은 그들의 뒤를 바짝 추격하여 칠천 승의 전차와 병사들뿐 아니라 보병 사만 명과 군대장관 소박을 죽였다. 그 놀라운 위세를 본 하닷에셀의 신복들은 다윗 왕과 화친하기를 원하여 그를 섬기게 되었다. 그후로는 아람 사람들이 암몬 자손들을 지원하여 다윗에게 대항하기를 싫어했다.

■ ■ ■ ■ ■ 역대상 20장

3. 다윗이 랍바를 함락시킴(대상20:1-3)

그와 같은 일들이 있은 다음, 해가 바뀌어 또 다시 왕들이 곳곳에서 전쟁을 일으키기 시작했다. 격변의 시대에 다수의 왕들이 자기의 왕국을 강화하거나 다른 나라를 정복하기 위해 혈안이 되어 있었던 것이다. 이스라엘 왕국도 외형상 그 많은 왕국들 중에 한 나라로 존재하고 있었다.

따라서 이스라엘 왕국도 그것을 보며 적절한 대응을 해야만 했다. 그리하여 다윗 왕은 예루살렘에 머물고, 군사를 관장하는 사령관 요압이 군대를 거느리고 출전하여 암몬 자손의 땅을 공격했다.[26] 그들은 랍바를 포위하여 그 도성을 함락시키게 되었다(삼하12:26). 그로 인해 이스라엘 군대는 많은 전리품을 취할 수 있었다.

그런 중에 다윗 왕은 예루살렘에서 군사를 모아 전투가 벌어지고 있던 현장으로 직접 나아갔다(삼하12:29,30). 다윗 왕은 암몬 왕의 보석 박힌 왕관을 취했다. 장식을 위해 그 왕관에 사용된 금의 무게만 해도 한 달란트가 되었다. 다윗은 그 관을 직접 자기 머리에 썼다. 이는 원수들을 진압한 승리자의 위세를 확인하며 보여주는 의미를 지니고 있었다. 그는 또한 암몬의 도성에서 탈취한 많은 전리품들을 취했다.

그런 가운데 다윗 왕은 암몬 백성들을 밖으로 끌어내어 힘든 노역을 시켰다. 그들로 하여금 톱질과 곡괭이질과 도끼질과 벽돌구이 등을 하게 했던 것이다(삼하12:31). 다윗은 모든 성읍들에서 암몬 자손들이 그와 같이 하도록 시켜놓고 많은 병사들을 대동하고 예루살렘으로 돌아왔다. 이스라엘이 암몬과의 전투에서 대승을 거둠으로써 이스라엘의 위상은 더욱 높아져 갔다.

4. 다윗이 블레셋을 대파(대상20:4-8)

그후에 이스라엘 군대가 게셀에서 블레셋과 전투를 벌이게 되었다. 그때 십브개라는 이스라엘 병사가 거대한 체구를 가진 블레셋 병사인 십배를 쳐 죽였다. 그로 인해 블레셋 군대는 전쟁을 포기하고 이스라엘 군대 앞에서 항복할 수밖에 없었다.

---

26) 이 어간에 다윗은 예루살렘에 남아 있으면서 직권을 남용하여, 전장에 나가 있는 우리아의 아내 밧세바를 성적으로 범했다(삼하11:2-5). 그로 인해 하나님께서 보내신 나단 선지자에 의해 강한 책망을 받게 된다.

또한 나중에 블레셋과 전투가 있을 때 야일의 아들 엘하난이 가드 사람 골리앗의 아우 라흐미를 죽였다. 그는 자기 형과 마찬가지로 대단한 힘을 가진 인물이었음이 분명하다. 따라서 그의 창자루는 마치 베틀채 같이 컸다. 그런 막강한 힘을 가진 사람을 간단하게 죽였으니 블레셋 군대의 사기가 저하될 수밖에 없었을 것이다. 이는 오래 전 다윗과 골리앗의 싸움에서 드러난 것과 동일한 결과를 가져왔다.

그리고 가드에서 이스라엘 군대와 블레셋이 전투를 벌일 때 블레셋 병사 가운데 키가 크고 힘이 대단한 병사 하나가 있었다. 그는 양 손가락과 발가락이 각각 여섯 개씩 있어서 모두 스물 네 개의 손발가락을 가지고 있었다. 범상치 않은 신체구조를 가진 그는 엄청나게 힘이 센 인물로서 조상으로부터 그 힘을 물려받은 터였다.

그는 자기와 맞붙어 싸워 이길 만한 자신이 있는 자가 있으면 앞으로 나와 보라며 이스라엘 군대를 조롱했다. 그때 다윗의 형 시므아의 아들 요나단이 앞으로 나아갔다. 그는 특별한 힘을 가진 상대 앞에서 전혀 위축되지 않고 담대하게 걸어갔다. 그리하여 그가 키가 크고 막강한 힘을 가진 그를 가볍게 물리쳐 죽였다. 그것은 어느 누구도 예상치 못한 일로서 하나님의 도우심에 의한 것이었다.

이처럼 가드 출신의 거구(巨軀)를 가진 매우 힘센 병사라 할지라도 다윗 왕의 병사들 앞에서는 아무런 힘을 쓰지 못했다. 이는 하나님께서 다윗의 군대 가운데 역사하고 계신다는 사실을 증거해 주고 있다. 이렇게 하여 다윗과 그의 왕국은 치르는 전투마다 큰 승리를 거두어 막강한 세력을 펼쳐 갔던 것이다. 이는 하나님의 편에 서 있는 지상의 모든 성도들이 마음속에 담아 두어야 할 실제적 교훈이다.

우리는 역대상에 기록된 본문을 통해, 당시 이스라엘 왕국이 동서남북 사면으로부터 적대세력의 위협을 받고 있었음을 알 수 있다. 또한 원수들과의 전투에서 많은 이스라엘 병사들이 전사했을 것이 틀림없다. 이는 매우 큰 희생을 치렀음을 말해주고 있다.

오늘날 우리 시대 교회 역시 적대세력에 둘러싸여 있으면서 진리를 지키기 위해 생명을 건 치열한 싸움을 싸워야 한다. 하지만 우리가 주의 깊게 생각해야 할 바는 원수들을 공격하여 영토를 넓히는 것이 주된 목적이 아니라는 사실이다. 오히려 공격을 하되 자신의 영역을 지키기 위한 방어적 자세를 유지하는 것이 중요하다. 이는 언약 백성의 정체성을 지키기 위해 이방인들의 세력을 용납하지 말아야 한다는 사실에 연관되어 있다.

우리는 또한 여기서 이스라엘 백성이 이방 왕국으로부터 조공을 받고 패전국의 병사들을 노예로 부리거나 이방인들과 화친하는 문제에 대하여 냉철한 판단을 할 수 있어야 한다. 다윗 왕국이 수많은 전쟁에서 승리하게 되자 조공을 바치는 자들과 화친하고자 하는 나라들이 많이 생겨났으며 패전국의 병사들을 노예로 부리기도 했다. 역대상 18,19,20장에 그에 관한 내용이 많이 나타나고 있다(대상18:2,6,9-11;19:2,19; 20:3, 참조).

이러한 상황은 결국 이스라엘 백성이 세상에서의 승리에 의존하거나 세상의 잘못된 문화와 문명을 언약의 왕국 안으로 가지고 들어오게 할 우려를 자아내게 된다. 그렇게 되면 오직 여호와 하나님 한 분만을 의지해야 할 언약의 자손들이 세상에서 쟁취한 현상적인 승리에 더 많은 의미를 두게 된다. 그것은 결국 세상의 타락한 가치에 휩쓸리게 하는 역기능을 할 수밖에 없다.

이에 대해서는 교회에 속한 모든 성도들이 기억하고 있어야 한다. 지상교회는 오직 여호와 하나님 한 분 만을 의지해야 하며 세상의 것들을 과도하게 쟁취하려 하거나 그것을 자랑거리로 삼아서는 안 된다. 그와 같은 일들이 발생하게 되면 참된 진리를 멀리하고 세속화를 지향하게 될 것이기 때문이다. 이는 극도로 타락한 문명과 문화 속에 살아가는 현대 교회의 성도들이 각별히 신경 써야만 할 내용이다.

제11장

다윗의 인구조사와
오르난의 타작마당 제사
(대상21:1-30)

■ ■ ■ ■ ■ ■ 역대상 21장

1. 인구조사 (대상21:1)

역대상에는 사탄이 다윗으로 하여금 '인구조사'를 하도록 격동시켰음을 언급하고 있다. 이는 사탄이 다윗에게 그와 같은 악한 생각을 가지도록 했기 때문에 그것을 시행하게 되었음을 말해준다. 이 말은 또한 이스라엘 백성의 수를 계수하는 것이 다윗의 순수한 결단에 의한 것이 아니라는 사실에 연관되어 있다. 따라서 역대기 기자는 그것이 하나님의 뜻에 반하는 행동이라는 사실을 강조하고 있다.[27]

---

27) 우리가 여기서 기억해야 할 바는 모든 인구조사가 무조건 악한 것은 아니란 사실이다. 어떤 경우에는 하나님의 요구에 의해 인구수를 파악한 경우도 있다. 예를 들어, 출애굽기 30:11-16에는 긍정적인 측면에서 인구조사가 이루어진 사실이 기록되어 있다.

인구조사란 국가적인 일로서 나라에 속한 전체 인구수와 백성들의 거주지 및 호적을 정확하게 파악하는 것을 목적으로 삼고 있다.[28] 일반적인 관점에서 볼 때 인구조사를 실시하는 이유 가운데는 몇 가지 사실에 연관되어 있다. 우선 거기에는 국방과 전쟁을 위해 병사로 징집할 만한 자들의 수를 확인하고자 하는 의도가 담겨 있다.

또한 정확한 주민의 수를 파악함으로써 세금을 빠짐없이 거두기 위한 목적이 포함되어 있다. 즉 인구조사를 통해 세금의 누수나 탈세를 방지할 수 있게 된다. 그리고 숨어있는 범죄자 색출과 혹시 잠입해 있을지 모르는 간첩을 색출하기 위한 목적이 들어 있다. 이는 불법 체류자나 각 지역의 거류민을 정확하게 파악한다는 의미를 내포하고 있다.

그런데 성경은 다윗이 실시하고자 하는 인구조사에 대해 부정적인 시각으로 보고 있다. 그가 그렇게 하는 것은 하나님에 대한 불신앙과 연관되어 있기 때문이다. 언약의 자손들은 모든 일에 있어서 전적으로 여호와 하나님만을 의지해야 한다. 즉 하나님의 자녀들이 이땅에 살아가면서 환경이나 외부 조건에 의존하는 것은 곧 하나님에 대한 불신앙에 기인한다. 따라서 하나님께서는 그와 같은 행위를 자신에 대한 불신앙으로 간주하셨던 것이다.

2. 다윗의 인구조사 (대상21:2-8)

하나님만을 전적으로 의지해야 할 다윗이 사탄의 유혹으로 인해 인구조

---

28) 성경에는 다양한 형태의 인구조사에 관한 내용이 나타난다(출30:12-14, 민1:2). 하지만 그것은 이스라엘 민족 가운데 시행된 것이 있는가 하면 이방 왕국에서 시행된 것도 있다. 많은 사람들이 기억하고 있는 경우는 예수님께서 출생하실 당시 로마제국의 아우구스투스 황제의 인구조사이다(눅2:1-5). 그 과정에서 요셉과 마리아가 호적하기 위해 베들레헴에 왔다가 아기 예수를 출산하게 되었다.

사를 하기로 마음먹었다. 그렇게 하는 것이 자신과 이스라엘 민족에게 유익이 되리라는 잘못된 판단을 했던 것이다. 그것은 주변의 여러 왕국들과 대치하고 있는 상황에서 일종의 전략을 구사하는 군사적 강화 의미를 지니고 있었다. 그리하여 자신의 신하들에게 백성 전체의 인구수를 조사하도록 명령을 내렸다.

다윗은 요압을 비롯한 백성의 관리들을 향해 가나안 땅 맨 남단인 브엘세바에서부터 가장 북단에 위치한 단에 이르기까지 모든 인구를 계수하여 자기에게 보고하라고 명령했다. 요압은 왕의 명을 들었을 때 그에 대한 부정적인 견해를 제기했다. 하나님의 백성으로서 당시 처한 상황에서 인구조사를 시행하는 정책은 결코 바람직하지 않다는 것이었다.

요압은 자신의 생각을 피력하면서 먼저 하나님께서 이스라엘 자손의 수를 지금보다 훨씬 더 많이 번성케 해 주실 것을 원한다는 점을 언급했다. 그리고 모든 백성은 이미 다 왕의 수하에 있는 신하와 같다는 말을 했다. 그런 상황에서 인구조사를 할 필요가 무엇이냐는 것이다. 따라서 인구를 조사하는 정책은 하나님 앞에서 죄를 짓는 행위와 마찬가지라고 했다. 하나님께서 언약의 왕국을 굳건하게 지켜주실 것이므로 그런 식의 인위적인 대비를 하는 것은 하나님에 대한 불신앙과 같기 때문이다.

그러나 인구를 조사하고자 하는 다윗 왕의 결심은 이미 굳건히 서 있었다. 그에게는 요압의 권면을 받아들이고자 하는 마음이 전혀 없었다. 따라서 다윗은 요압에게 속히 인구조사를 실시하도록 다그쳐 명령했다. 요압은 하는 수 없이 왕의 명령을 받들어 나라 안에 살고 있는 전 지역 백성들의 인구를 계수했다. 그가 국가의 행정조직과 많은 신하들을 동원하여 전국적인 인구조사를 실시하게 되었던 것이다.

언약의 땅 전 지역을 돌아다니며 인구조사를 끝낸 요압은 예루살렘으로 돌아와 다윗 왕에게 그 결과를 보고했다. 칼을 들고 무장하여 전쟁을 수행할 만한 자가 북쪽 지역에 몰려 있는 이스라엘 가운데 일백십만 명 정도이

며 예루살렘을 중심으로 한 유다 지역 가운데 사십칠만 명 정도가 된다고
했다. 하지만 요압은 왕의 명령을 그대로 받들지 않고 백성들 가운데 레위
인들과 베냐민 지파 사람들은 계수하지 않았다.

이처럼 요압은 인구조사를 시행하면서도 다윗 왕의 명령을 충실히 따르
지 않았다. 이는 어떤 면에서는 왕을 기만하는 것과도 같았다. 충성스럽게
왕명을 따라야 할 신하로서 의도적으로 레위와 베냐민 지파 등 일부 족속
을 제외시킴으로써 거짓보고를 하게 되었던 것이다(대상21:6). 요압이 그렇
게 했던 까닭은 그것이 하나님을 떠난 인위적인 전략을 구사하는 것일 뿐
아니라 하나님의 뜻을 저버리는 행위라는 것을 알고 있었기 때문이다.

요압의 판단대로 하나님께서는 다윗이 이스라엘 민족의 인구를 계수하
는 일을 괘씸하게 여기셨다. 따라서 자기를 의지하지 않는 이스라엘을 치
심으로써 다윗 왕국 전체가 심한 고통에 빠지게 되었다. 다윗은 그것을 통
해 왕국을 강화시키려 했지만 하나님께서는 그것을 용납하지 않으셨던 것
이다.

하나님의 진노를 확인한 후에야 다윗은 스스로 잘못된 전략을 세워 승
리를 쟁취하고자 한 자신의 오만한 태도를 뉘우쳤다. 비로소 자기가 이스
라엘 민족 가운데 인구조사를 한 것이 하나님 앞에서 범죄행위가 된다는
사실을 깨달았던 것이다. 이는 그것이 곧 하나님에 대한 전적인 신뢰를 저
버린 것과 연관되어 있었기 때문이다. 그리하여 다윗은 하나님께 자신의
미련함을 고백하며 용서를 빌게 되었다.

3. 선견자 갓을 통한 심판 예언(대상21:9-13)

하나님께서는 그후 다윗의 선견자(seer)였던 갓을 통해 장차 이스라엘 백
성 가운데 무서운 징계를 내리시리라는 말씀을 하셨다. 그는 세 가지 각기
다른 재난을 제시할 터이니 다윗이 그것들 가운데 하나를 선택해야 한다

는 것이었다. 그리고 난 다음 하나님은 선견자 갓을 다윗에게 보내 그 사실을 전하도록 명령하셨다. 갓은 다윗 왕 앞으로 나아가 하나님의 계시를 그대로 전했다.

하나님에 의해 제시된 그 재난들 가운데, 첫째는 이스라엘 민족 가운데 임하는 삼 년간의 기근이었다. 둘째는 원수들과의 전투에서 패배하여 석 달간을 저들의 그 칼을 피해 쫓겨다녀야 하는 징벌이었다. 그리고 셋째는 사흘 동안 이스라엘 전역에 무서운 전염병이 돌게 하여 여호와 하나님께서 직접 백성들을 징계하는 일이었다. 갓은 그 세 가지 징벌을 제시하며 다윗 왕으로 하여금 그것들 가운데 하나를 택하도록 했다.

다윗이 그 징벌들 가운데 하나를 선택하면 선견자 갓이 하나님께 그 뜻을 전해드리겠다는 것이었다. 여기서도 우리는 하나님께서 다윗에게 직접 말씀하시지 않고 선견자를 통해서 자신의 의도를 전하고 있음을 보게 된다.[29] 우리는 여기서 아무리 지위가 높은 왕이라 할지라도 선지자나 선견자를 통해 하나님의 뜻을 알게 되며 직접 그에 대해 알 수 없는 경우가 많다는 사실을 기억해야만 한다.

이는 정치적으로 막강한 권력을 가진 자라 해서 자기 마음대로 무엇이든지 임의로 결단하고 실행해서는 안 된다는 사실을 말해준다. 성숙한 성도라면 하나님의 뜻을 귀담아 들어 분별할 수 있는 능력을 소유해야 한다. 그것은 인간의 지혜나 이성과 경험이 기초가 되는 것이 아니라 하나님으로부터 허락된 구체적인 계시에 근거해서 하나님의 뜻을 알아가야 한다는 사실을 말해준다.

---

29) 오늘날의 지상 교회도 이에 대하여 주의 깊은 이해를 해야 할 필요가 있다. 하나님의 말씀을 해석하는 것은 교회의 교사인 목사에게 주어진 직무이다. 물론 그것은 목사가 자의로 성경을 해석해도 좋다는 의미가 아니다. 그것은 공교회 즉 교단의 신학과 역사적 전통을 소중히 여기는 가운데 진행되어야 한다. 만일 그렇지 않고 교인들이 각각 주관적인 판단으로 자의로 성경을 해석하게 되면 심각한 문제가 발생할 수밖에 없다. 이는 지상 교회가 소유해야 할 매우 중요한 원리이다.

다윗 왕은 그에 대한 모든 사실을 잘 알고 있었다. 따라서 자신에게 불리한 말임에도 불구하고 선견자 갓의 말에 대하여 아무런 불만을 토로하지 않고 액면 그대로 받아들였다. 하나님의 말씀을 전해들은 다윗은 자기가 심각한 곤경에 빠져있다는 사실을 갓에게 말했다. 그러면서 하나님은 긍휼이 매우 크신 분이라는 점을 언급하기를 주저하지 않았다. 이는 물론 단순히 일반적인 하나님의 속성을 말하는 것은 아니다. 다윗은 자신의 악한 죄를 용서해 주실 것을 믿는다는 것이었다.

다윗 왕은 이 말을 통해 인간들로 말미암아 전개되는 무서운 고난을 당하기보다 하나님의 직접적인 징벌을 받는 것을 택하리라는 생각을 드러내보여주고 있다. 즉 삼 년간의 심한 기근을 겪게 되면 백성들 가운데 지속적인 많은 문제들이 발생할 것이며 그로 말미암아 오랫동안 민심이 흉흉해질 것이 분명하다. 그리고 전쟁에서 패하여 석 달간 적군의 칼과 무력에 쫓기게 되는 것도 백성들로 인한 심각한 문제를 동반할 수밖에 없다. 따라서 다윗은 사흘간 하나님으로부터 임하는 심한 전염병이 도는 것을 통해 그 징계를 받겠노라고 했다.

3. 하나님의 온역 심판과 여호와의 사자 (대상21:14-17)

하나님께서는 다윗이 선택한 대로 이스라엘 백성들에게 사흘간 심한 전염병이 도는 징계를 내리셨다. 그로 인해 백성들 가운데 죽은 사람의 수가 칠만 명이나 되었다. 나아가 하나님께서는 자신의 천사를 보내 배도에 빠진 예루살렘을 멸망시키고자 하셨다. 그가 성을 파멸시키려는 행동을 개시하고자 할 때 하나님께서 그 손길을 멈추게 하셨다. 많은 백성이 죽게 된 것으로 충분하며 그 정도면 하나님의 뜻을 깨닫게 되었으리라는 것이었다.

우리는 여기서 다윗의 인구조사가 그만큼 심하게 하나님의 분노를 일으킨 점을 기억해야 한다. 하나님을 떠나 자신의 계획과 능력을 의지하는 것은 하나님을 무시하는 행위가 된다. 다윗이 인구조사를 통해 자신의 승리를 이루려 함으로써 하나님을 분노케 했던 것은 바로 그와 연관되어 있었다.

그와 같은 일이 벌어지고 있을 때 여호와의 사자가 여부스 사람 오르난[30]의 타작마당 곁에 서 있었다. 그곳은 예루살렘에서 가장 중요한 지역으로서 아브라함이 독자 이삭을 제물로 바쳤던 바로 그 자리이며 나중 솔로몬이 그곳에 거룩한 성전을 세우게 된다. 당시 하나님의 사자가 그 자리에서 계셨던 것은 특별한 구속사적인 의미를 지니고 있다.

무서운 전염병 심판으로 인해 고통 중에 있던 다윗이 그때 눈을 들어 오르난의 타작마당에 선 하나님의 사자를 보게 되었다. 그는 하늘과 땅 사이의 공간에 서 있으면서 칼을 손에 빼어들고 예루살렘편을 가리키고 있었다. 그는 호렙산 떨기나무 불꽃 가운데서 '모세 앞에 나타나신 여호와 하나님'(출3:2)이자 이스라엘 백성이 가나안 땅에 들어왔을 때 '여호수아에게 보이신 군대장관'(수5:13-15)으로서 그리스도와 동일한 성자 하나님이었던 것이 틀림없다(대상21:16).

그 하나님께서 이제 예루살렘의 다윗 앞에 서시게 되었다. 이스라엘 민족을 통치하는 다윗은 그가 하나님 곧 성자 하나님이신 그리스도라는 사실을 즉시 깨달을 수 있었다. 이는 물론 전적인 하나님의 은혜에 의한 것으로 이해된다. 따라서 다윗은 함께 있던 장로들과 함께 굵은 베옷을 입은 채 그 앞에서 얼굴을 땅에 대고 엎드려 그 하나님께 회개하며 간구했다.

---

30) '오르난'(Ornan, Araunah)은 개인의 이름이 아니라 '강한 자'라는 의미를 지닌 책임 있는 지도자의 직책이나 일종의 신분으로 이해하는 자들이 있다. 전체 문맥을 고려할 때 그와 같은 주장이 일리 있는 견해로 보인다. '오르난'이란 단어는 고대 후리(후르리)어로 '주'(主) 혹은 '귀족'이라는 의미를 지닌다고 한다. 그리고 로젠(H.B.Rosen)은 '오르난'이 히타이트어에 연관된 '귀족'이란 뜻을 지닌 것으로 주장한다. (성서백과대사전, 제7권, '아라우나'(Araunah), 서울: 성서교재간행사, 1982, p.390, 참조).

하나님을 의지하지 않고 스스로 주변 나라들에 대한 승리를 쟁취하기 위해 이스라엘 백성의 인구조사를 명령한 것은 왕좌에 앉아 있는 자기라는 것이었다. 즉 그 악한 범죄를 행한 자는 다윗 자신이므로 하나님의 손이 일반 백성들을 징벌하시지 말고 자기와 자기 집을 쳐서 심판해 달라고 간구했다. 이는 모든 재앙을 기꺼이 자기가 받겠다고 하는 왕의 신념을 보여주고 있다.

우리는 여기서 희미하게나마 메시아를 예표하는 다윗 왕의 일면을 보게 된다. 다윗은 모든 잘못을 백성들에게 돌리지 않고 자기가 그 징벌을 감당하겠다고 했다. 이는 나중 예수 그리스도께서 자기 백성들의 모든 죄짐을 지고 친히 무서운 징벌을 받으신 사실을 기억나게 한다. 이는 물론 다윗은 실제로 잘못을 저질렀으나 예수 그리스도는 전혀 그렇지 않다. 또한 그 본질적인 성격도 상이하다. 하지만 다윗을 통해 어느 정도 메시아 예표적 성격이 드러나고 있는 것으로 볼 수 있다.

4. 오르난의 타작마당 (대상21:18-22)

하나님께서 천사를 통해 선견자 갓에게 특별한 명령을 내리시면서 그 내용을 다윗에게 전하도록 요구하셨다. 그것은 다윗으로 하여금 여부스 사람 오르난의 타작마당으로 올라가 그곳에서 여호와 하나님을 위하여 단을 쌓으라는 것이었다. 이는 매우 중요한 구속사적 사건을 진행시키는 의미를 지니고 있다.

아브라함이 이삭을 제물로 바쳤던 바로 그 장소로 하나님께서 이스라엘의 왕 다윗을 직접 인도해 가신 것은 그와 밀접하게 연관되어 있다. 즉 그것은 아브라함 언약을 직접 다윗 언약에 연결시키는 구체적인 역할을 하게 되기 때문이다. 따라서 하나님의 말씀을 들은 다윗은 망설임 없이 즉시 오르난의 타작마당으로 올라갔다.

그때 자기 마당에서 밀을 타작하고 있던 오르난이 하나님의 천사를 목격하게 되었다. 그 광경을 보고 놀란 오르난은 두려움에 빠져 자신의 네 명의 아들과 함께 몸을 숨기지 않을 수 없었다. 이는 그가 보기에 하나님의 천사는 엄청난 위엄을 지닌 존재로서 예사롭게 보이지 않았음을 말해준다.

그런 정황 가운데 다윗이 오르난의 타작마당에 이르렀다. 오르난은 예루살렘을 정복한 이스라엘 민족의 왕인 다윗이 자기에게로 행차하는 것을 보고 그의 앞에서 무릎을 꿇은 채 얼굴을 땅에 대고 엎드려 절했다. 오르난은 당시 여부스족 가운데서 높은 지위에 있던 인물이었다고 할지라도 다윗 왕 앞에서는 그렇게 할 수밖에 없었다.

다윗은 오르난을 만났을 때 그의 타작마당을 자기에게 팔라고 말했다. 자기가 정당한 액수를 지불하고 구입하겠다는 것이었다. 앞에서도 언급한 것처럼 오르난의 타작마당은 아브라함이 이삭을 바쳤던 곳으로서 거룩한 성전이 세워질 장소였다. 모리아산이 있는 그곳은 '여호와 이레'(창22:14)로서 소중한 언약적 의미를 담고 있는 특별한 지역이었다. 따라서 다윗은 그곳에 성전을 짓기 위해 돈을 주고 땅을 구입하고자 했던 것이다.

다윗 왕은 정복자였지만 그 땅을 빼앗거나 헐값에 사려고 하지 않았다. 다윗은 자기가 그 땅을 사고자 하는 이유는 여호와 하나님을 위하여 제단을 쌓고 제사를 드리고자 하기 때문이라는 사실을 밝혔다. 또한 그렇게 함으로써 하나님의 진노를 누그러뜨리고자 한다는 점을 말했다. 당시 전염병이 그치지 않고 있었으므로 하나님의 명에 따라 그곳에서 제단을 쌓으면 하나님께서 중단시켜 주시리라고 했던 것이다.

5. 다윗의 제사와 재앙의 중단 (대상21:23-30)

다윗 왕이 오르난에게 그의 타작마당을 구입하겠다는 의사를 보이자 오르난은 돈을 받지 않고 그냥 주겠다는 뜻을 전했다. 그는 다윗 왕의 서슬 퍼런 권력 때문이 아니라 진심으로 그렇게 하고자 했다. 더구나 그는 다윗이 하나님께 제사를 드릴 수 있도록 모든 것을 구비해 주겠다는 말을 했다.

하나님 앞에서 번제물로 사용할 수 있도록 소들을 그에게 드릴 뿐 아니라 곡식을 떠는 타작 기구를 부숴 땔감으로 사용하도록 내어놓겠다고 했다. 그리고 밀을 소제물로 사용하도록 드리겠다는 말을 했다. 그는 다윗 왕이 제사를 드리고자 하는 모든 일에 적극적으로 도움을 주고자 했던 것이다.

우리는 여기서 오르난에게 일반적인 경우를 벗어난 엄청난 변화가 일어났으리라는 점을 엿보게 된다. 그가 다윗 왕에게 제사를 위한 소와 밀을 제공하고자 하는 문제에 대해서는 충분히 이해할 만하다. 소유하고 있던 것들 가운데 일부를 왕을 위해 제공하는 것은 그리 어렵지 않은 일로서 정황상 그렇게 할 수 있다.

하지만 그가 자기가 사용하는 타작기구를 부숴 땔감으로 사용하고자 한 것은 결코 예사로운 일이 아니다. 그것은 그동안 자기가 살며 행해 왔던 모든 것을 포기하겠다는 의미와 연관되어 있기 때문이다.[31] 그는 자기의 삶의 터전을 내어놓았을 뿐 아니라 오랫동안 이어온 삶의 방편마저도 포기하고자 했다.

그러나 다윗은 결코 오르난의 타작마당을 돈을 지불하지 않은 채 무상으로 얻기를 원하지 않았다. 정당한 댓가를 지불하고 그 땅을 소유하고자 했던 것이다. 이는 다윗이 자기의 권력을 동원해 부당한 방법으로 오르난의 재물을 강압적으로 빼앗은 것이 아니란 사실을 공표하는 의미가 담겨 있었을 것으로 보인다. 그리하여 다윗은 오르난에게 금 육백 세겔을 지불

---

31) 어쩌면 당시 오르난은 이방인으로서 여호와 하나님을 받아들였을지도 모른다. 그는 자기의 모든 것을 다윗 왕에게 주기로 다짐하면서 이스라엘의 하나님께 제사를 지내는 일에 적극적으로 참여하고자 하는 의도가 있었을지 모르기 때문이다.

하고 타작마당을 비롯한 모든 필요한 것들을 사게 되었다.[32]

그렇게 한 후 다윗은 거기서 여호와 하나님을 위하여 제단을 쌓고 번제와 화목제를 드렸다. 우리가 여기서 기억해야 할 바는 다윗이 직접 제사장이 되어 제사를 지내지는 않았을 것으로 보인다는 사실이다. 당시 다윗 왕은 항상 제사장과 장로, 선지자들을 대동하고 다녔을 것이기 때문이다.[33]

어쨌든 다윗 왕이 오르난의 타작마당에서 제단을 쌓고 하나님께 번제와 화목제를 드리면서 자신이 처한 형편을 아뢰었다. 그러자 하나님께서는 하늘로부터 번제단 위에 불을 내려 응답하셨다. 그리고 자기의 사자에게 이스라엘에 대한 심판을 중단하도록 명하시자 그가 칼을 도로 칼집에 꽂았다.

오르난의 타작마당에서 여호와 하나님께서 응답하시는 광경을 생생하게 목격한 다윗은 거기서 다시금 제사를 드렸다. 당시 시내광야에서 모세가 지은 여호와의 장막과 번제단은 기브온 산당에 있었다. 하지만 다윗은 하나님의 사자의 칼을 두려워하여 감히 그곳으로 가서 하나님께 묻지 못했기 때문이다.

---

32) 사무엘하 24:24에서는 '오르난의 타작마당과 소'를 은 50세겔을 주고 샀다는 기록이 나타난다. 이는 제물로 사용할 소를 포함한 타작마당이 은 50세겔인데 반해 역대상 21:25에서는 금 육백 세겔로 그 땅을 구입한 것으로 기록되어 있다. 그 양쪽의 다른 가격은 엄청난 차이가 난다. 이는 아마도 사무엘서의 기록은 오르난의 타작마당에 국한된 가격으로 보이며, 역대상의 기록은 성전을 건축하기 위한 훨씬 넓은 터를 포함한 가격이었을 것으로 여겨진다. 또한 우리가 여기서 보는 것은 당시 사유재산 제도에 관한 것이다. 다윗은 당시 그 지역을 정복한 상태여서 어떤 의미에서는 왕의 소유라 해도 무방할 수도 있었다. 더구나 그 땅의 주인은 피정복민인 여부스 족이었다. 그럼에도 불구하고 다윗 왕은 상당한 가격을 지불하고 그 땅을 구입하게 되었던 것이다.

33) 우리는 종종 백성들이 한 일을 왕이 한 것으로 묘사하는 경우가 많다. 대표적으로 솔로몬이 예루살렘 성전을 건축했다고 하지만 실제로는 여러 사람들이 힘을 합해 건축을 했었다. 또한, 예를 들어 세종대왕이 한글을 창제했지만 혼자서 한글 전체를 다 만든 것이 아니라 여러 학자들이 협력하여 만든 것이다. 그리고 박정희 대통령이 경부고속도로를 건설했다고 하지만 실제로는 여러 건설회사와 그 기술자들이 공사작업을 한 것과도 같다. 다윗 왕이 당시 제사를 지냈다고 한 것도 그와 같은 관점에서 이해할 수 있다.

제12장

다윗 왕의 성전 건립을 위한 준비

(대상22:1-19; 23:1-32; 24:1-31)

1. 다윗의 성전 건립 준비(대상22:1-5)

다윗 왕은 오르난의 타작마당을 구입하고 나서 그 정체성에 대한 명확한 정의를 내렸다. 그 장소가 곧 여호와 하나님의 거룩한 전(殿)이자 이스라엘 민족의 번제단에 연관된다는 사실을 공언했던 것이다.[34] 물론 그것은 일차적으로 기브온에 있는 성막과 번제단에 관한 언급이지만 예루살렘 성전 터와 관련된 것으로 이해하게 된다. 이는 그곳에 성전이 건립되면 하나님께서 거기 거하시게 될 것이며 이스라엘 백성은 그곳에서 하나님께 번제를 드리게 된다는 것이었다.

그러므로 다윗 왕은 예루살렘에 성전을 건립하기 위해 신하들에게 명을

---

34) 예루살렘 성전뿐 아니라 그 장소적 의미 역시 매우 중요하다. 그러므로 성전이 완전히 파괴되고 없을 때조차도 그곳은 특별한 의미를 지니고 있었다. BC587년 유다 왕국이 패망하고 이스라엘 민족이 바벨론으로 포로가 되어 이방 지역에 끌려갔을 때도 그 의미는 여전히 매우 중요했다. 그래서 다니엘은 바벨론에 있으면서 하루에 세 번씩 예루살렘을 향해 하나님께 기도했던 것이다.

내렸다. 우선 이스라엘 땅에 거주하는 이방 사람들을 모으라고 했다. 이는 유대인들만 성전건립 사역에 가담하게 되는 것이 아니라 이방인들에게도 그 역할이 열려있음을 말해주고 있다. 여기서 특별히 약속의 땅 가나안 지경 안에 살고 있는 이방인들을 모으라고 명한 것은 그들이 가진 기술과 노동력에 연관된 것으로 보인다.

이 가운데는 하나님의 거룩한 성전이 이스라엘 자손들을 위한 것이기도 하지만 나중 이방인들에게도 그에 연관된 하나님의 뜻이 전달될 것에 대한 예언적 의미가 내포되어 있다. 장차 건립될 성전은 이스라엘 백성들에게 전적인 소유권이 있는 것으로 말할 수 없다. 그 성전은 하나님의 소유이며 언약 안으로 들어오게 될 이방인들에게도 그 분깃이 돌아가게 될 것이기 때문이다.

다윗 왕은 거기 모인 자들 가운데 석공들에게 하나님의 성전을 건축할 돌을 다듬도록 명을 내렸다. 또한 그는 문짝 못과 문에 달게 될 꺽쇠를 제작하기 위한 철을 충분히 준비하고 무게를 달 수 없을 만큼 많은 양의 놋쇠를 준비하도록 했다. 또한 충분한 양의 백향목을 준비했는데 시돈과 두로 사람들이 엄청난 양의 재목을 예루살렘으로 운송해 왔다.

그런 중에 다윗은 백성들 앞에서 자기 아들 솔로몬이 아직 나이가 어리고 연약하여 성전을 건축하기에는 모든 것이 부족하다는 사실을 언급했다. 장차 여호와 하나님을 위하여 건축하게 될 성전은 지극히 거룩하고 웅장하기 때문에 그 일을 감당해 내기 어렵다는 것이다. 그 성전은 온 천하 만국에 하나님의 명성을 선포하는 중대한 역할을 하게 될 것이며 그것을 통해 하나님의 영광이 드러나게 된다.

그러므로 다윗은 자기가 죽기 전에 앞으로 건축될 성전을 위해 많은 준비를 하리라고 말했다. 이를 보건데 성전 건축은 나중 솔로몬 왕이 실행하게 되지만 대부분의 준비는 다윗이 미리 해두게 된다. 이는 성전 건축을 위한 다윗의 역할이 솔로몬의 역할보다 결코 덜하지 않다는 점을 보여주고 있다. 하나님께서는 그 중요한 일을 위하여 다윗과 솔로몬 시대에 이스라엘 민족 가운데 전체적이며 단계적으로 역사하셨던 것이다.

우리는 여기서 매우 중요한 의미를 생각해 보아야 한다. 그것은 하나님께서 다윗 왕으로 하여금 많은 이방 나라들에 승리를 거두게 하신 것은 결국 거룩한 성전 건축을 위한 하나님의 경륜에 따른 것이었기 때문이다. 즉 다윗에게 정복당한 이방인들이 예루살렘 성전을 건축하는 일에 직간접적으로 지원할 수밖에 없었던 것은 그와 밀접하게 연관되어 있다. 언약의 백성들 가운데 항상 하나님의 거룩한 성소와 그 신령한 의미가 중심에 자리 잡고 있었다는 사실은 결코 간과하지 말아야 할 중요한 내용이다.

2. 솔로몬을 향한 다윗의 권면(대상22:6-16)

다윗 왕은 성전 건축을 위한 기본적인 준비를 마친 후 어린 솔로몬을 불러 말했다. 언약의 백성들에게 성전 건축이 얼마나 중대한 일인가 하는 점과 더불어 그에 연관된 중요한 당부를 했다. 그에게 앞으로 여호와 하나님을 위한 성전을 건축하도록 당부했던 것이다.

또한 다윗은 아들 솔로몬을 향해 '여호와 하나님의 이름을 위하여' 성전을 건축할 마음이 원래 자기에게 있었음을 언급했다. 하나님의 이름을 위한 성전 건축이란 언약에 연관된 표현으로 이해할 수 있다. 이는 성전 건축이 믿음의 조상들로부터 상속되어 온 하나님의 언약에 따른 것이란 의미를 지니고 있다.

그러나 하나님께서 성전을 건축하는 일을 다윗 자신에게 허락하지 않으셨음을 밝혔다. 자기는 이방 나라와 이방 족속들과의 전쟁으로 인해 매우 많은 피를 흘린 사실을 언급했다. 하나님 앞과 언약의 땅에서 수많은 전투를 치르며 피를 흘리게 한 자로서 성전을 건축하기에 적합하지 않다고 하는 하나님의 말씀이 자기에게 임했다는 것이다(대상22:8).

우리는 여기서 그와 연관된 매우 중요한 점을 생각해 보아야 한다. 다윗의 전쟁은 하나님을 의지하여 행해진 '의로운 전쟁'(holy war)이었다. 즉 다윗이 많은 피를 흘린 행위가 직접적인 범죄행위로 규정된 것은 아니다.

사실 피를 흘리는 전쟁은 아브라함도 치른 바 있으며 사사들도 그와 같은 전투를 수많이 감행했다. 하나님께서 다윗이 이방 나라들과 싸운 전쟁을 문제 삼았던 이유가 과연 우리가 일반적으로 생각하듯이 피를 많이 흘린 것 자체 때문이었을까? 이는 다윗이 피를 흘리는 전쟁을 많이 한 것 자체가 아니라 그 이상의 의미가 있음을 시사하고 있다.

그것은 아마도 다윗이 피 흘리는 많은 전쟁을 치른 것으로 인해 외부의 공격이 많이 발생할 수 있음을 우려하는 것에 연관되어 있을 것으로 보인다. 예루살렘 성전 공사를 진행하는 도중에 이방인들이 적극적인 공격을 펼친다면 난처해질 뿐 아니라 공사 자체가 복잡해질 수 있다. 따라서 하나님께서 다윗이 피를 많이 흘린 것을 문제 삼으신 것은 그와 밀접하게 연관되는 것으로 이해해야 한다.

그러면서 다윗은 아직 솔로몬이 태어나기도 전에 하나님께서 장차 자기에게 한 아들이 허락될 것이 미리 예언되었음을 언급했다. 그는 평강의 사람이므로 주변의 사면 모든 대적들로부터 침략 없이 평강을 유지하게 되리라는 사실에 연관되어 있다.[35] 또한 그의 이름을 솔로몬이라 할 것이며 하나님께서 그가 통치하는 시기에 평안과 안정을 이스라엘 백성에게 허락하신다고 했다는 것이다.

이는 솔로몬의 통치 시대가 되면 크고 작은 전쟁들이 그치게 될 것에 대한 말씀이다. 다윗 왕이 숱하게 많이 치른 전쟁을 통해 주변 나라와 종족들은 평정되고 이제 감히 이스라엘 왕국을 넘볼 수 있는 왕들이 존재하지 않게 된다. 이러한 '평화의 시대'에 하나님의 성전이 무리 없이 건축될 수

---

35) 이는 다윗 왕 시대에 이스라엘 지경의 동서남북 사면이 대적들로부터 포위되어 있는 듯했던 상황과는 크게 대비되는 형국이다.

있으리라는 것이었다. 따라서 솔로몬의 시대는 성전 건축을 위한 일종의 '안전막'이나 특별한 '보호막' 역할을 하게 되는 것이다.

또한 여기서 우리는 몇 가지 중요한 실상을 엿보게 된다. 우선 솔로몬이 출생하기 전에 하나님께서는 그를 왕으로 세우고 성전을 건축하도록 하시 겠다고 작정하신 말씀을 눈여겨 볼 필요가 있다. 솔로몬은 다윗이 부당한 방법으로 취한 우리아의 아내 밧세바를 통해 난 아들이다. 일반적인 관점 에서 본다면 그런 아들에게 왕위를 물려준다는 것은 상식적으로 이해하기 어려운 일이다.

그럼에도 불구하고 하나님께서는 아직 솔로몬이 출생하기도 전에 친히 그의 이름을 지어주시고 그를 통해 자기의 거룩한 성전을 짓게 하겠다고 말씀하셨다. 이는 하나님의 성전 건축은 언약 가운데 드러나고 있었지만 인간들의 전략적 계획 속에 들어있지 않다는 사실을 말해주고 있다. 하나 님께서는 특별한 경륜 가운데 사람들 모르게 그 일을 비밀리에 진척시켜 나가고 계셨던 것이다.

하나님은 다윗의 왕위를 계승하게 될 솔로몬이 '하나님의 이름을 위하 여' 성전을 건축하게 되리라고 미리 예언하셨다. 또한 그는 하나님의 아들 이 되고 하나님은 그의 아버지가 되어 왕위를 이스라엘 위에 굳게 세워 영 원까지 이르도록 해주겠다고 하셨다. 하나님의 이 말씀은 메시아 언약에 직접 연관되어 있는 것으로 이해해야 한다. 역사적인 실제적 측면에서 본 다면 솔로몬이 다윗의 왕위를 잇게 되지만 먼 구속사를 염두에 두고 생각 한다면 나중 다윗의 왕위를 언약적으로 계승하게 될 메시아에 대한 예언 이 되기 때문이다.

솔로몬 왕은 이스라엘 민족의 다른 왕들과 달리 하나님의 독특한 아들 이 되거나 하나님께서 특별히 그의 아버지가 된 것이 아니었다. 그리고 그 왕위가 영원히 세워지지도 않았다. 하지만 이땅에 오신 메시아인 예수 그 리스도께서는 완벽한 하나님의 아들로서 성부와 성자 관계와 더불어 영원한 왕위를 유지하게 되었던 것이다.

그러므로 다윗은 하나님의 말씀을 전하며 솔로몬에게 성전을 건축하도록 독려하며 여호와 하나님께서 저와 함께하시기를 기원했다. 또한 항상 하나님 앞에서 형통하여 그 중요한 사명을 잘 감당하게 되기를 바란다는 말을 했다. 하나님께서 그에게 지혜와 총명을 주어 이스라엘 민족을 다스리게 하시고 성경에 기록된 모세 율법을 온전히 지켜 순종하게 되기를 원한다고 했다.

나아가 다윗은 솔로몬이 왕위에 올라 하나님께서 모세를 통해 언약의 민족에게 명하신 모든 율례와 규례를 지키면 만사가 형통하리라는 사실을 말했다. 그와 더불어 강하고 담대하여 두려워하지 말고 놀라지 말라는 언급을 했다. 이 말 가운데는 솔로몬의 성전 건축 과정과 더불어 그의 통치 행위에 대해 상당한 어려움이 닥치게 되리라는 의미가 내포되어 있다. 그러나 하나님의 말씀에 온전히 순종하면 그와 같은 것들은 아무런 문제가 되지 않는다고 했다.

다윗은 또한 솔로몬을 격려하며 자기가 환난 중에서 여호와 하나님의 성전을 위해 많은 준비를 해 두었음을 언급했다. 금 십만 달란트와 은 일백만 달란트와 놋과 철, 그리고 재목과 돌을 미리 예비했다는 것이다. 또한 성전 건축을 위해 그보다 더 필요한 것들이 있다면 솔로몬이 나중 별 어려움 없이 모든 것을 더 구할 수 있으리라는 사실을 말했다.

그리고 성전건축을 위한 기술자들이 많이 있으며 돌을 다듬는 석공들과 나무를 만지는 목수들을 비롯해 각각의 일에 능숙한 자들이 많이 있다는 점을 언급했다. 그들이 금과 은과 놋과 철을 가지고 필요에 따라 모든 기구들을 제작하리라는 것이었다. 그러니 이제 일어나 성전 건축을 착수하면 된다고 했다. 그러면서 여호와 하나님이 항상 그와 함께하시기를 기원했다. 솔로몬은 하나님의 놀라운 섭리와 경륜 가운데 다윗 왕이 준비한 것들로써 성전 건축을 실행하기만 하면 되었던 것이다.

3. 이스라엘 민족 지도자들을 향한 다윗 왕의 권면(대상22:17-19)

성전 건축을 위한 기본적인 여건들을 조성한 후 솔로몬에게 그에 대한 실행을 요구한 다윗은 이제 이스라엘 모든 관리들을 향해 솔로몬을 적극 도우도록 명령을 내렸다. 그 가운데는 성전 건축을 위한 지원과 더불어 주변의 이방인들로 인해 위축되거나 겁먹지 말고 담대한 마음을 가지라는 의미가 내포되어 있다. 그들이 담대해야 성전 건축 공사를 시행하는 솔로몬도 흔들리지 않는다는 것이었다.

하나님께서는 항상 자기 백성과 함께 거하시며 사면으로부터 저들에게 평강을 주시는 분이다. 이는 하나님으로 인해 나라의 평화가 유지된다는 사실을 말해주고 있다. 또한 하나님께서 예루살렘을 장악하고 있던 거민들을 다윗의 손에 붙이셨으며 그 지역의 땅으로 하여금 여호와 하나님과 그의 백성 앞에 복종케 하셨음을 강조하고 있다.

따라서 이제 전능하신 여호와 하나님을 의지하고 마음과 뜻을 다하여 그의 도우심을 간절히 구해야 한다는 사실을 말했다. 그렇게 함으로써 하나님의 응답을 통해 모든 일이 형통하게 진행될 수 있기 때문이다. 그런 다음 솔로몬이 일어나 성전을 건축하게 되면 하나님의 거룩한 언약궤와 각종 기구들을 가져다가 여호와의 이름을 위하여 건축한 성전 안 제 위치에 들여놓도록 명령을 내렸다.

■ ■ ■ ■ ■ 역대상 23장

4. 성전건축 실행과 제각기 맡겨진 직책(대상23:1-32)

다윗이 나이가 많아 늙어 더 이상 국정을 볼 수 없게 되었다. 그러자 자기의 아들 솔로몬을 이스라엘의 왕위에 오르게 하고 모든 방백과 제사장과 레위 사람들을 불러 모았다. 그때 레위인들 가운데 남자들은 삼십 세 이상 되는 사람들을 불렀는데 그 수가 삼만 팔천 명이 되었다. 그중 이만 사천 명은 여호와의 전 사무를 담당하는 일을 담당하게 되었으며 육천 명은 행정관원과 재판관, 사천 명은 문지기, 사천 명은 다윗이 찬송하기 위해 지은 악기에 맞추어 여호와를 찬양하는 자들이었다.[36]

우리는 여기서 성전에서 사무를 담당하는 자들의 수가 이만 사천 명이나 된다는 사실에 놀라게 된다. 건축물의 크기로 볼 때 조그만 규모의 성전에 사무를 보는 인원이 그렇게 많이 필요했을까? 그와 비교한다면 행정관원과 재판관, 문지기, 여호와를 찬송하는 무리의 숫자에 대해서는 그나마 이해할 만하다.

여기서 우리의 특별한 관심을 끄는 대목은 재판관에 관한 문제이다. 이스라엘의 재판관은 왕의 정부에 예속된 자들과 성전 직무와 연관된 자들이 있었던 것으로 보인다. 성전에 속한 재판관들은 언약의 백성들 사이에 발생하는 율법 문제나 종교적 분쟁에 대하여 재판하게 된다. 이는 언약의 백성들이 기억하고 지켜야 할 규례에 관한 모든 판결을 성전에 계시는 여호와 하나님께 의존한다는 의미를 지니고 있다.

성전 종사자들이 그토록 많았던 까닭은 아마도 레위인들이라면 나름대로 그 직무를 감당할 수 있는 자격을 갖춘 자들임을 강조하는 동시에 때에 따라 윤번제로 그 일을 감당한 것이 아닌가 생각된다. 따라서 그들은 예루살렘에 거주하는 레위인들뿐 아니라 이스라엘 전역에 흩어져 살아가는 레위인들을 포함하고 있을 것이다. 이에 대해서는 오늘날 우리의 모습도 잘 견주어 생각해 보아야할 문제로 보인다. 이는 모든 직분자들이 제각각 자

---

[36] 여기서 악기로 여호와를 찬송했다는 의미는 악기 자체보다 악기에 맞추어 하나님을 찬양한 것으로 이해하는 것이 바람직하다(한글 공동번역 참조).

기에게 맡겨진 사명을 온전히 감당하는 능력을 갖추어야만 하는 것과 연관되어 있다.

다윗은 또한 레위의 세 아들들 곧 게르손(대상23:7-11)과 그핫(대상23:12-20)과 므라리(대상23:21-23)의 각 족속에 따라 그 반열을 나누었다. 레위인들 중 이십 세 이상 된 족장들이 계수되었다(대상23:24,27). 그들 가운데 특별히 관심을 끄는 자들은 그핫의 후손들이다. 이는 아론과 모세가 그로부터 출생한 자들의 자손들이기 때문이다. 성경은 그 자손들이 특별히 구별되어 몸을 성결케 하여 지극히 거룩한 자가 되어 영원토록 여호와 앞에 분향하여 섬기며 그 이름을 받들어 축복하게 되었음을 언급하고 있다(대상23:13).

다윗은 그와 더불어 이스라엘의 하나님 여호와께서 그 백성에게 평화를 허락하시며 예루살렘에 영원히 거하신다는 사실을 언급했다. 따라서 레위인들이 다시는 성막을 다른 곳으로 이동하거나 그 가운데 사용하는 모든 기구들을 메어 옮겨 다닐 필요가 없게 된다. 그대신 이십 세 이상 되어 직분을 맡은 자들은 아론의 자손 제사장들에게 수종들어 성전과 뜰과 골방에서 봉사해야 하며 성전의 모든 성물을 정결케 하는 일을 감당해야 한다.

그들은 또한 진설병(the bread of the Presence)과 고운 가루의 소제물인 무교전병을 만들고 냄비에 지지는 일과 반죽하는 일, 그리고 물건을 달고 계측하는 저울과 자를 관리해야만 한다. 그리고 아침저녁으로 일어나 여호와 하나님께 축사와 찬송을 돌려드려야 한다. 뿐만 아니라 안식일과 초하루와 절기에 따라 성경에 기록된 규례의 정한 수대로 항상 여호와 하나님께 예물을 바치며 회막의 직무와 성도의 직무와 그 형제 아론 자손의 직무를 온전히 지켜 여호와 하나님의 성전에서 수종드는 일을 감당해야만 한다.

5. 아론의 반차와 레위 자손들 사이의 공평성(대상24:1-31)

아론의 자식들 가운데는 나답과 아비후와 엘르아살과 이다말이 있었
다. 그들 가운데 나답과 아비후는 하나님께서 원하시지 않은 다른 불
(unauthorized fire)을 바쳤다가 그 아버지보다 먼저 죽었다(민26:61). 그리고 엘
르아살과 이다말이 성소에서 하나님을 섬기는 제사장 직분을 감당하게 되
었다.

나중 저들의 후손 가운데 제사장이 되거나 그 직무를 수행하기 위해 제
비를 뽑을 때 그 조상들로 인해 부과되는 계층적 차등은 전혀 없었다(대상
24:5). 즉 엘르아살과 이다말의 자손들은 서로간 아무런 차별 없이 성소의
일과 하나님의 일을 감당했다. 이는 아론의 모든 자손들 사이에는 맡겨진
직무상 구분이 있었지만 그들 사이에서 권한에 대한 차등은 존재하지 않
았음을 말해 주고 있다(대상24:19).

엘르아살과 이다말의 자손 제사장들은 모두 이십사(24) 명으로 특정인이
나 기관이 임명한 것이 아니라 각 집안의 수를 기준으로 제비뽑아 결정되
었다(대상24:7-18). 그들은 질서에 따라 차례대로 여호와의 전에 들어가 하나
님께서 저들의 조상 아론에게 명령하신 율법에 순종하여 제사를 지냈다.
즉 아론 지파 제사장들은 규례에 따라 명부에 기록된 대로 맡겨진 직무를
수행했다.

모든 제사장들은 개인의 판단이나 취향에 따라 임의로 그 직무를 감당
하려는 태도를 버려야 했다. 그들은 율법에 기록된 질서와 차례에 따라 하
나님 앞에 경건한 제사를 드렸다. 제비뽑아 적법하게 세워진 제사장들은
차례대로 여호와의 성전에 들어가 이스라엘의 하나님께서 저들의 조상 아
론에게 명하신 규례대로 맡은 바 직무를 수행했던 것이다.

또한 레위 지파의 남은 자손들 가운데 족속대로 뽑혀 명부에 기록된 자들이 있었다(대상24:20-31). 그들은 다윗 왕과 사독과 아히멜렉, 그리고 제사장과 레위 족장 앞에서 아론 지파 자손들처럼 제비 뽑힌 자들이었다. 개인의 자원하는 의사가 아니라 하나님의 뜻 가운데 뽑힌 자들은 장자의 종가이든 막내의 집안이든 그것으로 인해 저들 사이에 어떤 차별이 있었던 것은 아니다. 직책을 부여받은 모든 레위인들은 이스라엘 민족 가운데서 모두가 공평한 대우를 받게 되었던 것이다(대상24:31).

이는 오늘날 신약교회 시대에도 주의 깊게 생각해 보아야 할 문제이다. 구약시대 모세 율법을 철저히 지키고 적용되던 때도 두드러진 명성을 지닌 가문이나 특별한 배경으로 인해 차별 대우를 하거나 받지 않았다. 그것은 사사로운 인간적인 판단으로 사람을 비교 차별함으로써 하나님께 저항하는 행동이 되었기 때문이다.

이처럼 신약교회에서도 그런 것들로 인한 차등을 두는 것은 결코 있어서는 안 될 악행이다. 따라서 교회의 공적인 순전한 결의 없이 편파적인 방법으로 직분을 수여함으로써 성경이 요구하는 직분의 본질을 훼손하는 행위가 있어서는 결코 안 된다. 그것은 하나님의 교회를 타락하게 만드는 주된 원인이 되기 때문이다.

제13장

다윗 왕이 명한 직분에 따른 사역
(대상25:1-31; 26:1-32; 27:1-34)

■ ■ ■ ■ ■　역대상 25장

1. 찬송하는 자들의 무리(대상25:1-31)

언약의 백성인 이스라엘 자손이라면 어떤 방식으로든 하나님을 온전히 섬겨야 할 자들이었다. 그 가운데는 개인의 일상적인 삶을 통해 그렇게 하는 자들이 있는가 하면 공적으로 그 직무를 감당해야 할 자들이 있다. 공적인 직책을 맡아 업무를 감당하는 자들은 개인의 경험이나 취향에 따라 하나님을 섬길 수 없었다. 심지어는 개별적인 능력 자체로서 그렇게 하려고 해서도 안 되었다.

그와 같은 직무는 구약시대 하나님으로부터 부여받은 직분 사역에 밀접하게 연관되는 것으로 이해해야 한다. 그 직분은 개인이 임의로 쟁취하거나 시행할 것이 아니라 기록된 규례에 따라 공적으로 허락되는 것이 정당하다. 이는 또한 특정인의 사적인 권위나 세력 혹은 관련자들의 논의에 의한 결과가 아니라 '왕의 뜻' (대상25:1)과 '제비뽑아 결정' (대상25:8)된 것이어야 했다.

여기서 우리는 '다윗 왕'의 역할이 매우 중요하다는 사실을 이해하는 것이 매우 중요하다. 이는 장차 오실 메시아를 예표하는 인물인 다윗 왕의 뜻에 따라 그 모든 것들이 결정된 것이라 말할 수 있기 때문이다. 물론 전체 문맥을 고려할 때 다윗은 인간적인 전략을 기초로 하여 그렇게 했다기보다 하나님의 요구에 의해 그 직무를 감당했을 것이 틀림없다.

다윗은 여호와 하나님을 찬송하며 경배하는 직무를 감당하도록 하기 위해 아론에게 속한 사독의 자손들 가운데 아삽과 헤만과 여두둔을 특별히 구별하여 세웠다. 그 사역은 아무나 감당할 수 있는 일이 아니었으며 외견상 그에 관한 재능이 많아 보인다고 해서 그 직책을 맡길 수도 없었다. 하나님께서 요구하신 규례대로 그 가문에 속한 자들이어야만 그 직분을 맡을 수 있는 가장 기본적인 자격 요건을 갖추게 된다.

그들이 담당한 일은 수금과 비파와 제금을 연주하며[37] 하나님을 향해 신령한 노래를 부르는 것이었다. 즉 그들은 그 모든 것들을 동원해 여호와 하나님을 드높여 경배했다. 악기의 역할은 통일성 있는 노래를 부르기 위한 방편이 될 뿐 아니라 하나님의 존재를 온 세상에 선포하는 의미를 지니고 있는 것으로 이해할 수 있다.

그런데 우리가 여기서 반드시 기억해야 할 중요한 사실은 그들이 여호와 하나님을 노래하며 경배할 때 독자적으로 행하지 않았다는 점이다. 그들은 왕과 군대의 장관들의 지휘 아래 예배하는 직무를 수행하도록 되어 있었다(대상25:1). 얼른 보면 국방에 대한 책임과 더불어 칼을 가지고 전쟁을 수행하는 군대 장관들의 간섭을 받으며 다양한 악기로 연주하며 노래한다는 것은 어울리지 않는 것 같아 보인다.

군인들은 자국(自國)을 보호하는 직무와 더불어 때에 따라 적군의 생명

---

37) '수금'과 '비파'는 현악기로서 하프처럼 손으로 뜯는 발현 악기와 활을 사용해 연주하는 악기도 있다. '제금'은 놋쇠로 만든 타악기로서 심벌즈와 같은 경우가 그에 해당된다.

을 살해하는 직능을 수행하게 된다. 그에 반해 악기는 사람들로 하여금 흥겹고 즐겁게 만드는 성질을 지니고 있다. 우리는 여기서 규례에 따른 자격을 갖춘 성도들이 칼을 가진 자들의 지휘 아래서 하나님을 경배해야 한다는 것에 대한 진정한 의미를 깨달을 필요가 있다. 이는 일반적인 관점에서 본다면 군인과 악기를 연주하며 노래하는 자들은 서로간 아무런 상관이 없는 것처럼 생각할 수 있지만 실상은 매우 중요한 연관성을 지니고 있기 때문이다.

여호와 하나님을 향해 경건한 자세로 노래부르며 찬양하는 것은 막연하게 즐거운 감정을 드러내는 방편에 국한되지 않는다. 즉 진정한 경배의 노래는 인간과 저들의 종교적인 분위기를 고조시키기 위한 것이 아니라 오직 하나님을 위한 경배의 방편이 되어야 한다. 따라서 하나님을 알지 못하는 사악한 세력에 맞서 대항하는 개념을 심중에 보유한 채 그를 경배하고 노래불러야 한다. 이는 타락한 세상과 싸워 궁극적인 승리를 거두는 언약적 개념이 거기에 담겨 있음을 말해준다.

그러므로 불신자들이나 신앙이 잘못된 자들이 아무리 능숙한 솜씨로 다양한 악기를 연주하고 아름다운 목소리로 노래를 부른다고 해도 그것은 하나님 앞에서 아무런 의미가 없다. 설령 그 노래의 가사가 성경의 교훈에 부합되는 것 같고 좋은 말들을 나열한 것이라 할지라도 마찬가지다. 나아가 악기를 다루고 노래부르는 자들이 그 과정에서 인본적인 자기 감성에 빠져 즐거움을 넘치게 누린다고 해도 그와 별반 다르지 않다.

따라서 신앙의 본질을 떠난 상태에서 종교적인 음악 활동을 장려하는 것은 도리어 하나님을 욕되게 하는 사악한 행위가 될 수 있다. 이에 대해서는 오늘날 신약시대 교회 가운데 살아가는 우리 역시 마찬가지다. 성도들이 하나님을 경배하며 찬송할 때 사악한 적들에 대한 궁극적인 승리의 개념을 동반하고 있어야 한다. 그 의미를 상실한 채 악기를 동원해 형식적인 노래를 부르며 감성적인 즐거움만 추구한다면 그것은 올바른 신앙인이 취할 예배 자세라 말할 수 없다.

다윗 왕이 통치하던 시대 아삽과 여두둔과 헤만은 그에 대한 분명한 깨달음을 가지고 있었을 것이 분명하다. 그 직무를 감당하는 사람들은 종교적인 경험을 통한 개인적인 판단이나 기교를 동원해 하나님을 노래하지 않았다. 그들은 신앙이 성숙한 지도자의 말을 귀담아 들었으며 다윗 왕의 명령을 좇아 여호와 하나님을 섬겼다. 이에 대해서는 역사상의 모든 믿음의 선배들뿐 아니라 오늘날 우리도 그와 동일한 자세를 견지해야만 한다.

아삽의 자손들은 그의 지휘 아래 놓여 있으면서 왕이 요구하는 대로 그에 온전히 순종하며 신령한 노래를 불렀다. 그리고 여두둔의 지휘 아래 있던 그 자손들도 수금을 연주하며 신령한 노래를 부르며 여호와 하나님을 경배했다. 그들은 하나님께 진심으로 감사하는 가운데 그에게 진정한 찬양을 돌려드렸던 것이다.

또한 성경은 헤만이 하나님의 말씀을 받는 다윗 왕의 '선견자'였음을 언급하고 있다. 노래하는 자가 선견자였다는 사실은 매우 중요한 의미를 드러내 보여준다. 하나님을 노래하며 경배하는 직무를 감당하는 자들은 흔히 오해할 수 있듯이 단순한 음악인(musician)에 머물지 않는 것이다.

헤만이 선견자였다는 사실은 그뿐 아니라 당시의 전체적인 신앙 분위기를 잘 드러내 보여주고 있다. 즉 그와 같은 사실을 통해 다양한 악기들을 연주하며 하나님을 향해 노래부르는 모든 직분자들이 계시된 말씀에 익숙했다는 사실을 알 수 있기 때문이다. 헤만의 자손들은 언약을 소유한 굳건한 신앙인으로 나팔을 불며 제금과 비파와 수금을 연주하면서 여호와 하나님의 전에서 노래부르며 섬기는 일을 수행하는 중요한 직분을 맡게 되었던 것이다.

또한 성경은 여호와 하나님을 경배하며 노래하는 모든 성도들은 왕의 직속 관할 아래 놓여 있었음을 언급하고 있다(대상25:6). 언약의 왕국 군대를 총괄 지휘하는 사령관인 다윗 왕이 하나님을 노래하는 모든 직분자들

을 위한 총지휘관이 되었던 것이다. 앞에서도 언급한 것처럼 이는 언약의
왕국을 지키며 보호하는 군대와 하나님의 노래하는 기관 모두가 왕에게
속한 중요한 기구라는 점을 보여주고 있다.

이 말씀은 나중에 임하게 될 메시아 사역에 밀접하게 연관된 것으로 이
해할 필요가 있다. 예수님께서는 하나님의 아들로서 인간의 옷을 입고 이
땅에 오셔서 창세전에 택하신 자기 백성들을 불러 모아 '하나님 나라'를
세우시게 된다. 그 가운데 자기 백성들을 사탄의 영역에 속한 사악한 세력
으로부터 지켜 보호하셨다. 그리고 모든 하나님의 자녀들은 그와 더불어
여호와 하나님을 온전히 찬송하며 경배해야 한다. 이는 곧 다윗 왕 시대의
체제가 신약시대 교회의 사역과 밀접하게 연관되는 것으로서 모든 성도들
은 그 머리이신 예수 그리스도의 지휘아래 있다는 사실을 말해주고 있다.

다윗 왕 당시 하나님을 찬양하며 경배하는 직무를 감당한 자들의 총수
는 이백팔십팔(12×24) 명이었다. 그 모든 사람들이 예외 없이 여호와 하나
님을 찬송하는 일을 배우며 훈련을 받았다. 그것은 언약의 상속에 연관되
는 일로서 신앙적인 훈련이나 지도를 받는 일이 없이 개인의 경험과 일반
적인 재능에 따라 자기 맘대로 하나님을 임의로 경배하지 말아야 한다는
사실을 말해준다. 이는 단순히 음악(music)적인 실력이나 기교를 말하는
것이 아니라 하나님의 뜻에 맞게 온전히 찬송하는 것에 연관되어 있음이
틀림없다.

우리는 여기서 하나님으로부터 계시된 진리를 올바르게 배우지 않은 상
태에서 하나님을 공적으로 노래한다는 것은 어불성설(語不成說)이라는 중
요한 교훈을 배우게 된다. 따라서 당시 공적으로 하나님을 노래하는 자들
은 세상적인 경력이나 능력을 일차적인 중요한 기준으로 삼지 않았다. 유
명한 인물인가 무명인인가 하는 점은 그다지 중요하지 않았으며 그것이
자격을 판정하는 기준이 될 수 없었다.

그리고 오랜 경력을 가진 스승인지 혹은 그 스승들로부터 배운 지 그리

오래되지 못해 경험이 부족한 자인지 하는 것도 기본적인 자격 요건이 되지 않았다. 중요한 사실은 그가 하나님을 진정으로 경외하는 성도로서 언약적 혈통과 더불어 객관적인 신앙인의 자격 요건을 갖추었는가 하는 점이다. 그런 자들 가운데 제비뽑아 하나님을 찬양하는 공적인 직무를 감당하도록 했던 것이다.

군대 장관들과 더불어 여호와 하나님께서 특별히 세워 찬양하는 직책을 맡긴 성도들의 무리는 각기 십이 명씩 모두 이십사(24) 그룹으로 구성되었다. 여기서 이십사(24)란 언약적인 수와 밀접하게 연관되어 있다. 이는 성전에서 제사 직무를 행하는 제사장 수와 연관되기도 한다(대상24:7-19). 또한 요한계시록에 기록된 이십사 장로에 관한 내용을 통해 그 수가 언약적 의미를 지니고 있음을 알게 된다(계4:4, 참조). 따라서 하나님께서 다윗을 통해 상속에 연관된 언약에 따라 노래하는 그룹을 구성하신 사실을 알 수 있다.

■ ■ ■ ■ ■   역대상 26장

2. 문지기와 곳간 파수꾼(대상26:1-32)

성전에 종사하는 자들에게 맡겨진 다양한 직무들 가운데 '문지기'의 사역은 매우 중요하다. 그 일은 단순히 문을 지키는 육체노동이나 경비용역을 일컫는 것이 아니라 성전을 출입하는 사람들의 신분을 철저히 확인하는 직무와 밀접하게 연관되어 있다. 즉 성전의 관문을 넘어 거룩한 영역 안으로 들어가기 위해서는 반드시 정당한 절차와 더불어 권한을 가진 문지기의 허락이 있어야만 한다.

신약시대 교회에 있어서 '문지기'의 직능은 장로들의 모임인 당회에 맡겨져 있다. 당회는 이단자들이나 불순한 자들의 출입을 엄히 통제해야 하며 외부로부터 세속적인 것들이 들어오지 못하도록 방지해야 한다. 그렇게 함으로써 교회 내부를 온전히 관리하며 하나님의 백성들을 지켜 보호해야 하는 것이다.

구약시대의 문지기들은 규례에 따라 여러 조로 나누어져 있었다. 그들은 각기 자신이 속한 책임 있는 반장의 지휘를 받아야만 했다. 그 사람들은 각자의 반열 가운데서 유능한 용사나 명석한 참모들로서 자신에게 맡겨진 직무를 충실히 감당할 수 있는 자들이었다. 그들은 개인적인 입김이나 사사로운 인간관계에 의하여 문지기 직책을 맡게 된 것이 아니라 공평하게 제비뽑아 직무를 감당하게 되었다.

그 문지기들은 외부와의 경계와 내부의 성물에 대한 안전한 보존에 연관하여 여호와의 전에서 섬기는 직책을 맡은 자들로서 제각각 제비뽑아 동서남북의 여러 문들과 곳간들에 배치되었다. 그들은 맡겨진 직무를 감당하기 위해 네 명 혹은 여섯 명씩 한 조를 이루어 제 위치에서 근무했다.

또한 곳간들에는 다양한 형태가 있어서 성전 곳간뿐 아니라 왕과 족장과 천부장과 백부장과 군대의 모든 장관들이 구별하여 바친 성물을 따로 보관하는 곳간이 있었다. 그것을 위해 두 사람이 한 조가 되어 지키기도 했다. 각각 배치된 위치에 따라 문지기의 수가 달랐지만 모든 것은 정해진 규례에 따라 이루어졌다.

그리고 민족의 책임자들은 이스라엘 군대가 전쟁에서 승리하여 이방 왕국으로부터 약탈한 물건들 중에서 구별하여 여호와 하나님의 성전을 중수하는 데 사용하기도 했다. 그리고 선지자를 비롯한 지도 계층의 모든 사람들도 성물을 구별하여 드렸으며 그것들을 별도로 관리하는 직무를 맡은 자들이 있었다. 뿐만 아니라 그들 가운데 일부는 '성전 밖에서' (away from the temple) 이스라엘 백성을 다스리는 관원과 재판관이 되기도 했다.

나아가 요단강 서쪽 이스라엘 땅에서 종교적인 업무와 왕을 섬기는 일을 위해 일천칠백 명의 유능한 병사들이 세워졌다. 다윗 왕은 최고 통치자의 자리에 앉아 있으면서 르우벤과 갓과 므낫세 반 지파가 거주하는 요단강 동편에서도 동일한 직무를 감당해야 할 이천칠백 명의 일군들을 세웠다. 요단강 서쪽보다 동쪽 지역에 훨씬 더 많은 용사들이 배치된 것은 그곳이 적군들의 침략이 우려되는 전방이었기 때문인 것으로 보인다. 다윗은 언약의 왕국 전체를 안전하게 지키기 위해 모든 노력을 아끼지 않았던 것이다.

3. 반차에 따른 섬김(대상27:1-34)

모든 이스라엘 백성은 항상 여호와 하나님의 뜻 가운데 살아가야만 했다. 그에서 벗어나게 되면 하나님께서 요구하신 율례를 떠난 미련한 배도자가 될 수밖에 없다. 따라서 올바른 신앙을 가진 자들은 절대로 하나님의 율례를 떠나지 말아야 한다.

그와 같은 신실한 신앙인들 가운데 책임 있는 임무를 부여받은 여러 족장들과 천부장과 백부장 및 왕을 보좌하며 섬기는 관원들이 있었다. 그 일을 수행하기 위해 이스라엘의 각 지파별로 이만 사천 명의 사람들이 특별히 뽑혔다. 그들은 일 년 동안 한 달씩 이천 명이 번갈아가며 그 직무를 감당하게 되었다. 즉 일월부터 십이월까지 지파별로 당번을 정해 돌아가며 차례대로 그 직무를 수행했던 것이다.

또한 백성들 가운데는 이스라엘 민족의 각 지파를 관할하는 직무를 맡은 책임자들이 있었다. 르우벤 지파, 시므온 지파, 레위 지파, 아론 자손 지파, 유다 지파, 잇사갈 지파, 스불론 지파, 납달리 지파, 에브라임 지파, 므낫세 반 지파와 길르앗에 있는 므낫세 반 지파, 베냐민 지파, 단 지파 등 이스라엘 각 지파를 관할하는 관장들이 있었던 것이다.

여기서 우리의 눈에 크게 두드러지는 점은 야곱의 아들로 구성된 여러 지파들 이외에 아론 자손들이 레위 지파로부터 독립된 지위를 차지하며 하나의 지파로 인정받고 있다는 사실이다(대상27:17). 매우 독특한 지위 가운데 세워진 아론 지파를 관할하는 관장으로 하나님을 경배하는 직무를 맡은 사독이 세워졌다. 이는 제사장 직무를 부여받은 아론과 그의 자손들의 중요도를 말해주고 있는 것으로 이해할 수 있다.

당시 이스라엘 백성 가운데 이십 세 이하의 사람들은 조사의 대상이 되지 않았다. 그것은 여호와 하나님께서 오래 전에 '이스라엘 사람을 하늘의 별 같이 많게 하리라' (대상27:23, 창15:5, 참조)고 약속하신 사실과 연관되어 있었다. 즉 굳이 모든 백성의 숫자를 구체적으로 파악하지 않아도 하나님께서 저들의 자손의 수를 많게 해 주시리라는 것이었다. 따라서 다윗 왕의 명에 의해 요압이 인구조사를 시작하여 완전히 끝내지 않은 상태에서 하나님의 진노가 저들에게 임하게 되었다.

당시 규례와 질서에 따라 각 직분자들에게 맡겨진 고유한 직책들은 매우 다양했다. 다윗 왕을 위해 특별한 임무를 부여받은 자들은 각기 '왕의 곳간 관리' '밭과 성읍과 촌과 산성의 곳간 관리' '밭가는 농부들 관리' '포도원 관리' '포도주 곳간 관리' '평야의 감람나무와 뽕나무 관리' '기름 곳간 관리' '샤론 평야의 소떼 관리' '골짜기의 소떼 관리' '낙타 관리' '나귀 관리' '양떼 관리' 등 매우 다양했다. 그 모든 것들은 기본적으로 왕에게 속한 재산이었다. 이는 물론 왕을 통해 언약의 백성들을 위해 사용되어야 할 것들이다.

또한 지혜롭고 성실한 자들 가운데는 특별한 고문이나 서기관의 직무를 맡는 자들이 세워졌다. 또한 왕자들을 돌보며 교육하는 일을 담당한 자들도 있었다. 그리고 왕의 자문관으로서 필요한 조언과 격려를 아끼지 않는 자들이 있어야 했으며, 왕의 가까운 친구가 되어 항상 그의 곁에 있으면서 말벗의 역할을 하는 직책을 맡은 자들도 있었다. 그 모든 직책들은 계속해서 대대로 이어져야만 했다. 그리고 요압은 왕의 군대를 총괄하는 사령관 직을 맡아 이방인들의 세력을 방어하는 일을 담당하게 되었다.

우리는 여기서 다윗 왕조 아래서 정치와 행정 관리에 가담하는 일과 성전 봉사를 하는 사역 등 모든 것이 체계적으로 질서 있게 진행되었음을 보게 된다. 이 말은 언약에 속한 모든 백성들은 개인주의를 벗어나 민족 공동체를 위한 구성원이어야 한다는 사실에 연관되어 있다. 이는 곧 신약시대 교회에 속한 성도들 역시 하나님께서 정하신 질서 가운데 주님의 몸된 교회를 위하여 존재해야 한다는 사실을 제시하고 있는 것이다.

제14장

다윗의 유언과 솔로몬, 성전건축 준비 완료
(대상28:1-21; 29:1-30)

■ ■ ■ ■ ■ 역대상 28장

1. 백성의 지도자들을 향한 다윗 왕의 권면과 유언(대상28:1-8)

왕으로서 자신의 모든 직무를 정리할 때가 가까워오자 다윗은 이스라엘 왕국의 관리들, 지파장들, 자기의 수종 책임자들, 그리고 천부장과 백부장들 군인들을 예루살렘으로 소집했다. 그 가운데는 왕자의 산업과 생축을 관리하는 감독자들도 포함되어 있었다. 다윗 왕은 그들을 향해 중요한 권면과 더불어 유언을 하고자 했다.

다윗은 예루살렘에 모인 민족 지도자들을 향해 자기의 말에 귀를 기울이도록 했다. 그리고는 가장 먼저 성전 건축에 관한 문제를 내놓았다. 이는 그에게 가장 중요한 관심이 성전을 건축하는 일이라는 사실을 여실히 보여주고 있다. 당시 언약의 백성들에게 있어서 하나님의 언약궤 곧 하나님의 발등상을 봉안할 성전을 건축하는 일보다 더 중요한 것은 없었다.

본문 가운데서 다윗은 언약궤를 '우리 하나님의 발등상'(the footstool of our God) 곧 '하나님의 발판'이라 표현하고 있다. 이는 매우 중요한 의미로서 하나님의 발이 항상 언약궤 위에 놓여있다는 사실에 연관된다. 이 말은 곧 하나님께서 실제로 그곳에 좌정해 계신다는 사실을 말해주고 있다.

우리가 여기서 분명히 깨달아야 할 점은 '언약궤가 하나님의 발등상'이라는 말이 단순한 상징적 의미에 머무는 것이 아니란 사실이다. 천상의 나라에 좌정해 계시는 하나님(계4:2)께서 실제로 지성소의 언약궤 위에 계셨던 것이다. 이는 인간들의 이성과 경험으로 접근할 수 없는 절대적인 의미를 지니고 있다.

이 말은 또한 하나님께서 지구상 다른 어느 곳에도 계시지 않으셨다는 사실과 직접 연관되어 있다. 즉 구약시대 여호와 하나님은 오직 한 곳 거룩한 회막 안 언약궤가 놓여있는 지성소에 계셨다. 나중 돌로 된 예루살렘 성전이 건립된 후에는 고정된 지성소 안에 계셨던 것이다. 따라서 하나님을 만나 경배하기 원하는 성도들은 반드시 지성소에 놓인 그 언약궤를 통과해야만 했다.

그러므로 그 사실을 잘 깨닫고 있던 다윗 왕이 직접 성전을 건축하고자 하는 마음을 먹고 있었다는 사실을 말했다. 그와 더불어 성전 건축을 위해 필요한 모든 재료들을 준비해 두었음을 언급했다. 하지만 하나님께서는 그에게 성전을 건축하는 일을 허락하지 않으셨다는 사실을 말했다. 그 이유는 그가 적군의 피를 많이 흘린 군인이기 때문이라고 했다. 앞 장에서도 언급한 것처럼 다윗은 숱하게 많은 전쟁을 치른 왕이었기 때문에 여전히 주변에 많은 적들이 도사리고 있었다.

만일 예루살렘에서 성전을 건축하는 동안 갑자기 적들이 침공해 온다면 성전 건축 과정에 심각한 문제가 발생할 수도 있다. 따라서 하나님께서 다윗으로 하여금 성전 건축을 하지 못하도록 하신 것은 단순히 많은 사람을 죽인 것 때문이라 말하기 어렵다. 아브라함과 여호수아, 그리고 여러 사사들은 소위 '의로운 전쟁'(holy war)을 많이 치렀지만 그것 자체가 허물이 되지는 않았다.

만일 다윗이 성전을 건축할 수 없었던 이유가 그와 같은 범죄 논리에 기초한다면 아무 죄 없는 충성스런 신하였던 우리아를 비열한 방법으로 죽이고 그의 아내 밧세바를 부당하게 취한 것이 더 큰 죄일 수 있었다. 그런데도 하나님께서는 그에게 그에 대한 죄를 물어 거룩한 성전 건축을 할 수 없는 부정한 자라고 말씀하시지 않았다. 도리어 하나님께서는 밧세바로부터 출생한 솔로몬을 왕위 계승자로 지목하셨다.

따라서 우리는 하나님께서 다윗에게 자기의 성전을 건축하는 과업을 허락지 않은 이유가 성전 건축 과정에 연관된 문제로 이해하는 것이 가장 자연스럽다. 성전 건축이 시작되면 주변국의 군대로부터 심각한 문제가 발생하지 말아야 하며 안전하게 그 일이 완성되어야만 한다. 따라서 하나님께서는 그 과업을 위해 유다 지파의 자손으로서 특별히 선택한 언약의 가문에 속한 다윗의 아들 솔로몬을 왕으로 세우셨다.

그러므로 다윗은 이제 하나님께서 자기의 여러 자식들 가운데 솔로몬을 직접 선택하셨음을 언급했다. 그를 여호와 하나님께 속한 나라인 이스라엘 왕국의 왕위에 앉혀 이스라엘 민족을 다스리고자 하셨다는 것이다. 이는 다윗이 여러 왕자들 가운데 솔로몬을 왕위에 오르도록 지명한 것이 아니라 하나님의 기쁘신 선택에 의하여 그렇게 되었음을 말해주고 있다. 그에 관한 하나님의 가장 중심적인 의도는 솔로몬으로 하여금 자신의 성전을 건축하고 약속하신 내용을 성취하게 하려는 것에 있었다.

우리가 본문 가운데서 특별히 관심을 가지게 되는 구절은 성전 건축물 자체가 하나님의 전일 뿐 아니라 성전 앞의 뜰 역시 하나님의 뜰이라는 사실을 언급한 점이다. 따라서 성전 뜰에 들어가는 자들은 하나님의 뜰에 들어가 하나님 앞에서 하나님과 더불어 거니는 의미를 지니게 된다. 이는 성전 뜰이 사람에게 속한 것이 아니므로 인간들이 드나들며 어슬렁거리는 영역이 아니라는 점을 말해준다.

이처럼 성전 뜰은 언약의 백성들이 하나님 앞에서 몸과 마음을 가다듬

어야 할 영역이다. 이 말은 성전 전체가 가지는 매우 중요한 의미를 드러
내 보여주고 있다. 이는 또한 신약시대에 살아가는 하나님의 자녀들이 영
적인 성전인 그의 몸된 교회 가운데서 활동하며 살아가야 할 신앙인으로
서의 근본 자세를 되돌아보게 한다.

다윗은 그와 더불어 하나님께서 솔로몬을 택하여 자기 아들을 삼고 하
나님이 그의 아버지가 될 것을 말씀하신 점을 언급했다. 또한 그가 하나님
의 계명과 규례를 온전히 준행하기를 지속한다면 하나님께서 그 나라를
영원히 견고히 세우시겠다고 약속하신 말씀을 전했다. 앞에서도 잠시 언
급한 것처럼 이는 나중 하나님의 아들이신 예수 그리스도가 오셔서 완전
히 이룩하시게 될 메시아 언약에 연관된 의미를 지니고 있다.

다윗 왕은 백성의 모든 지도자들을 향해 하나님의 뜻에 온전히 순종하
겠다는 다짐을 하도록 명령했다. 온 이스라엘 민족 곧 여호와의 모든 회중
이 지켜보는 앞에서 그리고 하나님께서 직접 듣고 계시는 가운데 그 모든
계명을 따라 지키도록 맹세하라는 것이었다. 그렇게 하면 언약의 자손들
이 약속의 땅에서 원만한 삶을 누리게 될 것이며 그 땅을 저들의 후손에게
영원한 기업이 되도록 해주실 것이라 말했다.

우리는 여기서 '하나님 앞에서'(Coram Deo) 살아가야 할 우리 자신의 모
습을 돌아보게 된다. 하나님의 자녀들은 항상 하나님과 그의 몸된 교회 앞
에서 자신의 고백과 다짐을 분명히 할 수 있어야 한다. 그렇게 할 때 성도
들은 탁락한 이 세상에 살아가면서 천상의 나라에 소망을 둔 자로서 원만
한 신앙생활을 할 수 있게 되는 것이다.

2. 솔로몬을 향한 권면과 유언(대상28:9-21)

다윗 왕은 솔로몬을 향해 아버지인 자신의 하나님을 알고 온전한 마음
과 기쁜 뜻으로 그를 섬기도록 요구했다. 하나님께서는 항상 사람의 마음

을 감찰하시며 그 모든 생각을 알고 계시기 때문에 '솔로몬이 하나님을 찾으면 언제든지 만나게 될 것이며 저를 버리면 하나님도 그를 버리시리라' (대상28:9)는 말을 했다. 이는 물론 조건과 순종 여부에 따라 상황이 완전히 뒤바뀐다는 말을 하려고 한 것이 아니라 하나님 앞에서 그의 말씀에 순종하며 온전한 신앙을 지켜야 한다는 사실을 강조하는 의미를 지니고 있다.

우리는 여기서 예수님께서 자기 제자들에게, "찾으라 그러면 찾을 것이요" (마7:8)라는 교훈과 "너희는 먼저 하나님의 나라와 그의 의를 구하라" (마6:33)고 하신 산상수훈의 말씀을 떠올리게 된다. 하나님의 백성들은 이 세상에서 오직 하나님의 거룩한 뜻을 구해야 하며, 인간적인 욕망을 추구하지 말아야 한다. 오직 계시된 말씀을 통해 하나님의 뜻을 구해야만 하는 것이다. 그런 가운데 억지가 아니라 기쁜 마음으로 삼위일체이신 여호와 하나님을 섬기는 삶을 살아가게 된다.

그러므로 다윗 왕은 자기를 이어 왕위를 계승하게 된 솔로몬으로 하여금 자기가 전하는 모든 말을 마음속 깊이 새겨 명심하라고 했다. 그 중심에는 여호와 하나님께서 그를 특별히 선택하여 거룩한 성전을 건축하게 하신 사실이 자리잡고 있었다. 따라서 솔로몬을 향해 하나님의 성전을 건축하는 일을 위해 모든 힘을 기울이라는 말을 강조하며 명령을 내렸다.

다윗은 그 말과 더불어 성전의 현관과 곳간, 다락과 골방, 그리고 성소와 지성소 등 전체적인 설계도를 솔로몬에게 주었다. 거기에는 성전 뜰, 사면에 위치한 방들, 하나님의 전 곳간과 성물 곳간 등에 관한 내용이 포함되어 있었다. 뿐만 아니라 제사장들과 레위 지파 사람들이 성전에서 하나님을 섬기기 위해 사용하는 금과 은으로 된 모든 그릇의 설계도와 금으로 된 등대와 진설병을 놓는 상, 그리고 향단과 언약궤 위에 놓이게 될 날개를 편 그룹들을 만들기 위한 모든 설계도면을 주었다.

거기에는 도면을 통한 양식뿐 아니라 그것들을 제작하기 위해 사용되어야 할 금과 은의 양도 정확하게 적혀 있었다. 다윗은 자기가 전하는 모든 것의 설계가 자신의 취향에 따라 아름답게 구상한 것이 아니라 여호와 하나님의 손이 친히 자기에게 임하여 그 설계도를 그리도록 해주셨다고 했다(대상28:12). 이는 오래전 노아홍수 때 방주에 관한 모든 설계도가 하나님으로 말미암은 것과 동일하다(창6:14-16, 참조). 이처럼 성전에 연관된 모든 설계는 하나님으로 말미암은 것이었다(대상28:19).

다윗은 솔로몬에게 임의대로가 아니라 설계도면에 따라 하나님의 성전을 건축하도록 요구했다. 그러면서 강하고 담대한 마음으로 그 일을 행하라는 당부를 했다. 그 과정에서 어떤 갑작스런 일을 맞닥뜨린다고 할지라도 두려워하거나 놀라지 말라는 것이었다. 이 말 가운데는 성전을 건축하는 중에 상당한 어려움이 따를 수 있다는 사실을 예고하는 의미가 담겨 있다. 장차 이룩될 메시아 강림과 밀접하게 연관되는 거룩한 성전을 건축하는 일을 보며 사악한 사탄이 가만히 있을 리 없었기 때문이다.

하지만 솔로몬이 하나님의 성전을 건축하는 모든 사역을 완성할 때까지 하나님께서 항상 저와 함께하신다는 약속이 주어졌다. 여호와께서 그를 떠나지 않고 그와 함께 계실 것이며 결코 홀로 내버려두지 않으시리라는 것이었다. 다윗은 또한 제사장들과 레위 사람들의 관련 책임자들이 성전건축을 도울 것이며 모든 공사를 위해 유능한 기술자들이 기쁜 마음으로 그와 함께 할 것이라는 점을 강조했다.

그리고 모든 지휘관들과 백성이 왕의 명령을 따르리라는 사실을 언급했다. 백성의 지도자들을 비롯한 모든 언약의 자손들이 성전 건축의 당위성을 잘 알고 있으므로 내부적으로 염려하지 않아도 된다는 것이었다. 이는 성전 건축을 시작하기 전에 이미 하나님께서 다윗 자신을 통해 충분한 기초 작업이 이루어진 상태라는 것에 대한 내용을 포함하고 있다. 다윗의 말이 성전 건축을 하게 될 솔로몬에게 큰 힘이 되었을 것이 틀림없다.

3. 회중을 향한 다윗 왕의 고백과 감사(대상29:1-9)

다윗 왕은 거기 모인 온 회중을 향해 선포했다. 이스라엘 민족 가운데 솔로몬 홀로 여호와 하나님으로부터 특별한 선택을 받았다는 것이다. 이는 어느 누구도 솔로몬의 명령에 저항하지 말라는 경고의 성격을 지니고 있었다. 하지만 아직 그의 나이가 어리고 연약한 데 반해 그가 건축해야 할 성전은 매우 큰 공사라는 점을 강조했다.

그리고 그 성전은 이스라엘 민족이나 사람들을 위한 것이 아니라 오직 여호와 하나님을 위한 것이라는 점을 분명히 했다. 만일 그것이 사람을 위한 것이라면 사람들의 취향대로 건축해도 좋을지 모른다. 그러나 하나님의 소유라면 인간들의 눈에 보기 좋은 대로가 아니라 하나님께서 원하시는 대로 건축해야만 한다.

여기에는 신약시대의 교회 역시 받아들여야 할 매우 중요한 교훈이 담겨 있다. 지상에 세워진 하나님의 교회는 인간들을 위한 종교 단체가 아니라 오직 하나님을 위한 언약 공동체이다. 따라서 인간들의 취향에 따라 지상 교회를 세워나가려 해서는 안 된다. 오로지 그 주인이신 예수 그리스도께서 원하시는 교회로 세워져 가야 한다.

다윗 왕은 이스라엘 백성에게 예루살렘에 세워질 성전은 하나님의 것이란 점을 언급하면서 자기가 이미 그 공사를 위한 모든 재료들을 힘을 다해 예비해 두었다는 사실을 다시금 언급했다. 각종 기구들을 제작할 금, 은, 놋, 철과 나무, 그리고 다양한 보석들과 채석들이 많이 준비되어 있다는 것이었다. 그것들은 국고를 통해 공적으로 준비하기도 했지만, 왕을 비롯한 많은 사람들이 성전 건축을 위해 특별히 바친 사유재산도 거기에 포함되어 있었다.

다윗은 또한 백성들 가운데 마음에서 우러나 필요한 재물을 하나님께 바치고자 하는 자가 있다면 그렇게 하도록 독려했다. 그리하여 족장들과 이스라엘 모든 지파의 지도자들 및 천부장과 백부장들을 비롯한 관리 사무와 감독을 맡은 자들이 기쁜 마음으로 그에 동참했다. 또한 많은 백성들이 그 일을 위해 자기가 소유한 보석과 재물을 성전 건축을 위해 즐겁게 내어놓았다. 다윗 왕은 백성들이 감사한 마음으로 성심껏 여호와께 드리는 것을 보며 크게 기뻐하게 되었다.

우리가 여기서 기억해야 할 바는 하나님의 성전은 몇몇 사람의 관심과 노력으로 인해 건축되어서는 안 된다는 사실이다. 설령 한두 사람이 모든 것을 감당할 능력을 갖추었다고 해도 그렇게 하지 말아야 한다. 그것은 하나님의 언약에 따른 이스라엘 민족 공동체의 거대한 과업이었기 때문이다. 따라서 모든 백성들이 힘을 합쳐 공동으로 그에 참여하는 것은 매우 중요하다. 그렇게 함으로써 소수 몇 사람이 자신의 공로를 주장하며 주권적 행세를 하는 것을 방지할 수 있다.

이에 대해서는 신약시대 교회 역시 주의 깊게 이해하고 받아들여야 할 내용이 포함되어 있다. 지상 교회는 모든 일을 행함에 있어서 전체 성도들이 하나님께서 원하시는 사역에 겸손한 마음으로 참여함으로써 그 백성됨을 확인하게 되는 것이다. 이는 물론 예배당 건물에 연관된 말을 하는 것이 아니라 성도들의 공동체인 교회의 영적이며 실제적인 사역에 연관된 성격을 지니고 있다.

4. 다윗 왕의 송축과 감사의 노래 및 간구(대상29:10-19)

다윗 왕은 그후 온 회중이 지켜보는 앞에서 여호와 하나님을 송축했다. 그 노래 가운데는 먼저 여호와께서 언약의 조상들의 하나님으로서 영원히 송축 받으실 분이라는 사실이 언급되었다. 그는 단순히 관념적이거나 현상적인 존재가 아니라 미리 예정된 자기 백성을 구체적으로 인도하시는 실체적 존재임을 말해주고 있다. 다윗은 모든 큰 권능과 영광과 승리와 위엄이 모두 주님께 속했을 뿐 아니라 천지의 모든 것이 다 주님의 소유라는 사실을 고백했다. 따라서 모든 주권은 오직 그에게 속한 것이며 그가 만유의 머리가 되어 가장 높은 자리에 앉아 계심을 노래했다.

이는 어리석고 미련한 인간들이 여호와 하나님이 만유의 주권을 가진 머리가 되신다는 사실을 받아들이지 않고 무시하는 것과 대비된다. 우리 시대에도 진화론자들이나 기독교인을 주장하면서 어처구니없는 주장을 일삼는 유신진화론자들은 하나님이 인격적으로 전권을 소유한 만유의 주인이라는 사실을 거부하고 있다. 또한 악한 인간들은 우주만물이 여호와 하나님의 것이 아니라 인간들의 것인 양 행세한다. 하지만 하나님을 진정으로 경외하는 성도라면 결코 그럴 수 없다.

그러므로 다윗은 모든 부요와 존귀가 주님께로 말미암는다는 사실과 그가 만유의 주권자로서 모든 권세와 능력을 행하시는 분임을 언급하고 있다. 나아가 그가 자신의 목적을 성취하기 위해 인간들 가운데 크고 강한 자를 따로 세우시게 된다. 그것은 인간 개인을 위해서가 아니라 하나님 자신을 위해서 특별히 필요한 자들을 세우시게 됨을 의미하고 있다.

하나님의 모든 경륜을 알고 있는 다윗은 이제 온 백성과 더불어 이스라엘 민족의 하나님인 그에게 감사하는 가운데 그의 영화로운 이름을 찬양하며 경배했다. 또한 다윗 자신을 비롯한 모든 백성은 보잘것없는 존재에 지나지 않지만 하나님께서 친히 저들에게 즐거운 마음으로 하나님을 섬길 힘을 주신 사실을 고백했다. 그리고 그 모든 것들은 인간들로부터 발생하거나 만들어진 것이 아니라 전적으로 하나님으로부터 받은 것을 되돌려드릴 뿐이라는 사실을 고백했다. 이는 인간들에게는 아무런 공로가 없으며 오로지 하나님의 은혜에 감사할 따름이라는 사실을 노래하고 있는 것이다.

따라서 다윗은 하나님 앞에서는 저들이 아무런 힘이 없는 존재라는 사실을 분명히 밝혔다. 언약의 조상들도 나그네가 되어 이 세상에서 잠시 거주하는 자에 지나지 않았듯이 다윗과 그 백성들도 이땅에 살아가는 날 동안 마치 그림자 같아서 잠시 지나갈 따름이라는 것이었다. 여기에는 여호와 하나님 한 분 만이 우주만물 가운데서 영원한 존재라는 사실에 관한 의미가 내포되어 있다.

그러므로 사랑하는 독자 이삭을 하나님께 제물로 바친 아브라함에게 허락된 언약에서 드러난 바로 그 장소에 '하나님의 거룩한 이름을 위하여' 성전을 건축하고자 하며 그것을 위해 이미 많은 준비를 갖추어 두었음을 말했다. 하지만 그 모든 것들은 주님으로부터 허락된 것으로서 곧 주님의 소유라는 사실을 언급했다. 다윗은 이 말을 통해 성전 건축에 관한 모든 것들이 전적으로 하나님의 은혜로 말미암아 진행된다는 사실을 고백하고 있다.

다윗은 또한 하나님께서 항상 모든 사람의 마음을 감찰하고 계시며 마음이 정직한 자들을 기뻐하신다는 사실을 잘 알고 있음을 고백했다. 그래서 자기는 모든 것을 정직하게 하나님께 즐거이 바친 사실을 말했다. 그리고 거기 모인 모든 주님의 백성들이 항상 주님을 기억하며 감사한 마음으로 모든 것을 주님께 바치는 것을 보며 심히 기쁘다는 사실을 언급했다.

다윗 왕은 또한 언약의 조상들인 아브라함과 이삭과 야곱의 하나님 여호와께서 백성들의 심령에 정직하고 선한 말씀을 두어 항상 그점을 기억하도록 해 달라는 간구를 했다. 하나님으로 말미암은 겸손한 마음을 저들을 위해 미리 예비해 두심으로써 주님을 향한 올바른 신앙이 변치 않게 되리라는 것이었다. 그는 하나님의 놀라운 은혜가 저들에게 임하게 되면 그 모든 것이 가능하다는 사실을 잘 알고 있었던 것이다.

다윗은 그 모든 것과 더불어 이제 성전 건축사역이 원만하게 진행될 수 있도록 간구했다. 자기 아들 솔로몬에게 하나님 앞에서 진실되고 경건한 마음을 허락하셔서 주님의 계명과 법도와 율례를 온전히 지켜 그 모든 일을 원만히 진행할 수 있게 해 달라는 간구를 했던 것이다. 성전 건축을 위해 자기가 예비한 모든 것들로써 하나님의 거룩한 성전 건축을 완성하게 해 달라는 것이었다. 이처럼 본문에 기록된 다윗의 노래 가운데는 하나님께서 거하시게 될 성전 건축이 가장 중심에 놓여 있었다.

5. 하나님께서 친히 세우신 솔로몬 왕(대상29:20-25)

다윗은 또다시 온 회중을 향해 여호와 하나님을 송축하라고 권면했다. 그러자 모든 백성이 그 조상의 하나님인 '여호와를' 높이 송축하고 하나님으로부터 특별한 선택을 받은 '왕에게' 머리를 숙여 경배했다: "all the congregation worshipped the Lord and the king"(대상29:20). 이는 물론 백성들이 다윗을 경배했다는 사실이 하나님과 그를 동등하게 여긴 것은 아니었음이 분명하다.

하지만 백성들이 비록 명확한 인식을 하지 못했다할지라도 무의식중에 메시아와 연관된 다윗 왕의 실질적인 위상을 드높이고 있었다. 이는 다윗이 백성들 앞에서 메시아를 예표하는 왕으로서 절대적인 권위와 지위를 유지하고 있음을 보여주고 있다. 그것은 이스라엘 민족 가운데 메시아 언약이 선포되는 것과 동일한 의미를 지니고 있었다.

그 이튿날 다윗은 온 백성과 더불어 여호와 하나님께 번제로 제사를 드렸다. 그때 수송아지와 수양과 어린 양 각 일천 마리 씩과 포도주가 전제의 제사를 위해 바쳐졌다. 그것은 언약의 자손들이 여호와 하나님께 드리는 풍성한 제사로서 하나님 앞에서 온 이스라엘 민족을 위하여 드리는 제사였다.

그 날 온 무리가 크게 기뻐하며 여호와 하나님 앞에서 먹고 마시며 축제를 벌였다. 그 자리에서 백성들은 다윗의 아들 솔로몬에게 다시금 기름을 부어 여호와를 위한 이스라엘 백성의 주권자로서 그의 왕위를 확인했다.
그들은 또한 사독에게 기름을 부어 제사장이 되게 했다. 이는 왕과 제사장
이 백성들로 말미암음과 동시에 그들이 백성을 진리로 이끌게 된다는 사
실을 말해주고 있다.

우리는 여기서 매우 중요한 원리를 볼 수 있어야만 한다. 그것은 왕과
제사장이 직분을 맡고 이양하는 중심에 놓여 있었으나 백성의 무리가 저
들에게 기름을 부어 왕과 제사장으로 세운 것에 연관된 점이다. 이는 물론
이스라엘 백성의 대표들이 그 일을 맡아 감당했겠지만 온 백성이 그 자리
에 참여하고 있었던 것이다.

그리하여 솔로몬은 여호와께서 허락하신 왕위에 올라 자기 아버지 다윗
을 이어 최고 통치자로서 맡겨진 직무를 감당했다. 솔로몬이 왕위를 하나
님으로부터 받았던 것은 하나님의 뜻에 따라 통치해야 한다는 사실을 말
해주고 있다. 또한 백성이 기름부은 것은 그가 백성을 위한 통치자라는 사
실을 보여준다. 솔로몬이 하나님의 율법에 순종했을 때 그가 행하는 모든
일들이 형통했으며 온 이스라엘 백성은 그에게 순종했다. 그리고 정부의
관리들과 용사들과 다윗 왕의 다른 모든 자식들[38]도 왕에게 복종하여 그
의 명령에 따랐다.

이 모든 것은 오직 여호와 하나님의 섭리와 도우심에 의한 것이었다. 하
나님께서 친히 솔로몬을 이스라엘 모든 백성들의 목전에서 매우 존귀한
왕으로 세우셨기 때문이다. 그리고 그에게 놀라운 권위와 위엄을 주심으
로써 그 전에 이스라엘을 통치하던 다른 왕들을 비롯한 이스라엘의 모든
지도자들보다 탁월한 존재로 인정받게 하셨다. 그리하여 이스라엘이 평화

---

38) 다윗 왕이 통치하던 시대에는 왕자들이 왕의 명령에 따르지 않는 경우가 많
았다. 그들 가운데는 왕자의 난을 일으킨 자가 있었는가 하면 권력을 차지하
기 위해 악행을 서슴지 않는 자들도 있었다. 그러다보니 왕과 왕자들 사이뿐
아니라 왕자들 상호간에 불화가 심했다. 하지만 솔로몬이 왕위에 올랐을 때
그 모든 것들이 평정되었다.

를 누리는 안정기를 가질 수 있게 되었다. 이는 또한 솔로몬이 장차 오실 메시아를 예표하는 인물이라는 사실을 드러내 보여주고 있다.

6. 다윗의 생애 마감(대상29:26-30)

다윗은 이 세상에서 파란만장한 삶을 살았던 인물이다. 그에게는 정치적으로 화려한 면모를 가지고 있었지만 때에 따라서는 비참한 경우도 많이 있었다. 특히 그의 가정생활은 그리 녹록하지 않았다. 아내를 비롯한 여러 여성들과의 관계도 그러했지만 저들로부터 출생한 배다른 자식들로 인한 문제는 심각한 환경을 조성하기 일쑤였다.

유다 지파 이새의 아들로서 베들레헴에서 태어난 다윗은 원래부터 다른 사람들보다 뛰어난 인물이 되지 못했다. 나아가 정치적으로 탁월한 소양을 갖추었던 것은 더더구나 아니었다. 그는 결코 자기의 다른 형제들보다 유능하지 않았으며 벌판에서 양들을 치는 평범한 목동에 지나지 않았다. 따라서 그가 이스라엘 민족을 위해 중요한 일을 감당하게 될 인물로 보는 사람은 아무도 없었다. 그에 대해서는 주변 이웃들뿐 아니라 그 부모 역시 동일한 관점을 가지고 있었다.

그러나 여호와 하나님 앞에서는 전혀 그렇지 않았다. 어느 누구도 다윗이 소위 큰 인물이 되리라 생각지 않았지만 하나님께서는 그를 불러 자신의 왕국을 통치하는 최고 통치자로 세우셨던 것이다. 이에 대해서는 다윗 자신도 전혀 인식하지 못하고 있던 일이었다. 즉 다윗이 왕이 되려는 원대한 꿈을 가지고 있었다거나 이스라엘 민족을 위해 큰일을 해보겠다는 야망을 가지고 있지 않았던 것이다.

전적인 하나님의 주권에 의해 이스라엘 민족의 왕으로 세워진 다윗은 왕좌에 앉아서 만 사십 년 동안 이스라엘 백성을 돌아보며 통치했다. 그는 아직 예루살렘이 정복되기 전 헤브론에서 왕으로 등극하여 그곳에서 칠

년을 통치하게 되었다. 그후 예루살렘을 정복한 뒤에는 그곳에 수도를 정하고 삼십삼 년간을 다스렸다.

다윗 왕은 부와 존귀를 누리다가 다른 사람들처럼 나이가 많아 죽음을 맞았다. 그의 뒤를 이어 솔로몬이 하나님의 섭리와 경륜에 따라 왕위에 올랐다. 그에게 주어진 가장 중요한 직무는 하나님의 언약 가운데서 예루살렘 성전을 건축하는 일이었다. 다윗은 살아생전에 그것을 위한 거의 모든 준비를 갖추어 두었다. 이제 솔로몬의 통치 아래 아브라함과 모세와 다윗 언약이 완성되는 성전이 건축되기 시작했던 것이다.

역대하

역대하

〈차례〉

제1장

솔로몬과 언약의 왕국
(대하1:1-17)

1. 솔로몬 왕의 시대(대하1:1)

솔로몬이 다윗의 뒤를 이어 왕위에 올라 이스라엘 왕국을 통치하게 되었다. 그것은 왕위 계승에 대한 다윗의 개인적인 판단이나 솔로몬의 야망에 의한 것이 아니라 전적인 하나님의 섭리에 따른 것이었다. 하지만 당시 일반적인 여건을 감안한다면 그의 앞에 놓인 정치적 환경은 그다지 좋은 것으로 말하기 어렵다.

다윗에게는 여러 여성들로부터 출생한 왕자들이 있었다. 그들은 솔로몬보다 나이가 많았으며 어떤 의미에서는 다른 왕자들이 상대적으로 우월한 조건을 가진 자들이었다. 솔로몬의 배다른 형들 가운데는 그전부터 정치적 야망을 앞세워 왕위를 탐내고 있던 자들이 있었다. 그에 반해 솔로몬은 헷 사람 우리아의 아내였던 밧세바의 자식이라는 점도 불리하게 작용할 수 있었다.

그와 같은 외부적인 환경으로 인해 그의 형들인 다른 왕자들이 새 왕의 정치에 협력하지 않고 그의 정책에 반기를 들거나 비협조적으로 나온다면 결코 순탄할 수 없었다. 하지만 그런 문제들이 발생하지는 않았다. 도리어 솔로몬의 정치를 통해 이스라엘 왕국은 모든 것이 형통하게 확립되어 갔다. 정치, 사회, 경제 문제뿐 아니라 신앙에 연관된 문제들을 포함한 모든 영역에서 그러했다.

그리하여 별다른 어려움이나 방해 세력 없는 상태에서 이스라엘은 안정적인 모습을 확보해 가게 되었다. 솔로몬이 정치를 하면서 그의 위상이 점차 견고해져 갔던 것은 그의 개인적인 능력으로 인한 것이 아니었다. 그것은 전적으로 여호와 하나님의 적극적인 도우심에 의한 결과였다. 하나님께서 항상 그와 함께 계셨으므로 솔로몬 왕국은 매우 창대케 되어 갈 수 있었던 것이다.

그렇지만 하나님께서 솔로몬과 그의 나라를 안정적인 지위를 구축하여 번성케 해주셨던 까닭이 그에게 개인적인 권세와 명예를 주시고자 하는 것이 주된 목적이 아니었다. 그 모든 것은 다윗 왕에게도 이미 약속하신 대로 예루살렘 성전을 순조롭게 건립하도록 하기 위한 특별한 섭리에 근거한 것이었다. 그로 말미암아 성전을 건축하기 위한 기본적인 모든 조건이 갖추어져가게 되었던 것이다.

2. 기브온의 회막과 솔로몬의 일천번제 (一千燔祭) (대하1:2-6)

솔로몬은 믿음의 조상 아브라함이 하나님의 요구에 따라 독자 이삭을 바쳤던 모리아산 바로 그 자리에 예루살렘 성전을 건축하기로 작정했다. 그것은 왕의 개인적인 판단이나 결정이 아니라 구속사 가운데 드러나야 할 당연한 일이었다. 그리하여 솔로몬은 이스라엘의 모든 천부장과 백부장과 재판관, 그리고 백성들의 방백과 족장들에게 명령을 내려 한자리에 소집했다. 솔로몬 왕은 그 온 회중과 더불어 기브온으로 갔다. 당시 그곳에 모세가 시내 광야에서 하나님의 뜻에 따라 제작한 성막이 설치되어 있었기 때문이다.

한편 하나님의 언약궤는 오래 전 블레셋 군대에 의해 빼앗겼던 것을 다윗이 되찾아와 기럇여아림에 두었다가 거기서부터 예루살렘으로 옮겨와 다윗성의 특별히 제작된 장막 안에 안치해 둔 상태였다(삼상7:2, 대상13:5,6, 참조). 그리고 번제를 드리기 위하여 놋으로 만든 단은 여호와의 회막 앞에 놓여 있었다. 당시에는 아론 지파 제사장들이 그곳에서 제사를 지내며 하나님을 섬겼던 것이다.

솔로몬 왕은 당시 회중과 더불어 기브온에 도착하여 곧바로 회막 앞으로 나아갔다. 그는 거기서 여호와 하나님 앞에서 제사를 지냈다. 솔로몬은 그 제사를 통해 일천번제(一千燔祭)를 드렸는데 이는 완전수에 해당되는 일천 마리의 희생 제물을 바친 사실을 말해주고 있다.[1] 하나님께 드리는 그 번제는 솔로몬의 단독행위가 아니라 이스라엘 민족의 공적인 행위로 받아들여야 한다.

또한 우리는 솔로몬이 하나님 앞에서 번제를 드릴 때 직접 제사장이 되어 제사장들이 입는 특별한 의상을 갖춘 채 그 제사를 지낸 것으로 생각할 필요가 없다. 제단 위에 동물을 제물로 바치는 행위는 모세 율법에 따라 아론 지파 제사장들에게 맡겨진 고유한 직무였기 때문이다. 따라서 당시 솔로몬 왕의 지휘 아래 제사장들이 당일에 놋 단 위에서 일천번제를 드렸던 것으로 이해해야 한다.

---

1) 한국의 기독교 지도자들 중에는 솔로몬의 일천번제(一千燔祭)를 엉뚱하게 적용하는 자들이 더러 있다. 그들은 일천번제를 횟수로 생각하여 일천 번의 번제를 드린 것으로 착각하거나 그 의미를 잘못 알고 있기 때문에 발생한 문제이기도 하다. 그리하여 건전하지 못한 일부 교회들 가운데는 솔로몬의 일천번제를 근거로 삼아 교인들에게 일천 번의 정해진 횟수의 연보를 하도록 장려하는 것이 유행하기도 했다. 그런 주장을 펼치는 종교인들은 더 많은 액수의 연보를 거두기 위한 목적으로 성경을 자의로 해석하여 성도들을 기만하고 있다. 그것은 잘못된 것일 뿐 아니라 자칫 배도행위에 빠질 수 있다는 점을 기억해야만 한다.

솔로몬의 인도 아래 기브온 회막 앞에서 행해진 일천번제는 예루살렘 성전 건립을 앞두고 하나님 앞에 드려진 특별한 제사였다. 그 제사가 매우 중요한 구속사적 사건이었음을 기억하는 것은 매우 중요하다.[2] 즉 그와 같은 일천번제는 되풀이하여 행해졌던 것이 아니라 성전 건립을 앞두고 행해진 단회적인 구속사적 의미를 지닌 제사행위였던 것이다.

예루살렘에 돌로 지어진 고정된 성전이 완공되면 기브온의 회막 안에 보관되어 있던 모든 성물들은 새로 지어진 성전으로 옮겨가게 된다. 그리고 장차 그 성전이 건축되면 그로 말미암아 다른 지역으로 이동하기 위하여 조립과 해체를 되풀이하던 회막은 구속사 가운데서 그 용도를 완수하게 된다. 이제 성전 건립으로 인해 회막의 기능은 완전히 끝이 나고 더 이상 성막 이동이 필요하지 않게 되는 것이다.

따라서 솔로몬의 성전 완공과 더불어 자연스럽게 회막(Tabernacle) 시대에서 예루살렘의 성전(the Temple) 중심 시대로 옮겨가게 된다. 기브온에서 솔로몬 왕의 주도아래 하나님께 바쳐졌던 일천번제는 그와 밀접하게 연관되어 있었다. 따라서 그 제사의 의미는 구속사 가운데서 매우 특별한 성격을 지니고 있는 것으로 이해해야 한다.

3. '지혜와 지식'을 구하는 솔로몬(대하1:7-13)

솔로몬 왕이 기브온 회막 앞에서 일천번제를 드리던 바로 그날 밤에 여호와 하나님께서 그에게 나타나셨다. 그가 솔로몬을 향해 하나님으로부터

---

2) 여기서 구속사적 사건이라 함은 성도들 사이에서 되풀이하여 행해지는 것이 아니라 일시적 혹은 단회적인 성격을 지니고 있음을 의미한다. 한 예로 예수님께서 공 사역을 시작하실 무렵 세례 요한이 요단강에서 회개를 촉구하며 물로 세례를 베푼 행위(눅3:3)는 일시적인 구속사적인 사건으로 이해해야 한다. 즉 사도교회 당시 예수님의 제자들을 비롯한 다른 사도들이 요단강에서 세례를 베푸는 요한의 행위를 이어받아 지속하지 않았다. 그리고 예수님께서 십자가에 달려 돌아가시기 직전 한 여인이 옥합을 깨뜨려 값비싼 향유를 그의 머리에 부은 사건(마26:7)을 구속사적 맥락에서 이해해야 하는 것과 같다.

바라는 것이 무엇인지 말하면 들어주리라는 말씀을 하셨다. 하나님의 말씀을 듣게 된 솔로몬은 조금도 지체하지 않고 자신이 원하는 바를 하나님께 고했다.

솔로몬은 먼저 자기 아버지 다윗 왕에게 '큰 은혜'[3]를 베푸신 하나님께서 자기로 하여금 왕위를 계승케 하셨음을 언급했다. 그리고는 오래 전 다윗에게 허락하신 '그 약속'을 더욱 굳건하게 해 달라고 간구했다. 그것은 하나님께서 다윗에게 약속하신 예루살렘 성전을 건립하는 일이었다.

그 놀라운 공사를 시행하시기 위해 하나님이 미천한 자기를 셀 수 없을 만큼 많은 백성의 왕으로 세우셨음을 언급했다. 즉 자기가 왕위에 올라 감당해야 할 가장 중요한 사역은 예루살렘 성전 건립이라는 직무라는 사실을 말했던 것이다. 당시 솔로몬 왕은 하나님의 뜻과 더불어 자신이 해야 할 일에 대하여 정확한 파악을 하고 있었다.

그러므로 솔로몬은 그 일을 시행하고 완수하기 위하여 자기에게 '지혜와 지식'이 필요하다는 사실을 고했다. 솔로몬이 하나님께 요청했던 '그 지식과 지혜'는 일반적으로 판단하는 바 세상 사람들이 원하는 그런 것들과는 거리가 먼 것이었다. 그것은 오직 여호와 하나님으로 말미암아 선물로 주어지는 특별한 것이다.

솔로몬은 '그 지식과 지혜'를 가져야만 비로소 언약의 백성 가운데서 하나님께서 맡기신 모든 직무를 온전히 감당할 수 있다는 사실을 잘 알고 있었다. 하나님께서 허락하시는 지혜와 지식이 없이는 언약의 백성들을 올바르게 판단하고 재판할 수 없음을 깨닫고 있었던 것이다. 이는 예루살렘의 모리아산 위에 거룩한 성전을 건립하기 위해서는 왕의 신령하고 정확한 판단력이 필수적이라는 사실을 말해주고 있다.

---

3) 여기서 다윗에게 베푸신 '큰 은혜'란 일반적인 것을 말하는 것이 아니라 성전을 건축하기 위한 중요한 전단계가 되는 예루살렘 정복을 의미하는 것으로 보인다. 그로 말미암아 아브라함에게 주시고자 했던 '땅'에 대한 약속이 성취되었던 것이다.

믿음의 사람 솔로몬은 참된 지식과 지혜가 죄에 빠진 이 세상이나 타락한 인간들에게서 생겨나지 않는다는 점을 잘 알고 있었다. 인간들이 아무리 노력하고 열심히 연구한다고 할지라도 여호와 하나님을 모른다면 참된 지식을 얻을 수 없으며 진정한 지혜가 허락될 수 없다는 것이었다. 따라서 솔로몬은 구약성경 잠언의 맨 앞부분에서 그에 연관된 분명한 언급을 하고 있다.

"여호와를 경외하는 것이 지식의 근본이어늘 미련한 자는 지혜와 훈계를 멸시하느니라"(잠1:7)

솔로몬 왕은 여호와 하나님을 알고 그를 진정으로 경외하는 것이 참된 지식의 근본이라는 사실을 교훈으로 주고 있다. 그 가운데서 참된 지혜를 얻게 되기 때문이다. 하나님 없는 상태에서 타락한 인간들이 만들어낸 지식과 지혜에 의존하는 것은 지극히 미련한 행위에 지나지 않는다. 뿐만 아니라 그것은 하나님을 멸시하는 자리에 머물게 할 수 있다. 솔로몬이 하나님께 '지혜와 지식'을 구했던 것은 바로 그런 이유 때문이었다(대하1:10).

솔로몬의 답변과 그의 온전한 신앙 자세를 확인하게 된 하나님께서는 매우 기뻐하셨다. 그는 자기를 위하여 부와 재물과 존영을 구하지 않았다. 뿐만 아니라 자기를 대적하는 자들에 대하여 원수를 갚아주기를 간청하지 않았다. 또한 오래 살면서 인생을 누리고자 장수를 구하지도 않았다. 솔로몬은 하나님께서 무엇이든지 구하라고 하셨을 때 자기의 안락한 삶을 위한 것들을 구하지 않고 오직 하나님의 일을 염두에 두었던 것이다.

그러므로 솔로몬 왕은 올바른 분별력으로 언약의 백성들을 치우침 없이 판단하고 재판하기 위하여 하나님으로부터 주어지는 지혜와 지식을 가지기를 원한다고 말할 수 있었다. 물론 그것은 자기가 풍부한 지식을 소유하게 됨으로써 남 보기에 유식하고 지혜로운 인물이 되고자 하는 정신적인 욕망을 추구하고자 한 것이 아니었다. 그가 그것들을 구했던 까닭은 오직 언약의 백성들과 더불어 하나님께서 명하신 성전 건축을 무사히 마치고자 하는 그의 선한 열망 때문이었다.

오늘날 많은 교인들이 자기 혹은 자기 자식에게 솔로몬에게 주신 그 지혜와 지식을 달라고 하나님께 간구하는 것을 본다. 일면 그럴듯하게 보이지만 그런 자들은 대개 인간적인 욕망에 기초하여 그렇게 간구하고 있다. 신앙이 어린 교인들은 그것들을 통해 자기가 이 세상에 살아가면서 남보다 유능한 사람이 되고 싶어 하며, 자기 자식이 성공적으로 살아가기를 원하는 것이 일반적이다.[4] 하지만 솔로몬은 결코 자기가 유능한 왕이 되어 성공적인 삶을 누리기 위해 하나님께서 주시는 그 지혜와 지식을 요구하지 않았다.

우리는 솔로몬이 개인의 욕망 추구가 아니라 하나님의 언약의 성취를 위해 그 지혜와 지식을 가지기를 원했다는 사실을 기억해야 한다. 즉 그것은 성전 건립을 위한 하나님의 뜻을 이루고자 하는 마음 때문이었다. 따라서 하나님께서는 솔로몬의 온당한 요구대로 모든 것들을 허락하시리라는 말씀을 하셨다. 뿐만 아니라 그가 구하지 않은 부와 재물과 영예까지도 주시겠노라고 약속했다.[5]

따라서 하나님께서는 그 전에도 후에도 솔로몬처럼 훌륭한 왕이 존재하지 않으리라는 사실을 언급하셨다. 이 말씀은 그가 세상에서 가장 지혜롭

---

4) 신약교회 시대에 살아가는 우리가 자신이나 자식을 위해 솔로몬에게 주셨던 '그 지혜와 지식'을 달라고 하나님께 간구한다면, 그것들을 통해 자기의 유익이 아니라 하나님 앞에서 그의 뜻에 따라 온전한 삶을 살아갈 수 있기 위하여 지혜와 지식을 구해야 한다.

5) 우리는 여기서 산상수훈에서 교훈하신 예수님의 약속을 떠올리게 된다. 주님께서는 제자들을 향해, 먹고 마시고 입는 것 등 세상의 것들을 위해 기도하는 것은 이방인들의 종교행위와 같은 것이라 경계하셨다. 하나님의 자녀들은 하나님의 뜻이 이루어지기를 간구해야 하며, 나머지 것들은 하나님께서 알아서 채워주신다는 것이었다. 따라서 주님께서는 제자들에게 오직 하나님 나라와 그의 의를 구하라고 요구하셨던 것이다(마6:33).

고 지식이 많은 왕이 되게 해주시리라는 일반적인 의미와 다르다. 그것은 도리어 하나님의 집인 예루살렘 성전 건축을 성공적으로 완수하게 되는 그의 사역에 연관된 말로 받아들여야 한다.

하나님으로부터 분명한 약속을 들은 솔로몬은 기브온에서 예루살렘으로 돌아왔다. 거기서 이스라엘 백성을 지혜롭게 통치하며 다스렸다. 그러던 중 하나님의 성전을 건립하기 위한 모든 준비를 갖추어가게 되었다. 그것은 솔로몬 개인의 능력에 의해서라기보다 하나님께서 그에게 허락하신 지혜와 지식에 근거한 것이었다.

4. 강력한 솔로몬 왕국(대하1:14-17)

예루살렘 성전 건축을 착수하기로 작정한 솔로몬은 먼저 군 병력을 점검했다. 그리고는 병거 일천사백 승과 마병 일만 이천을 소집했다. 왕은 그 전력들을 예루살렘과 병거성에 분산하여 주둔시켰다. 이는 성전 건축을 시행하는 동안 외부 세력이 함부로 이스라엘을 노리거나 습격하지 못하도록 경계하는 의미를 지니고 있었다. 즉 그것은 외국과 전쟁을 치루기 위해 준비를 갖추는 병력 소집이 아니었던 것이다.

당시 예루살렘은 부족한 것 없이 모든 것이 풍족했다. 금과 은이 마치 돌과 같이 흔했으며 아름다운 백향목이 평지의 뽕나무처럼 많았다. 또한 솔로몬 군대의 말들은 애굽에서 정당한 가격을 주고 산 것들로서 최강의 수준을 자랑했다.[6] 병거 또한 애굽에서 사들여 온 것으로서 당시 최고의

---

6) 성경의 본문 문맥을 보아 하나님께서는 당시 솔로몬이 애굽에서 말들을 구입한 점을 문제시하지 않는 것으로 보인다. 그런데 신명기17:16에서는 '애굽으로 사람을 보내 말을 구해오지 못하도록' 명하고 있다. 이는 역대하 1:16의 내용과 상충되는 것처럼 보일 수도 있다. 하지만 그것은 아마도 주변 나라들과의 정복 전쟁을 치르기 위해 말을 구입하는 것과, 성전 건축을 위한 과정에서 안전을 도모할 목적으로 애굽의 말을 구입하는 것에 대한 차이 때문인 것으로 이해하는 것이 가장 자연스럽다.

성능을 지니고 있었다.

나아가 국가 주도하의 이스라엘 무기 거래상들은 애굽에서 산 병기들을 헷 족속의 왕과 아람 왕들에게 되팔기도 했다. 이는 물론 국가의 판단에 근거하여 이루어진 일이었다. 동서고금을 막론하고 국제간의 무기 거래는 개인에게 그 모든 권한이 완전히 주어지지 않았다. 이는 군사와 경제에 연관된 왕국의 위상을 뚜렷하게 보여주고 있다.

우리는 여기서 솔로몬 왕의 치하에 있던 이스라엘 왕국이 내부적인 부강을 도모하는 동시에 주변 국가들에 대한 외교력과 더불어 강력한 위세를 떨치고 있었다는 사실을 알게 된다. 그 모든 것들은 전적인 하나님의 섭리와 은혜에 따라 진행된 일이었다. 그러다보니 왕국 내부적으로 솔로몬 왕에게 저항하는 자들이 존재하지 않았다. 그리고 외부적으로 솔로몬을 공격하려는 세력이 없었다.

당시의 전체적인 상황을 감안해 볼 때 솔로몬이 건축하는 성전은 특출하게 뛰어난 개인이 감당할 수 있는 일이 아니었다. 즉 솔로몬 왕이 홀로 성전 건축을 완성할 수 없었다. 그리고 하나님께서는 이스라엘 민족이 단독으로 그 일을 완수하도록 하지 않으셨다. 오히려 그 놀라운 성전 건축 역사를 이루기 위해서 수많은 이방인들과 이방 세력이 참여하게 되었음을 알 수 있다.

물론 언약의 영역 바깥에 존재하던 이방인들 중에 그 놀라운 비밀을 구체적으로 깨달아 알고 있던 자들은 아무도 없었다. 그럼에도 불구하고 하나님께서 그렇게 하신 까닭은 예루살렘 성전 건립이 혈통적 이스라엘 민족만을 위한 것이 아니라는 점을 분명하게 드러내 보여 주셨다. 이는 나중 영원한 구원에 참여하게 될 이방 민족을 위한 것임과 동시에 그것을 위해 저들도 예루살렘 성전 건립에 부분적으로 참여하도록 하셨던 것이다.

또한 우리가 여기서 반드시 기억해야 할 바는 이 모든 상황이 조성된 것이 일반 이스라엘 백성들의 풍요로운 삶을 위한 것이 아니었다는 사실이

다. 나아가 솔로몬 왕의 막강한 권력 자체를 보장하기 위해 그것들이 예비
되지도 않았다. 하나님께서는 솔로몬으로 하여금 자신의 거룩한 성전을
차질 없이 건립하도록 하기 위하여 그 모든 여건들을 특별히 허락하셨던
것이다.

제2장

성전건축을 위한 준비 단계
(대하2:1-18)

1. 성전과 궁궐 건축 준비(대하2:1)

선임 왕이었던 다윗의 유언적인 권고 사항이었을 뿐 아니라 아브라함 언약의 성취를 이루기 위해 솔로몬 왕은 이제 예루살렘 성전을 건축하고자 했다.[7] 본문 가운데는 그 성전이 '여호와의 이름을 위하여'라는 사실을 명확히 밝혔다. 즉 솔로몬은 인간들의 종교 생활이나 종교 활동을 위해 성전을 세우려 하지 않았다.

우리가 여기서 분명히 깨달아야 할 바는 장차 건축될 그 성전은 인간들을 위한 것이 아니라 오직 '하나님을 위한 하나님의 성전'이라는 사실이다. 물론 하나님을 위한 성전이 인간들을 위한 은혜의 본질적인 방편이 되

---

7) 예루살렘 성전 건립이 아브라함의 언약 성취라는 사실을 이해하는 것은 매우 중요하다. 아브라함이 하나님의 명령에 의하여 모리아산 위에서 독자 이삭을 바친 것은 예루살렘 성전에 대한 예언적 성격이 들어 있으며, 나중 인간의 몸을 입고 이 세상에 오셔서 영원한 제물로 바쳐지게 될 예수 그리스도를 향한 예언적 의미가 들어있기도 하다.

기도 한다. 따라서 하나님의 자녀들은 먼저 성전의 유일한 주인이 여호와 하나님이라는 사실과 그 성전을 통해 하나님의 놀라운 섭리와 뜻을 알아가야만 한다.

만일 인간들이 하나님의 성전을 자신을 위한 것으로 만들고자 애쓴다면 하나님 앞에서 무서운 범죄를 저지르는 것과 마찬가지다. 역사 가운데 배도에 빠진 자들은 성전을 자신을 위한 종교적인 도구로 삼기를 즐겨했다. 그것을 통해 많은 사람들 앞에서 자신의 신앙이 훌륭한 듯 내세우고자 했던 것이다.

'여호와의 이름을 위한 성전'에 연관된 문제는 신약시대의 교회와 직접 연관 지어 생각해 보아야 한다. 세상에 존재하는 참된 교회는 인간들의 소유가 아니라 오직 '하나님께 속한 언약 공동체'이다. 성경은 하나님께서 자신의 피로 값 주고 교회를 사신 사실을 밝히고 있다. 사도 바울은 그의 세 번째 복음 선포 여행을 마쳐갈 때 즈음 밀레도(Miletus)에 들러 에베소 교회 장로들을 향해 강설을 할 때 그에 관한 언급을 했다.

> "여러분은 자기를 위하여 또는 온 양 떼를 위하여 삼가라 성령이 그들 가운데 여러분을 감독자로 삼고 하나님이 자기 피로 사신 교회를 보살피게 하셨느니라"(행20:28)

바울은 이 말씀 가운데서 지상 교회는 하나님께서 자기 피로 사신 언약 공동체로서 하나님의 소유라는 사실을 분명히 밝혔다. 따라서 하나님의 몸된 교회 가운데서 계시된 말씀으로 섬기며 지상 교회를 온전히 보존 보호하는 일에 참여하는 모든 직분자들은 하나님의 뜻에 따라 그 직무를 감당해야 한다. 즉 인간의 이성과 경험에 따른 종교적인 판단이 아니라 하나님으로부터 계시된 진리에 순종해야 하는 것이다.

그리고 역대하 본문에서는 솔로몬이 이스라엘 민족의 왕으로서 자신의 권위를 드러내기 위해 궁궐을 건축하기로 결심한 사실을 언급하고 있다. 우리가 여기서 반드시 기억해야 할 바는 언약의 백성을 통치하는 왕으로서 그가 화려한 집에서 살고자 하는 개인적인 욕망 때문에 궁궐을 지으려한 것이 아니라는 사실이다. 그는 왕으로서 권위뿐 아니라 이스라엘 왕국의 위상을 위해 그렇게 하고자 했음이 분명하다.

왕이 거주하며 집무를 수행하는 궁궐이 품위를 제대로 갖추는 것은 매우 중요하다. 그래야만 주변의 여러 나라들이 그를 업신여기지 않고 우러러볼 것이기 때문이다. 만일 왕이 초라한 궁전에 살고 있다면 주변 왕국들이 그를 존경하기는커녕 우습게 여길지도 모를 일이었다. 앞에서도 언급한 것처럼 그는 자신이 집무하는 궁궐을 화려하게 건축하고자 했던 것은 왕의 권위를 만방에 드러냄으로써 성전 건축 공사를 방해하는 세력이 일어나지 않게 하려고 했던 것이다.

2. 두로 왕에게 협조 요청 : 외교문서(대하2:2-10)

솔로몬 왕은 예루살렘 성전 건립을 앞두고 이방의 두로 왕에게 건축 재료와 기술자를 지원받기 위해 협조를 요청하는 공문을 보냈다. 이는 사실 결코 예사롭지 않은 일로 비쳐질 수 있는 문제였다. 하나님의 선택을 받은 언약의 자손이 이방 왕국의 통치자에게 협조를 요청하는 것은 얼른 보면 무언가 크게 잘못된 것처럼 보일 수 있다. 더군다나 그것은 하나님의 거룩한 성전을 건축하는 일에 연관되어 있었기 때문이다.

하지만 여기에는 복합적인 의미가 담겨 있는 것으로 이해할 수 있다. 우선은 본문에서 이미 밝히고 있는 것처럼 이방 왕국으로부터 양질의 건축 재료를 구하고 탁월한 기술자를 지원받기 위한 것이었다. 그리고 앞에서도 언급한 것처럼 그 모든 과정을 통해 이스라엘 백성의 혈통을 기초로 한 배타적 민족주의를 넘어 하나님의 복음이 이방인들에게도 개방되어 있음을 보여주고 있다.

또한 본문에 뚜렷이 언급되어 있는 것이 아니지만 그 가운데는 이스라엘 주변에 위치한 여러 왕국들을 향한 중요한 선언적 메시지가 포함되어 있었던 것으로 보인다. 즉 솔로몬 왕국이 두로 왕국과 중요한 무역을 하고 인적 자원을 교환한다는 것은 두 왕국이 서로간 긴밀한 우호 관계에 놓여 있음에 대한 증거가 될 수 있었다. 그로 말미암아 주변의 나라들이 이스라엘 왕국을 공격하려는 마음을 쉽게 먹지 못했을 것이다.

예루살렘 성전 건축을 앞두고 솔로몬이 이방 왕국과 상호 협조하는 것을 보며 오늘날 우리시대 성도들이 얻게 되는 중요한 교훈을 떠올리게 된다. 그것을 통해 거룩한 하나님의 교회와 세속 국가 사이의 관계를 연관 지어 생각해 볼 수 있기 때문이다. 사도 바울은 로마에 있는 교회에 보내는 편지에서 하나님의 자녀들이 세속 국가에 대하여 취해야 할 기본적인 자세를 언급하고 있다.

> "각 사람은 위에 있는 권세들에게 복종하라 권세는 하나님으로부터 나지 않음이 없나니 모든 권세는 다 하나님께서 정하신 바라 ... 다스리는 자들은 선한 일에 대하여 두려움이 되지 않고 악한 일에 대하여 되나니 네가 권세를 두려워하지 아니하려느냐 선을 행하라 그리하면 그에게 칭찬을 받으리라 그는 하나님의 사역자가 되어 네게 선을 베푸는 자니라 그러나 네가 악을 행하거든 두려워하라 그가 공연히 칼을 가지지 아니하였으니 곧 하나님의 사역자가 되어 악을 행하는 자에게 진노하심을 따라 보응하는 자니라 ... 너희가 조세를 바치는 것도 이로 말미암음이라 그들이 하나님의 일꾼이 되어 바로 이 일에 항상 힘쓰느니라"(롬13:1-6)

바울은 여기서 지상 교회에 속한 모든 성도들은 세속국가의 권력에 복종하는 가운데 협조해야 한다는 사실을 강조하고 있다. 따라서 국가의 시민으로서 일반적인 의무와 더불어 정당한 세금을 납부해야 한다는 사실을 언급하고 있다. 이는 백성의 일원으로서 지상 교회에 속한 성도들에게 매우 중요한 교훈을 제시하고 있는 것이다.

우리가 여기서 주의 깊게 기억해야 할 바는 하나님의 거룩한 교회가 타락한 인간들이 주도하는 세속 국가로부터 도움을 받아야 할 일이 있다는 점이다. 이는 모순인 것 같으면서도 실상은 하나님의 경륜에 해당되는 의미를 지니고 있다. 일례로 교회는 성도들을 세상에서 발생하는 부당한 일들로부터 물리적으로 보호할 수 있는 방도가 없다. 오직 그런 자를 위해 기도하며 격려할 수 있을 따름이다. 그에 반해 세속 국가는 공권력을 가지고 일반적인 악을 제거하기 위해 모든 힘을 기울이는 가운데 기독교인들을 포함한 국가에 속한 모든 백성들의 안전을 지키는 역할을 하게 된다.

솔로몬은 본문에 기록된 그 모든 과정에서 부지중 이스라엘 백성 내부에 존재하게 될 거룩한 성전이 약속의 땅을 벗어난 보편적인 세계 가운데 존재하게 된다는 사실을 선포하고 있다. 그래서 각종 목재등 짐을 운반하는 담군 칠만 명과 산 위에 올라가 나무를 작벌할 벌목공 팔만 명과 감독자 삼천육백 명을 뽑았다. 그들을 두로 지역에 있는 산으로 보내 나무를 베어 오는 일에 참여시키고자 했던 것이다.

모든 것이 준비된 상황에서 솔로몬 왕은 특별한 임무를 부여한 사신을 통해 두로 왕 후람[8])에게 자기가 쓴 편지를 전달했다. 그전에 전임 왕 다윗이 궁궐을 지을 때 백향목을 보내준 것처럼 자기에게도 그렇게 해 달라고 했다. 그와 더불어 자신이 이제 여호와 하나님의 이름을 위하여 성전을 건축하여 구별해 바치고자 한다는 사실을 밝혔다.

그 성전을 건축하여 이스라엘 민족의 영원한 규례에 따라 하나님 앞에서 향 재료를 사르며 항상 떡을 진설하며 안식일과 초하루와 여호와의 절

---

8) 후람(Huram)은 열왕기서에 등장하는 두로왕 히람(Hiram)과 동일한 인물이다.

기에 아침저녁으로 번제를 드리려 한다는 것이었다. 이는 하나님께 속한 이스라엘 민족의 정체성을 드러내는 의미를 지니고 있다. 또한 자기가 건축하고자 하는 성전은, 여호와 하나님이 세상의 다른 신들에 비교가 되지 않게 위대한 분이므로 그에 걸맞게 지어야 한다는 사실을 언급했다.

솔로몬 왕은 이와 더불어 피조물인 인간의 부족한 생각과 판단으로 감히 전지전능하신 하나님의 성전을 건축할 수 없다고 했다. 하늘과 더 높은 곳에 있는 '하늘들의 하늘' 곧 온 우주라 할지라도 그를 용납하지 못한다는 것이었다. 이는 인간의 지식과 지혜로 그 성전을 짓는 것은 가당치 않다는 의미를 지니고 있다. 하물며 지극히 작은 존재에 지나지 않는 자기가 어떻게 감히 하나님의 성전을 건축하겠느냐고 했다. 그는 단지 하나님의 놀라운 섭리와 그 명령에 순종하여 성전을 건축함으로써 그곳에서 여호와 하나님 앞에 분향하고자 할 따름이라는 입장을 밝혔다.

그러므로 솔로몬 왕은 두로 왕에게 이제 금 은 동 철로 제조할 수 있는 능력을 갖추고 자색 홍색 청색실로 직조할 수 있으며 조각을 할 줄 아는 정교한 기능공 하나를 보내달라는 당부를 했다. 두로의 기술자를 보내주면 저로 하여금 선대 왕 다윗이 유다와 예루살렘에서 준비시켜 둔 유능한 기술자와 함께 일하도록 하겠다는 것이었다.

그는 또한 레바논 산지에서 백향목과 잣나무와 백단목을 보내달라고 당부했다. 두로에는 벌목을 잘하는 노동자들이 많이 있겠지만 자기도 벌목공들을 보내 저들을 돕도록 하겠다는 것이었다. 아름답고 질 좋은 재목들을 많이 보내주면 그것으로써 하나님의 성전을 크고 화려하게 건축하는 데 사용하게 될 것이라 했다. 솔로몬은 그대신 두로의 벌목하는 자들을 위해 왕에게 찧은 밀 이만 석과 보리 이만 석과 포도주 이만 말과 기름 이만 말을 보내주겠다는 조건을 붙였다.

3. 솔로몬을 향한 두로 왕의 자세 : 외교문서(대하2:11-16)

당시 두로 왕 후람은 솔로몬과 그의 왕국에 대하여 매우 우호적인 입장을 보이고 있었다. 그는 솔로몬 왕이 보낸 사신을 맞아 모든 상황을 파악한 후 그에게 답장을 보냈다. 그 가운데는 의외의 반응을 하고 있는 부분이 나타난다. 그것은 이방 왕국의 통치자인 그가 '여호와 하나님의 이름'을 언급하며 여호와께서 이스라엘 백성을 사랑하시므로 솔로몬을 저들의 왕으로 세우셨다고 언급한 점이다.

그리고 천지만물을 창조하신 이스라엘의 하나님 여호와께서 송축받기를 원한다는 말을 했다(대하2:12). 언어적으로 볼 때 그것은 두로 왕 후람이 여호와를 찬양하는 의미로 표현되고 있다. 또한 그 여호와 하나님이 다윗왕에게 지혜로운 아들 솔로몬을 주시고 저에게 명철과 총명을 허락하셨다고 했다. 따라서 그가 여호와 하나님을 위해 성전을 건축하고 왕의 권위를 위해 궁궐을 건축하도록 하셨다는 말을 했다.

이처럼 두로 왕 후람이 솔로몬에게 보내는 서신에서 하나님에 대하여 밝힌 내용은 불신자로서는 도저히 내놓을 수 없는 말이었다. 그의 입술을 통해 표현된 말 가운데는 어느 한 부분도 틀리거나 잘못되지 않았다. 이는 여호와 하나님에 대한 진정한 신앙이 없는 자로서는 결코 말할 수 없는 내용이었기 때문이다.

우리는 여기서 두로 왕 후람이 과연 그의 말처럼 여호와 하나님에 대한 진정한 신앙을 가지고 있었는가 하는 점을 생각해 보게 된다. 우리가 짐작해 알 수 있는 사실은 그가 하나님을 믿고 신앙한 인물이 아니었다는 점이다. 만일 그랬다면 다른 언약의 자손들처럼 이방인이었지만 몸에 할례를 받고 그들 가운데 예속되어야만 했다. 하지만 두로 왕은 이방 나라의 통치자로서 그렇게 하지 않았다.

그럼에도 불구하고 그가 그와 같은 표현을 한 것은 자신의 신앙을 나타낸 것이 아니라 능숙한 외교적 언어를 사용했다는 점이다. 즉 그의 신앙과 상관없이 외교적인 목적을 위해 화려한 종교적 수사를 동원했던 것이다. 그것을 통해 두로 왕은 자기가 다스리는 왕국과 솔로몬이 다스리는 왕국이 얼마나 가까운 신뢰 관계에 놓여 있는가를 보여주고자 했다. 즉 솔로몬 왕은 여호와 하나님에 대한 이스라엘 민족의 정체성을 드러낸 데 반해 두로의 후람 왕은 외교적인 방법을 동원했을 따름이다.

그러므로 두로 왕은 솔로몬 왕으로부터 온 사신을 통해 그 모든 요청을 들은 후 그에게 긍정적으로 반응했다. 그가 요구하는 모든 청을 다 들어주겠다는 것이었다. 그는 자기의 신하 가운데 훌륭한 기능을 가진 기술자를 솔로몬에게 보내면서 자기 부친이 나라를 다스릴 때부터 지켜 보아왔으므로 충분히 신뢰할 만하다는 말을 덧붙였다.

그 사람은 두로의 남성과 납달리 지파에 속한 단(Dan) 지역 출신인 여인 사이에 태어난 인물(왕상7:14)로서 금 은 동 철 및 돌과 나무를 이용한 제작 기술과 더불어 자색 청색 홍색실과 가는 베로 짜는 일에 대하여 능숙한 기술을 가졌을 뿐 아니라 조각하는 모든 일에 익숙하며 장식이나 여러 가지 도안에도 능한 자라는 사실을 보증했다. 그가 예루살렘에 머물면서 솔로몬과 다윗의 때부터 인정받고 있는 능숙한 기술자와 함께 일한다면 최상의 결과를 가져오게 되리라는 것이었다.

그러면서 솔로몬이 앞서 말한 대로 밀과 보리와 기름과 포도주는 종들을 통해 자기에게 보내 달라는 요구를 했다. 그리하면 자기가 레바논 산지로부터 솔로몬 왕이 예루살렘에서 사용할 만큼 충분한 양의 나무를 벌목하여 떼를 엮어 배에 실어 지중해의 항구도시인 욥바로 보내주겠다고 했다. 그러면 욥바 항에서 예루살렘까지 그 목재를 운반해 갈 수 있을 것이었기 때문이다.

이는 솔로몬 왕국과 두로 왕국 사이에 양국의 조건에 따라 상호간 정당한 거래가 성사되었음을 말해주고 있다. 이를 통해 솔로몬 왕도 소기의 목적을 달성할 수 있었지만 두로 왕 후람에게도 나름대로 상당한 성과가 있었다. 즉 서로간 외교적이며 경제적으로 원하는 바를 주고받을 수 있었던 것이다. 이는 두 나라 사이에 효과적인 국제 관계가 수립되었음을 의미하고 있다.

또한 우리가 여기서 분명히 기억해야 할 사실은 이스라엘 백성과 두로 사람들이 서로간 사용하는 언어가 달랐다는 점이다. 아마도 그들 가운데 대다수는 상대 백성들의 언어를 이해하지 못했을 것이 분명하다. 따라서 그 가운데 상대 민족 언어를 알고 있는 사람을 통해 의사를 교환했을 것이다. 서로간 오해나 차질 없이 원활한 협력을 위해서는 언어적 소통이 이루어지는 것이 필수적이다.

우리는 이를 통해 이스라엘 백성이 폐쇄적 민족주의에 갇혀 살기만 한 것이 아니었다는 사실을 알게 된다. 물론 그로 말미암아 외부의 세속적인 것들을 무분별하게 들여오게 되는 부정적인 문제가 발생하기도 했다.9) 하지만 다른 한편으로는 외국의 이방인들에게 이스라엘 민족의 정체성을 분명히 드러내 보여주는 역할을 감당하기도 했다.

이는 이방인을 향한 언약의 백성들이 가진 역할에 대한 매우 중요한 성격을 보여주고 있다. 그 역할 가운데는 이방 지역에 살고 있는 사람들을 향한 복음 선포의 의미가 담겨 있었기 때문이다. 즉 하나님께서 이스라엘 민족을 특별히 선택하시고 예루살렘에 거룩한 성전을 세우신 것은 이방 출신 성도들을 포함한 세상의 모든 언약의 자손들을 위해서였던 것이다.

---

9) 이에 대해서는 오늘날 우리도 중요한 교훈을 받아야 한다. 불신자들과 더불어 살아가는 성도들은 자신의 신앙적인 정체성을 지키는 가운데 분명한 자세를 유지해야만 한다. 그렇지 않고 세상의 것들을 무분별하게 교회 안으로 끌어들여오게 되면 교회는 금방 세속화될 수밖에 없다.

4. 솔로몬의 인구조사(대하2:17,18)

솔로몬 왕은 그와 더불어 이스라엘 지경 안에 살아가는 이방인들에 대한 인구조사를 실시했다. 오래 전에 다윗 왕이 이스라엘 땅에 거한 이방인들의 수를 조사한 적이 있었다. 당시 다윗은 전쟁에 나갈 만한 장정의 수를 확인하기 위해 인구조사를 했을 때 그로 인해 하나님께서 크게 진노하셨다. 물론 다윗의 인구조사 대상이 된 자들 가운데는 이방 사람들뿐 아니라 이스라엘 백성이 포함되어 있었다.

우리가 잘 알고 있는 것처럼 다윗 왕 군대의 병사들 중에 이방인 출신들이 많이 있었다. 이스라엘 지경 안에 살고 있던 자들 가운데는 다양한 지역으로부터 온 여러 족속들이 있었던 것이다. 헷 족속 출신이었던 밧세바의 남편 우리아의 경우 그에 연관된 대표적인 인물이라 말할 수 있다.

그런데 하나님께서는 다윗 왕의 경우와는 달리 솔로몬의 인구조사를 나무라지 않으셨을 뿐더러 오히려 좋게 받아들이셨다. 이는 솔로몬의 인구조사에 대한 정당성을 말해준다. 그가 이방인의 인구를 조사했을 때 십오만 삼천육백 명이었다. 그 가운데 일부는 짐을 나르는 담군으로 삼았으며 일부는 산에서 벌목하는 일을 돕도록 했다. 그리고 감독하는 직무를 부여한 자들도 많이 있었다.

우리는 여기서 솔로몬의 인구조사와 다윗의 인구조사에 있어서 그 근본적인 목적이 달랐다는 점을 기억해야 한다. 다윗은 주변 왕국과 전쟁을 치르기 위해 병사의 수를 확인할 의도로 인구조사를 실시했다. 그러나 솔로몬은 예루살렘 성전을 원활하게 건축하기 위한 목적으로 인구를 조사했다.

따라서 하나님께서는 성전 건축을 위한 솔로몬의 인구조사를 기쁘게 받아들이셨다. 이에 반해 자기의 병력을 의지하도록 사탄의 사주를 받아 인구조사를 실시한 다윗에 대해서는 심하게 진노하셨다(대상21:1-7). 예루살렘 성전 건축과 하나님의 영광을 위하여 실시한 솔로몬의 인구조사와 자기의 세를 과시하며 확인하기 위한 다윗의 인구조사 사이에는 근본적으로 엄청난 차이가 났던 것이다.

제3장

성전 건축과 성물 제작
(대하3:1-17; 4:1-22)

■ ■ ■ ■ ■ 역대하 3장

1. 성전 건축(대하3:1-17)

(1) 솔로몬의 성전 건축 시작과 연대 문제(대하3:1,2)

솔로몬 왕은 아브라함이 이삭을 제물로 바쳤던 모리아산 위에 성전을 건축하기 시작했다. 예루살렘에 하나님의 성전이 세워진다는 것은 그 장소가 특정한 지역이라 할지라도 전체 우주적인 사건으로 이해해야 한다. 그럼에도 불구하고 당시 전 세계에 흩어져 살아가던 수많은 사람들은 그 놀라운 일에 대한 관심은커녕 아무 것도 알지 못했다. 구속사적인 하나님의 사역에 대한 아무런 인식이 없다는 것은 하나님의 심판에 밀접하게 연관되어 있다.

나아가 가나안 땅 지경 주변에 살고 있으면서 그 소문을 듣게 된 여러 이방인들도 그 본질적인 의미에 대한 지식이 전혀 없었다. 또한 혈통적으로 이스라엘 민족에 속하여 살아가면서도 그에 대한 진정한 깨달음이 없는 자들이 많았다. 그 모든 인간들은 하나님의 은혜에서 벗어난 자들이었다.

아브라함 언약의 중심지라 할 수 있는 모리아산 정상에 거룩한 성전이 건축된 것은 하나님께서 미리 보여주신 그 언약에 연관되어 있었다. 또한 모리아산은 하나님께서 다윗 왕에게 직접 나타나 보이신 곳이기도 하거니와 여부스 사람 오르난의 타작마당이기도 했다. 다윗은 그곳에 하나님의 성전을 건축하기 위해 정당한 가격을 주고 땅을 매입했다. 당시 다윗은 예루살렘에 대한 정복자로서 그냥 빼앗거나 무상으로 소유권을 넘겨받을 수 있었음에도 불구하고 굳이 그렇게 한 것은 성전 터에 관한 의미를 분명히 확정짓기 위해서였던 것으로 보인다.

예루살렘 성전 건축이 시작된 해는 솔로몬 왕이 즉위한 지 사 년이 지난 이월 초이튿날이었다. 솔로몬은 BC970년 예루살렘에서 왕위를 계승했으므로 그 해가 BC966년이라는 사실을 알 수 있다. 이 연대는 이스라엘 민족에 관련된 구약성경 전체의 역사적 연대를 가늠할 수 있는 매우 중요한 기준이 된다.[10] 이렇게 하여 솔로몬 왕이 성전 건립을 시작한 후 칠년 반이 걸려 모든 것이 완공되었다.

(2) 성전의 모양과 규모(대하3:3-7)

솔로몬 성전(Temple)은 시내 광야에서 제작된 모세 성막(Tabernacle)과 비

---

10) 열왕기서에는, "이스라엘 자손이 애굽 땅에서 나온 지 사백팔십년이요 솔로몬이 이스라엘 왕이 된지 사 년 시브월 곧 이월에 솔로몬이 여호와를 위하여 전 건축하기를 시작하였더라"(왕상6:1)고 기록하고 있다. 이 기록을 근거로 우리는 이스라엘 백성이 출애굽한 연대가 BC1446년이란 사실을 알게 된다. 이는 솔로몬 왕 즉위 4년인 BC966년으로부터 480년 이전을 일컫는다. 또한 출애굽기에는 "이스라엘 자손이 애굽에 거주한 지 사백삼십년이라 사백삼십년이 마치는 그 날에 여호와의 군대가 다 애굽 땅에서 나왔은즉"(출12:40-41) 이라고 기록되어 있다. 이를 통해 야곱의 집안이 애굽으로 내려간 때가 BC1876년이란 사실을 알 수 있다. 이처럼 솔로몬 성전이 건립되기 시작한 해는 연대상 매우 중요한 사실들을 알려주고 있는 것이다.

교해 볼 때 그 크기와 외양이 매우 달랐다. 즉 성막을 그대로 본따 예루살렘 성전을 지은 것이 아니라 발전적인 형태로 건축된 것이다. 그것은 하나님께서 다윗 왕을 통해 친히 설계하신 도면을 기초로 했다. 오래전 시내광야에서 성막을 건립하기 위해 하나님께서 모세에게 성막에 대한 구체적인 양식을 제시하신 것처럼 예루살렘 성전을 건축하기 위해서 다윗에게 그 양식을 구체적으로 제시하셨던 것이다.

우리는 여기서 성막과 성전의 건축 규모와 양식을 통해 '하나님의 집'이 구속사 가운데서 변천해 간 사실을 알 수 있다.[11] 이는 나중 예루살렘 성전이 바벨론에 의하여 완전히 파괴된 후[12] 이스라엘 자손이 페르시아 제국의 고레스 왕의 칙령에 의해 포로에서 귀환하여 두 번째 성전을 지었을 때도 그와 같은 의미가 드러나게 된다. 당시 그 성전은 솔로몬이 처음 건축한 성전과 동일한 크기가 아니었으며 오히려 그 규모가 줄어들게 되었다.

---

11) 하나님의 집인 성전은 시대에 따라 변모했다. 모세가 시내광야에서 설립했던 '성막'은 솔로몬의 시대가 되어 돌로 되어진 '성전'으로 자리매김했다. 그 성전이 파괴된 후 바벨론 포로로 잡혀갔던 이스라엘 민족의 후손들이 페르시아 시대에 귀환하여 파괴된 성전을 다시 건축했을 때 그 성전은 첫 번째 성전과 비교해볼 때 그리 화려하지 않았다. 그 성전의 여러 부분이 훼파되자 BC19년 경 헤롯 대왕이 성전을 대규모로 재건축하게 된다. 이처럼 각 시대마다 성전의 모양에 변화가 있었지만 모든 성전은 이스라엘 민족 가운데 유효한 의미를 지니고 있었다. 다양한 형태를 띠고 있던 그 성전들은 한결같이 천상의 성전의 그림자였을 뿐 아니라 오실 메시아를 예표하는 성격을 지니고 있었다. 따라서 에스겔이 환상 중에 보았던 성전과 요한계시록에 기록된 성전은 모두 그에 연관되어 있었던 것이다.

12) 솔로몬이 건축한 예루살렘 성전이 파괴된 것은 이스라엘 민족에 있어서 그 자체로 절망이었다. 그러나 하나님께서는 저들에게 여러 형태로 소망을 주시고자 했다. 그 가운데는 하나님께서 에스겔 선지자를 통해 새로운 성전의 모형을 계시하셨다. 그 성전은 솔로몬 성전에 비교가 되지 않을 만큼 대단한 것이었다. 그것을 통해 하나님의 전체적인 뜻을 드러내 보이셨던 것이다.

그리고 예수님이 이땅에 오실 때 즈음 헤롯 대왕이 증축한 소위 헤롯 성전에서도 그점을 엿볼 수 있다.[13] 또한 이스라엘 백성이 바벨론 포로로 잡혀 가 있을 동안 하나님께서 선지자 에스겔을 통해 보여주셨던 성전의 모습도 이전의 성전과 이후에 재건축된 성전과 달랐다는 사실을 알 수 있다. 이는 또한 요한계시록에 나타나는 상이한 모습의 천상의 실제 성전도 그렇다. 우리는 이 모든 것을 통해 하나님께서 구속사 가운데 보여주신 역사상의 다양한 형태의 성전들과 더불어 천상에 존재하는 실제 성전의 의미를 기억해야만 한다.

솔로몬 왕이 건축하고자 한 성전의 규모가 모세 성막과 달랐던 것은 솔로몬이 임의로 그렇게 한 것이 아니었다. 그것은 다윗을 통해 특별히 허락된 설계 도면에 기초하고 있다. 솔로몬이 예루살렘에 건축한 성전은 모세 성막의 크기보다 훨씬 큰 규모였다. 가로 세로의 길이와 폭은 두 배였지만 전체 규모로는 그보다 훨씬 더 컸다. 즉 그 성전은 성막과 비교가 되지 않는 길이 육십 규빗, 폭 이십 규빗, 높이 삼십 규빗이었다. 그리고 그 성전의 앞 낭실 곧 현관의 길이는 성전의 폭과 동일한 이십 규빗이었다. 그리고 그 높이는 일백이십 규빗이나 되었다고 한다.

당시 한 규빗은 팔꿈치에서 가운데 손가락 끝까지로서 대략 45cm 정도로 잡는 것이 일반적이다. 물론 그것의 정확한 계산은 어려울지라도 그것을 기준으로 삼아 크기를 어느 정도 가늠할 수 있다. 성전의 규모를 현대의 도량형으로 환산하면 성전의 전체 길이는 약 27m, 폭은 9m 정도 되었

---

13) 헤롯 성전은 신앙이 없던 통치자에 의해 건립되었지만 그 효력적인 측면에서는 아무런 손상이 없었다. 그 성전은 예수 그리스도의 오심에 대한 예비적 성격을 지니고 있었던 것이다. 이는 솔로몬 성전을 건축할 때 이방인들로부터 각종 재료를 구하고 이방인 기술자를 동원한 사실과 연관지어 생각해 볼 수 있다. 또한 우리가 기억해야 할 사실은 예수님께서 헤롯 성전 양식 자체에 대하여 전혀 부정적이지 않았다는 사실이다.

으며 성전의 높이는 약 13.5m 정도가 되었다.[14] 이는 성전의 높이를 성막과 비교해 볼 때 훨씬 높았음을 알 수 있다. 그리고 낭실 곧 성전 현관의 폭은 9m, 그 높이는 약 54m[15] 정도 높이에 이르렀으며 내부는 정금으로 입혔다.

또한 예루살렘 성전의 천장은 잣나무로 만든 후 정금으로 입혔으며 거기에다 종려나무와 사슬 형상의 문양을 새겼다. 그리고 값진 보석으로 성전 내부를 권위가 넘치는 화려한 모습으로 꾸몄으며 그것을 위해 사용한 금은 가나안 땅 남동쪽에 위치한 아라비아 지역의 바르와임(Parvaim) 금광

---

14) 모세의 성막은 성소와 지성소를 합한 길이가 13.5m(9m+4.5m) 정도 되었으며 폭이 4.5m 가량, 높이 약 4.5m가량 되었다. 이는 물론 전체적으로 실내 규모를 중심으로 계산한 것이다. 그리고 위에 언급한 예루살렘 성전의 크기를 좀 쉽게 정리하기 위해, 필자가 목회하는 실로암교회 예배당(경북 영천시 금호읍 성천리 395-1번지)을 알고 있는 이웃들을 위해 실로암 예배당 크기와 대비해 볼 수 있다. 우리 예배당의 전체 길이는 23m, 폭은 11m, 높이는 10m 정도 된다. 그러므로 예루살렘 성전의 폭은 우리 예배당보다 몇 미터 좁았으며 길이는 몇 미터 길었다. 그리고 성전의 높이는 우리 예배당 건물보다 몇 미터 정도 높았던 것으로 이해할 수 있다. 학자들은 예루살렘 성전의 넓이는 대략 243제곱미터로 약 73.6평 정도로 본다. 그리고 성막의 성소와 지성소는 40.5제곱미터로 18.4평 정도 되는 것으로 이해한다. 우리 예배당이 253제곱미터로 77평 정도 되는 것을 감안한다면 그 크기를 어느 정도 짐작할 수 있다. 물론 고대 이스라엘 민족이 사용하던 도량형은 오늘날 우리의 도량형과 상당한 차이가 날 수 있음을 감안해야만 한다.

15) 성전 현관의 높이가 일백이십 규빗 즉, 54m 정도가 된다는 것은 전체적인 상황을 볼 때 쉽게 받아들이기 어렵다. 따라서 성경의 필사과정에서 기록 오류가 발생했던 것으로 보인다. 우리는 이와 같은 기록을 보며 매우 중요한 신학적 의미를 발견하게 된다. 자유주의 신학자들은 이와 같은 기록을 보며 성경에 마치 오류가 있는 듯 '고등 비평' 하고자 한다. 그에 반해 성경을 진리로 믿고 받아들이는 보수주의자들과 개혁주의 신학자들은 오히려 이런 기록을 통해 성경이 절대 진리라는 사실을 입증하고 있는 것으로 이해한다. 즉 필사과정에서 명백한 오류처럼 보이는 글귀라 할지라도 후대의 자격을 갖춘 필사자들은 성경의 기록을 임의로 바꾸지 않고 그대로 옮겨 기록했다. 성경의 기록을 인간의 이성으로 판단하여 바꾸어 기록하기를 거부했던 것이다. 이럴 경우 건전한 신학자들은 성경의 원 기록을 찾아가려는 건전한 본문 비평을 하는 자세를 취했다.

에서 캐낸 것이었다. 나아가 전과 그 들보와 문지방과 벽과 문짝을 금으로
입히고 벽에는 그룹(cherubim) 곧 천사들의 모습을 아로새겼다.

2. 지성소(대하3:8-14)

솔로몬이 건축한 예루살렘 성전에는 모세 성막과 달리 다락(the upper
chambers; the upper parts)이 있었다. 즉 비율상으로 볼 때 그 높이가 성막보다
훨씬 높은 성전 전체 위에 다락들이 생겼으며 지성소 위에도 다락이 생겨
나게 되었다. 즉 지성소 내부의 모양은 모두 입방체(立方體)였지만 높이가
더욱 높아진 성전으로 인해 자연스럽게 지성소 위의 공간이 만들어지게
되었던 것이다.

즉 지성소 내부 공간은 가로 세로 높이 각 이십 규빗으로 각각 약 9m 정
도가 된다. 그 내부는 육백 달란트 정도의 정금으로 입혔다.[16] 그리고 그
에 관련하여 사용한 못이 금 오십 세겔 정도로 많은 비용이 들었다. 지성
소 안에는 두 그룹 곧 천사들의 형상을 새겨 만들어 금으로 입혔다. 그 두
그룹의 날개 전체 길이를 모두 합치면 이십 규빗으로 9m 정도 되었다.

즉 그 천사의 한 날개는 다섯 규빗으로 지성소 벽에 닿았으며 다른 한
날개도 다섯 규빗으로 오른쪽 천사의 날개에 맞닿았다. 좌우편의 그룹들
이 같은 크기의 동일한 모습으로 제작되었다. 그리하여 두 그룹의 날개를
모두 합치면 20규빗으로 지성소 안에 꽉 찼다. 그 그룹들의 얼굴은 외소
곧 성소를 향하도록 했다. 또한 청색 자색 홍색실과 고운 베로 문장(紋章)을
만들고 그 위에 그룹의 형상을 수놓았다.

---

16) 정금 육백 달란트는 23톤 정도(Gaebelin이 주장)로서 우리 시대의 시세로 미
국 돈으로 약 2천2백만 달러 정도에 해당된다는 주장도 있다(원용국, 역대하
주석, 참조).

그런데 우리는 여기서 매우 신중한 자세로 그 의미를 생각해 볼 수 있어야 한다. 그것은 지성소 안에 다양한 형태의 성물들을 만들고 아름다운 색상의 실과 고운 베로 훌륭한 문장을 만든다고 할지라도 상시적 흑암 가운데 있는 그것들은 외부에 전혀 드러나지 않는다. 즉 사람들은 어느 누구도 그것을 볼 수도 만질 수도 없었다. 단지 일 년 한 차례 대속죄일 날 대제사장이 그 안에 들어갈 수 있었을 따름이다. 이는 오직 여호와 하나님만이 그것을 보실 수 있다는 사실을 말해주고 있다.

3. 현관 앞 두 기둥(대하3:15-17)

성전의 현관 앞에는 '야긴과 보아스'로 명명된 두 개의 높은 기둥들이 세워졌다. '야긴'은 솔로몬 성전 현관 앞 두 놋기둥 중 오른편 곧 남쪽에 있는 것이었다. 그 뜻은 '하나님이 세우신다'는 의미로 하나님이 성전을 세우신 건립자라는 의미를 지니고 있다. 그리고 왼편 곧 북쪽에 세워진 기둥은 '보아스'로 불렸으며 '그에게 능력이 있다'는 뜻으로 전지전능하신 하나님의 능력을 드러내 보여주고 있다.

현관 앞에 세워진 두 기둥의 속은 비어 있었으며 기둥머리는 밑에서 보아 공처럼 둥근 모습을 하고 있었다. 그리고 그 위에 마치 석쇠 모양의 얽은 그물망과 사슬 모양으로 땋은 것, 그리고 백합화와 석류 모양의 장식으로 꾸며져 있었다(왕상7:13-22, 대하3:17). 그 모든 것들은 인간들의 눈에 보기 좋게 만들려고 했던 것이 아니라 하나님께서 허락하신 도면에 근거한 것이었다.

이처럼 성전의 현관 입구에 높이 세워진 두 개의 기둥은 하나님의 집인 성전의 권위를 선포하듯이 혹은 성전을 호위하여 지키듯이 서 있었다. 그 높이는 삼십오 규빗 곧 15.75m 정도였으며 각 기둥 꼭대기에 올려진 기둥머리는 다섯 규빗 곧 2.25m 정도의 크기였다. 또한 사슬을 만들어 그에 두르고 석류 일백 개를 만들어 사슬에 매달았다. 그 기둥머리는 아래서 볼 때 공처럼 둥글었으며 그 위는 마치 석쇠와 같은 모양으로 얽어진 그물망으로 되어 있었던 것이다.

■ ■ ■ ■ ■ 역대하 4장

4. 성소에 들어갈 성물들과 각종 물건들 제작

(1) 놋 단, 바다, 물두멍 제작(대하4:1-6)

솔로몬은 놋으로 번제단을 만들었다. 그 단은 모세 성막 앞에 두었던 제단보다 훨씬 큰 규모로서 가로 세로 길이가 각각 이십 규빗이었으며 그 높이가 십 규빗이나 되었다.[17] 이는 가로 세로의 길이가 각 9m 정도가 되는 크기였다.

또한 솔로몬은 성전에서 맡겨진 사역을 감당하는 제사장들이 성소에 출입할 때 정결하게 씻을 수 있는 물을 담아 둔 커다란 '바다'[18]를 부어 만들었다. 그 통의 모양은 둥글었으며 직경이 십 규빗으로 4.5m 정도가 되었다. 그리고 높이는 다섯 규빗 즉 약 2.25m 정도였다. 또한 바다의 둘레는 삼십 규빗 즉 13.5m 가량 되었다.

둥근 모양의 큰 통 곧 바다의 가장자리 아래는 매 규빗마다 일정한 거리로 놋쇠로 만든 소 모양의 장식이 주조되었다. 그것들이 열 마리로서 각각 그 머리를 바깥을 향해 둘러서 붙어 있었다. 그 장식은 놋쇠로 바다라 칭

---

17) 모세의 번제단은 가로 세로가 각각 5규빗이었으며 높이는 3규빗이었다.

18) 고대에는 '바다'(sea)란 말이 오늘날 우리가 일반적으로 생각하는 넓은 해양에 제한된 개념의 의미와 거리가 멀었다. 그 용어는 '많은 물'에 연관되었다. 갈릴리 호수와 사해를 바다라 부르는 것 역시 그렇다. 이처럼 역대서 본문에 언급된 '바다'는 많은 물이 담긴 용기를 의미하고 있다.

해지는 물통을 만들 때 함께 두 줄로 주조된 것이었다.[19]

그리고 물이 담기는 용기인 그 바다를 열두 마리의 소의 형상이 밑에서 떠받치고 서 있도록 했다. 그 가운데 셋은 북쪽을 향하고 있었으며 셋은 서쪽, 셋은 남쪽, 셋은 동쪽을 향해 서 있었다. 그 위에 바다로 칭해지는 커다란 물통이 올려져 있는 형국이 되었으며 소 형상의 엉덩이 부분은 모두 안쪽으로 있었다.

특별한 용도로 사용되는 물통인 바다의 두께는 손 너비만큼 되었다. 그리고 바다 가에는 돌아가며 백합화 모양의 장식으로 주조했는데 이는 잔 가에 장식한 문양과 같았다. 그 바다의 용량은 삼천 밧[20] 곧 44킬로리터 정도의 물을 담을 만한 정도의 크기였다(대하4:5). 성소 입구 현관을 바라보며 번제단 왼편에 놓인 바다의 용도는 특별히 성전을 출입하는 제사장들이 그곳에서 정결하게 씻도록 하기 위한 것이었다.

그리고 바다 이외에 열 개의 물두멍을 만들었다. 이는 모세 성막에는 없는 것들이었다.[21] 그 가운데 다섯은 오른편에 두고 다섯은 왼편에 두었다. 그것의 용도는 번제에 사용하는 물건과 제물을 씻기 위한 목적을 위한 것이었다. 이는 모세 성막에서 현관과 번제단 사이 중앙에 하나의 물두멍이 놓여 있었던 것과 대비된다. 이처럼 솔로몬이 지은 성전에서는 하나의 큰

---

19) 열왕기 상에서는 이와 연관된 본문에서 바다의 가장자리 아래에는 돌아가며 박(gourd)이 새겨져 있다는 점(왕상7:24)과 함께, 물두멍 받침에는 사자와 소와 그룹들의 문양이 새겨져 있었음을 언급하고 있다(왕상7:28,29). 성경을 계시 받은 기록자들은 하나님의 뜻에 따라 각각 고유한 방식대로 기록했을 것이다.

20) 열왕기상 7:26에는 '이천 밧'으로 기록하고 있다. 이에 대해서는 그 의도에 따라 기준이 달라질 수 있음을 기억할 필요가 있다. 즉 바다의 전체 크기를 따진 용량은 '삼천 밧'인데 반해 실제로 그 바다에 채우기 적합한 물의 양은 '이천 밧'이 될 수 있기 때문이다. 만일 필사과정에서 발생한 오류가 아니라면 그렇게 이해하는 것이 가장 자연스럽다.

21) 모세 성막에서는 성소의 입구와 번제단 사이에 하나의 '물두멍'이 있어서 그것이 '바다'의 역할을 했다. 거기에는 솔로몬 성전에서 말하는 열 개의 물두멍이 없었다. 우리는 이를 통해 성막이 발전적으로 변천해 간 모습을 보게 된다.

바다와 열 개의 물두멍이 분리 제작되었던 것이다.

(2) 금 등대와 진설병 상과 대접 제작(대하4:7,8,19-22)

솔로몬 왕은 또한 금 등대 열 개를 다시 만들어 성소 안에 두었다. 그것들을 성소 내부 좌우편에 각각 다섯 개씩 두게 되었다. 그리고 진설병을 올려 두게 될 상을 열 개 만들어 성소의 좌우편에 각각 다섯 개씩 두었다.

이는 모세 성막의 성소에 놓였던 방식과는 상당한 차이가 난다. 성소 내부의 모습도 그 전에 비해 발전적으로 변화되었던 것이다. 즉 성막에서는 성소 입구에서 지성소를 바라보며 오른편에 진설병 상이 놓여 있었고 왼편에 일곱 촛대가 달려있는 금 등대(Menorah)가 놓여 있었다. 그에 비해 솔로몬의 성전의 성소 안에는 등대와 떡상이 각기 다섯 개씩 좌우에 나란히 분리되어 놓이게 되었다.

이것은 성막과 성전 내부의 성소에 놓인 금 등대와 진설병 음식상의 배열이 서로 달랐음을 보여준다. 물론 그 의미 자체에는 하등의 차이가 나지 않는다. 그럼에도 불구하고 그런 형식상의 변화가 일어났던 것은 모양 자체를 절대시하는 우상화를 방지하는 동시에 영원한 성전의 그림자로서의 지상 성전에 대한 유연성을 보여주고 있는 것으로 이해할 수 있다.

이처럼 솔로몬 왕은 하나님의 성전에서 사용할 모든 기구들을 만들었다. 금 향단, 진설병 상, 정금 등대와 등잔 등과 더불어 금으로 만든 꽃 모양의 장식과 등잔, 화젓가락, 불집게, 주발, 순가락, 불을 옮기는 통을 만들었다. 그 모든 것들은 물두멍과 번제단과 바다 넘어 존재하는 거룩한 성소에서 사용될 물건들로서 모두 정금으로 만들어졌다. 또한 성전 문 곧 지성소와 성소의 문을 금으로 입혔다.

(3) 성전 뜰과 부속 물건들 제작(대하4:9-18)

솔로몬 왕은 또한 금으로 대접 일백 개를 만들었다. 그것들은 제사장들의 사역을 비롯하여 특별한 경우에 사용할 것들이었을 것이다. 즉 제사장이 화목제들을 지낸 후 성전에서 제물을 먹어야 할 경우 특별히 사용하게 될 것들이었다. 그리고 제사장의 뜰과 큰 뜰과 뜰 문을 만들고 놋으로 그 문짝에 입혔다.

또한 이방인 출신의 후람[22]은 솥과 부삽과 대접을 제작해 만들었다. 그는 솔로몬 왕을 위하여 하나님의 성전에서 수행해야 할 모든 일들을 마쳤다. 그가 맡은 가장 중요한 일들 가운데 하나는 현관 입구의 '야긴과 보아스'로 명명된 큰 기둥 둘과 그 기둥 꼭대기에 공 모양 같은 기둥머리 둘과 그것을 가리는 그물 둘을 만드는 것이었다. 그리고 그 그물들에 두 줄씩 석류 모양 사백 개를 만들어 매달아 두어 기둥머리를 가리게 했다.

그리고 물두멍과 그 받침대, 바다와 그것을 바치고 서 있는 열두 마리의 소 모양의 받침과 솥과 부삽과 고기 갈고리와 여호와의 전에서 사용하는 모든 그릇들이었다. 후람의 아비가 솔로몬 왕을 위하여 빛난 놋으로 모든 기구들을 만들 때 솔로몬 왕은 요단 평지에서 숙곳(Succoth)과 스레다(Zeredah) 사이에서 파낸 양질의 차진 흙을 가져왔다. 또한 솔로몬이 그 모든 놋 기구들을 충분하게 만들었으므로 그 놋의 양과 무게를 능히 측량할 수 없을 정도로 많았다.

---

22) 여기서 언급된 후람은 두로 왕 후람과는 다른 인물이다.

제4장

성전의 완공과 언약궤 이전 및 흑암 중에 계신 하나님을 향한 솔로몬의 노래

(대하5:1-14; 6:1-11)

1. 성전 건축과 기물 제작 완성(대하5:1)

솔로몬은 하나님의 놀라운 섭리와 경륜에 따라 예루살렘의 모리아산 위에 성전을 건축하는 일을 완공했다. 이는 아브라함에게 허락하신 하나님의 언약에 대한 성취로 이해해야 한다. 또한 돌로 지어진 성전은 시내 광야에서 제작된 모세의 성막을 기초로 하고 있으되 그 규모나 내용적인 측면에 있어서 기구들의 크기나 모양이 상당한 차이가 났다. 그 모든 것들은 하나님께서 다윗 왕에게 보여주신 양식대로 제작되었다.

그러므로 솔로몬이 건축한 성전은 모세의 성막과 직접적인 연관성이 있으면서 동시에 발전적인 성격을 지니고 있었다. 이는 성막이나 성전이 천상의 성전에 대한 절대적인 모형이 아니라 동일한 성격을 지닌 실제적이면서도 상징적인 모형이라는 사실을 말해주고 있다. 중요한 점은 그 성전을 통해 언약의 자손들이 여호와 하나님을 만나게 되고 그로부터 모든 구속사가 진행된다는 사실이다.

솔로몬은 선왕 다윗이 준비해 둔 금과 은을 비롯한 많은 재료들로써 필요한 모든 기물들을 만들었다. 그 가운데 보관해야 할 귀중품과 중요한 물건들은 성전 내부의 곳간에 모아 두었다. 그것들은 장차 성전에서 수시로 사용하게 될 물건들로서 항상 예비되어 있어야 할 것들이기도 했다.

2. 언약궤를 성전으로 옮김(대하5:2-10)

솔로몬 왕은 성소 안에 놓이게 될 등대와 진설병을 위한 떡상을 다시 만들도록 하고, 성전 현관 입구에 놓여질 바다 곧 특수 제작된 커다란 물통, 번제단, 물두멍들 등을 모두 다시 만들게 했다. 그리고 지성소 안 언약궤 위에 설치될 두 그룹 곧 천사들과 그 날개들을 처음 것보다 훨씬 크게 제작하도록 했다. 하지만 가장 중요한 성물이라 할 수 있는 언약궤는 그대로였다.

이제 솔로몬은 다윗성 곧 시온에 보관하고 있던 여호와의 언약궤를 완공된 성전 지성소 안으로 옮기고자 했다. 그 과업을 위해 왕은 이스라엘 장로들과 모든 지파의 지도자들 곧 이스라엘 민족의 족장들을 예루살렘으로 소집했다. 그 일은 솔로몬 왕 개인의 판단에 따른 행위가 아니라 언약 왕국의 공적인 일이었기 때문이다.

그리하여 칠월 절기에 이스라엘 백성의 모든 지도자들이 왕 앞으로 나아와 한자리에 모였다. 여기서 언급한 칠월 절기란 온 백성이 광야 생활과 나그네 삶을 기억하고 체험하는 '장막절'을 일컫고 있다(대하7:8-10). 이스라엘 백성의 장로들이 모두 도착하자 레위 지파에 속한 사람들은 시온으로 가서 그 언약궤를 메었다.

그리고 기브온으로 가서 회막과 그 안에 놓여 있던 성물과 기구들을 메고 예루살렘으로 올라갔다. 그 모든 물건들은 모세 이후 다윗 왕에 이르기까지 구속사 가운데서 감당해야 할 중요한 몫을 다했다. 하지만 이제 그것들이 아무렇게나 방치되거나 버려지지 않고 성전 내에 있는 창고에 보관되었을 것으로 보인다.

솔로몬 왕과 그 앞에 모인 이스라엘 백성의 모든 지도자들은 언약궤 앞에서 양과 소를 잡아 하나님 앞에 제물로 바쳤다. 당시 그 동물들의 수는 엄청나게 많았다. 제사장들은 언약궤를 완공된 성전의 지성소 안으로 옮겼으며 그것을 지성소 내부에 설치된 그룹들의 날개 아래 두었다.

그리하여 지성소의 그룹들이 날개를 펴서 궤와 그것을 옮길 때 잡을 수 있도록 만든 채를 덮었다. 그 채의 길이는 언약궤보다 훨씬 더 길었다. 그것이 궤로부터 바깥으로 나와 있었기 때문에 지성소 내부에서는 그 모습을 볼 수 있었다. 하지만 바깥에서는 안에 있는 그것이 전혀 보이지 않았다.

그때 옮겨진 언약궤는 역대기가 기록될 당시에도 지성소 안에 그대로 놓여 있었다. 그런데 성경에는 당시 언약궤 안에 이스라엘 백성이 출애굽한 후 하나님께서 호렙산에서 언약을 세우실 때 모세가 그로부터 받은 십계명이 기록된 두 돌판 외에는 아무것도 없었다고 했다. 즉 시내 광야에서 두 돌판과 함께 넣었던 아론의 싹난 지팡이와 만나가 담긴 금 항아리는 없어져 버렸던 것이다.

물론 우리는 그 구체적인 과정에 대해 정확하게 알기 어렵다. 하지만 분명한 사실은 두 개의 성물들이 사라져 없어졌음에도 불구하고 그 언약궤의 의미는 전혀 손상되지 않았다는 점이다. 오래전 언약궤를 블레셋 사람들에게 빼앗겼을 때도 여전히 그 의미는 언약의 자손들 가운데 구체적으로 상속되어 왔었다. 즉 모세가 십계명과 언약궤를 받은 후에는 항상 하나님의 백성들의 중심에 그것이 자리잡고 있었다.

그러므로 우리는 언약궤 안에 들어 있던 만나가 담긴 금 항아리와 아론의 싹난 지팡이가 없어진 것을 우연한 사건으로 보지 않는다. 즉 그것은 하나님의 섭리 가운데 발생한 일로 이해한다. 이는 그 두 가지 성물은 예루살렘 성전이 건립되기 전 사사시대까지 그 고유한 역할을 완수한 것으로 이해할 수 있는 것이다.

3. 언약궤를 옮기는 과정과 하늘로부터의 승인(대하5:11-14)

당시 하나님의 언약궤를 성전 안 지성소로 옮기고 회막과 그 안에 있는 성물들을 완공된 성전으로 옮기는 과정에서 모든 제사장들은 자신의 몸을 성결케 했다. 그때는 제사를 드리기 위해 순번에 따라 몸을 정결케 씻은 것과 달리 모든 제사장들이 각자 정결 의례를 행하고 성전 안 성소에 들어갔다. 그 중요한 사역을 감당하기 위해 제사장들은 하나님 앞에서 자신을 구별해야만 했기 때문이다.

그리고 노래하는 자로 특별히 세워진 레위 사람들은 모두 세마포 옷으로 갈아입었다. 이는 개인의 모든 것을 감추고 순결한 직분자로서 공적인 직무를 감당하는 사역에 연관되어 있었다. 그들은 제단 동편에서 일제히 제금과 비파와 수금을 잡고 일어섰으며 나팔을 부는 제사장 일백이십 명이 함께 그 자리에 섰다.

노래하는 자들은 규례와 절차에 따라 한 목소리로 소리를 내어 여호와 하나님을 향해 찬송하며 감사의 노래를 불렀다. 그들은 또한 나팔을 불고 제금을 치며 모든 악기를 울리면서 소리 높여 여호와 하나님을 찬양했다. 그들의 노래 중심에는 '선하시도다 그 자비하심이 영원히 있도다'(대하 5:13)라고 하는 고백적 합창이 자리잡고 있었다.

우리가 여기서 유념해야 할 바는 다양한 악기들이 그것 자체만으로 하나님을 경배하는 것이 아니라는 점이다. 그 본질은 하나님을 노래하는 시의 내용에 있었다. 여러 악기가 동원된 것은 그 노래가 언약의 백성과 만방을 향해 선포하는 의미와 더불어 혼란스럽지 않은 질서 유지에 연관되어 있었다. 그리하여 온 백성이 하나님으로부터 허락받은 노래를 통해 한 마음으로 여호와 하나님을 경배하게 되었던 것이다.

그와 같은 일이 진행되는 과정에서 놀라운 현상이 일어났다. 그것은 여호와 하나님의 성전 안에 구름이 가득 차게 되었기 때문이다. 그것은 단순한 구름을 의미하는 것이라기보다 캄캄한 흑암이 그 안에 가득 찼음을 의미하고 있다. 언약궤를 들여놓을 때 그에 대한 선포와 더불어 감사의 노래를 부르는 동안 성전 내부에 흑암으로 가득 찬 것을 통해 그 안에 계신 하나님의 존재를 드러내 보여주었다. 그러므로 제사장은 그 짙은 구름으로 인해 감히 그 앞에 서서 하나님을 섬기는 일을 진행할 수 없었다.

성경이 여기서 증언하고 있는 바는 그 흑암과 더불어 하나님의 영광이 성전 안에 가득 찼다고 한 사실이다. 성전 안의 '흑암'과 '하나님의 영광'은 상호 밀접한 연관성을 지니고 있다. 즉 거기에는 흑암이 인간들의 상상이나 짐작을 통한 판단을 중지시키는 의미를 지니듯이 하나님의 영광에 대한 것을 인간들의 판단에 맡기지 말아야 한다는 의미가 내포되어 있다. 성도들은 오직 계시된 말씀에 따라 하나님과 그의 영광을 깨달아 알게 됨으로써 그것을 통해 온전한 경배를 드릴 수 있게 되는 것이다.

■ ■ ■ ■ ■ 역대하 6장

4. 흑암 중에 계시는 하나님(대하6:1)

하나님께서 흑암 중에 계신다는 사실은 인간들이 경험에 따라 자기가 보고 싶은 대로 눈앞의 것을 보면서 자의적으로 하나님을 판단하지 말라는 의미가 담겨 있다. 우리가 여기서 반드시 기억해야 할 바는 하나님을

섬기는 자들은 자신의 일반적 혹은 종교적인 경험을 통해 하나님을 알아
가고 섬겨서는 안 된다는 사실이다. 하나님의 백성들은 오직 계시된 말씀
에 따라 그를 섬기며 경배해야 한다.

우리는 지성소가 항상 흑암의 영역이었다는 사실을 기억하지 않으면 안
된다. 일 년 가운데 단 한 차례 대 속죄일 날 대제사장이 공적으로 지성소
안으로 들어가는 것 외에는 어느 누구도 캄캄한 지성소에 들어가지 못한
다. 따라서 인간들의 자의적 판단과 결단으로 그 안에 놓인 법궤를 눈과
손으로 확인할 수 없다. 누구든지 개인적인 궁금증으로 인해 그와 같은 시
도를 한다면 즉석에서 죽임을 당하게 된다.

물론 역사적인 사정에 따라 지성소 밖에 있던 언약궤라 할지라도 그 자
체로서 충분한 의미를 발생시켰다. 하지만 언약궤가 지성소 안에서 두 그
룹 곧 천사의 날개 아래 안치되어 있을 때 그 완벽한 의미가 드러나게 된
다. 이는 언약궤가 놓인 지성소 안의 법궤는 오직 대제사장이 일 년 한 차
례 대 속죄일에 들어가 볼 수 있으므로 일반 백성들은 결코 그 광경을 직접
목격할 수 없었던 사실과 함께 기억되어야 한다.

지성소 내부의 완벽한 흑암은 등대 위에 등불이 켜져 있는 성소가 항상
환하게 밝은 영역이라는 사실과 크게 대비되고 있다. 성소는 아무나 들어
갈 수 없는 영역으로서 오직 제사장들이 반드시 번제단과 물두멍을 거쳐
야만 들어갈 수 있는 곳이었다. 그리고 성소 안에 있는 등대와 떡상과 향
단을 비추는 환한 빛을 통해야만 비로소 인간들의 눈으로 볼 수 없는 흑암
의 영역인 지성소가 존재했던 것이다.

예수님께서는 이땅에 살아 계실 때 자신이 '성전'이라는 사실을 강조해
말씀하셨다. 이는 인간의 몸을 입으신 예수 그리스도를 통해야만 비로소
신비로운 하나님을 볼 수 있다는 것과 동일한 의미를 지니고 있다. 세상에
참 빛으로 오신 그를 통하지 않고 여호와 하나님 앞으로 나아가는 것은 불
가능한 일이다. 신약성경 복음서에는 그에 관한 분명한 내용들이 기록되

어 있다.

> "예수께서 대답하여 이르시되 너희가 이 성전을 헐라 내가 사흘 동안에 일으키리라 유대인들이 이르되 이 성전은 사십육 년 동안에 지었거늘 네가 삼 일 동안에 일으키겠느냐 하더라 그러나 예수는 성전된 자기 육체를 가리켜 말씀하신 것이라"(요2:19-21); "예수께서 가라사대 내가 곧 길이요 진리요 생명이니 나로 말미암지 않고는 아버지께로 올 자가 없느니라"(요14:6)

예수님께서 하신 이 말씀은, 성전 앞 번제단과 바다를 넘어 존재하는 성소의 환하게 밝은 곳을 지나야만 하나님께서 존재해 계시는 캄캄한 흑암의 영역에 접근할 수 있듯이, 성전으로 드러나신 예수님을 통해 하나님의 신비한 영역으로 나아갈 수 있게 된다는 것과 동일한 의미를 지니고 있다. 지상 교회에 속한 성도들이 이에 대한 올바른 이해를 하는 것은 매우 중요하다. 이 세상의 어느 곳에도 하나님께로 인도할 수 있는 참된 길은 존재하지 않기 때문이다. 오직 인간의 몸을 입고 이땅에 오신 성자 하나님이신 예수 그리스도를 통해서만 하나님 앞으로 나아갈 수 있게 되는 것이다.

5. 하나님의 영원한 처소와 '솔로몬의 노래'(대하6:2-11)

솔로몬 왕은 여호와 하나님을 향해 그가 거하실 성전 건축을 완공했다는 사실을 아뢰었다. 나아가 그 성전은 하나님께서 영원히 거하시게 될 처소라는 점을 언급했다. 우리는 여기서 그가 '영원히'라고 확정지은 용어에 각별한 관심을 기울여야 한다. 이 말은 성전이 하나님의 집으로서 단순한 상징적인 의미를 넘어 구체적이며 실제적인 의미를 지니고 있음을 보여주고 있기 때문이다.

솔로몬은 계시 가운데 하나님께서 성전에 영원토록 거하신다고 말했지만 건축물로서 성전은 나중에 완전히 파괴되어 버린다. 이는 그가 돌로 지은 성전이 아니라 완벽한 성전으로 이땅에 오신 성자 하나님이신 예수 그리스도와 더불어 영원히 계신다는 중요한 의미를 담고 있다. 이를 통해 하나님의 성전이 지닌 영적인 의미가 더욱 분명히 드러난 것으로 이해해야 한다. 즉 이 말씀을 중요한 메시아 예언에 연관된 것으로 받아들일 수 있는 것이다.

그리고 솔로몬은 얼굴을 돌이켜 이스라엘 백성을 향해 저들을 위해 축복했다. 그 복은 솔로몬이 형식적으로 내뱉은 그럴듯한 언어적 표현에 그치는 것이 아니라 하나님께서 흑암 가운데 계시는 지성소로부터 나오는 것이었다. 따라서 그것은 이 세상에서 사람들이 경험하고 짐작하는 것과는 본질적으로 달랐다. 솔로몬은 그와 더불어 하나님을 향한 계시의 노래(대하6:4-11)를 부르게 되었다.

그는 먼저 이스라엘의 하나님 여호와를 향하여 송축하는 마음으로 간절히 기원했다. 그리고 여호와께서 오래전 자기 부친 다윗에게 친히 말씀하신 대로 이제 자신의 손에 의해 모든 것이 이루어지게 되었다는 사실을 말했다. 그것은 예루살렘 성전 건축이 완공된 것과 직접 연관된 것이었다.

하나님께서는 또한 자기가 언약의 민족을 애굽 땅에서 구출하여 낸 날부터 자기 이름을 둘 만한 집을 건축하고자 하신 사실을 언급했다. 이는 하나님께서 모세에게 성막을 제작하도록 명하신 때부터 장차 그것이 예루살렘 모리아산 위에 정착될 것을 계획하고 계셨음을 말해주고 있다. 그는 나아가 그것을 위해 이스라엘 모든 지파 가운데 다른 성읍을 택하지 않았음을 언급했다. 그리고 자기 백성 이스라엘의 주권자를 삼기 위해 다윗 이외에 다른 인물을 택하지 않았다는 사실을 말했다.

그대신 하나님께서는 모리아산이 있는 예루살렘을 특별히 택하여 자기 이름을 거기 두고자 하셨다고 했다. 그리고 다윗을 선택하여 그로 하여금 자기 백성 이스라엘을 통치하는 왕이 되도록 한 사실을 말했다. 하나님의 뜻을 잘 알고 있던 다윗은 여호와의 이름을 위하여 성전을 건축하고자 하는 마음을 가지고 있었지만 허락되지 않았다.

물론 하나님께서는 성전을 건축하고자 하는 그의 마음을 소중하게 여기셨다. 솔로몬은 하나님께서 그에게 성전 건축을 허락하시지 않은 사실과 더불어 장차 다윗이 낳게 될 한 아들이 자기 이름을 위하여 성전을 건축하게 되리라고 말씀하신 사실을 언급했다. 이제 하나님께서 약속하신 대로 그 모든 것들이 다 이루어진 사실을 두고 하나님 앞에서 노래하게 되었던 것이다.

솔로몬은 또한 여호와 하나님께서 작정하신 대로 자기가 부친 다윗의 왕위를 계승하게 된 점에 대한 언급을 했다. 그리고 이스라엘 왕국의 모든 백성을 다스리는 통치자로서 여호와 하나님의 이름을 위해 성전을 건축한 사실을 거듭 말했다. 그로 말미암아 여호와 하나님께서 이스라엘 자손으로 더불어 세우신 영원한 언약이 담겨 있는 궤를 성전 안 지성소에 둔 사실을 언급하며 하나님을 향해 노래했던 것이다.

제5장

솔로몬의 기도와 간구

(대하6:12-42)

1. 번제단 앞에 선 솔로몬(대하6:12,13)

예루살렘 성전을 완공한 후 솔로몬은 성소 입구 번제단 앞에서 언약의 백성들을 마주하고 섰다. 그는 메시아를 예표하는 지혜의 왕으로서 자기 뒤에서 뿜어져 나오는 엄청난 위력 앞에 서게 되었다. 그의 바로 뒤에는 하나님께 바쳐질 제물들이 가득 쌓인 번제단이 있었다.

또한 그 번제단 뒤에는 제사장들이 직무를 감당하기 위해 몸을 성결케 하는 '바다' 가 있었다. 그리고 그 뒤의 문을 지나면 향단과 등대와 떡상이 놓인 거룩한 성소가 자리잡고 있었다. 그 안 깊숙이는 흑암의 지성소가 있었으며 그 안에는 하나님의 언약궤가 놓여 있었다. 그곳은 천상의 나라와 직통으로 연결된 거룩한 영역이었다.

하나님의 편에서, 엄청난 권위를 배경으로 한 솔로몬 왕의 맞은편 눈앞에는 이스라엘 백성의 회중이 서있었다. 즉 그의 앞에는 제사장들과 장로들을 비롯한 다양한 직임을 맡은 이스라엘 백성의 모든 지도자들이 회집해 있었다. 그와 같은 상황에서 솔로몬은 놋으로 특별히 제작된 연단 위에 올라섰다. 그 연단은 가로 세로 길이가 각각 다섯 규빗(2.25m), 높이 세 규 빗(1.35m) 정도의 그다지 크지 않은 규모였다. 그것은 단지 구별된 영역을 표시하는 정도의 크기였던 것이다.

솔로몬에게는 마주하고 있는 많은 백성들 앞이라는 점보다 여호와 하나 님 앞이라는 의미가 훨씬 더 컸을 것이 분명하다. 놋으로 된 연단 위에 올 라선 솔로몬은 거기서 무릎을 꿇고 하늘을 향해 손을 높이 펴 들었다. 이 는 구속사적인 사건으로 이해해야 한다. 이스라엘 민족을 대표하는 왕으 로서 하나님의 편에 서 있으면서 하나님을 향해 무릎을 꿇고 손을 펼쳐 든 것은 온 백성이 하나님 앞에 복종하는 모습을 보여주고 있다.

그와 같은 상황에서 솔로몬은 여호와 하나님을 향해 공적으로 기도하며 간구했다. 성전을 완공한 후 공적으로 행해진 그의 기도에는 감사와 찬송 과 더불어 메시아 예언적 성격을 지닌 내용들이 포함되어 있다. 그의 눈앞 에는 이스라엘 자손들이 서 있었으며 더 멀리는 장차 역사 가운데 태어날 언약의 자손들, 그리고 오늘날 우리까지도 멀리 그 뒤에 서 있는 형국으로 이해할 수 있다. 우리는 여기서 구속사적 의미를 지닌 그 기도의 내용을 몇 부분으로 나누어 생각해 볼 수 있다.

2. 솔로몬의 기도와 간구의 내용

(1) 언약에 신실하신 여호와 하나님(대하6:14-17)

솔로몬은 먼저 여호와 하나님에 대한 신앙을 고백하고 있다. 온 천지와 우주에 여호와 하나님 같은 신이 존재하지 않는다는 것이었다. 이는 오직 여호와 한 분만이 유일신임을 천명하고 있는 것이다. 이 말 가운데는 세상 에서 신이라 일컬어지는 모든 것들은 아예 존재하지 않는 이름만의 신들 로서 그것들은 대개 사탄과 사탄의 졸개들의 속임수로 말미암아 나타나는 현상이다.

그럼에도 불구하고 죄에 빠진 어리석은 인간들은 그에 철저히 속고 있다. 하지만 하나님의 자녀들은 그에 대한 실상을 분명히 알고 있다. 물론 그에 대한 지식은 전적인 하나님의 은혜로 말미암아 자기 백성들에게만 허락된 것이다. 솔로몬은 하나님과 거기 모인 언약의 백성들 앞에서 그에 관한 언급을 하고 있다.

여호와 하나님은 전심으로 자기의 말씀에 순종하여 행하는 자들에게 언약을 지키시고 놀라운 은혜를 베풀어 주신다. 그 은혜는 모든 인간들 혹은 아무에게나 임하는 것이 아니다. 오직 창세전부터 하나님의 특별한 언약 가운데 존재하는 선택받은 백성들에게 임하게 된다. 솔로몬은 그 사실을 기억하는 가운데 여호와 하나님께서 자기 아비 다윗에게 허락하신 말씀을 지키시며 그 모든 것을 자기의 손을 통해 이루게 하셨음을 언급했다.

하나님께서는 또한 다윗에게 그의 자손이 자기 욕망에 따라 살지 않고 길을 조심하여 하나님을 경외하며 율법에 순종하면 이스라엘의 왕위에 앉을 자가 그로부터 나올 것이라고 약속하신 사실을 말했다. 그리하여 그 자손들 가운데 왕들이 이어져 자기 앞에서 왕이 끊어지지 않으리라고 하신 사실을 언급했다. 솔로몬은 하나님을 향해 그 약속을 기억해 주실 것을 간구하며 그것이 반드시 성취되리라는 점에 대한 믿음을 드러내 보였다.

이 말씀은 메시아 언약에 밀접하게 연관된 것으로 보인다. 우리가 알고 있듯이 나중 이스라엘 왕국이 바벨론 제국에 의해 완전히 패망함으로써 더 이상 왕위가 계승되지 못했다. 하지만 성경은 언약 왕국의 왕은 결코 끊어지지 않는다는 사실을 밝히고 있다(대하6:16). 그렇다면 하나님의 이 약속이 역사 가운데 이루어지지 않은 것으로 이해해야 하는가?

우리가 여기서 분명히 이해해야 할 점은 그 약속이 메시아로 오신 예수 그리스도를 통해 역사 가운데 성취되었다는 사실이다. 하나님의 아들이신 그가 이땅에 오셔서 하나님 나라(Kingdom of God)의 왕이 되셨다. 그가 온 우주만방을 통치하는 영원한 왕이 되셨으며 그의 백성인 우리는 그의 명령과 뜻에 순종하는 자리에 놓이게 된 것이다.

(2) '지상에 거하시는 천상의 하나님'을 향한 고백(대하6:18-21)

솔로몬은 기도 중에 하나님이 정말 사람과 함께 이땅에 거하시겠느냐는 질문성 언급을 했다. '하늘'과 '하늘들의 하늘' 곧 온 우주라 할지라도 조물주 하나님을 용납할 수 없다는 것이었다. 하물며 그 큰 하나님께서 자기가 건축한 지극히 작은 성전에 거하시겠느냐는 점에 대하여 언급하고 있다.

우리는 이 말씀을 통해 인간의 몸을 입고 이땅에 오실 예수 그리스도에 대한 예언적 의미를 생각해 보게 된다. 그는 전능하신 하나님이시면서 완벽한 인간으로서 살아있는 거룩한 성전이 되어 이땅에 오시는 분이다. 성부 하나님께서는 거룩한 성전이신 예수 그리스도와 함께 계시게 될 것이기 때문이다.

솔로몬은 그 말과 더불어 하나님께서 자기의 기도와 간구를 돌아보시고 주님 앞에서 부르짖는 자기의 모든 기도를 들어주시도록 간구했다. 또한 하나님께서 그 전에 자기 이름을 성전에 두시고 그 성전 안에 거하실 것이라고 약속하신 사실을 언급했다. 그러므로 자기가 성전을 향하여 간절히 기도할 때 하나님께서 밤낮으로 지켜보시는 가운데 그 기도를 들어 응답해 주시기를 원한다는 것이었다.

하나님께서는 이스라엘 민족의 통치자가 된 솔로몬 왕과 언약에 속한 백성들이 거룩한 성전을 향하여 간구하면 모든 기도를 받아주신다는 약속을 하셨다. 따라서 그는 천상의 나라에서 성전을 향해 기도하는 자기 자녀들의 기도를 들으신다. 그리하여 저들의 모든 죄와 허물을 용서해 주신다는 것이었다(대하6:21).

여기서 솔로몬은 여호와 하나님은 지극히 거룩하신 분이신 데 반해 인간들은 더러운 죄인이라는 사실을 강조해 말하고 있다. 이는 인간 스스로는 어느 누구도 감히 하나님께 나아갈 수 없음을 의미하고 있다. 이 가운데는 오직 거룩한 성전에서 드려지는 제사를 통해서만 하나님 앞으로 나아갈 수 있음을 말해주고 있다. 이는 나중 예수 그리스도를 통해 완벽하게 성취될 언약적 사실에 연관된다.

(3) '의인' 과 '악인' 에 대한 하나님의 심판(대하6:22,23)

여호와 하나님 앞에서는 의인과 악인이 분리되어 존재한다. 그것은 기본적으로 인간들의 일반적인 범죄의 정도나 그 양에 근거하지 않는다. 모든 인간들은 죄인이기 때문에, 하나님께서 특별히 의인으로 간주한 자들은 의인이 되지만 하나님께서 악인으로 분류한 자들은 저의 윤리적인 환경과 상관없이 악인이 될 수밖에 없다. 물론 그것은 창세전에 스스로 맺으신 하나님의 신실한 언약에 기초하고 있다.

그러므로 솔로몬은 만일 어떤 사람이 그 이웃에 대하여 범죄한 후 고발을 당해 성전으로 끌려와 제단 앞에서 자신의 잘못을 뉘우치고 용서를 구한다면, 하나님께서 천상의 나라에서 들으시고 저를 용서해 주시리라는 사실을 언급했다. 그것은 성전에 계시는 하나님을 알고 그에게 드리는 제사와 밀접하게 연관되어 있다. 하지만 하나님께서 자기를 거부하는 자들까지 모두 용서하시는 것은 아니다.

이는 제사장들에 의한 성전 제사를 통해 용납되는 자들은 모든 죄를 용서받아 의인으로 인정받게 된다. 하지만 그렇지 않는 자들은 저들의 악한 행위에 따라 저주의 심판을 받을 수밖에 없다. 솔로몬은 여기서 예루살렘 성전에서 하나님께 드리는 제사가 인간의 죄 용서와 밀접하게 연관되어 있음을 말해주고 있다.

여기에는 장차 오실 메시아가 순결한 어린 양으로서 영원한 제물로 바쳐지게 될 사실에 대한 예언적 의미가 들어 있다. 그가 세상 죄를 지고 하나님 앞에 바쳐짐으로써 하나님과 인간 사이에 화해가 이루어지게 된다(요 1:29, 참조). 따라서 그에게 속한 백성들은 모든 죄를 용서받아 의인으로 인 정받게 되는 것이다.

(4) 전쟁에서의 패배와 '회복에 대한 소망'(대하6:24,25)

솔로몬 왕은 언약의 백성이 하나님께 범죄하게 되면 적군 앞에서 패하 게 된다는 사실을 언급했다. 하지만 그후에라도 자신의 범죄 사실을 깨닫 고 주님 앞으로 돌아온다면 저들을 용서해 주시기를 원한다고 했다. 즉 그 런 자들이 여호와 하나님의 이름을 인정하고 그의 성전에서 진심으로 빌 며 간구하면 은혜를 베풀어 달라는 것이었다.

죄악을 저지르는 행동으로 인해 하나님의 무서운 징계를 받을 때 그에 대한 올바른 깨달음을 가지는 것은 매우 중요하다. 그래야만 자신의 죄를 뉘우쳐 회개할 수 있게 된다. 그런 자들이 성전을 향한 제사와 더불어 하 나님께 빌 때 그가 저들의 죄를 용서해 주시리라는 것이었다. 즉 하나님께 서 천상에서 그 기도를 들으시고 저들의 조상에게 약속하신 땅을 회복해 주시도록 간구했던 것이다.

이 말 가운데는 이스라엘 자손이 바벨론에 포로로 잡혀 가게 될 일에 대 한 예언적 의미가 들어 있다. 나중 그들이 이방 지역으로 끌려가기 직전 까지도 저들에게 그와 같은 일이 발생하리라는 사실을 받아들이지 않는 자들이 많았다. 하지만 솔로몬을 통한 이 예언의 말씀을 기억하는 자들은 후일 이스라엘 민족 가운데 참담한 역사가 진행되는 동안 그 사실을 올바 르게 직시할 수 있었을 것이다.

(5) 자연현상을 통한 징벌과 회복(대하6:26,27)

하나님께서는 인간들의 더러운 죄악을 반드시 심판하시는 분이다. 따 라서 이 세상의 모든 인간들은 예외 없이 그의 심판의 대상이 될 수밖에 없

다. 이는 언약의 범주 안에 있는 이스라엘 자손과 그 밖에서 살아가는 이
방인들 모두 마찬가지다.

그런데 언약의 백성이라 주장하는 자들이 하나님께 대항하여 범죄할 경
우에는 저들을 향해 때마다 특별한 징벌이 내려진다. 그들이 하나님을 배
신하고 무서운 범죄를 저지를 때 결코 그냥 넘어가시지 않는 것이다. 이는
하나님을 전혀 알지 못하는 이방인들은 원천적으로 죄와 심판에 갇혀있는
상태이기 때문에 저들에게 직접적인 징계를 내리시지 않는 경우가 많은
것과 대비된다.

그러므로 언약의 자손들이 범죄하게 되면 하나님께서는 하늘로부터 비
를 멈추시기도 한다. 이 말은 자연현상을 통해 저들에게 무서운 징벌을 내
리시는 것에 연관되어 있다. 하나님을 경외하는 성도들이라면 그에 대한
깨달음을 가지게 되지만 그렇지 않은 경우에는 자연현상으로 말미암아 주
어지는 그 고통의 의미를 알지 못한다.

이처럼 솔로몬은 언약의 백성들이 범죄를 저지른 것으로 인해 하늘이
닫히고 비가 내리지 않아 하나님으로부터 벌을 받는 경우에 대한 언급을
하고 있다. 하나님을 경외하는 지혜로운 자들이라면 그에 대한 깨달음과
더불어 예루살렘 성전을 향하여 하나님께 용서를 빌게 된다. 그렇게 하여
저들이 여호와의 이름과 그의 능력을 인정하고 죄에서 떠나게 됨으로써
하나님께서 긍휼을 베풀어 주시리라는 것이었다.

즉 솔로몬은 하나님의 징계를 받는 자들이 자신의 죄악을 뉘우쳐 회개
할 경우 천상에 계시는 하나님께서 그 간구를 들으시고 저들의 죄를 용서
해 달라는 기도를 했다. 또한 저들에게 마땅히 행해야 할 바 선한 길을 가
르쳐 주시도록 간구했다. 그리고 언약의 자손들이 살고 있는 약속의 땅에
흡족한 비를 내려 주시기를 원한다고 했다.

이에 대해서는 오늘날 우리도 주의를 기울여 이해해야 할 필요가 있다.
불신자들은 자기에게 닥치는 가뭄이나 홍수 등 자연현상과 더불어 심한

고통을 받을 때 그것을 일반적인 현상으로 이해하여 받아들인다. 나아가 하나님의 자녀라 주장하는 교인들 중에도 신앙이 어린 자들은 그 가운데 들어 있는 세미한 의미에 대해서는 무관심하다. 즉 그들은 하나님께서 죄에 빠진 자들에게 내리는 징계 아래 있으면서도 그것을 통해 하나님 앞에서 자기를 돌아볼 마음을 가지지 않는다.

하지만 신앙이 성숙한 성도들은 하나님의 징계에 대한 실상과 더불어 그 의미를 생각할 수 있어야 한다. 오늘날 우리시대에도 살아계신 하나님께서는 끊임없이 자기 자녀들을 살피시며 죄로부터 돌이키기를 원하시기 때문에 자연을 통한 징계를 내리신다. 따라서 때로 우리가 자연현상을 통한 고통을 당할 때 그것이 우리의 깨달음을 위해 하나님께서 특별히 허락하시는 은혜의 방편이 된다는 사실을 기억해야 한다.

(6) 기근이나 전염병을 통한 재앙에 대한 간구(대하6:28-30)

하나님께서는 또한 언약의 자손들이 살아가는 땅에 기근과 전염병을 보내시기도 하며 곡식이 시들거나 깜부기가 나도록 해서 농작물이 제대로 성장하지 못하도록 하시기도 한다. 또한 메뚜기나 황충 등을 보내시는 경우도 있다. 뿐만 아니라 다른 나라의 군대가 침략하여 이스라엘 백성의 성읍들을 에워싸거나 다양한 재앙이나 끔찍한 질병이 발생하도록 하시기도 한다. 저들의 모든 노력을 허사로 만들어 버리시는 것이다.

언약의 자손들 가운데서 그런 일이 발생할 때는 대개 하나님을 섬긴다고 주장하는 자들이 배도에 빠져 그를 버려 욕되게 한 것에 관련된 경우가 많다. 따라서 그 고통을 통해 하나님의 뜻에 연관된 본질적인 의미를 깨닫는 것이 중요하다. 경우에 따라서는 모든 백성이 함께 그 재앙과 고통의 의미를 깨닫기도 한다. 또 다른 경우에는 백성들의 마음이 강팍하게 되어 대다수가 무시하는 가운데 한두 사람 정도만 그 진정한 의미를 깨닫는 경우도 있다(대하6:29, 참조).

그럴 때는 그것을 깨닫는 언약의 자손들이 하나님의 집인 예루살렘 성전을 향하여 손을 들고 자신의 죄악을 뉘우치며 하나님께 간절히 용서를 구해야 한다. 하지만 어리석고 오만한 자들은 그와 같은 고통을 당할 때 오히려 자기의 힘과 능력으로 그 문제를 해결하고자 노력을 기울이기에 급급하다. 그런 태도는 근본적인 해결방안이 되는 것이 아니라 상황을 오히려 더욱 어려운 궁지로 몰아가는 것과 같다.

그러므로 솔로몬은 신실한 성도들이 고통을 겪는 가운데 하나님의 뜻을 깨달아 성전으로 나아갈 때, 천상에 계시는 하나님께서 그 기도를 들어달라고 간구했다. 또한 모든 사람의 마음을 꿰뚫어보시는 하나님께서 저들의 신앙 자세를 보고 긍휼을 베풀어 달라는 간구를 했다. 그는 여기서 사람의 속마음을 가장 정확하게 아시는 분은 오직 여호와 하나님 한 분이라는 사실을 고백하고 있다. 죄에 빠진 인간들은 스스로 자기의 마음을 올바르게 알지 못한다는 사실을 말해준다. 현대를 살아가는 우리 역시 겸손한 자세로 이 모든 교훈의 말씀을 귀 기울여 듣지 않으면 안 된다.

(7) '언약의 자손' 과 '이방인' 에게 공히 허락될 하나님의 은혜(대하6:31-33)

솔로몬은 언약의 자손들이 자신의 죄를 진정으로 뉘우치고 하나님께 나아가면 모든 문제가 해결된다는 사실을 언급했다. 그들이 조상에게 허락하신 약속의 땅에서 살아가는 동안 항상 주님을 경외하는 가운데 올바른 길로 행하는 것이 중요하다. 그 모든 것은 기본적으로 인간들의 축적된 노력이 아니라 오직 하나님의 은혜로 말미암아 시행된다.

또한 성경 본문 가운데는 하나님의 능력 가운데 살아가면서 예루살렘 성전을 향해 기도하는 이방인들에 관한 기록을 하고 있다(대하6:32). 언약의 왕국에 속한 이스라엘 백성이 아닌 이방인들에게도 하나님으로부터 베풀어지는 은혜의 기회가 주어진다는 것이다. 그들이 주님의 큰 이름과 능한 손과 펴신 팔을 기억하고 먼 지방으로부터 와서 예루살렘 성전을 향하여

기도하거든 저들의 기도를 들어달라는 것이었다.

그 이방인들이 하나님의 성전을 찾아와 여호와 하나님을 향해 기도할 때 천상에 계시는 하나님께서 그 기도를 들으시고 그들이 주님께 간곡하게 부르짖는 대로 이루어져 땅의 만민으로 하여금 주님의 이름을 알게 해 주시리라는 것이었다. 즉 저들의 신앙이 언약의 자손들과 같이 된다는 것이다. 솔로몬은 그점을 언급하며 저들로 하여금 자신이 건축한 거룩한 성전이 주님의 이름으로 일컫는 줄 알게해달라고 간구했다.

우리는 여기서 다른 성경 본문을 통해 이에 관한 의미를 더욱 명확히 알게 된다. 구약성경 다른 곳에서도 하나님의 은혜를 통한 구원이 이스라엘 민족주의를 전제하지 않는다는 사실을 언급하고 있다. 어리석은 자들은 유대인으로서의 순혈주의를 매우 의미 있는 것으로 여겼지만 구약시대부터 그렇지 않다는 사실이 선포되었던 것이다.

선지자 이사야는 예루살렘 성전에 연관하여 그에 대한 분명한 선언을 하고 있다. 그리고 예수님께서도 그 말씀을 인용하며 동일한 교훈을 주셨다. 그것은 곧 '예루살렘 성전'이 '만민이 기도하는 집'(a house of prayer for all nations)이라는 것이었다. 하나님께서 거하시는 그 성전을 통해 기도하는 가운데 그 하나님을 만날 수 있다는 것이다.

성경에서 만민이 여호와 하나님을 알게 된다고 언급한 것은 하나님의 복음이 이방인들에게도 완전히 개방된다는 사실에 연관되어 있다. 예수님께서 구약성경을 인용하여 '내 집은 만민이 기도하는 집'이라고 말씀하신 것도 그와 동일한 의미를 지니고 있다. 이는 예루살렘 성전이 유대인들에게만 허락된 것이 아니라 모든 민족에게 개방된 사실을 만방에 선포하고 있는 것이다.

"내가 그를 나의 성산으로 인도하여 기도하는 내 집에서 그들을 기쁘게 할 것이며 그들의 번제와 희생은 나의 단에서 기꺼이 받게 되리니 이는 내

집은 만민의 기도하는 집이라 일컬음이 될 것임이라"(사56:7); "이에 가르쳐 이르시되 기록된 바 내 집은 만민의 기도하는 집이라 칭함을 받으리라고 하지 아니하였느냐 너희는 강도의 굴혈을 만들었도다 하시매"(막11:17)

이 말씀은 하나님께서 창세전에 택하신 자기 자녀들을 구원하시고자 행하신 특별한 구속 사역에 연관되어 있다. 따라서 선지자 이사야는 같은 본문에서 '여호와께 연합한 이방인'에 관한 언급을 하고 있다(사56:3). 그럼에도 불구하고 어리석은 유대인들은 하나님의 성전을 자기를 위한 종교적인 대상으로 만들어 버렸다.

그들은 성전을 도구화하여 종교적인 열성을 내고 그로 말미암아 자기만족을 추구하기에 급급했다. 즉 하나님의 성전을 자기를 위한 것으로 만들고자 모든 노력을 기울였다. 따라서 예수님께서는 하나님의 뜻을 멀리 하는 사악한 유대인들이, 이방인을 포함한 만민이 기도하는 집을 자신의 목적을 위해 약탈하여 점령하고 있다고 하셨다. 그들은 하나님의 것을 강탈한 강도와 같은 행동을 하면서도 그 사실을 전혀 깨닫지 못하고 있었던 것이다.

(8) '성전 중심'으로 살아가는 백성들(대하6:34,35)

솔로몬은 주님께 속한 언약의 자손들이 다른 나라의 군대와 맞서 싸울 때 하나님의 뜻 가운데서 싸워야 한다는 점을 언급하고 있다. 또한 그때 그들은 예루살렘과 그곳에 있는 거룩한 성전을 향해 기도해야 한다는 사실을 말했다. 백성들이 그렇게 할 때 여호와 하나님께서 그 기도와 간구를 들으시고 저들을 돌아보아 달라고 간구했다. 그것이 저들을 위한 유일한 승리의 길이었기 때문이다.

이에 대해서는 오늘날 우리 역시 이와 동일한 교훈 가운데 살아가고 있다. 지상 교회에 속한 성도들은 하나님을 배반하여 죄악으로 가득 찬 세상의 잘못된 가치와 행태에 맞서 싸워야 한다. 그때 우리는 참 성전이신 예수 그리스도를 통해 하나님께 간구해야 하며 그로부터 궁극적인 승리를 보장받게 되는 것이다.

우리가 여기서 반드시 기억해야 할 바는 구약시대 언약의 자손들에게 있어서 삶의 중심은 예루살렘 성전이었다는 사실이다. 그들은 어디에 살든지 몸과 마음은 항상 그 성전을 향해 있었다. 이는 신약시대 믿음의 선배들이, 성도들의 신앙은 '교회 중심' 이어야 한다고 교훈한 점과 일맥상통한다. 우리시대 성도들이 '교회 중심' 의 삶을 살아야 한다고 말하는 것은 단순히 예배당 중심이라거나 교회 조직 중심이라는 의미를 넘어선다.

우리는 예수 그리스도가 곧 참 성전이라는 사실을 잘 알고 있다. 죄인들은 오직 그를 통해서만 여호와 하나님께 나아갈 수 있고 그로 말미암아 영원한 구원을 얻게 된다. 또한 하나님께서 자신의 거룩한 피로 값 주고 사신 교회는 곧 예수 그리스도의 거룩한 몸이다. 따라서 하나님의 자녀들은 어디에 있든지 그리스도와 그의 몸 된 교회를 중심으로 하여 살아가야 하는 것이다.

(9) 장차 이스라엘 백성이 포로로 잡혀갈 것에 대한 예언(대하6:36-39)

솔로몬은 기도 가운데 타락한 세상에 존재하는 인간들 가운데 범죄하지 않은 자는 아무도 없다는 사실을 언급하고 있다. 이는 타락한 인간으로서 스스로 거룩한 하나님 앞으로 나아갈 수 있는 자가 존재하지 않는다는 의미를 지니고 있다. 이에 대해서는 사도 바울이 로마에 있는 교회에 편지하면서 명백히 밝히고 있는 바이기도 하다.

"모든 사람이 죄를 범하였으매 하나님의 영광에 이르지 못하더니"(롬 3:23); "이러므로 한 사람으로 말미암아 죄가 세상에 들어오고 죄로 말미암아 사망이 왔나니 이와 같이 모든 사람이 죄를 지었으므로 사망이 모든 사람

에게 이르렀느니라"(롬5:12)

여기서 '모든 사람이 죄를 범했다'는 말의 의미는 스스로 범한 자범죄 뿐 아니라 아담으로 말미암아 세상에 들어와 인간을 감싸고 있는 원죄를 포함하고 있다. 이 죄로 말미암아 모든 인간들은 죽음에 처해질 수밖에 없었다. 하지만 이 문제를 근본적으로 해결할 수 있는 유일한 분은 하나님이시며, 예수 그리스도의 사역으로 말미암아 그의 백성들이 영원한 구원에 도달할 수 있게 된다.

물론 역대기에 기록된 말씀 가운데서 범죄하지 않는 사람이 없다고 한 것은 당시의 배도자들을 일차적으로 염두에 두고 한 말이다. 그들은 감히 전지전능하고 거룩한 하나님께 대항하여 무서운 죄악을 저질렀다. 아마도 그들은 자신의 삶과 행위를 두고 결코 하나님 앞에서 범죄한 일이 없다고 주장할지 모른다.

하지만 하나님께서는 저들의 모든 죄악을 분명히 알고 계신다. 따라서 그는 저들의 더러운 죄로 인해 크게 진노하실 것이며 그 백성을 이방 왕국의 군대에게 패배하도록 내어주신다고 했다. 그 결과 이방인들은 언약의 백성들을 포로로 잡아 멀리 다른 지역으로 끌고 가게 된다. 이스라엘 자손들에게 그것은 여간 충격적인 일이 아닐 수 없다.

솔로몬은 또한 언약의 자손들이 이방 지역으로 사로잡혀 간 후 그곳에서 자신의 죄악을 깨닫게 되리라는 예언적인 언급을 했다. 그리하여 저들이 하나님 앞에서 범죄하여 패역을 행한 사실과 더러운 죄를 지은 과거의 일을 뉘우치며 그를 향해 간구하게 된다는 것이었다. 따라서 그는 언약의 자손들이 성전에서 진심으로 회개하고 하나님께 돌아올 때 저들을 받아달라는 간구를 했다.

이스라엘 자손들은 이방의 포로로 사로잡혀 간 원수의 땅에서 온 마음과 뜻을 다해 주님께 돌아오게 된다. 그때 예루살렘 성전이 있는 곳을 향

하여 기도하면 천상에 계시는 여호와께서 저들의 기도와 간구를 들으신
다. 그와 더불어 저들의 형편을 돌아보시는 하나님께 저들의 모든 범죄를
용서해 달라고 간구했던 것이다.

우리는 여기서 나중 바벨론의 포로로 잡혀간 다니엘이 예루살렘을 향해
기도했던 사실을 기억하게 된다. 그는 한두 번 그렇게 한 것이 아니라 항
상 그렇게 했을 것이 분명하다. 또한 선지자 다니엘뿐 아니라 자신의 죄를
깨닫는 모든 언약의 자손들이 이방 지역에서 그렇게 했을 것이 틀림없다.
이처럼 솔로몬이 성전 건축을 마친 후 언약의 백성들과 더불어 하나님께
간구했던 모든 내용들이 역사 가운데 성취된 사실을 알 수 있다.

(10) 성전에 계시는 하나님(대하6:40-42)

솔로몬은 예루살렘 성전에서 행하는 자신의 기도에 하나님께서 귀를
기울여 주시도록 간구했다. 여호와 하나님께서 성전 안으로 들어가 능력
의 궤인 언약궤와 함께 안전한 처소에 계시기를 원한다는 것이었다. 그곳
에 계시는 하나님을 만나기 위해서는 누구나 맘대로 할 수 있는 일이 아니
었다.

그 놀라운 일을 위해서는 하나님의 제사장들에게 맡겨진 사역을 통해
가능하게 된다. 따라서 솔로몬은 제사장으로 하여금 구원을 입게 하시고
그로 인해 모든 성도들이 하나님의 은혜를 기뻐하도록 해 달라고 간구했
다. 하나님의 자녀들은 인간적인 능력과 재주를 기뻐할 것이 아니라 오직
하나님으로 말미암아 베풀어지는 은혜를 기뻐해야 한다.

우리는 여기서 하나님을 향해 기도하는 데 있어서 매우 중요한 교훈을
얻게 된다. 그것은 기도하는 자가 인간적인 열정에 따라 기도해서는 안 된
다는 사실에 연관되어 있다. 구약시대 하나님께 기도하는 자들이 성전 안
에서 혹은 성전을 향해 기도함으로써 하나님께 나아갈 수 있었듯이 오늘
날 신약시대에는 '예수 그리스도 안에서 하나님을 향해' (in Jesus Christ, for

God) 기도해야 하는 것이다.

또한 솔로몬은 공적인 모든 기도를 마무리 하면서 하나님께서 '주의 기름부음을 받은 자'로부터 얼굴을 돌이키지 말아주시도록 간구했다. 이는 왕의 직무를 맡은 자신을 끝까지 지켜달라는 의미를 담고 있다. 또한 이 간구 가운데는 자신의 개인적인 안위가 아니라 이스라엘 왕국과 그의 후손 가운데 오시게 될 메시아와 연관된 예언적 의미가 들어 있다는 사실을 기억할 필요가 있다.

그러므로 솔로몬은 하나님의 종인 자기 부친 다윗에게 베푸신 은총을 기억해달라고 간구했다. 이는 다윗에게 허락된 메시아 언약과 그의 뒤를 이어 왕위를 계승하고 하나님의 뜻에 따라 예루살렘 성전을 건축한 자신을 기억해달라는 간청이었다. 이 역시 전체적으로 메시아 예언적인 의미가 들어있는 것으로 이해해야 한다.

3. 성전과 천상에 계시는 여호와 하나님

구속사적 의미를 지닌 솔로몬의 특별한 기도 가운데는 중요한 사실이 되풀이하여 설명되고 있다. 그것은 언약의 자손들이 율법을 버리고 범죄하면 하나님의 징계에 의해 심한 고통을 당한다는 것이었다. 그때 지혜로운 백성들은 자신의 죄를 뉘우치고 하나님 앞으로 나아오게 된다.

그들은 예루살렘 성전에서 드려지는 거룩한 제사와 더불어 하나님께 용서를 빌며 간구할 수밖에 없다. 그것이 저들이 살아날 수 있는 유일한 길이라는 사실을 깨닫게 되기 때문이다. 그런 관점에서 볼 때 저들이 하나님으로부터 무서운 징계를 받는 것은 오히려 하나님의 사랑으로 받아들여질 수 있다.

그러므로 하나님께서는 성전을 향해 기도하는 자기 백성들의 기도를 천상에서 들어 응답하시게 된다. 따라서 솔로몬은 기도 가운데 그에 관한 사실을 되풀이하여 언급했다. 이는 하나님께서 거하시는 성전과 천상의 나라가 연결되어 있음을 말해주고 있다.

> "주의 백성 이스라엘이 이곳을 향하여 기도할 때 주는 그 간구함을 들으시되 주의 계신 곳 하늘에서 들으시고 들으시사 사하여 주옵소서" (대하 6:20,21; 22,23; 24,25; 26,27; 29,30; 32,33; 34,35; 38,39).

솔로몬의 기도 가운데 지속적으로 언급되는 모든 간구의 내용은 이에 연결되어 있다. 하나님을 경외하는 언약의 자손들이 예루살렘 성전을 향하여 기도할 때 천상에 계시는 하나님께서 들어 응답하시게 된다. 그 성전을 통하지 않고는 하나님께 올바른 기도가 이루어질 수 없다.

이는 오늘날 신약시대의 성도들이 참 성전이신 예수 그리스도의 이름으로 하나님께 기도하는 것과 동일한 의미를 지니고 있다. 십자가에 달리신 예수 그리스도를 통하지 않고는 하나님께 나아갈 수 있는 방법이 없는 것이다. 지상 교회에 속한 모든 성도들은 반드시 이에 대한 올바른 깨달음을 가져야만 한다.

제6장

하나님의 응답과 더불어 행해진 낙성식
(대하7:1-22)

1. 하나님의 반응(대하7:1-3)

솔로몬은 예루살렘 성전을 완공한 후 온 백성들이 회집한 가운데 번제단 앞에서 공적인 기도를 마쳤다. 그때 하늘에서부터 뜨거운 불이 내려와 단 위에 놓여 있던 번제물과 제물들을 불살랐다. 그와 더불어 성전 안에는 하나님의 영광으로 가득 찼다.

우리가 여기서 기억해야 할 바는 하늘에서 내려온 불은 단순한 모형이 아니라 실제 불이었다는 사실이다.[23] 하지만 모든 사람들의 눈에 보인 그 불은 일반적인 불과 달리 하나님으로 말미암은 성결한 불이었다. 하늘에서 내려온 그 불이 번제단에 예비되어 있던 번제물과 제물들을 불사르게 된 것은 이후 그곳에서 하나님께 드려지게 될 모든 제사에 대한 예표적인 성격을 지닌 것으로 볼 수 있다.

---

23) 모세가 호렙산의 떨기나무 불꽃을 보았을 때 그것은 실제 불과는 달랐다. 그러므로 나무가 불에 의해 타지 않았다. 그에 비해 솔로몬의 성전 낙성식에서 번제단에 내린 불은 구체적인 불이었다.

하늘로부터 내려온 불로써 제물을 태운 것으로 인해 하나님께서 솔로몬의 모든 기도를 기쁨으로 받으신 사실이 증거되었다. 이는 번제단에 놓여 있던 많은 제물들이 하나님께 온전히 바쳐졌다는 사실을 입증해주고 있다. 이 말은 하나님과 그의 백성 사이에 화해가 이루어진 사실을 보여주고 있는 것이다.[24]

또한 번제단의 제물이 태워짐으로써 그것이 하나님께 바쳐짐과 동시에 성전 안에 여호와 하나님의 영광이 가득 차게 된 것은 상호 연관이 있다. 여전히 부족한 인간에 지나지 않는 제사장들은 그 영광으로 인해 감히 그 성소 안으로 들어가지 못했다. 솔로몬의 기도와 더불어 번제단의 제물이 하나님으로부터 내려온 불에 의해 태워짐으로써 하나님께서 그 제물을 기쁨으로 받으신 것은 매우 중요한 의미를 지니고 있다. 그 사건과 더불어 성전 내부가 하나님을 위한 영광의 영역이라는 사실이 입증되었기 때문이다.

그 특별한 일들이 전개되는 동안 그 자리에 모여 있던 이스라엘 모든 백성들은 하늘에서 불이 내려오는 광경을 지켜보았다. 그리고 성전 안에 하나님의 영광이 가득 찬 것을 목격했다. 아마도 제사장들이 감히 그 안으로 들어가지 못하는 것을 보며 그 놀라운 사실을 깨닫게 되었을 것으로 보인다.

그리하여 백성들은 번제단 앞에 넓적한 돌로써 깔아놓은 바닥 위에 무릎을 꿇고 엎드렸다. 그리고 여호와 하나님께 감사하며 경배를 돌렸다. 그들의 마음과 입술을 통해 표현된 말은 "선하시도다 그 인자하심이 영원하도다"(대하7:2)는 고백의 노래였다. 이렇게 하여 여호와 하나님과 그의 백성들 사이에는 예루살렘 성전에서 바쳐지는 제물을 통해 지속적으로 이루어

---

24) 구약시대 이스라엘 자손들 역시 메시아 곧 장차 이땅에 오실 예수 그리스도와 그의 십자가 사역을 통해 하나님과 화해를 이루고 죄를 용서받게 되었다. 그러므로 번제단에 바치는 제물은 장차 오실 메시아 사역에 구체적으로 연결된 의미를 지니고 있었다. 언약의 자손들이 그에 대한 믿음을 가지는 것은 매우 중요한 일이었다.

저가게 될 관계가 확립되었다.

우리는 솔로몬의 기도에 뒤이어 발생한 중요한 사건들을 순서에 따라 기억해야 할 필요가 있다. 먼저 공적인 기도가 끝난 후 하늘로부터 내려온 불에 의해 번제단 위에 쌓여있던 제물들이 태워졌다. 그것은 인간들의 인위적인 행위에 따른 결과가 아니었다.

그와 동시에 하나님의 영광이 성전 내부에 가득 차게 되었다. 우리가 여기서 반드시 기억해야 할 바는 그후에 하나님의 영광이 사라진 것이 아니라 성전이 존재하는 동안 항상 그 영광이 성소 안에 존재한다는 사실이다. 그것은 그후의 모든 이스라엘 민족의 제사장들이 그에 관한 사실을 항상 마음에 담아두고 있어야 할 내용이었다.

2. 솔로몬 왕과 온 백성이 여호와 하나님께 드린 제사(대하7:4-11)

솔로몬과 모든 언약의 백성들이 그 자리에서 여호와 하나님 앞에 제사를 드렸다. 그것은 성대한 낙성식(落成式) 과정에서 시행된 일이었다. 그때 솔로몬이 하나님께 드린 제물들은 엄청났다. 소가 이만 이천, 양이 십이만 마리나 되었다.[25] 이는 성전 낙성식을 위한 자리에서 특별히 드려지는 제사였다.

그때 제사장들은 제각각 맡은 직무에 따라 자기 위치에 섰다. 그리고 레위 지파에 속한 사람들 가운데 해당 직무를 맡은 자들은 여호와를 찬양하는 악기들을 가지고 서게 되었다. 그것은 오래 전 다윗 왕이 레위인들로 하여금 여호와 하나님을 찬송하도록 특별히 제작한 것들이었다. 즉 그것을 가지고 '여호와의 인자하심이 영원함'(대하7:6)을 감사와 더불어 찬양케

---

25) 우리는 앞에서 솔로몬이 기브온에 있던 회막으로 가서 그 앞에 놓인 번제단에서 일천번제를 드린 사실을 기억하고 있다(대하1:6, 왕상3:4). 역대하 7:5의 낙성식 중에 바쳐진 엄청난 수의 번제는 이에 대한 연장선상에 있는 것으로 이해해야 한다. 이는 또한 전체적으로 나중 예수 그리스도가 십자가 위에서 돌아가심으로써 성소를 거쳐 지성소에 제물로 바쳐진 사실과 연결되어 있다.

했던 것이다.

그리고 제사장들은 그와 더불어 온 백성들 앞에서 나팔을 불었다. 그것은 제사장들이 하나님께서 행하신 모든 일을 언약의 자손들과 만방을 향해 선포하는 의미를 지니고 있었다. 따라서 이스라엘 백성의 온 무리는 그 자리에서 성전 낙성식에 참여하며 그 놀라운 경륜을 기억하게 되었던 것이다.

또한 솔로몬은 여호와의 성전 앞 뜰 중앙 부분을 거룩하게 구별했다. 이는 거룩한 성전 내의 영역 가운데 특별한 제단을 만들었음을 의미한다. 그는 거기서 여호와 하나님께 번제물과 화목제 기름을 드리고자 했다. 솔로몬이 그렇게 한 이유는 그가 제작한 놋으로 된 제단이 그 많은 번제물과 기름을 바치기에는 너무 작았기 때문이다.

우리는 여기서 매우 중요한 사실 하나를 깨닫게 된다. 그것은 성소 앞에 고정되어 설치된 번제단이 아니라 할지라도 특별한 경우에는 계시적 요구에 따라 별도로 마련된 임시 제단에서 하나님께 제물을 바치는 것이 허용되었다는 점이다. 하지만 그것은 일반적인 경우가 아니라 구속사 가운데서 한시적으로 특별히 허락된 것으로 이해해야 한다. 즉 사람들의 편의적인 판단에 따라 그렇게 할 수 있는 것은 아니었다.

그러므로 본문 가운데서 솔로몬 왕이 성전 앞 뜰 가운데 그 중앙 부분을 다시금 거룩하게 구별하여 번제단으로 사용했다는 대목은 우리의 눈길을 끌기에 충분하다. 그것은 솔로몬이 메시아를 예표하는 왕이자 하나님의 언약 가운데 존재하는 특별한 인물이었기 때문에 가능한 일이었다. 그 모든 것은 솔로몬의 독단적인 판단이 아니라 하나님의 특별한 섭리적 허용에 따라 이루어진 것으로 이해해야 한다.

우리가 잘 알고 있는 대로 번제단은 제물을 바칠 수 있는 특별한 곳으로서 하나님의 어린 양으로 오신 예수 그리스도의 죽음과 그의 바쳐짐에 밀접하게 연관되어 있다. 하지만 제단이 그 자체로서 절대 배타적인 의미를 지닌 장소였던 것은 아니다. 어리석은 자들은 그곳을 절대적인 영역으로 간주했지만 그와 같은 종교적인 태도는 자칫 잘못하면 번제단 자체를 우상화 할 우려마저 있음을 보여주고 있다.

당시 솔로몬 왕은 예루살렘에서 칠일 동안 낙성식 행사를 주관했다. 그때 이스라엘 전역 곧 유프라테스 강 북쪽에 위치한 하맛 어귀에서부터 애굽 하수 곧 애굽 방향의 남서쪽 국경(대상13:5)에 이르기까지 경건한 모든 백성들이 예루살렘으로 몰려들었다. 따라서 큰 회중이 낙성식에 참여하며 하나님께 감사와 찬송을 돌렸다. 백성들은 그 장막절 기간 동안 솔로몬 왕과 더불어 그 행사에 참여했다.

그리하여 장막절 절기의 마지막 날인 제 팔일에 백성의 무리가 한자리에 모여 성회(聖會)를 열었다. 당시 칠일 동안 낙성식을 거행한 것은 장막절 절기에 맞추어 지킨 것으로 이해할 수 있다(대하5:3; 7:9, 참조). 칠월 이십삼일이 되어 모든 행사를 마치게 되자 솔로몬 왕은 백성들을 각기 저들의 삶터인 집으로 돌려보냈다. 그러자 온 백성이 여호와 하나님께서 다윗과 솔로몬, 그리고 언약의 민족인 이스라엘 백성에게 베푸신 은혜로 말미암아 진정으로 기뻐하며 즐거움을 누리게 되었다.

이렇게 하여 솔로몬은 하나님의 성전과 그 기능을 원활하게 하며 이스라엘 백성을 다스리는 왕으로서 직무를 감당하는 가운데 자기가 거하게 될 궁궐을 완공했다. 그후 온 백성과 함께 그것이 가지는 모든 의미를 깨달아 받아들이게 되었다. 우리가 여기서 기억해야 할 바는 이스라엘 백성이 지키는 장막절과 거룩한 하나님의 성전의 관계에 관한 의미이다.

이스라엘 백성은 장막절을 지키면서 이 세상에서의 거처는 일시적인 것으로서 잠시 지나가는 것이란 사실을 기억했다. 하지만 하나님의 집인 거룩한 성전은 영원하다는 점을 잊지 말아야 했다. 그들은 잠시 지나가는 이 세상에서 살아가지만, 하나님의 영원한 집에 속한 것이 저들에게 진정한 복이 되었던 것이다.

3. 솔로몬의 간구에 대한 하나님의 응답(대하7:12-16)

낙성식이 끝난 날 밤에 여호와 하나님께서 솔로몬에게 나타나셨다. 선지자들이나 제사장들 혹은 다른 지도자들 가운데 한 사람에게 나타나신 것이 아니라 솔로몬에게 그가 나타나신 것은 매우 특별한 의미를 지닌다. 그는 이스라엘 민족의 왕으로서 언약적 대표성을 띠고 있었기 때문이다. 그리하여 하나님께서는 성전을 완공한 후 번제단 앞에서 행해졌던 그의 기도에 대하여 구체적으로 응답하셨다.

하나님께서는 솔로몬에게 그의 모든 기도를 들으신 사실과, 아브라함이 독자 이삭을 바쳤던 모리아산 바로 그 자리를 특별히 선택하여 자기에게 제사하는 거룩한 성전으로 삼으셨음을 언급하셨다. 따라서 그 성전을 향하여 그리고 그 성전을 통해 기도하면 그곳에서 친히 응답하시겠노라고 하셨다. 그것은 솔로몬 왕과 당시 백성들뿐 아니라 그후에 태어나게 될 모든 언약의 자손들이 마음속 깊이 새겨야 할 내용이었다.

하나님께서 이스라엘 백성의 범죄로 인해 하늘을 닫고 비를 내리지 않으시거나 혹은 메뚜기 떼를 보내 백성들이 경작한 모든 농작물을 먹어버리게 하거나 백성들 가운데 무서운 전염병이 돌게 할 때 그에 대한 근본 깨달음을 가지는 것이 무엇보다 중요하다. 하나님의 이름으로 일컬어지는 언약의 백성이 그 깨달음과 더불어 사악한 길에서 돌이켜 자기를 낮추어 겸비해져 그 거룩한 성전에서 간절히 기도함으로써 진실로 하나님의 얼굴을 구하면 하나님께서 천상에서 들으시고 저들의 모든 죄를 용서해주시고 그 땅을 회복해 주실 것이기 때문이다.

하나님께서는 또한 언약의 자손들을 향해 그들이 아무데서나 기도해서는 안 된다는 사실을 교훈하셨다. 참된 기도는 아브라함 언약의 중심지이자 솔로몬이 건축한 거룩한 성전에서 혹은 그 성전을 향하여 기도해야 한다. 그렇게 할 때 하나님께서 자신의 눈을 들고 그 기도에 귀를 기울일 것이라고 말씀하셨다.

이는 여호와 하나님께서 친히 그 성전을 택하여 거룩하게 하심으로써 그곳에 자기의 이름을 영원히 두기로 작정하셨기 때문이다. 따라서 하나님의 눈과 마음은 항상 그 성전에 계신다고 말씀하셨다. 바로 그곳에서 피흘리는 제사를 통해 자기 자녀들의 모든 죄를 용서하시는 화해를 이루시게 되는 것이다.

4. 자비와 공의로 자신을 드러내신 하나님(대하7:17-22)

하나님께서는 솔로몬에게 자기의 뜻을 드러내시면서 온전한 삶에 대한 분명한 요구를 하셨다. 그것은 솔로몬 왕 개인뿐 아니라 모든 이스라엘 민족이 들어 순종해야 할 내용이었다. 나아가 장차 이땅에 태어나 메시아를 배태하게 될 하나의 민족을 구성하게 될 언약의 자손들을 위한 말씀이기도 했다.

솔로몬이 하나님의 율례와 규례를 온전히 지키면 하나님께서 언약의 나라 가운데서 왕위를 견고케 해주리라고 약속하셨다. 그렇게 하면 그 전에 다윗과 언약을 맺었듯이 이스라엘 백성을 다스리는 자가 끊어지지 않게 하시리라는 것이었다(대하7:18). 앞에서도 이미 언급한 바 있듯이 그 약속은 장차 영원한 왕으로 오시게 될 메시아 예언에 밀접하게 연관되어 있다.

그런데 만일 언약의 백성이라 주장하면서 하나님이 저들에게 요구한 율례와 명령을 저버리고 다른 신을 섬겨 숭배하면[26] 하나님의 무서운 징계와 심판을 면치 못하게 된다. 하나님께서 저들에게 주신 땅에서 그 뿌리를

---

26) 여기서 언약의 자손들이 여호와 하나님을 버리고 이방신을 섬겨 숭배한다는 것은 흔히 오해하듯이, 그들이 이방인들의 바알신이나 아세라신과 같은 신들을 전적으로 섬긴다는 의미와는 다르다. 이는 그들이 여호와 하나님을 이방신들을 대하듯이 섬기며 혼합주의를 끌어들여온 것에 연관되어 있다. 이처럼 선지나 엘리야와 대결하던 바알신과 아세라신을 섬긴 자들은 혼합주의적 유대인 거짓 선지자들이었다(왕상18장, 참조).

완전히 뽑아 버리실 것이기 때문이다. 뿐만 아니라 하나님께서 자기 이름을 위하여 건축한 거룩한 성전을 자기 앞에서 버리게 되어 모든 민족 가운데 속담과 조롱거리가 되도록 하시겠노라고 했다.

그 성전이 비록 높다고 할지라도 그 옆으로 지나가는 사람들이 놀라서 하는 말이 저들의 하나님 여호와께서 무슨 까닭으로 그 땅과 성전에 그와 같이 징계하시게 되었는지 이야깃거리로 삼는다고 했다. 그러면 저희가 자기 조상들을 애굽 땅에서 인도해 내신 여호와 하나님을 버리고 다른 신들을 따르며 그에 복종하여 숭배했기 때문이라고 조롱한다는 것이었다. 그리하여 여호와 하나님께서 저들에게 모든 재앙들을 내리게 되었다는 말을 하리라고 했다.

물론 그 이방인들은 여호와 하나님을 진심으로 알고 믿었기 때문에 그런 말을 한 것은 결코 아니었다. 그들에게는 여전히 참 하나님에 대한 올바른 지식이 전혀 없었다. 단지 재앙에 빠진 이스라엘 백성을 보면서 비아냥거리며 저들에게 욕설을 퍼부으며 심한 비난을 하게 되는 것이다.

제7장

솔로몬 왕국의 번성과 세속화

(대하8:1-18)

■ ■ ■ ■ ■ 역대하 8장

1. 성전과 궁궐 건축을 완공한 솔로몬 왕(대하8:1-6)

솔로몬은 선왕 다윗의 유언을 기억하는 가운데 여호와 하나님의 명에 따라 예루살렘 성전과 자신의 거처와 집무실을 겸한 왕궁 건축을 마쳤다. 그 공사를 완성하기 위한 총 기간은 무려 이십년이 걸렸다.[27] 그리고 이방 출신의 기술자였던 후람은 자기에게 맡겨진 여러 성읍들을 다시 건축했다.

장막절과 더불어 낙성식을 성공리에 거행한 후, 예루살렘 성전에서는 제사장들에 의해 율법에서 요구하고 있는 바 제사가 원활하게 이루어졌다. 그리고 솔로몬은 화려한 왕궁에 기거하며 모든 직무를 수행했으며 이스라엘 자손들은 안정된 생활을 할 수 있었다. 그리하여 솔로몬 왕은 이스라엘 민족 가운데서 능숙하게 정국을 이끌어 갈 수 있었다.

---

27) 예루살렘 성전 건축은 솔로몬 왕 즉위 제11년 8월에 마쳤으므로 7년이 걸렸다(왕상6:38). 따라서 왕궁 건축은 그후 13년이 더 걸렸음을 말해주고 있다.

그런데 성전과 궁궐을 완공하게 된 후부터 솔로몬은 점차 다른 곳으로 눈을 돌리기 시작했다. 왕국의 모든 일들이 안정되어 갈 때 그는 국내정치뿐 아니라 주변 나라들 가운데서 세력을 확장해 나가고자 하는 욕망이 생겨났기 때문이다. 그는 하맛소바를 공격하여 점령하고 사막 지역의 오아시스에 성읍 다드몰(Tadmor)을 건축했다. 그리고 하맛에 왕국의 보물과 중요한 물품들을 보관하는 창고를 둔 국고성(國庫城)을 건축하기도 했다.

또한 윗 벧호론과 아래 벧호론을 건축하면서 성벽과 성문을 굳건히 하여 견고한 성읍으로 삼았다. 나아가 바알랏과 자기에게 속한 모든 국고성과 병거성 및 마병의 성들을 건축했다. 이는 이스라엘 지경 내에 다양한 기능과 목적을 지닌 특별한 여러 성읍들이 세워졌음을 의미한다. 뿐만 아니라 그는 예루살렘과 레바논과 그 다스리는 온 땅에 많은 건축을 시도함으로써 그의 막강한 세력을 과시하게 되었다.

2. 강력한 세력을 가진 솔로몬(대하8:7-10)

그동안 여호와 하나님을 전적으로 의지하고 하나님께서 계시는 예루살렘 성전을 가장 중요한 곳으로 알고 있던 솔로몬이 점차 자기의 능력을 내세우기 시작했다. 그는 인위적인 방법을 동원하여 개인의 권력과 더불어 국력을 키워갔던 것이다. 이렇게 하여 그는 하나님의 말씀에 귀를 기울여 순종하기보다 자신의 정치력을 기반으로 한 야망을 이루어 감으로써 점차 교만한 태도를 보이기 시작했다.

이스라엘 왕국 내부적으로는 가나안 땅에 남아 있던 헷 족속과 아모리 족속과 브리스 족속과 히위 족속과 여부스 족속의 남아 있던 자들 곧 이스라엘 자손이 미처 멸망시키거나 쫓아내지 못한 이방인들을 종으로 부렸다. 즉 그 땅에 남아 있던 이방인들의 자손을 노예로 삼아 중한 노동을 시켰다. 하지만 솔로몬의 그와 같은 판단과 행동은 결코 올바른 것이라 말할 수 없다.

솔로몬은 이스라엘 민족을 통치하는 언약의 왕으로서 율법이 요구하는 바대로 그 이방인들을 약속의 땅에서 쫓아내야만 했다. 그것은 유리하고 불리한 상황을 따져 결정할 일이 아니었으므로 선택의 여지가 전혀 없는 문제였다. 모세 율법에는 그에 관한 사항을 분명히 규정하고 있기 때문이다.

> "이스라엘 자손에게 말하여 그들에게 이르라 너희가 요단을 건너 가나안 땅에 들어가거든 그 땅 거민을 너희 앞에서 다 몰아내고 그 새긴 석상과 부어 만든 우상을 다 파멸하며 산당을 다 훼파하고 … 너희가 만일 그 땅 거민을 너희 앞에서 몰아내지 아니하면 너희의 남겨둔 자가 너희의 눈에 가시와 너희의 옆구리에 찌르는 것이 되어 너희 거하는 땅에서 너희를 괴롭게 할 것이요 나는 그들에게 행하기로 생각한 것을 너희에게 행하리라"(민33:51-56)

출애굽한 후 사십 년간의 시내 광야 생활을 마친 이스라엘 자손은 하나님의 인도하심에 따라 약속의 땅 가나안으로 들어가게 되었다. 그들은 그 모든 과정에서 모세를 통해 계시받은 율법에 전적으로 순종해야만 했다. 그 백성은 가나안 땅에서 이방인들에 의해 조성된 종교 시설과 석상이나 우상을 비롯한 가증한 물건들을 남겨두지 말아야 했다. 그리고 그 땅의 이방 종족들을 언약의 땅 바깥 지역으로 몰아내야만 했다.

이 율법은 솔로몬 왕이 통치하던 시기에도 여전히 유효한 법령이었다. 하지만 솔로몬은 그들을 쫓아내는 대신 저들을 그냥 두고 종으로 부리는 것을 정책적으로 정착시켰다. 그렇게 하는 것이 이스라엘 민족에게 이득이 될 것으로 판단했기 때문이다. 결국 그와 같은 잘못된 관행은 이스라엘 민족이 패망할 때까지 지속적으로 남아 있었다.

그렇지만 솔로몬은 하나님께서 택하신 이스라엘 자손을 노예로 삼거나 저들에게 강제적인 노동을 시키는 일은 하지 않았다. 아무리 힘이 없고 연약하여 보잘것없어 보이는 자라 할지라도 언약의 자손들에게 그렇게 하지는 않았던 것이다. 그들은 여호와 하나님께 속한 선민들이었으므로 그들을 종으로 부리는 행동은 결코 해서는 안 될 일이었다.

이에 대해서는 오늘날 우리시대에도 교회와 모든 성도들이 주의 깊게 마음에 새겨두어야 한다. 교회 내부에는 타락한 세상에 존재하는 각양 종교적인 사상이나 현상들을 일절 용납하지 말아야 한다. 그것을 위해 각 성도들이 세상에서 익혀온 비성경적인 모든 경험과 이성을 제거하지 않으면 안 된다. 거기에는 유형적인 것들뿐 아니라 눈에 보이지 않는 정신적인 것들도 포함되어 있다.

그리고 지상 교회에 속한 하나님의 자녀들 상호간에는 종교적 권력 구조에 따른 상이한 계층이 존재해서는 안 된다. 모든 성도들은 하나님 앞에서 아무런 차별 없이 동등하며 평등하다. 하나님께 속한 자들은 누구나 여호와 하나님을 '아버지' 라 부르는 그의 자녀들이기 때문이다. 이는 교회에 진정한 권위를 가진 직분자들이 존재하지 않는다는 말이 아니라 그 본질에 관한 것에 연관된 문제이다.[28]

그러므로 우리는 하나님께서 사랑하는 자녀들을 외모로 판단하여 함부로 멸시하거나 무시해서는 안 된다. 누구든지 그와 같은 태도를 가지게 되면 저들의 아버지가 되시는 여호와 하나님을 분노케 하는 행동이 될 따름이다. 따라서 만일 교회 안에서 하나님의 자녀들을 개인적인 욕망이나 목적을 위해 이용하려는 종교지도자들이 있다면 그것은 하나님을 무시하는 오만한 자리에 앉아 있는 것과 같다. 우리는 예수님과 그의 제자들이 사람을 외모로 판단하지 말라고 명한 사실을 기억하고 있다. 이는 하나님의 말

---

28) 지상교회에는 직분을 통한 진정한 권위가 살아 있어야 한다. 각 직분자들은 교회 가운데서 신성한 질서와 더불어 성도들을 온전히 보호하는 역할을 감당하기 때문이다. 하지만 우리 시대에는 잘못된 권위주의가 범람하는 대신 참된 권위가 거의 사라져 버렸다고 해도 과언이 아니다. 이는 교회를 위해 여간 아쉬운 일이 아니다.

씀과 공의에 따라 모든 것을 분별하고 판단해야 한다는 사실과 직접 연관
되어 있다.

> "외모로 판단하지 말고 공의의 판단으로 판단하라"(요7:24); "이는 하나
> 님께서 외모로 사람을 취하지 아니하심이니라"(롬2:11)

이 말씀은 다른 이웃에 대한 모든 판단을 무조건 중단해야 한다는 의미
가 아니다. 교회에 속한 성도들은 성경의 율례에 온전히 순종해야 할 따름
이며 세상적인 배경을 기준으로 삼아 형제들을 판단해서는 안 된다. 모든
성도들이 하나님의 말씀을 근거로 하여 하나님편에서 모든 것을 해석하고
적용할 때 교회의 교회다움을 유지할 수 있는 것이다. 이는 지상에 존재하
는 교회들과 성도들이 항상 마음에 새겨 두고 있어야 할 소중한 교훈이다.

한편 솔로몬 왕이 통치하던 시기에 하나님께 속한 언약의 백성들 가운
데는 각기 맡은 바 직책에 따라 왕에게 속한 관료가 되거나 군대의 지휘관
이 되기도 했다. 그리고 왕의 명에 따라 그가 총괄하는 일들에 대한 감독
의 직무를 수행하기도 했다. 물론 이스라엘 왕국에 속한 일반 백성들은 농
사나 목축을 하는 자들이 많이 있었다. 또한 그들 가운데는 건축을 하거나
다양한 노동을 하는 기술자들도 있었다. 그 모든 사람들은 하나님을 진정
으로 경외하는 자세로 각각의 재능에 따라 맡은 바 직무를 감당하게 되었
던 것이다.

3. 솔로몬의 혼인정책과 종교적인 태도(대하8:11-16)

이스라엘 왕국이 융성해져 갈 때 즈음 솔로몬 왕은 애굽의 바로 왕의 딸
을 아내로 맞아 예루살렘으로 데리고 왔다. 그것은 언약의 백성들에게는
파격적이자 충격적이지 않을 수 없는 사건이었다. 이방 여인인 그 애굽 공

주가 여호와 하나님을 알고 참된 신앙을 고백함으로써 언약의 왕국 안으로 들어온 것이 아니었음이 분명했기 때문이다.

하지만 솔로몬에게는 나름대로 이유가 있었을 것이 틀림없다. 자기가 애굽 공주를 아내로 맞아들인 것은 개인적인 영달을 위해서가 아니라 이스라엘 민족을 위해서라는 생각이 짙었을 것이다. 당시 상당한 세력을 갖추고 있던 솔로몬 왕이라 할지라도 막강한 세력을 지니고 있던 애굽과 외교적 관계를 잘 유지하기 위해서는 정략결혼을 할 수밖에 없다는 판단을 하고 있었을지도 모른다.

그러므로 문제는 솔로몬이 그와 같은 비신앙적인 행동을 하면서도 자기의 잘못에 대한 깨달음이 거의 없어 보인다는 점이다. 개인적인 욕망이 아니라 이스라엘 민족을 위해 그렇게 한다는 왜곡된 생각은 올바른 판단을 가로막을 수밖에 없다. 그는 이스라엘 왕국이 더욱 더 강한 국력을 가지고자 한다면 그와 같은 정책을 펴는 것이 당연한 것으로 여겼을 것이다. 그리하여 그는 애굽의 공주뿐 아니라 모압, 암몬, 에돔, 시돈, 헷 등 여러 이방 여인들을 첩으로 삼아 예루살렘으로 데리고 왔다.

> "솔로몬 왕이 바로의 딸 외에 이방의 많은 여인을 사랑하였으니 곧 모압과 암몬과 에돔과 시돈과 헷 여인이라 여호와께서 일찍이 이 여러 백성에 대하여 이스라엘 자손에게 말씀하시기를 너희는 그들과 서로 통혼하지 말며 그들도 너희와 서로 통혼하게 하지 말라 그들이 반드시 너희의 마음을 돌려 그들의 신들을 따르게 하리라 하셨으나 솔로몬이 그들을 사랑하였더라"(왕상11:1,2)

어떤 이유라 할지라도 솔로몬의 그와 같은 행동들은 하나님의 율법을 어긴 잘못된 것이었음이 틀림없다. 이스라엘 왕국의 모든 것이 형통하게 되어가자 그는 엉뚱한 야망을 품고 과거와 달리 하나님의 뜻을 벗어나 인간적인 방법을 동원하기 시작했던 것이다. 이스라엘의 최고 통지자인 왕의 그와 같은 행동은 나라를 위태로운 지경에 빠지게 할 수밖에 없었다. 즉 솔로몬의 그런 어처구니없는 행동은 이스라엘 민족의 언약 사상을 파괴하거나 약화시키는 역할을 하게 되었다.

그럼에도 불구하고 솔로몬은 종교적인 면에 있어서는 나름대로 원칙을 지켜나가려고 애썼다. 따라서 자기가 애굽의 공주를 예루살렘으로 데리고 와서 아내로 맞았지만 그 여인으로 하여금 다윗 왕궁에 거하지 못하도록 했다. 그 이유는 하나님의 언약궤가 머물던 곳은 거룩하므로 이방 여인이 거할 수 없다고 판단했기 때문이다.

그리고 솔로몬은 예루살렘 성전에서 드려지는 제사와 연관된 모든 일을 소홀히 하지 않기 위해 최선의 노력을 기울였다. 그는 과거 다윗 왕이 강조한 대로 제사장들로 하여금 질서 있게 정렬하여 그 직무를 성실하게 감당하도록 요구했다(대하8:14). 그들은 성소 앞 번제단에서 제물을 바치되 율법에 따라 날마다 드리는 상번제와 안식일을 성실하게 지켰다. 또한 매월 초하루에 지내는 월삭 제사, 무교절 곧 유월절과 칠칠절 곧 오순절, 그리고 초막절 곧 장막절에 율례에 따라 번제물을 드려 하나님께 제사를 지냈다.

또한 솔로몬은 레위인들로 하여금 저들에게 맡겨진 고유한 직분에 따라 날마다 하나님을 찬송하도록 했다. 그들은 제사장들 앞에서 다양하게 수종들기도 하고 질서 있게 정렬하여 문지기로서 여러 문들을 지키기도 했다. 그것은 솔로몬의 개인적인 판단에 따른 것이 아니라 그의 부친 다윗 왕이 율법에 따라 명령한 것이었다.

이리하여 제사장들과 레위 지파 사람들은 곳간을 관리하는 일을 비롯하여 왕이 명령한 모든 일들을 규례에 따라 온전히 순종하며 맡은 바 직무를 감당했다. 솔로몬이 하나님의 성전 건축을 위해 기초를 놓던 첫날부터 그 것이 완공될 때까지 모든 과정이 완벽하게 진행되었으며 그와 더불어 제사와 수종드는 모든 일들이 온전히 이루어졌다. 이는 하나님의 놀라운 경륜과 그의 도우심에 의한 것이었다.

하지만 솔로몬은 종교적인 측면 외에 다른 일반적인 면에서 크게 잘못하여 하나님의 말씀에 불순종했다. 왕국을 위한다는 명분으로 행했던 일반 정치 외교와 가정생활에서는 율법을 크게 벗어나 자기의 판단에 따라 행동했기 때문이다. 따라서 그는 종교적인 면에서는 하나님을 위해 최선의 노력을 기울인데 반해 일반적인 면에서는 전혀 그렇지 않았다. 이는 하나님의 분노를 일으키는 역할을 했을 뿐 아니라 결국은 다윗 왕국이 남북으로 갈라지게 하는 원인을 제공하게 되었던 것이다.

4. 솔로몬의 세력 확장(대하8:17,18)

이처럼 예루살렘 성전과 왕궁을 성공적으로 건축한 솔로몬은 점차 자기가 원하는 방식대로 정치와 외교를 펼치고자 했다. 이는 그가 하나님의 율법과 그의 거룩한 뜻을 서서히 벗어나기 시작했음을 말해 주고 있다. 그는 하나님의 뜻에 합한 나라를 세우고자 하는 대신 주변의 왕국을 살피며 강력한 자기 왕국을 세우고자 했던 것이다. 이는 경제적으로 부강한 나라를 만들고자 하는 꿈을 포함하고 있었다.

그러므로 솔로몬은 금을 비롯한 재화에 많은 관심을 가졌다. 그가 에돔 땅 아카바만의 북단에 위치한 항구도시 에시온게벨과 엘롯에 이르렀을 때 이방인 후람이 자기 신복에게 명령을 내려 바닷길을 통해 선박으로 종들을 보냈다. 그들은 솔로몬의 신하들과 함께 오빌로 가서 금 사백오십 달란트를 얻어 솔로몬 왕에게 가져가서 바쳤다.

우리가 여기서 기억해야 할 점은 이스라엘 왕국에는 더 이상 많은 금이 필요하지 않았다는 사실이다. 예루살렘 성전이 완공되고 왕궁 건설이 끝난 터에 금을 탐할 이유가 없었기 때문이다. 따라서 솔로몬이 많은 금을 가지고자 했던 것은 그의 탐심과 더불어 이스라엘 왕국을 경제적으로 부강하게 만들고자 하는 욕망 때문이었을 것으로 보인다. 솔로몬은 자기의 그와 같은 판단과 행동을 정당한 것으로 여겼을지 모르지만 실상은 전혀 그렇지 않았다.

이에 대해서는 솔로몬 왕의 경우와 직접 대비하지 않는다고 할지라도 신약 교회들 역시 신중하게 생각해 보아야 한다. 오늘날 우리시대 교회가 과연 많은 양의 돈이나 재화를 소유할 필요가 있는가? 만일 교회가 금을 원하고 그것을 많이 쌓아둔다면 그것은 결코 올바르지 않다. 하나님의 교회에는 계시된 말씀과 성령 하나님의 도우심에 따라 예수 그리스도의 뜻에 올바르게 순종해야 할 뿐 정도에 넘어서는 지나친 부를 쌓으려고 해서는 안 된다.

만일 교회와 성도들이 그로부터 벗어나 돈과 물질을 지나치게 탐한다면 그것은 올바른 신앙을 가진 교회의 자세라 말할 수 없다. 현대의 지상 교회에 어느 정도 물질이 있어야 하지만 사회적 통념에 비추어보아 적절한 양만큼 필요할 따름이다. 그에 벗어나 물질이 많아져 과도할 만큼 부유하게 된다면 교회를 도리어 위험한 지경에 빠뜨리게 된다. 따라서 하나님께서 자신의 거룩한 피로 값 주고 사신 교회에 속한 모든 성도들은 오직 천상에 소망을 두고 이 세상에서 겸손한 신앙인의 자세로 살아갈 수 있어야 한다.

제8장

솔로몬과 스바 여왕, 그리고
그의 실정(失政)과 죽음
(대하9:1-31)

1. 솔로몬 왕을 방문한 스바(Sheba)[29] 여왕(대하9:1-6)

솔로몬은 타의 추종을 불허하는 많은 명예를 가지고 있던 왕이었다. 그는 당대 최고의 유능한 지도자로 알려져 있었다. 그러자 주변의 여러 왕국 통치자들이 솔로몬과 외교 관계를 맺고자 원했으며 그것을 위해 예루살렘을 방문하는 자들이 많았다. 이는 그가 국제 사회에서 매우 영향력 있는 인물이 되었음을 의미한다.

외적으로 보아 솔로몬이 소유한 세력은 상당한 영향력을 가졌지만 이스라엘 민족정신에 비추어볼 때는 지극히 허망한 것에 지나지 않았다. 그럼에도 불구하고 정치 외교적 목적을 가진 주변 인사들은 그것을 활용하고자 모든 노력을 기울였다. 예수님께서는 산상수훈에서 '솔로몬의 영광'을

---

29) 스바(Sheba)는 대개 '에디오피아'로 보고 있다. 하지만 당시 스바는 지금의 남부 아라비아 일대를 포함하는 것으로 보는 것이 일반적이다.

언급하시며 그 영광은 잠시 지나가는 것일 뿐 실제로는 아무것도 아니라는 사실을 강조하셨다.

> "그러나 내가 너희에게 말하노니 솔로몬의 모든 영광으로도 입은 것이 이 꽃 하나만 같지 못하였느니라"(마6:29)

예수님께서는 과거 솔로몬이 가졌던 영광이 얼마나 컸는가 하는 점을 인정하셨다. 하지만 그것이 진정한 영광이라기보다 사람들이 그렇게 인식하고 있었던 사실에 대한 언급이다. 산과 들에 아름답게 보이는 꽃들을 비롯한 들풀도 잠시 화려한 모습을 보이지만 결국 마르게 되어 허망해지거나 아궁이에 던져져 불살라질 따름이다.

솔로몬이 가졌던 세상에서의 영광도 허망하기는 그와 다르지 않았다. 당시 그 주변 세계에서 솔로몬의 명성은 자자했다. 따라서 그의 지지를 받고자 깊은 관심을 가지는 이방 지도자들이 많았다. 그들은 멀리 떨어져 있으면서 그 상황을 눈으로 직접 목격하지 않고도 그에 대한 소문을 듣고 있었다.

스바 여왕은 자국에 있는 동안 솔로몬의 명예와 능력에 관한 소문을 듣고 그를 만나기 위해 많은 수행원들과 더불어 직접 예루살렘을 방문했다. 그가 솔로몬을 만나고자 했던 까닭은 단순한 호기심 때문이 아니라 솔로몬이 통치하는 왕국과 외교관계나 동맹을 맺기 위해서였을 것이 분명하다.

그 여왕은 솔로몬을 만나 다양한 질문들을 통해 자기가 들은 소문이 사실인지 확인해보기를 원했다. 당시 예루살렘을 방문한 스바 여왕의 행렬은 엄청난 규모였다. 그를 따르는 수행원들뿐 아니라 솔로몬 왕에게 전하기 위한 향품과 금과 보석들을 가득 실은 낙타의 행렬도 대단했던 것으로 보인다.

에루살렘에 도착해 솔로몬 왕을 만난 스바 여왕은 자기 마음에 있는 많은 문제들을 그에게 말했다. 그것은 자기가 직면한 정치 경제 외교 군사 문제 등에 관한 포괄적인 내용들이 포함되어 있었을 것이다. 그 모든 질문을 듣게 된 솔로몬은 각각의 문제에 대하여 거침없이 답변했다. 스바 여왕이 스스로 풀지 못해 고민하던 여러 문제들에 대하여 솔로몬은 막히지 않고 자기 견해를 충실히 말했던 것이다.

스바 여왕은 솔로몬의 답변을 듣고 그의 지혜에 놀라지 않을 수 없었다. 또한 예루살렘 여러 곳을 둘러보며 그가 건축한 왕궁과 왕의 상에 차려진 요리, 신하들이 둘러앉은 모습과 그들이 입은 관복, 술잔을 받들어 올리는 시종들과 그들이 입은 제복을 보고 놀라움을 감추지 못했다. 하지만 이방 여성인 스바 여왕은 예루살렘 성전 안으로 들어가 그 내부를 들여다 볼 수는 없었다. 성전 밖에서 성전으로 올라가는 층계를 보는 것만으로도 넋을 잃을 만큼 놀라서 입을 다물지 못할 정도였다.

스바 여왕은 솔로몬에게, 고국에서 그의 업적과 지혜에 대하여 들었던 모든 내용들을 사실로 확인하게 되었다고 했다. 자기가 예루살렘을 방문하기 전에는 소문으로 들은 모든 것들을 액면 그대로 믿기 어려웠다는 점을 언급하기도 했다. 그런데 이제 와서 직접 솔로몬 왕을 만나 그의 지혜로운 말을 듣고 그가 행한 업적들을 직접 보니 예전에 들어 상상하던 것보다 훨씬 크다는 자기의 심경을 밝혔다.

2. 이스라엘을 대한 스바 여왕의 탄복(대하9:7,8)

솔로몬 왕이 행한 모든 일과 그의 지혜를 확인한 스바 여왕은 그에 대한 최상의 찬사를 아끼지 않았다. 솔로몬의 통치를 받는 백성들이 복이 있으며 그의 신하가 되어 섬기는 신하들이 진실로 복된 사람들이라는 것이었다. 그들이 항상 지혜로운 왕으로부터 탁월한 지혜의 말을 듣는 것이 얼마나 큰 복이냐고 말했던 것이다.

그러면서 스바 여왕은 의외의 표현을 하게 된다. 그것은 솔로몬이 섬기는 여호와 하나님을 거침없이 송축했기 때문이다. 그는 하나님께서 솔로몬을 기뻐하시기를 바란다고 말하면서 그가 친히 솔로몬을 왕위에 오르게 하셨다는 언급을 했다. 그리고 하나님이 저를 왕으로 세우신 까닭은 '여호와 하나님을 위해서' 그렇게 했다고 말했다(대하9:8). 또한 솔로몬의 하나님이 이스라엘을 사랑하셔서 영원히 견고하도록 하시기 위해 저를 세워 이스라엘 민족의 왕으로 삼아 공의를 행하게 하셨다는 표현을 했다.

스바 여왕이 한 이 모든 말들은 그 자체로 볼 때 아무런 문제가 없는 것으로서 구구절절이 옳았다. 하지만 분명한 사실은 이방 왕국을 다스리는 여왕이 언약의 자손에 속한 자가 아니었을 뿐더러 여호와 하나님을 믿는 신앙인이 아니었다는 점이다. 그렇다면 우리는 스바 여왕이 표현한 모든 말을 어떻게 받아들여야 할 것인가?

우리가 여기서 분명히 기억해야 할 바는 여호와 하나님을 송축한다는 스바 여왕의 말은 신앙고백적인 표현이 아니라 외교적인 수사로 보아야 한다는 점이다. 그가 형식상 '여호와 하나님'의 이름을 되풀이하여 언급했을지라도 그가 염두에 둔 신은 이스라엘의 '여호와 하나님'과 달랐다. 그는 이스라엘 민족의 신의 이름을 부르면서 일반적인 관점에서 그렇게 호칭한 것에 지나지 않는다.

우리는 스바 여왕이 예루살렘을 방문하기 전에 이미 솔로몬과 이스라엘 민족에 대한 충분한 정보를 확보했을 것이라는 사실을 염두에 두어야 한다. 이는 그들이 이스라엘 민족의 신앙관과 가치관에 관한 모든 정보를 파악하면서 어떻게 처신하는 것이 가장 성과 있는 자세인지 잘 알고 있었다는 의미를 지니고 있다. 따라서 스바 여왕이 여호와 하나님에 대하여 표현한 모든 것에는 외교적이며 실리적인 목적이 담겨 있었던 것으로 보아야 한다.

스바 여왕은 자신의 표현 가운데 솔로몬 왕의 위상을 최대한 높여주며 그의 호감을 사기 위해 최선의 노력을 기울였다. 물론 그 가운데는 솔로몬 왕에 대한 진심어린 존경의 마음이 있었을 것으로 보인다. 하지만 그와 같은 종교적인 신앙 표현에도 불구하고 그것을 스바 여왕의 진정한 신앙 고백으로 볼 수 없다. 그것은 당시에 있었던 일종의 외교적인 관례로 이해해야 한다. 이는 앞에서 두로 왕 후람이 솔로몬의 편지를 받고 그에게 보낸 답신에서 그와 유사하게 대응했던 것과 동일한 관점에서 이해해야 한다.[30]

3. 스바 여왕이 가져온 외교적 선물(대하9:9-12)

스바 여왕은 본국에서 예루살렘으로 올 때 솔로몬에게 주기 위한 많은 예물들을 준비했다. 그는 금 일백이십 달란트(약 4톤: '현대인의 성경')와 많은 향품과 보석들을 가지고 왔다. 그 모든 것은 엄청난 분량으로서 당시 최고의 품질을 자랑하는 것들이었다.

또한 그때 후람의 신복들과 솔로몬의 신하들도 오빌에서 금을 실어왔으며 백단목(algum)과 많은 보석을 가져왔다. 왕은 그 백단목을 가지고 여호와 하나님의 성전과 왕궁의 층대를 만들었다. 그리고 노래하는 레위인들을 위하여 수금과 비파 등 악기를 만들기도 했다. 그와 같은 훌륭한 품질은 이스라엘 지역에서 보기 힘든 것들이었다.

솔로몬은 스바 여왕으로부터 많은 예물들을 받은 후 그에 대한 답례를 했다. 이는 여왕에게 상당한 예물을 전했음을 의미한다. 또한 그 외에도 여

---

30) "두로 왕 후람이 솔로몬에게 답장하여 가로되 여호와께서 그 백성을 사랑하시므로 당신을 세워 그 왕을 삼으셨도다 또 가로되 천지를 지으신 이스라엘 하나님 여호와는 송축을 받으실찌로다 다윗왕에게 지혜로운 아들을 주시고 명철과 총명을 품부하시사 능히 여호와를 위하여 전을 건축하고 자기 권영을 위하여 궁궐을 건축하게 하시도다"(대하2:11,12)

왕이 원하는 것이나 구하는 것들을 구해 선물로 주었다. 이처럼 모든 일을 성공리에 마친 후 스바 여왕은 자기 신하들과 함께 본국으로 되돌아갔다.

우리가 짐작할 수 있는 사실은 스바 여왕과 솔로몬 왕 사이에 성공적인 외교관계가 수립되었으리라는 사실이다.[31] 이는 향후 양국 사이에는 상호 협조관계가 이루어져 국제 무대에서 힘을 모을 수 있게 했을 것이다. 또한 본국으로 돌아간 스바 여왕과 그의 신하들은 예루살렘에서 보고 들은 모든 사실들을 백성에게 전달하면서 긍정적이고 좋은 점들을 이야기했을 것이 틀림없다.

하지만 하나님의 언약적인 관점에서 볼 때 스바 여왕과 솔로몬 사이에 성공적인 협상이 이루어진 것은 반드시 좋은 것이라 말할 수 없다. 그것은 도리어 이스라엘 민족에게 엄청난 해가 되었으리라는 점이다. 언약의 백성은 오직 여호와 하나님 한 분만 바라보며 살아가야 한다. 하나님으로부터 위임받아 백성의 통치자가 된 왕은 당연히 그에 순종하는 가운데 백성들을 다스리며 지도할 수 있어야 한다.

그러나 솔로몬 왕이 스바 여왕으로부터 칭송을 듣고 그 나라와 굳건한 외교관계가 성립된다는 것은 하나님으로부터 점차 멀어져간다는 의미를 지니고 있다. 즉 솔로몬 왕은 시간이 흐르면서 여호와 하나님을 의지하지 않고 자신의 정치력과 외교적인 능력을 의지하게 되었다. 그것은 하나님께서 자기 백성들에게 원하시는 바가 아니었다.

---

31) 어떤 사람들이 솔로몬과 스바 여왕 사이에 애정관계가 있었던 것처럼 주장하는 것은 아무런 근거가 없다. 그럼에도 불구하고 역사 가운데는 왜곡된 상상들이 많이 등장한다. 우선 에디오피아인들 가운데는 당시 예루살렘 방문에서 본국으로 돌아온 스바 여왕이 솔로몬의 아들을 낳았다고 믿는 자들이 상당수 있다. 그가 에디오피아의 황제 메넬리크 1세라는 것이다. 하지만 그것은 인간들의 편향된 호기심에 근거한 황당한 전설에 지나지 않는다. 또한 1959년 제작된 영화 "솔로몬과 스바 여왕"에는 그들 사이를 애정관계로 설정하고 있다. 그것은 우리 시대 많은 사람들이 잘못된 인식을 가지도록 만든 촉매제가 되었다고 해도 과언이 아니다. 하지만 우리는 성경이 그에 대한 언급을 전혀 하지 않는다는 사실에 관심을 가질 필요가 있다.

이에 대해서는 오늘날 우리 역시 민감하게 반응해야 할 문제이다. 하나님의 몸된 교회와 그에 속한 모든 성도들은 영원한 천상을 바라보며 오직 여호와 하나님만 의지해야 한다. 세상에서의 높은 위상을 확보하고 그것을 과시하거나 세상으로부터 인정받으려는 태도는 여간 위태로운 일이 아니다. 세상 가운데서 소금과 빛의 직분을 감당하면서도 세상에 휩쓸리지 않는 신앙인의 정조를 유지해야만 하는 것이다.

4. 솔로몬 왕국의 국력(대하9:13-28)

솔로몬 왕은 세력을 팽창해 가는 동안 엄청난 부를 축적하게 되었다. 그는 물론 그 모든 것들이 자기 개인의 것이 아니라 이스라엘 왕국의 소유라 말하겠지만 그것은 통치자인 왕의 소관에 달려 있었다. 그는 해마다 백성들로부터 엄청난 세금을 거두어 들였다. 솔로몬 왕이 무역하는 사람들과 상인들에게서 거둬들이는 재물은 세금 외에도, 매년 그에게 정례적으로 들어오는 금이 육백육십육 금달란트(약23톤, 현대인의 성경)나 되었다.

그밖에 아라비아 왕들과 이스라엘의 여러 지방 장관들도 금과 은을 솔로몬에게 가져왔다. 솔로몬은 그것들을 쳐서 늘인 금으로 크고 작은 방패들을 만들었다. 이는 상당량의 금을 전쟁 무기를 위해 사용하게 되었음을 말해준다. 특별히 제작된 방패들은 레바논의 숲속에 있는 그의 별궁(in the Palace of the Forest of Lebanon)에 보관해 두었다.

우리는 여기서 솔로몬의 제국주의에 연관된 커다란 야망을 보게 되며 그의 화려한 삶의 모습을 엿보게 된다. 그는 상아로 자기의 큰 보좌를 만들고 정금으로 입혀 그 권위를 나타내기도 했다. 그 보좌에는 여섯 층계와 보좌에 붙은 발판은 금으로 되어 있었다. 또한 양편에는 팔걸이가 있었으며 그 양 옆에 사자 형상의 조형물이 각각 서 있었다. 그리고 열두 사자가 여섯 층계 좌우편에 세워졌다.

이와 같이 위엄 있는 모습은 당시 어느 나라에서도 찾아보기 어려운 광경이었다. 또한 솔로몬 왕이 사용하는 그릇들은 전부 금으로 만들어졌으며 레바논의 숲속 별궁에 있는 그릇들도 마찬가지였다. 솔로몬 당시 이스라엘에는 넘쳐나는 금으로 인해 은을 그다지 귀하게 여기지 않았다. 그의 시대에는 왕의 선박들이 후람의 부하들과 함께 다시스(Tarshish)[32])로 다니며 매 삼 년마다 금과 은과 상아와 원숭이와 공작새들을 실어 날랐다.

우리는 여기서 다양한 보석들을 예루살렘으로 가져온 것은 쉽게 이해할 수 있으나 원숭이와 공작새에 대해서는 이해하기 쉽지 않다. 원숭이와 공작새는 노동력을 제공하는 것이 아닐 뿐더러 식용으로 사용한 것도 아니었다. 아마도 그것은 왕의 관상용으로 사용하기 위해 가져온 것이 아닌가 짐작해 볼 수 있다. 동물을 관상용으로 키운다는 것은 풍요가 넘쳐난 시대라는 사실을 말해주고 있다.

성경에는 솔로몬 왕의 재산과 지혜가 당시 주변의 천하 열왕들보다 컸다는 사실을 언급하고 있다(대하9:22). 따라서 많은 왕들이 하나님께서 솔로몬의 마음에 주신 지혜에 관심을 가졌다. 그리하여 그를 만나보기 원하여 제각각 예물을 가지고 예루살렘으로 찾아오는 외국의 고위 관리들이 많았다.

또한 직간접적으로 솔로몬 왕국의 지배를 받는 나라들이 늘어났다. 그 왕들은 금은 그릇과 의복과 향품을 가져오기도 하고 갑옷과 말과 노새를 가져와 바치기도 했다. 그들은 정해진 분량이 있어서 해마다 정례적으로 조공을 바치듯 했던 것이다. 이처럼 솔로몬 왕의 세력은 점차 확장되어 갔다. 그에게는 엄청난 수의 병거와 말과 마병들이 있었다. 예루살렘과 병거성 등 여러 곳에는 말을 모아 매어두기 위한 외양간들이 준비되어 있었다.

당시 솔로몬은 유브라테스 강에서부터 블레셋 땅과 애굽 지경까지의 많은 왕들과 나라들을 관할했다. 솔로몬 왕국은 일종의 제국주의처럼 되어

---

32) 역대하 본문에 기록된 다시스(Tarshish)는 요나서에 기록된 다시스와 다른 지역이다. 요나서의 다시스는 지중해 먼 곳에 위치한 도시였다면 역대하의 다시스는 아카바만의 홍해바다 해변 어디에 있던 도시로 보인다. 당시는 지중해와 홍해는 육지로 인해 서로 연결되지 않아 배가 항해할 수 없었다.

있었다. 그러므로 솔로몬은 예루살렘에서 은을 돌같이 흔하게 사용했으며, 그곳에는 귀한 백향목이 평지의 뽕나무같이 많았다. 또한 그는 전쟁을 위한 날렵한 말들을 애굽과 각 나라들에서 들여왔다.

그가 주변 여러 나라들 보다 강력한 세력을 확보하고자 그렇게 한 것은 하나님보다 자기 능력을 의지하고자 하는 자세로서 문제 있는 것이라 말하지 않을 수 없다. 그것은 매우 잘못된 판단이자 행동이었다. 시편 기자는 그에 관한 사실을 언급하며 노래불렀다.

"여호와께서 자기에게 속한 바 기름부음 받은 자를 구원하시는줄 이제 내가 아노니 그 오른손에 구원하는 힘으로 그 거룩한 하늘에서 저에게 응락하시리로다 혹은 병거, 혹은 말을 의지하나 우리는 여호와 우리 하나님의 이름을 자랑하리로다"(시20:6,7)

시편 기자는 여호와 하나님이 아니라 자신의 병거와 말을 의지하는 자들이 패망하게 된다는 사실을 언급하고 있다. 우선 보기에 강력한 세력을 가진 듯하지만 실제로는 전혀 그렇지 않다는 것이다. 진정한 힘은 오직 여호와의 이름에 달려 있으며 참 지혜로운 자들은 병거와 말이 아니라 그를 의지하게 된다.

이에 대해서는 오늘날 우리 역시 마찬가지다. 하나님의 백성들은 세상의 것들을 의지해서는 안 되며, 세상에서 힘센 자들을 의지하지 말아야 한다. 진정한 승리는 오직 여호와 하나님 한 분께 속해 있다. 교회에 속한 모든 참된 성도들은 이에 대한 분명한 깨달음을 가지고 있어야만 한다.

5. 솔로몬의 죽음과 위기에 봉착한 이스라엘 왕국(대하9:29-31)

솔로몬 왕의 살아생전에 이룩한 업적은 대단했을 것이 분명하다. 그에 대해서는 여러 사람들이 다양한 목적으로 기록을 남겼다. 정부 기록물에는 그의 모든 업적이 공적인 차원에서 기재되었을 것이며 개인적으로 그것을 기록하는 자들도 많이 있었다.

이는 하나님께서 특별한 성도들을 통해 그에 대하여 계시하신 말씀과는 별도로 이해해야 한다. 하나님의 계시는 그것 자체로서 일점일획도 틀리지 않은 완벽한 내용을 담고 있다. 그것은 절대진리로서 구약시대 그 이후의 모든 언약의 자손들과 오늘날 우리를 포함한 신약시대 모든 성도들에게도 그대로 유효한 말씀이다.

이에 반해 구약시대 공적인 차원의 국가 기록물이나 선지자와 선견자가 쓴 역사서라 할지라도 그 모두가 성경은 아니었다. 즉 그것들은 하나님의 계시가 아니라 개인적으로 남긴 글에 지나지 않는다. 설령 그들이 성실하게 역사 서술을 하여 그 내용이 틀리지 않다고 할지라도 일반 역사적 기록물들은 하나님의 계시와는 그 본질적인 성격이 다르며 그것은 절대진리가 될 수 없다.

역대서 본문에는 솔로몬의 모든 행적은 선지자 나단, 아히야의 예언, 선견자 잇도의 묵시책 곧 잇도가 느밧의 아들 여로보암에 대하여 쓴 책에 기록되어 있음을 언급하고 있다. 여기서 말하고 있는 예언, 묵시 등은 기록된 역사 자체의 완벽한 계시를 의미하기보다 선지자와 선견자의 직분사역의 일환으로 보는 것이 자연스럽다.[33] 따라서 그 책들은 구약성경 39권에 포함되지 않았던 것이다.

솔로몬은 예루살렘에서 왕위에 올라 사십년 동안 이스라엘 백성을 다스

---

33) 우리는 여기서 '예언' 과 '예언서' 에 대한 구분을 할 필요가 있다. 즉 선지자들의 예언들 가운데는 글로 기록되지 않았지만 하나님으로부터 계시된 언어들이 있다. 언어계시는 그것 자체로서 완성이 되며 기록계시는 그와 별도로 허락되었다. 즉 기록계시와 언어계시의 차이가 존재한다. 성경에 기록된 '야살의 책' (수10:13, 삼하1:18)도 이스라엘 민족 가운데 발생한 사건들을 다룬 여러 책들 가운데 하나이다. 따라서 '야살의 책' 은 좋은 책이기는 하되 하나님으로부터 계시된 하나님의 말씀은 아니다.

렸다. 그가 전반기 동안 사역을 행할 때는 하나님의 율법을 의지하고 그에게 온전히 의지하려는 신앙적인 삶을 실천했다. 하지만 통치 후반기에 이르러서는 주변 왕국들의 상황을 살피며 자기 판단대로 이스라엘 왕국을 부강하게 만들고자 애썼다.

그 결과 솔로몬의 판단과는 달리 이스라엘 왕국이 도리어 더 큰 어려움에 봉착하게 되었다. 이는 그가 여호와 하나님과 그의 율법에 기록된 교훈을 멀리했기 때문이다. 솔로몬이 나이 들어 죽게 되자 백성들은 그의 시신을 선왕인 다윗성에 장사지냈다. 백성들이 심한 어려움에 빠지고 나라가 위기에 봉착한 가운데 솔로몬의 아들 르호보암이 그 뒤를 이어 왕위에 올라 이스라엘 왕국을 통치하게 되었다.

제9장

르호보암 왕의 정책과 왕국의 분열 및 위기
(대하10:1-19; 11:1-23; 12:1-16)

1. 르호보암 왕과 여로보암의 귀국(대하10:1,2)

솔로몬이 죽은 후 이스라엘 왕국에는 큰 정치적 변화가 일어났다. 백성들은 이미 왕으로 확정된 르호보암을 추대하기 위해 에브라임 지파에 속한 북쪽의 세겜에 모여들었다. 르호보암도 예루살렘에서 백성들이 모인 그곳으로 갔다. 우리는 여기서 예루살렘이 아닌 세겜에서 그와 같은 중대한 정치적 행사가 진행된 데는 상당한 사유가 있었던 것으로 이해해야 한다.

당시 세겜은 예루살렘에서 북쪽으로 약 50km 정도 떨어진 곳으로 예루살렘 이북 지역의 중심지 역할을 하고 있었다. 유다 지파인 솔로몬 왕 정부의 과다한 조세정책으로 인해 북쪽 지역의 여러 지파에 속한 자들은 불만이 매우 컸다. 아마도 거기에는 불만이 가득한 민심을 잠재우기 위한 정치적 포석이 어느 정도 깔려 있었을 것으로 보인다.

막강한 솔로몬 왕의 뒤를 이어 왕위를 계승한 르호보암에게는 풀어나가야 할 문제들이 산재해 있었다. 그것은 국내 정치뿐 아니라 국제 관계에 있어서도 마찬가지였을 것이 분명하다. 그런 상황에서는 국론이 통일되어 불필요한 분열 현상을 막는 것이 중요한 문제가 아닐 수 없었다.

그런 중에 솔로몬 왕의 학정을 피해 애굽으로 망명갔던 느밧의 아들 여로보암이 본국으로 돌아왔다. 왕이 죽었다는 소문을 듣고 그가 급히 귀국했던 것이다. 여로보암은 오늘날 우리의 관점에서 말하자면 억눌린 백성들의 편에서 투쟁한 진보적 민주 인사였다. 그는 솔로몬 정부를 비판하면서 그에 대한 부당성을 지적하며 활동했을 것이 분명하다. 그로 말미암아 여로보암은 상당기간 동안 애굽 땅에서 도피생활을 했던 것이다.

2. 초기 르호보암 왕의 무리한 정책 시도(대하10:3-11)

당시 이스라엘 백성들 가운데 다수에게는 여로보암이 매우 호감이 가는 인기 있는 인물이었다. 따라서 솔로몬에 이어 르호보암을 왕으로 추대하는 행사를 위해 백성들이 여로보암을 불러 그곳으로 오게 했다. 그리하여 여로보암과 온 이스라엘 백성이 왕위를 계승하는 르호보암에게 저들의 입장을 전달했다.

그들은 먼저 선왕 솔로몬의 학정에 대한 불만을 쏟아냈다. 그동안 과도한 노역과 더불어 과중한 세금을 거두어들여 민생을 어렵게 했으니 이제 르호보암 왕은 선왕 솔로몬과 달리 모든 멍에를 가볍게 하는 정책을 펼쳐 달라고 했다. 그렇게 하면 온 백성이 힘을 다해 왕을 섬기겠다는 것이었다.

백성들의 요구를 듣게 된 르호보암은 그 자리에서 즉시 답변하지 않았다. 그대신 삼 일 후에 다시금 저들을 만나 자신의 의사를 밝히겠노라고 했다. 이제 갓 왕위에 오른 르호보암의 입장에서는 정부 관료들의 의견을 듣지 않고 혼자서 그에 연관된 정책을 선포할 입장이 아니었던 것으로 보인다. 아무리 왕이라 할지라도 주변 공직자들의 동의와 지원이 없이는 원활한 정책을 펼쳐나갈 수 없었기 때문이다.

그러므로 백성들의 정책 주문을 들은 후 르호보암은 정부의 주요 인사들을 소집해 그에 관한 논의를 하기 시작했다. 그는 먼저 솔로몬 정부에서 오랫동안 정책에 가담했던 노련한 정치인들 곧 노장파와 만나 대화를 나누었다. 여로보암을 비롯한 백성들의 청원을 언급하며 그에 대하여 어떻게 답변하면 좋을지 자문을 구했다.

노장파에 속한 자들은 이제 막 왕위에 오른 르호보암 왕에게 백성들이 요구하는 바를 들어주어야 한다는 생각을 피력했다. 백성들을 후하게 대접하여 원하는 것들을 받아들여 마음을 부드럽게 어루만져 주면 그들이 영원토록 충성스럽게 왕을 섬기리라는 것이었다. 하지만 르호보암은 노장파의 권면을 받아들이는 대신 자기와 함께 해왔던 젊은 소장파들을 불러 저들의 견해를 물었다.

왕은 젊은 관료들에게 먼저 백성들이 선왕 때부터 겪어온 견디기 힘든 멍에를 가볍게 해달라는 주문을 한 사실을 언급했다. 그리고 어떻게 답변하는 것이 최선의 대응이 될지 저들의 생각을 물었다. 그러자 그들은 노장파의 견해와는 정반대의 강경한 정책을 주문했다.

소장파 관료들은 르호보암 왕에게 선대의 왕이었던 솔로몬 왕보다 훨씬 더 강력한 정책을 펼쳐야 한다는 대책을 내놓았다. 신임 르호보암 왕의 손가락이 그 부친 솔로몬 왕의 허리보다 굵으니 그 전의 멍에보다 훨씬 더 무거운 멍에를 저들에게 지우겠다고 말하라는 주문을 했다. 따라서 선왕(先王)은 가죽 채찍으로 백성을 다스렸지만 자기는 쇠 채찍(scorpion)으로 저들을 다스리겠노라고 말하라는 것이었다.

3. 르호보암의 무리한 정책 선언으로 인한 국론 분열(대하 10:12-15)

앞서 약속한 대로 삼 일이 지났을 때 르호보암 왕과 여로보암을 비롯한 백성의 지도자들이 다시 대면했다. 왕은 그동안 노장파와 소장파 관료들을 만나 다양한 애기를 들어본 후 노련한 자들의 교훈을 버리고 젊은 사람들의 견해를 받아들여 강경 정책을 펼치기로 작정한 상태였다. 따라서 그는 자기에게 나아온 백성들을 향해 강한 모습을 보이며 포악한 언술로 자기의 생각을 밝혔다.

르호보암은 선왕이었던 자기 부친 솔로몬이 그동안 저들의 멍에를 무겁게 했으나 이제 자기는 그보다 더욱 강력한 정책을 펼칠 것이라 선포했다. 솔로몬은 가죽 채찍으로 백성을 다스렸으나 이제 자기는 쇠 채찍으로 다스리겠다는 것이었다. 백성들의 간절한 소원과 요구를 외면한 그의 말을 들은 거기 모인 사람들은 실망하지 않을 수 없었다.

성경은 르호보암이 백성들 앞에서 그와 같은 강경한 태도를 보인 것이 하나님으로 말미암은 것이라 기록하고 있다(대하10:15). 하나님께서는 솔로몬이 살아있을 때 선지자 아히야를 여로보암에게 보내 그에 관한 예언의 말씀을 주셨다. 행위 예언으로 계시된 그에 관한 소문이 나게 되면 아히야와 여로보암은 목숨을 부지하기 어렵게 될 수도 있었다.

> "아히야가 그 입은 새 옷을 잡아 열 두 조각에 찢고 여로보암에게 이르되 너는 열 조각을 취하라 이스라엘 하나님 여호와의 말씀이 내가 이 나라를 솔로몬의 손에서 찢어 빼앗아 열 지파를 네게 주고"(왕상11:30,31)

이 예언은 하나님께서 직접 계시하신 말씀이었기 때문에 반드시 이루어질 내용이었다. 선지자 아히야는 그 사실을 믿고 마음속 깊이 새기고 있었을 것이 분명하다. 하지만 정작 당사자인 여로보암은 올바른 신앙을 가진 인물이 아니었으므로 그 예언을 믿는 마음으로 받아들이지 않았을 수 있다. 나중 그 일이 점차 진행되어 가는 동안 여로보암은 옛날 아히야의 예언을 마음속에 또렷이 떠올렸을 것이다.

어쨌거나 반란 정부를 구성한 여로보암에게 연관된 정치적 문제에 대해서는 그 중심에 하나님의 원대한 계획과 섭리가 존재했던 것이 분명하다. 솔로몬은 그동안 이스라엘 왕국으로 하여금 엄청난 부를 축적하는 발판을 마련하고 국제적인 위상을 크게 높여 왔다. 하지만 르호보암 시대에는 더 이상 그것을 허용하지 않으려는 하나님의 뜻이 그 가운데 담겨 있었을 것으로 보인다.

4. 일부 이스라엘 백성들의 반란(대하 10:16-19)

새로 즉위한 르호보암 왕의 강경 정책에 관한 선포는 이스라엘 왕국 가운데 발생할 엄청난 사건을 예고하고 있었다. 이스라엘 백성은 저들의 간곡한 요구를 거부한 왕의 태도를 보고 크게 실망하지 않을 수 없었다. 그리하여 다수의 백성들은 다윗과 솔로몬을 잇는 왕조를 거부하고 결별을 선언하기에 이르렀다.

그들은 더 이상 다윗의 집안과 이스라엘 백성 사이에 아무런 상관이 없다는 선포를 했다. 이는 르호보암 왕의 선포에 대한 정면 대응이었다. 그리하여 지도층에서는 백성들을 향해 이제 각기 자기 처소로 돌아가 왕권에 순복하지 말라고 했다. 다윗 왕조를 잇는 왕은 이제 자기 집안이나 돌보라고 하는 극한 말을 던진 후 각각 지파에 따라 자신의 고향 집으로 돌아가게 되었다.

하지만 유다 지역에 살고 있던 이스라엘 자손은 르호보암의 왕권을 인정하고 그의 정치 권력에 순복했다. 그 초기 단계에서 왕은 아직도 자기의 왕권에 저항하는 세력에 대하여 그다지 심각하게 받아들이지 않았던 것으로 보인다. 따라서 이스라엘 백성이 살아가는 전역을 향해 자신의 정치력을 펼치려고 했다.

그러므로 르호보암은 자기의 정치적 뜻을 관철시키기 위해 부역하는 자들의 총감독자인 하도람을 북쪽 이스라엘 지역으로 보냈다. 아마도 그 역시 그 가까운 곳으로 행차했던 것으로 보인다. 그런데 북쪽 지역에 살고 있던 이스라엘 자손들이 최고 통치자가 특별 임무를 맡겨 파송한 하도람을 돌로 쳐 죽이는 일이 발생하게 되었다.

이는 백성들이 정면으로 왕명을 거역했을 뿐 아니라 왕의 신하를 죽인 것은 반란이 일어나게 된 사실을 의미한다. 갑작스럽게 발생한 끔찍한 광경을 목격한 르호보암은 급히 수레에 올라 예루살렘으로 도망치듯 귀환했다. 그리하여 이스라엘 전역에서 다윗 왕조의 왕권이 수용되는 시대가 막을 내리게 되었다. 그로부터 다윗 왕조를 배반한 자들의 후손은 역대기가 기록될 당시까지도 여전히 그에 대한 반감을 가지고 있었다.

■ ■ ■ ■ ■ 역대하 11장

5. 르호보암의 북쪽 지역 포기와 남쪽 지역 유지(대하11:1-12)

예루살렘으로 도망치듯 돌아온 르호보암은 북쪽의 반란 세력을 진압해야만 했다. 그리하여 유다와 베냐민 지파 용사들 십팔만 명을 예루살렘에 소집했다. 그들은 반란을 일으킨 북 이스라엘을 진압하여 나라를 회복하여 왕에게 돌리기 위해 만반의 준비를 갖추었다.

그 와중에 하나님의 말씀이 선지자 스마야에게 임했다. 그것은 아무도 예측할 수 없던 의외의 말씀이었다. 솔로몬의 아들 유다 왕 르호보암과 유다와 베냐민 지파에 속한 무리로 하여금 북쪽 지역에 있는 이스라엘 자손들과 싸우기 위해 올라가지 말라고 했기 때문이다. 즉 싸움을 포기하고 각기 집으로 돌아가라는 것이었다. 이는 저들의 반란이 하나님의 뜻에 따라 발생한 사건이라는 점을 말해주고 있다.

르호보암 왕을 비롯한 유다와 베냐민 지파 용사들은 선지자가 전한 하

나님의 말씀을 듣고 순종하여 여로보암의 세력을 치러 올라가지 않고 각
기 집으로 돌아갔다. 그대신 르호보암은 예루살렘에 거하면서 유다 지역
여러 곳에 방어를 위한 많은 성읍들을 건축했다. 베들레헴, 드고아, 아둘
람, 라기스, 아얄론, 헤브론 등 여러 도성들이었다.

그 성읍들은 유다와 베냐민 지파의 땅에서 견고한 성이 되었다. 르호보
암은 그 지역을 더욱 견고케 한 후 그 가운데 책임자들을 임명하여 세웠
다. 각 성읍들은 양식과 기름과 포도주 등 식량을 비축하고 방패와 창을
두어 강력한 나라를 만들고자 노력했다. 그 중심에 선 자들은 유다와 베
냐민 지파에 속해 있으면서 르호보암의 통치력 아래 살아가는 종족들이
었다.

6. 북 이스라엘의 독립과 근본적 배도행위(대하 11:13-15)

북쪽 지역의 백성들이 일으킨 반란으로 인해 가나안 땅의 영토뿐 아니
라 영적인 지형에 큰 지각 변화가 일어났다. 영토는 당연히 남북으로 갈라
질 수밖에 없었다. 그런데 문제는 제사장과 레위 사람들에 관한 부분이었
다. 원래 그들은 이스라엘 전 지역에 흩어져 살아가고 있었다. 제사장 계
열에 속해 있으되 성전 제사직무를 수행하지 않는 자들과 레위 족속들은
약속의 땅에 흩어져 살아가는 각 지파 가운데 자리를 잡고 살았던 것이다.

물론 그들은 이스라엘 민족 각 지파에 속한 백성들이 올바른 신앙생활
을 하도록 영적으로 이끄는 역할을 감당했다. 그런데 르호보암이 다스리
는 남쪽 왕국과 여로보암이 다스리는 북쪽 왕국이 갈라지게 되었을 때 가
장 심각한 문제를 떠안은 자들은 각 지파 가운데 흩어져 살아가던 레위지
파 사람들이었다.

여로보암과 그를 따르는 열 지파에 속한 사람들은 종교와 신앙문제까지
르호보암의 통치영역 사람들로부터 분리하게 되었다. 더 이상 예루살렘과

거룩한 성전을 인정하기를 꺼렸다. 그대신 북쪽 지역에 있는 단과 벧엘에 별도의 신전을 건립하고 송아지 형상을 둠으로써 이교적인 신앙을 채택했다. 나아가 그들은 더 이상 레위 사람들을 제사장과 각종 종교의례를 담당하는 필수 직분자로 인정하지 않았다.

그러므로 여로보암과 왕자가 된 그의 아들들은 레위 지파 사람들이 감당하던 모든 직분을 폐하여 제사장 직분과 의례에 연관된 일을 더 이상 행치 못하도록 했다. 또한 여로보암은 나라 안에 많은 산당들을 세우고 그 안에 수염소 우상과 송아지 우상을 만들어 레위 지파가 아닌 다른 지파에 속한 자들을 임의로 세워 제사장 직분을 감당하도록 했다. 따라서 북쪽 지역 각 지파 가운데서 살아가던 제사장과 레위인들이 모두 그곳을 떠나 예루살렘으로 돌아올 수밖에 없었다.

7. 남쪽 유다 왕국에 대한 하나님의 보호와 르호보암의 타락
(대하11:16-23)

북쪽의 열 지파에 속한 사람들은 이제 여로보암이 반란을 통해 세운 새로운 왕국의 정치체제 아래 놓여 있었지만 그 가운데는 그것을 받아들이지 않고 거부하는 자들이 상당수 있었다. 그들은 오직 모세에 의해 기록된 율법에 따라 이스라엘의 하나님 여호와를 구하는 신앙인들이었다. 그 사람들은 레위 사람들과 함께 예루살렘에 이르러 거룩한 성전을 중심으로 그 열조의 하나님 여호와께 제사하기를 원했다.

유다 지역에 살던 사람들은 극한 위기 가운데서도 삼 년 동안 솔로몬 정부를 이은 르호보암의 세력을 강성케 하는 일에 동참했다. 그들은 율법을 준수하며 살아가기 위해 최선의 노력을 기울였다. 르호보암은 다윗의 아들 여리못의 딸 마할랏을 아내로 맞아들였다. 그후 이새와 다윗의 방계 집안의 여러 딸들을 비롯하여 열여덟 명의 여성과 육십 명의 첩을 취하여 많은 자식들을 낳았다.

　르호보암은 그 많은 자식들 가운데 압살롬의 딸 마아가[34]를 특별히 사랑하여 그의 소생 아비야를 장자로 삼았다. 따라서 그로 하여금 여러 형제들 가운데 가장 큰 권위를 가지도록 허락했다. 이는 저로 하여금 나중 자기 뒤를 이어 왕위에 오르도록 하기 위한 정치적인 의도 때문이었다.

　성경은 르호보암이 나름대로 지혜롭게 처신한 것으로 묘사하고 있다(대하11:23). 하지만 이는 그의 신앙에 연관된 것이 아니라 통치력에 관한 것으로 이해해야 한다. 그는 자기 아들을 예루살렘 성에 모아두어 한 곳에 살게 하지 않았다. 그대신 모든 왕자들로 하여금 유다와 베냐민 지파의 여러 견고한 성읍들에 흩어져 살아가도록 했다.

　그리고 저들에게 양식을 후하게 주었으며 아내와 첩들을 많이 구해 주었다. 하지만 르호보암 자신이 많은 첩을 두고 자식들에게도 그렇게 해준 것은 당시의 상황을 고려한다고 할지라도 결코 올바른 행위라 말할 수 없다. 그것은 참된 신앙을 벗어난 잘못된 행위에 지나지 않았던 것이다.

■ ■ ■ ■ ■　역대하 12장

8. 르호보암의 타락과 하나님의 징계(대하12:1-8)

　집권 초기 북 이스라엘의 여로보암을 따르는 백성들로 인해 큰 어려움을 겪은 르호보암 왕은 정신을 차려 하나님의 뜻대로 행하기 위해 나름대로 애를 썼다. 그리하여 그의 왕국은 세력이 강화되어 어느 정도 안정을

---

34) 여기서 '압살롬의 딸'로 묘사된 '마아가'는 실상은 딸이 아니라 그의 손녀였다. 사무엘하 14:27에는 압살롬의 외동딸 이름은 '다말'이었음이 기록되어 있다. 따라서 본문에 언급된 마아가는 압살롬의 딸 다말의 소생으로서 그의 손녀였음이 틀림없다.

취할 수 있었다. 하지만 나라가 견고해지고 세력이 강하게 되어가자 르호
보암 왕은 점차 율법을 버리기 시작했다.

왕이 그런 불신앙의 자세를 취하게 되자 온 이스라엘 백성이 그의 배도
행위를 본받았다. 어린 백성들은 항상 지도자를 본받을 수밖에 없다. 르호
보암과 백성들이 하나님 앞에서 범죄함에 따라 그의 즉위 오년에 애굽 왕
시삭이 유다 지역의 여러 성읍들을 취하고 예루살렘을 침략하게 되었다.
그의 군대에 속한 병거와 마병의 수가 엄청났으며 그 가운데는 여러 민족
출신의 날렵한 군사들이 섞여 있었다.

그 상황을 목격한 유다의 방백들은 애굽 왕 시삭의 세력을 방어하기 위
해 예루살렘에 모여 대책회의를 하게 되었다. 그때 선지자 스마야가 르호
보암 왕과 방백들에게 하나님의 말씀을 전했다. 르호보암과 그 백성이 하
나님을 버렸으므로 하나님께서도 저들을 버려 애굽의 시삭 군대의 손에
붙이시리라는 것이었다.

그 예언의 말씀을 들은 왕과 방백들은 크게 위축되지 않을 수 없었다.
그리하여 하나님 앞에서 겸비하게 되어 자신의 형편을 되돌아보고자 했
다. 그들은 자신을 낮추고 '여호와 하나님은 의로우신 분이라'는 진정한
고백을 하게 되었다. 하나님께서는 그들의 겸손한 자세를 보시고 다시금
선지자 스마야를 통해 말씀하셨다. 그것은 하나님께서 저들의 마음을 보
시고 예루살렘을 멸망시키지 않고 시삭의 손으로부터 구출해 주신다는 것
이었다.

그렇다고 해서 저들에게 아무런 일 없다는 듯이 모든 어려움을 완전히
제거하지는 않는다고 하셨다. 그들이 일시적으로나마 시삭을 섬기는 위치
에 처해 보면, 여호와 하나님을 섬기는 것과 세상의 왕을 섬기는 것이 어떻
게 다른지 깨닫게 되리라고 했다. 즉 하나님을 섬기는 것이 얼마나 감사한
일인지 비로소 알게 되리라고 하셨던 것이다.

9. 애굽 왕의 침공(대하12:9-12)

하나님의 말씀대로 애굽 왕 시삭이 예루살렘 성을 침략했다. 그의 군대는 거룩한 성전과 왕궁에 보관된 많은 보물들을 약탈해갔다. 그리고 솔로몬이 특별히 만든 금방패도 빼앗아갔다. 르호보암의 입장에서는 그와 같은 일이 엄청난 타격이 아닐 수 없었다.

물론 르호보암도 가만히 앉아 있지 않고 놋 방패를 만들어 왕궁을 지키는 시위대 장관들의 손에 맡겼다. 이는 그의 위상이 형편없이 떨어졌음을 의미하고 있다. 그런 중에 왕이 성전에 출입할 때마다 호위하는 병사가 그 방패를 들고 함께 갔다가 시위소로 도로 가져오기를 되풀이했다.

정국이 그처럼 급박하게 돌아가자 르호보암은 하나님 앞에서 겸비해지지 않을 수 없었다. 왕으로서 자신의 능력이 얼마나 나약한가 하는 점을 깨닫게 되었기 때문이다. 그로 말미암아 그의 통치 관할 아래 있던 유다 백성들 가운데 선한 일을 행하는 자들이 많아지기도 했다. 그리하여 하나님께서 진노를 돌이키시고 르호보암 정권과 예루살렘이 완전히 패망하지 않도록 지켜 주시게 되었던 것이다.

10. 르호보암의 태생과 그의 행적 및 죽음(대하12:13-16)

시간이 흘러 르호보암 왕은 정세를 어느 정도 회복할 수 있게 되었다. 그는 예루살렘에서 세력을 얻어 백성들을 원만히 다스리게 되었다. 그는 마흔한 살에 왕위에 올라 예루살렘에서 십칠 년을 통치하며 권좌에 앉아 있었다. 그런데 우리가 반드시 기억해야 할 바는 그의 모친이 순혈 이스라엘 민족 출신이 아니라 암몬 여인 나아마였다는 사실이다.

다윗 왕조를 이어가는 통치자일 뿐 아니라 메시아의 조상이 되는 왕의 어머니가 이방 여인이었다는 사실은 이스라엘 왕국이 처음부터 순혈주의를 지향하지 않았음을 말해준다. 르호보암은 그런 환경 가운데서 이방인이었던 어미의 영향을 상당히 많이 받았을 것으로 보인다. 그가 오직 여호와 하나님만을 구하지 않고 율법을 통한 신앙을 벗어나 악을 행한 것은 그에 밀접하게 연관되어 있었던 것이다.

남쪽 유다 왕국의 통치자였던 르호보암과 북쪽의 반란 왕국인 여로보암 사이에는 끊임없는 갈등과 전쟁이 일어났다. 그때마다 그는 즉위 초기 노장파 관료들의 권면을 외면하고 소장파 인사들의 권고에 따른 자신의 정치적 오판에 대한 쓰라린 가슴을 쓸어내려야 했을 것이다. 그것이 비록 하나님의 섭리에 근거한다고 할지라도 그에게는 고통스런 기억일 수밖에 없었을 것이기 때문이다.

때가 이르러 르호보암이 죽게 되자 그의 시신은 조상이 묻혀있는 다윗성에 장사되었다. 그리고 그의 아들 아비야가 그의 뒤를 이어 왕위를 계승했다. 르호보암의 모든 행적은 선지자 스마야와 잇도의 족보책에 기록되었다. 물론 당시 왕궁의 공식적인 기록물에도 중요한 정치적 사안과 사건들이 기록되었을 것이 분명하다. 하지만 앞에서도 언급한 대로 그런 기록들은 신뢰할 만한 내용을 담고 있다고 할지라도 하나님으로부터 계시된 진리의 말씀은 아니었다.

〈되새겨야 할 올바른 조언과 그에 대한 분별력의 필요성〉

솔로몬을 뒤이어 새로 왕위에 오른 르호보암의 측근에는 크게 보아 두 부류의 사람들이 있었다. 한쪽은 정치적 경륜이 많은 노장파 인사들이었으며 다른 한쪽은 의욕이 강한 젊은 계층의 인사들이었다. 따라서 왕위에 오른 르호보암이 정책에 관한 자문을 구했을 때 양측에서는 정반대의 의견들이 제시되었다.

노장파 정치인들은 백성들을 주의 깊게 살펴 후대하며 부드러운 정치를 하라고 권고했다. 백성으로 하여금 즐거운 마음을 가지게 해주고 그들에게 선한 말로 대하라는 것이었다. 그에 반해 소장파 정치인들은 선왕의 시대보다 더욱 강력한 정책을 펼치도록 권했다. 그래야만 부국강병(富國强兵)을 이루어 백성들이 서슬 퍼런 권력에 순응하여 저항 없이 그에 따르게 된다는 것이었다. 하지만 소장파 정치인들에게는 하나님을 진정으로 경외하며 의지하는 마음이 없었다.

결국 르호보암은 소장파의 의견을 받아들여 강권 정치를 펼치고자 하는 심각한 판단 오류를 범했다. 하지만 그의 강압 정책은 실패로 돌아가고 그 결과는 엄청난 문제를 야기시켰을 따름이다. 이처럼 지도자로서 주변의 인사들로부터 다양한 조언과 권면을 들을 때 어느 견해를 받아들여 수용하느냐 하는 것은 매우 중요한 일이다.

르호보암 왕의 경우와는 다소 차이가 나지만, 오늘날 우리 역시 이에 대하여 주의 깊은 생각을 해 볼 필요가 있다. 특히 언약 공동체인 교회의 교사인 목사들에게는 더욱 그렇다. 목사가 개인적인 목적과 야망을 달성하기 위해 독재를 해서는 절대로 안 된다. 그것을 원천적으로 방지하기 위해 성경은 교회 가운데 직분적 체제를 허락하고 있다.

하나님의 몸된 교회의 유일한 주인은 하나님 곧 예수 그리스도이다. 모든 성도들은 개인적인 아집을 내려놓고 하나님의 말씀에 온전히 순종하고자 하는 자세를 갖추어야만 한다. 따라서 지상 교회 가운데는 독단적인 권력을 행사하거나 강압 정책을 펼치는 자가 존재해서는 안 된다. 모든 직분자들은 교회 가운데서 오직 하나님의 뜻에 따라 온유한 자세로 성도들을 보살필 수 있어야 하는 것이다.

제10장

남유다 왕국 아비야 왕과
북이스라엘 왕국 여로보암의 전쟁
(대하13:1-22)

1. 르호보암의 뒤를 이은 남 유다 왕국의 아비야 왕(대하13:1-5)

　　남 유다 왕국의 르호보암과 북 이스라엘 왕국의 여로보암은 거의 비슷한 시기에 왕위에 올랐다. 물론 르호보암보다 약간 뒤에 여로보암이 왕이되었다. 합의에 따른 분리가 아닌 상태에서 다윗이 세운 언약의 왕국이 남북 두 왕국으로 분열되었으니 서로간 심각한 분쟁이 발생하지 않을 수 없었다.

　　그런 복잡한 정국 가운데서 르호보암 왕이 죽게 되자 그의 아들 아비야가 유다 왕국의 왕위를 계승했다. 그때는 북 왕국 여로보암의 즉위 십팔년이었다. 성경 본문에서는 아비야의 모친의 이름을 미가야로 소개하며 기브아 사람 우리엘 딸이라고 밝히고 있다(대하13:2). 이는 앞서 기록된 역대하 11장 20,21절과 상충되는 것 같아 보이지만 실상은 그렇지 않으며 아

무런 문제가 없다.[35] 이는 당시의 가족과 혈족을 언급할 때 흔히 표현되는
방식으로 지극히 자연스러운 일이다.

아비야가 왕이 되어 예루살렘에서 삼 년 동안 백성들 가운데 정치를 하
고 있던 중 북 이스라엘의 여로보암 왕을 향해 전쟁을 선포하게 되었다.
그때 유다 왕국에서는 전쟁수행을 감당할 만한 병사의 수가 사십만 명 정
도 되었다.[36] 그에 반해 여로보암에게 속한 군인의 수는 그 배가 되는 팔
십만 명 가량이나 되었다.

이는 이스라엘 백성 가운데 전쟁에 나갈 만한 대다수 건장한 남자들이
그에 참가했다는 사실을 말해준다. 당시 그들은 개인이나 가족의 사적인
안위를 추구하기에 앞서 자기가 속한 나라를 위해 모든 것을 바칠 마음의
준비가 되어 있었다. 이와 같은 삶의 자세는 개인보다 공동체를 위한 백성
으로서 자신의 존재를 명확하게 이해하고 있던 당시 백성들의 모습을 보
여주고 있다.

이 말은 언약의 왕국에 속한 개인과 가정에 밀접하게 연관된 것으로서
개인의 모든 삶은 왕국의 보호를 받게 되는 것을 의미한다. 원리적인 측면
에서 볼 때 하나님 나라에 속한 오늘날 우리시대 교회 공동체 역시 그와 같
아야 한다. 각 성도들은 개인이나 개별 가정 중심이 아니라 교회 중심의
삶을 살아야 한다. 그것은 단순한 종교적 신앙 활동을 하는 것과는 근본적
으로 차이가 난다.

---

35) 이 말씀은 겉보기에 역대하 11:20,21의 기록과 차이가 나는 것으로 보인다. 그
러나 이는 사실상 아무런 모순이 없다. 사무엘하 14:27에는 압살롬의 외동딸
이름이 '다말'이었음이 기록되어 있다. 따라서 역대하 13:2에 기록된 마아가
는 우리엘의 아내인 압살롬의 딸 다말의 소생으로서 압살롬의 손녀였던 것이
분명하다.

36) 이는 처음부터 수십만 명이 한꺼번에 출전했다는 의미와 다르다. 오히려 왕
국에 속한 전체 병력을 의미하는 것으로 이해하는 것이 자연스럽다. 물론 우
리는 이 전쟁이 나중 전면전으로 전개된다는 사실을 알고 있다.

물론 교회 중심의 삶이란 단순히 겉으로 드러난 조직 중심이라는 말이 아니라 삶의 본질에 밀접하게 연관되어 있다. 개별 인간은 자신의 삶을 책임지고 살아갈 수 있는 충분한 능력이 결여된 존재이다. 성도들이 교회 공동체로부터 영적이며 실제적인 관리와 보호를 받아야 한다는 사실을 깨닫는 것은 매우 중요하다. 자신이나 가정을 개별 성도들 스스로 지켜내는 데는 한계가 따르기 때문이다.[37] 개별 성도들이 교회를 위하는 자세와 더불어, 교회 공동체가 각 성도들과 그 가정을 위한다는 점을 명확하게 이해하지 않으면 안 된다.

2. 하나님의 '소금 언약'(a covenant of salt)(대하11:4-9)

아비야 왕이 북 이스라엘 왕국을 향해 전쟁을 불사한 까닭은 북쪽 열 지파에 속한 자들이 모세 율법을 버리고 이방인처럼 살아갔기 때문이었다. 그들은 입술로는 여호와 하나님의 이름을 되풀이하여 언급했지만 실상은 하나님을 심각하게 모독하고 있었다. 그 백성들은 이스라엘 민족의 신앙적 기초라 할 수 있는 제사와 연관된 언약을 완전히 허물어버린 상태였다. 그들은 제사와 제사장에 연관된 모든 면에서 율법을 멸시했던 것이다.

그러므로 아비야 왕은 에브라임 산지 가운데 있는 스마라임 산(Mt.Zemaraim) 위에 올라서서 여로보암과 북 이스라엘 왕국에 속한 무리를 향하여 선포했다. 이스라엘의 하나님 여호와께서 허락하신 '소금 언약'을 저들이 버리고 조금도 기억하지 않고 있다는 것이었다. 하나님께서 다윗

---

37) 교회 공동체는 모든 성도들에 대하여 상호 공동 책임관계에 놓여 있어야 한다. 신앙적인 색깔이 같은 사람들이 모인 종교 친목단체가 아닌 것이다. 예를 들어, 교회 안에 젊은 부부가 어린 자식을 두고 세상을 뜨거나 자식을 일찍 잃고 돌보는 사람이 없이 남을 경우 교회는 저들을 거두고 부양해야 할 의무를 지니게 된다. 이처럼 모든 교인들이 참된 교회에 대한 올바른 신뢰를 가지고 신앙생활을 하는 것은 매우 중요하다.

과 그 자손에게 언약의 왕국을 영원히 주셨다는 사실에 대하여 소금 언약
으로 확증하신 사실을 기억하는 것은 매우 중요하다.

그 언약은 모세의 율법을 기초로 하고 있었으며 하나님에 대한 제사와
밀접하게 연관되어 있었다. 제사장들이 정해진 규례에 따라 여호와 하나
님 앞에서 높이 들어 바치는 모든 성물들은 언약의 자손들의 영원한 몫이
되며 생명의 근원이 되었다. 민수기에는 그에 관한 내용이 분명하게 기록
되어 있다.

> "이스라엘 자손이 여호와께 거제로 드리는 모든 성물은 내가 영구한 몫의
> 음식으로 너와 네 자녀에게 주노니 이는 여호와 앞에 너와 네 후손에게 영원
> 한 소금 언약이니라"(민18:19)

모세 율법에 기록된 이 '소금 언약'은 하나님께 바치는 제사와 밀접하
게 연관된 것으로서 영원불변의 언약으로 존재한다. 그럼에도 불구하고
북 이스라엘 왕국에 속한 자들은 그 율법을 멸시하고 있었다. 그들은 율
법에 기록된 제사 제도에 관한 모든 규례들을 완전히 허물어 버렸던 것
이다.

그러므로 남 유다 왕국의 아비야 왕은 북 왕국이 도입한 이방인의 것들
과 혼합된 제사 제도에 대하여 강하게 책망했다. 그는 먼저 솔로몬 왕의
신하였던 여로보암이 자신의 주군(主君)을 배신한 악행을 지적했다. 또한
여로보암이 진리를 버린 사악한 자들과 하릴없이 빈둥거리는 건달들을 동
원하여 자기를 따르게 하고 스스로 세력을 키워 솔로몬의 아들 르호보암
왕을 대적하여 반란을 일으킨 사실을 언급했다. 당시 르호보암 왕이 그 반
란을 제압하지 못한 것은 나이가 어리고 마음이 약했기 때문이라는 자신
의 생각을 밝혔다.

아비야 왕은 또한 그 반란자들이 세운 왕국이 다윗 왕조를 배신했을 뿐

아니라 더욱 악한 길로 들어서서 감히 '여호와 하나님의 나라'를 대적하고 있다는 사실을 언급했다(대하13:8). 이 말은 하나님의 율법을 멸시함으로써 그가 통치하시는 왕국에 반기를 들고 있다는 것이었다. 그것은 그들이 배도에 빠져 율법에 따른 제사를 완전히 버리고 이방인들과 같은 사악한 종교인 행세를 하고 있음을 말해주고 있다.

그와 더불어 아비야는 북 이스라엘 왕국의 배도자들이 큰 무리를 형성하여 여호와 하나님을 욕되게 하며 저항하고 있다는 사실을 언급했다. 그와 동시에 '여로보암이 저들을 위해 금송아지를' 만들어 신으로 섬기도록 한 사실을 지적했다. 여기서 우리는 여로보암이 끼친 종교적인 해악을 떠올리지 않을 수 없다.

여로보암은 과거 솔로몬 왕을 피하여 애굽 땅에 망명해 있는 동안 부분적으로나마 저들의 이방 종교사상을 받아들였던 것이 분명하다. 형식상 언약의 자손에 속한 자로서 이스라엘 하나님을 완전히 버리지는 않았을 것으로 보인다. 하지만 그는 정서적으로 애굽신 사상을 받아들여 모세 율법을 통해 증거되고 있는 절대신을 버리고 혼합주의적 신앙을 가지게 되었을 것이다.

우리가 잘 알고 있듯이 어리석은 이스라엘 백성들은 과거부터 눈에 보이지 않는 영적인 하나님을 가시적인 존재로 만들기 위해 애썼다. 오래전 그들의 조상은 애굽의 금송아지 형상을 제작해 섬기고자 했다. 이스라엘 백성이 출애굽한 후 얼마 되지 않아 하나님께서 모세를 시내산 위로 불러 올리셨을 때 산 아래 있던 백성들은 금송아지를 만들어 여호와 하나님과 동일시하여 섬기고자 했던 것이다(출32:1-6). 물론 그로 말미암아 하나님의 무서운 분노를 사게 되었다.

이처럼 북쪽 지역에 반란 왕국을 세운 여로보암은 하나님을 향한 제사와 연관된 모든 율법을 폐기하기에 이르렀다. 그러므로 아비야 왕은 여로보암과 그를 추종하는 자들이 단과 벧엘에 금송아지 형상을 만들어 두고 섬기면서(왕상12:28,29), 아론 지파 제사장들과 레위인들을 남쪽 유다왕국 지역으로 추방한 사실을 질타했다. 그들은 율법을 무시하고 하나님의 뜻에 정면으로 배치되는 이방 민족들의 풍속을 좇아 제사장을 세웠기 때문이다.

그처럼 배도에 빠진 자들은 오직 아론의 자손들에게만 허락된 제사장의 자격요건을 완전히 무시했다. 그대신 누구든지 수송아지 하나와 수양 일곱을 끌고 와서 제사장이 되고자 원하면 제사장의 자리에 앉혔다. 그것이 저들이 언약의 왕국을 떠나 만든 새로운 율례였다. 그런 식으로 세워진 자들이 송아지 형상과 연관된 허망한 신을 섬기는 제사장 행세를 하게 되었다. 아비야 왕은 결코 발생할 수 없는 그와 같은 일이 약속의 땅에서 벌어지고 있는 것을 보며 강하게 비판했던 것이다.

이에 대해서는 오늘날 우리시대에도 심각하게 생각해 보아야 한다. 교회의 직분자 특히 교사의 직임을 가진 목사는 자원에 의해 세워져서는 안 된다. 또한 특정 개인이 목사가 되기 위해 교회를 벗어나 종교인으로서 일종의 자격을 취득할 수 있는 것도 아니다. 교회는 성경이 언급하고 있는 자격요건에 따라 객관적인 입장에서 목사를 임직해 세워야 하는 것이다(딤전3:1-7, 딛1:5-9). 개인의 판단에 따라 자원하는 자가 목사로 임직받는 것이 일반화 되면 교회가 타락할 수밖에 없다.

3. 남 유다 왕국의 신앙에 대한 아비야 왕의 고백(대하13:10-12)

아비야 왕은 하나님의 언약을 소유한 이스라엘 민족의 신앙 정체성에 관하여 선포했다. 남쪽 유다 왕국의 백성에게는 여호와가 저들의 유일한 하나님이시라는 것이었다. 그러므로 유다 왕국에 속한 백성들은 여호와 하나님을 배반하지 않았다는 사실을 밝혔다.

예루살렘 성전에는 하나님께 제물을 바치며 섬기는 아론 지파 제사장들이 그 직분을 감당하고 있으며 레위인들이 그에 수종들고 있다는 사실을 말했다. 맡은 바 거룩한 직무를 수행하는 자들은 율례에 따라 아침저녁으로 여호와 하나님 앞에 번제를 드리며 분향하는 일을 하게 된다. 그리고 성소 안에 있는 거룩한 상 위에는 진설병을 놓고 황금 등대 위의 등잔에는 저녁마다 불을 켜서 밝힌 사실을 말했다.

그러므로 예루살렘과 유다지역에 살고 있는 백성들은 변함없이 여호와 하나님의 계명을 지키고 있다고 했다. 그러나 북 왕국에 속한 백성들은 여호와 하나님을 배반하고 이방 종교사상을 끌어들인 사실을 지적했다. 남유다 왕국은 그런 식으로 하나님을 욕되게 하는 북 왕국의 배도자들을 결코 그냥 둘 수 없다는 뜻으로 그 말을 했던 것이다.

아비야 왕은 그와 더불어 여호와 하나님께서 남쪽 이스라엘 민족과 함께 계신다는 점과 그 하나님이 자신을 비롯한 모든 백성의 머리가 된다는 사실을 언급했다. 그리하여 하나님께 속한 제사장들이 백성들과 함께 있으면서 경고의 나팔을 불어 전쟁을 선포하게 되었다는 것이다. 거기에는 모세를 통해 계시된 하나님의 율법에 따라 경배하는 행위를 버린 배도자들을 결코 용서할 수 없다는 의미가 내포되어 있다.

그러면서 아비야 왕은 북 이스라엘 왕국 백성들에게 순순히 항복하라는 요구를 했다. 그들이 항복하지 않고 유다 왕국에 맞서 싸운다면 그것은 여호와 하나님께 저항하여 싸우는 것과 마찬가지라는 것이었다. 만일 전쟁을 감행하는 무모한 선택을 한다면 결코 형통치 않게 되리라는 사실을 강조했다.

4. 여로보암의 군사작전과 하나님의 간섭(대하13:13-17)

북 이스라엘 왕국의 여로보암 왕은 아비야 왕의 경고성 발언을 받아들이지 않았다. 따라서 그는 전쟁을 포기하고 항복할 마음이 전혀 없었다.

오히려 그와 그의 군대는 비밀리에 많은 병사들과 각종 무기들을 동원하여 군사작전을 펼쳤다. 하지만 남쪽 유다 왕국에서는 이미 진행된 북 왕국의 비밀 작전에 대한 상황을 전혀 파악하지 못하고 있었다.

여로보암의 군대는 유다 병사들이 진치고 있는 병영의 뒤를 둘러싼 채 잠복하고 있었다. 그러다보니 그 복병들 앞에서 아비야 왕의 군대 병사들이 허점을 그대로 노출하고 있는 형국이 되었다. 이는 북 이스라엘 왕국의 군대가 남 유다 왕국의 군대를 앞뒤로 막아서 포위하고 있는 것과 마찬가지였다. 이와 같은 상황은 전술적으로 볼 때 아비야의 군대가 절대 불리한 조건에 놓여있다는 사실을 말해주고 있다.

유다 왕국 군대의 병사들은 뒤늦게 그 사실을 알고 극한 위기에 빠진 자신의 형편을 깨닫게 되었다. 그와 같은 상황에서 그들이 적군을 향해 공격을 시도한다는 것은 무모한 일이었다. 그로 인해 일순간에 병사들의 사기가 완전히 저하되기에 이르렀다. 결국 그들은 여호와 하나님께 모든 것을 맡기고 부르짖는 것 외에 다른 방법이 없었다.

그런 극단적인 위기에 처해 있던 중에 아론 지파 제사장들이 일제히 나팔을 불기 시작했다. 이는 여호와 하나님의 선한 응답이 저들에게 허락되었다는 신호탄과 같은 역할을 했다. 따라서 그와 더불어 유다 왕국의 병사들이 큰 소리로 외치며 부르짖을 때 여호와 하나님께서 그에 응답하셨다.

이제부터 여호와 하나님께서 적극적으로 그 전쟁을 주도하시게 되었다. 그리하여 그가 여로보암과 온 이스라엘 군대를 쳐서 저들로 하여금 아비야 왕과 유다 군대 앞에서 패배하도록 하셨다. 눈에 보이지 않는 하나님께서 직접 그 전쟁에 관여하시며 북 이스라엘 왕국의 군대를 격퇴시키셨던 것이다.

그로 말미암아 일시적으로 승기를 잡은 것처럼 보이던 이스라엘 왕국의 군대가 유다 백성들 앞에서 도망쳤다. 하나님께서 그들을 아비야 왕과 그 백성들의 손에 붙이셨으므로 북 왕국의 병사들 가운데 많은 사람들이 전사하게 되었다. 그때 죽은 병사의 수가 오십만 명[38] 가까이 되었으므로 유다 왕국이 완승을 거두게 된 것이다. 이는 북 왕국과 그에 속한 백성들이 완전히 쑥대밭이 되었다는 사실을 말해주고 있다.

우리가 여기서 반드시 기억해야 할 바는 그 전쟁을 남 유다 왕국의 승리로 이끄신 분은 여호와 하나님이라는 사실이다. 즉 유다 왕국의 많은 수의 병사들이 승리를 가져오게 한 것이 아니며 탁월한 무기들로 인해 승리를 거두게 된 것도 아니었다. 나아가 그들의 뛰어난 군사 작전이 전쟁을 승리로 이끈 것도 아니었다. 승리의 유일한 근거는 오직 여호와 하나님께 달려 있었던 것이다.

이에 대해서는 오늘날 우리도 잘 기억하고 있어야만 한다. 하나님의 자녀들은 이 세상에 살아가면서 개인적인 능력이나 환경, 혹은 탁월한 그 무엇으로 세상을 이기며 살아갈 수 있는 것이 아니다. 참된 교회에 속한 성도들은 오직 여호와 하나님께서 시의적절(時宜適切)하게 베푸시는 은혜로 인해 사탄이 통치하는 세상에 대하여 능히 승리하며 살아가게 되는 것이다. 성숙한 성도들은 잠시도 이 사실을 잊어서는 안 된다.

5. 유다 왕국의 승리와 아비야의 행적(대하13:18-22)

결국 하나님의 주도하심에 따라 북 이스라엘 왕국의 군대가 완전히 항

---

38) 우리는 여기서 당시 전사자가 '오십만' 명 정도의 엄청난 수였음을 알 수 있다. 때로 자유주의 신학자들 가운데는 그 수가 지나치게 많아 받아들일 수 없다고 주장하는 자들이 있다. 하지만 이를 이해하기 위해 우리는 1950년 6월 25일 발발한 '한국전쟁'의 전사자 수를 되새겨 볼 수 있다. 가장 정확한 자료집이라 할 수 있는 '국가기록원' 자료를 보면, 그 전쟁으로 인한 인명 피해가 한국군(경찰 포함) 63만 명, 유엔군 15만 명, 북한군 80만 명, 중공군 123만 명 등 약 281만 명의 전사, 전상, 실종 군인들이 발생했음을 알 수 있다. 거기다가 민간인 피살자들을 포함시키면 그보다 몇 배수가 된다. 이를 보건데 남북 이스라엘 사이의 전쟁에서 오십만 명 정도의 전사자를 낸 것은 그다지 어렵지 않게 이해할 수 있다.

복함으로써 유다 왕국이 대승을 거두게 되었다. 그들이 전쟁에서 승리하
게 된 유일한 근거는 저들의 조상이 믿던 여호와 하나님을 온전히 의지했
기 때문이었다. 만일 유다 병사들이 여호와 하나님 이외에 다른 병력이나
무기, 전술 등을 의지했다면 그것은 하나님을 무시하는 행위가 되어 패배
를 몰고 오게 되었을 것이다.

유다 왕국의 아비야 왕은 도망치는 여로보암 군대의 뒤를 쫓아가서 여
러 성읍들을 정복했다. 그 성읍들에는 벧엘과 에브론을 비롯한 주변의 여
러 마을이 포함되어 있었다. 당시 패배를 당했던 북 왕국의 입장에서는 그
전쟁에서 패한 것이 여간 충격적이지 않을 수 없었다. 남 유다 왕국이 율
법의 엄한 제약을 받는 데 반해 북 이스라엘 왕국은 아무런 제약을 받지 않
고 맘대로 전술을 구사할 수 있었음에도 불구하고 완패했기 때문이다.[39]

그때 유다 왕국에 의해 크게 패배를 당한 여로보암은 그전의 강성한 세
력을 다시금 회복하지 못했다. 결국 그는 여호와 하나님의 형벌에 의해 죽
음을 맞게 되었다. 그에 반해 아비야 왕의 세력은 점점 강성해져 갔다.[40]
이는 아비야 개인의 세력 증강을 넘어 유다 왕국의 전체적인 국력에 밀접
하게 연관된 의미를 지니고 있다.

또한 아비야는 아내뿐 아니라 여러 첩들을 두었으며 수많은 자식들을
얻었다. 하지만 그가 많은 처첩들을 둔 것은 결코 바람직한 것이라 말할
수 없다. 이는 물론 북 이스라엘 왕국과 전쟁이 있은 후에 그렇게 되었다

---

39) 예를 들어, 남 유다 왕국 백성들은 날마다 드리는 상번제와 안식일, 월삭, 각
종 절기 등을 지켜야 했다. 전쟁 중에는 그로 말미암아 상당한 제약이 따를
수 있었다. 그에 반해 북 이스라엘 왕국 백성들은 그 날들을 아예 신경쓰지
않았으며 도리어 그와 같은 특별한 날들을 이용해 작전과 전술을 펼칠 수도
있었다.

40) 역대기에는 아비야 왕이 대체로 긍정적으로 묘사된 것으로 볼 수 있다. 하지
만 열왕기서에는 그가 훌륭한 왕이 아니라 하나님 앞에서 온전치 못했음을
언급하고 있다(왕상15:3). 이는 각 성경에 기록된 내용에 따라 나름대로 특별
한 의미가 있는 것으로 이해해야 한다.

는 의미가 아니라 그의 전 생애에 걸쳐 일어난 일이었다. 아비야 왕의 모든 행적에 관해서는 선지자 잇도의 책에 상당부분 기록되어 있다. 또한 정부 기록물에도 아비야 왕이 행한 많은 업적들이 기록되었을 것이 분명하다.

제11장

아사 왕의 종교개혁과 구스와의 전쟁
(대하14:1-15)

1. 아사 왕의 즉위와 민족 정화운동(대하14:1-5)

르호보암의 아들 아비야 왕은 죽어 그 조상들과 함께 다윗성에 장사되었다. 대신 그의 아들 아사(Asa)가 왕위를 계승하여 최고 통치자로 군림했다. 그가 통치를 시작한 후 약 십 년 동안은 국내외적으로 '평화의 시대' 41)가 이어졌다. 이는 남북 이스라엘 왕국 사이뿐 아니라 주변 나라들과의 전쟁이 일어나지 않았다는 사실을 의미한다.

아사 왕은 선대의 아비야 왕에 비해 하나님을 진정으로 경외하는 자세로 선정을 펼쳤다. 그는 모세를 통해 계시된 율법에 순종함으로써 '여호와 하나님 보시기에' 선과 정의를 실행했다(대하14:2). 여기서 언급된 선과 정

---

41) 여기서 '평화의 시대'란 국제간에 전쟁이 없었다는 의미를 지니고 있다. 즉 국내적으로 아무런 일 없이 모든 백성들이 평안을 누리던 시대였다는 말과 다르다. 그 당시는 아사 왕의 우상 척결운동으로 인해 상당한 긴장이 감돌고 있던 시기였기 때문이다.

의란 인간들의 눈에 비쳐지는 윤리적인 관점과는 달랐다. 즉 그가 성실한 노력을 기울였다는 뜻이 아니라 하나님의 말씀에 온전히 순종하는 자세를 유지했음을 말해 주고 있다.

아사는 왕위에 즉위하자마자 배도에 빠진 언약의 백성들 가운데서 대담한 개혁운동을 단행했다. 그는 유대 지역의 모든 성읍들에 설치된 이방신들을 위한 제단과 산당들을 제거하는 일을 했다. 그리고 다양한 모습으로 세워진 우상들을 부수고 아세라 상과 태양을 섬기기 위해 만든 상을 찍어 파괴했다.

이를 보건데 아사 왕의 선과 정의는 일반 윤리적인 것이 아니라 우상 파괴 운동과 직접 연관되어 있었다. 그것은 백성들 사이에 평안이 아니라 갈등과 고통이 동반될 수밖에 없었음을 말해주고 있다. 따라서 아사 왕이 감행한 대대적인 개혁운동은 실상 그렇게 쉬운 일이 아니었음이 분명하다.

당시 이스라엘 백성들 가운데는 혼합주의에 빠져 이방신들과 그 우상들을 섬기는 자들이 많이 있었다. 나아가 일반 백성들뿐 아니라 민족의 지도계층에 있는 숱하게 많은 사람들 역시 이방 종교사상에 깊이 빠져 있었을 것이다. 따라서 왕이 이방 종교에 관한 모든 것에 대한 척결을 정책적으로 명령한다고 해도 그 신하들이 원활하게 왕의 명령에 복종하여 실행하는 것조차 그리 쉽지 않았을 수 있다.

정부 고위층 인사나 중요한 자리를 차지한 종교인들, 그리고 각 지파 지도자들 가운데 그 이방 종교 사상에 빠진 자들이 많다면 도리어 왕의 명령을 거부하거나 그 정책을 훼방하는 자들이 상당수 있었을 것이 틀림없다. 그런 자들은 오히려 이제 갓 즉위한 새로운 왕의 결단에 반기를 들고 조직적으로 저항했을 수도 있다. 그와 같은 분위기 가운데서 이방신의 산당들을 파괴하고 다양한 형태의 우상들을 찍어 없앤다는 것은 결코 쉬운 일이 아니었다.

그럼에도 불구하고 아사 왕은 하나님의 능력에 힘입어 용기를 가지고 그 힘든 일을 해낼 수 있었다. 또한 언약의 자손들에게 잘못된 신앙을 버리고 저들의 조상들이 믿었던 여호와 하나님을 찾도록 명령했다. 그렇게 함으로써 하나님의 율법과 그의 명령에 온전히 따르도록 요구했던 것이다.

이는 이방신 사상에 깊이 물든 백성들이 혼합주의적 종교 관행을 버리는 것과 직접 연관되어 있다. 개혁의 칼을 뽑아든 아사 왕은 백성들로 하여금 그 정책에 따르도록 강력한 요구를 했다. 그렇게 행하는 것이 하나님 율법에 온전히 순종하는 자세란 사실을 잘 알고 있었기 때문이다.

아사 왕이 언약의 땅 안에서 전반적인 개혁을 주도하며 이방신 사상과 더러운 우상들을 척결하며 통치하던 때 백성들은 상당한 평화를 누릴 수 있었다. 그 평화는 유다 왕국의 병력이나 각종 무기들 혹은 전략적 탁월함으로 인해 주어진 것이 아니었다. 그것은 언약의 자손들 가운데서 전쟁이 없는 평화가 유지될 수 있도록 여호와 하나님께서 특별히 베푸신 은혜에 근거한 것이었다.

2. '평화의 시대' 와 견고한 성읍 건축(대하14:6-8)

여호와 하나님께서 아사 왕에게 평안을 허락하셨으므로 그 땅이 평화를 유지할 수 있었다. 여러 해 동안 주변 국가와의 피 흘리는 전쟁이 없었던 것이다. 그러한 때 아사 왕은 유다 지역에 견고한 성읍들을 건축했다. 그것은 다른 나라에 대한 공격용이 아니라 외부의 침입에 대비한 방어용이었다.

이스라엘 민족은 항상 공격이 아니라 방어에 힘써야 했다. 그렇게 함으로써 이방의 잘못된 것들에 의해 악한 영향을 받지 않도록 자기 백성들을 안전하게 지켜내야만 했다. 외부의 침략으로 인해 방어벽이 무너지게 되면 단순한 정치적인 문제를 넘어 신앙적인 면에서 심각한 악영향을 미칠 우려가 따르게 된다. 즉 그것을 통해 이방신 사상이 들어오게 될 가능성이 열리기 때문이다.

그러므로 아사 왕은 배도에 빠진 백성들 가운데서 개혁운동을 시도하며 성읍 건축에 관한 언급을 했다. 그는 이스라엘 자손들이 여호와 하나님을 간절히 찾고 구했기 때문에 '약속의 땅' 가나안이 여전히 저들이 살아가는 영역으로 남아 있다는 사실을 말했다. 따라서 여러 성읍들을 건축하고 그 주위에 성곽을 쌓으며 망대와 문과 빗장을 만들어 외세의 침공에 대비하자는 요구를 했던 것이다.

물론 유다 왕국이 평안하게 살아갈 수 있었던 것은 하나님께서 주변 여러 나라들로부터 전쟁을 막아주셨기 때문에 가능한 일이었다. 그래서 그들은 외부인들로부터 방해를 받지 않고 여러 성읍들을 형통하게 건축할 수 있었다. 언약의 백성으로서는 하나님의 도우심이 없었다면 결코 평화를 유지할 수 없었던 것이다.

아사 왕은 자기가 통치하는 왕국을 굳건히 하며 그와 더불어 군대를 강화시켰다. 이 역시 방어를 위한 것이었으며 다른 국가를 공격하여 정복하기 위한 목적이 아니었다. 당시 아사의 군대에는 유다 자손들과 베냐민 자손들 가운데 창과 활을 사용하는 용맹한 병사들이 수십만 명이나 되었다. 그리하여 이스라엘 백성을 외부의 세력으로부터 지켜내면서 동시에 하나님에 대한 신앙을 온전히 보존해낼 수 있었다.

3. 구스 군대의 침략과 하나님의 도우심에 의한 승리(대하14:9-15)

(1) 구스의 침략(대하14:9)

지상에 존재하는 언약의 왕국은 항상 평온한 상태를 유지할 수 없었다. 언제든지 위기가 찾아올 수 있었던 것이다. 아사 왕의 통치 시기 오랫동안 평화의 시대를 유지했지만 뜻밖의 사태가 발생하게 되었다. 언약의 자손들이 별 어려움 없이 살아가던 상황에서 갑작스럽게 구스 곧 에디오피아 왕국의 세라(Zerah)가 막강한 군대를 이끌고 유다 왕국을 침략하려고 했다. 그 세력은 백만 군사와 삼백 승의 병거를 거느린 대군이었다.

성경은 그 병사들이 먼저 마레사(Mareshah)에 도착했다는 사실을 밝히고 있다. 하지만 백만 명이나 되는 군인들이 한꺼번에 그곳으로 들이닥친 것으로 보기 어렵다. 이는 그 전쟁에 가담하는 백만 병사들이 침공 대상 지역인 유다 왕국을 향해 단계적인 전술을 펼쳐나갔을 것으로 보인다.

이를 통해 우리가 알 수 있는 점은 구스와 유다 왕국 사이에 전면전이 벌어지게 되었다는 사실이다. 즉 지엽적으로 발생한 국지전(局地戰)이 아니라 양국 군대가 대대적으로 그 전쟁에 가담하게 된 것이다. 구스의 입장에서는 북쪽을 향한 길목에 위치한 유다 왕국을 반드시 정복해야 했던 것으로 보인다. 이는 양국 가운데 승리를 거두지 못한 쪽은 엄청난 패배를 맛보아야 한다는 사실을 말해주고 있다.

(2) 유다 백성들의 하나님을 향한 부르짖음(대하14:10-11)

그와 같은 절박한 상황이 갑자기 들이닥치게 되자 유다 왕국에서는 초비상에 걸리지 않을 수 없었다. 따라서 이방 왕국의 침공을 방어해내기 위해 아사 왕은 군대를 소집하여 구스 군대를 마주보는 마레사의 스바다 골짜기(the valley of Zephathah at Mareshah)에 진을 치도록 했다. 그것은 승리를 위해서라기보다 궁여지책이었을 것이 분명하다. 그들은 전쟁에서 싸워 이길 만한 능력을 보유하고 있지 못했기 때문이다.

외세의 침략으로 인해 엄청난 위기에 처하게 된 아사 왕과 유다 백성들은 여호와 하나님께 간절히 부르짖을 수밖에 없었다. 그에게 의지하여 도움을 요청하는 방법 이외에 달리 군사 전략을 짜는 것은 불가능한 일이었다. 따라서 아사 왕은 위급한 마음으로 여호와 하나님께 간절히 기도했던 것이다.

> "여호와여 강한 자와 약한 자 사이에는 주밖에 도와 줄 이가 없사오니 우리 하나님 여호와여 우리를 도우소서 우리가 주를 의지하오며 주의 이름을 의탁하옵고 이 많은 무리를 치러 왔나이다 여호와여 주는 우리 하나님이시오니 원컨대 사람으로 주를 이기지 못하게 하옵소서" (대하14:11)

막다른 골목에 몰린 듯한 위급한 상황을 직면하게 된 아사 왕과 유다 백성들은 여호와 하나님께 간절히 부르짖으며 기도했다. 아사는 기도하는 가운데 그 전쟁을 유다 왕국과 구스의 전쟁이 아니라 여호와 하나님과 구스의 전쟁으로 묘사했다. 즉 구스가 유다 왕국을 침략하는 것은 단순히 백성들을 향한 것이 아니라 예루살렘과 '하나님의 거룩한 성전' 을 겨냥하고 있음을 말해주고 있다.

이는 또한 저들에게 구스 왕국을 이길 만한 능력이 전혀 없다는 고백을 하는 것과 같다. 실제로 유다 왕국은 구스에 비해 절대적인 열세였다. 군사 병력에서 뿐 아니라 각종 무기들에 대해서도 그러했다. 나아가 전략과 전술적인 측면에서도 마찬가지였을 것이다. 이는 유다 왕국이 전쟁에서 구스의 군대를 제압할 만한 조건이 아무 것도 없었다는 점을 그대로 말해주고 있다.

어떤 의미에서 볼 때 유다 왕국이 군사 전력에 있어서 구스에 비해 절대 열세였던 것이 오히려 다행한 일이었다. 만일 그들에게 그 이방 군대에 맞설 만한 어느 정도 대응 능력이 있었다면 그들은 여호와 하나님께 그런 식으로 간절하게 부르짖지 않았을 것이다. 그런 경우였다면 하나님이 아니라 저들의 용맹한 병사들과 다양한 무기들, 그리고 자신의 전략 전술에 의지했을 것이 틀림없다.

우리는 이를 통해 매우 소중한 교훈을 얻게 된다. 하나님의 백성들이 이 세상에 살아가면서 모든 환경과 여건이 잘 갖추어져 있다면 하나님께 간절히 매어달리지 않을 것이다. 그에 반해 삶이 매우 힘들고 고통스럽다면 하나님께 간구하며 매달릴 수밖에 달리 아무런 방법이 없다. 이처럼 신앙이 성숙한 성도들은 엄청난 위기가 닥쳐올 때 그 상황을 비관할 것이 아니라 여호와 하나님을 더욱 가까이 찾게 된다. 그것이 교회에 속한 성도들에게 허락된 참된 지혜이자 진정한 복이 될 수 있다.

(3) 여호와 하나님의 간섭과 유다 왕국의 승리(대하14:12-15)

아사 왕과 유다 백성들이 간절하게 부르짖는 소리를 들으신 하나님께서는 즉시 그에 응답하셨다. 그리하여 언약의 자손들 자체로 보아서는 아무런 능력과 소망이 없었지만 하나님께서 직접 막강한 세력을 갖춘 구스 군대를 쳐서 무너뜨리셨다. 그러자 그 이방 군대는 혼비백산(魂飛魄散)이 되어 도망치지 않을 수 없었다.

그러자 아사와 유다 왕국의 모든 병사들이 힘을 얻어 그 뒤를 쫓아가서 가나안 땅 남쪽 국경 가까이 위치해 있는 그랄(Gerar)까지 이르러 그들을 공격했다. 그로 인해 겁에 질린 구스의 진영 가운데 엄청난 수의 전사자가 발생했다. 그것은 유다 왕국의 병력이나 무기, 혹은 전략 때문이 아니라 전적인 하나님의 도우심에 근거하고 있었다.

그러므로 막강한 구스 군대는 여호와 하나님과 유다 왕국의 병사들 앞에서 완전히 패하게 되었다. 그 결과 유다 병사들은 저들로부터 많은 전리품들을 획득할 수 있었다. 또한 하나님께서 그랄 지방 주변의 모든 성읍들을 두렵게 하셨으므로 유다 왕국의 병사들은 그곳에 있는 여러 성읍들을 공격하여 많은 귀중품들을 노획했다. 아사 왕에게 속한 유다 왕국의 병사들은 그제서야 용기를 가지고 기세를 떨치게 되었던 것이다.

그리하여 궁극적으로 구스와의 전쟁에서 승리한 유다 병사들은 많은 전리품들과 양과 약대 등 동물들을 이끌고 예루살렘으로 돌아왔다. 그들은 개선 군인이 되어 의기양양하게 돌아올 수 있었던 것이다. 전력상으로 보아 유다 왕국의 승리는 불가능한 일이었지만 하나님의 도우심에 의해 최종 승리를 거둘 수 있었다. 그에 대해서는 모든 백성들이 잘 알고 있었다.

우리가 여기서 알 수 있는 점은 예루살렘 성과 거룩한 성전이 안전했다는 사실이다. 하나님께서 직접 구스의 군대를 격퇴하심으로써 승리를 거둔 것은 예루살렘 성전을 지켜 보호하신 일과 직접 연관되어 있다. 그랄 주변까지 추격하여 구스 군대를 물리치고 승리를 거둔 병사들이 예루살렘에 개선한 것을 통해 하나님의 놀라운 뜻을 알 수 있다. 이로써 심각한 국가적 위기 가운데서 그 모든 과정을 지켜본 백성들은 더욱 더 여호와 하나님을 믿고 의지하는 자세를 가질 수 있었던 것이다.

〈철저한 종교개혁과 관용의 문제〉

21세기는 전반적으로 배도의 시대라 해도 과언이 아니다. 기독교가 극도로 타락한 시대에 살아가면서 성숙한 성도들은 신학적으로 잘못된 점들을 보며 어떻게 반응해야 할지 여간 신경 쓰지 않으면 안 된다. 사람들은 저마다 자기주장을 펼치며 성경적이라 주장하니 어린 교인들은 갈피를 잡기 어려운 경우가 많다.

현대 교회는 대체로 관용을 미덕으로 여기는 경향이 있다. 그러나 그것은 일반 윤리적인 관점일 뿐 신학적인 문제에 대해서는 신중한 자세로 접근해야 한다. 참된 진리를 근거로 하지 않은 잘못된 관용주의는 오히려 지상 교회를 어지럽히며 어린 교인들을 더욱 큰 타락의 길로 내몰 위험이 있기 때문이다.

우리시대에는 눈에 보이는 가시적인 우상도 문제이지만 무형의 정신적인 영역이 더욱 심각하다. 그것들 가운데 대표적인 것이 우리시대에 발흥한 동성애와 동성결혼 문제, 그리고 진화론과 유신진화론 문제이다. 동성애, 동성결혼은 무서운 죄악으로서 성경은 결코 그에 대하여 관용적이지 않다. 그리고 기독교 내의 다수 학자들이 주장하는 유신진화론은 성경이 교훈하고 있는 바가 아니다.

그와 같은 주장을 하는 자들은 하나님의 말씀을 떠나 배도의 길을 걸어가는 것과 다르지 않다. 남녀간의 합법적인 부부관계 이외의 모든 성적인 접촉은 사악한 간음 행위일 따름이다. 동성간의 간음은 하나님의 창조질서를 멸시하는 가증한 행위로서 더욱 중한 죄가 아닐 수 없다.

그럼에도 불구하고 일부 잘못된 기독교인들은 이른 바 소수 인권을 내세우며 동성애에 관용한 태도를 보이고 있다. 그런 자들을 죄로부터 돌이키려는 마음 없이 그들의 편에서 동성애를 지지하는 것은 그들을 더욱 깊은 구렁텅이로 몰아가는 것과 같다. 하지만 어처구니없게도 기독교인을 자처하는 자들 가운데는 더러운 음행을 앞세운 '퀴어 축제'(Queer Festival)를 지지하는 자들이 상당수 있다.

유신진화론 역시 우리시대에 심각한 문제를 야기하고 있다. 과학주의를 앞세운 그 잘못된 이론은 하나님께서 흙으로 아담을 지으시고 그의 갈비뼈로 하와를 만든 역사적 사실을 부정한다. 그렇게 되면 선악과나무 열매와 연관된 죄의 근본 문제뿐 아니라 그 죄를 해결하시기 위해 인간의 몸을 입고 이땅에 오신 하나님의 아들 예수 그리스도와 그의 십자가 사역은 무의미해질 수밖에 없다.

오늘날 우리는 그와 같은 잘못된 논리를 철저히 비판함으로써 교회가 바로 세워지는 일에 동참해야 한다. 그것을 방치하게 되면 악한 누룩이 교회 안으로 들어와 더욱 기승을 부릴 것이 분명하다. 우리는 구약시대 이스라엘 민족 가운데 철저한 개혁운동이 필요했듯이 오늘날 우리시대도 그와 다르지 않다는 사실을 기억해야 한다. 또한 죄를 용납하는 잘못된 관용주의가 교회의 세속화를 부추기며 어린 성도들을 더욱 깊은 타락의 늪으로 몰아간다는 점을 결코 잊어서는 안 된다.

제12장

아사 왕의 순종과 태왕태후 마아가의 우상숭배
(대하15:1-19)

■ ■ ■ ■ ■ 역대하 15장

1. 유다 왕국을 향한 아사랴의 예언(대하15:1-7)

(1) 남 유다 왕국에 대한 권고(대하15:1-2)

여호와 하나님께서 선지자 오뎃의 아들 아사랴를 특별히 부르셨다. 그에게 중요한 예언의 임무를 맡기시기 위해서였다. 그것을 위해 하나님의 성령이 그 선지자에게 임했다. 그리하여 아사랴는 하나님의 말씀을 전하기 위해 아사 왕 앞으로 나아갔다. 하나님께서 전하도록 요구하신 내용은 유다 왕국 전체 즉 아사 왕과 유다와 베냐민 지파에 속한 모든 백성들을 위한 것이었다.

선지자는 하나님의 명령에 따라 왕에게 나아가 계시된 예언의 말씀을 전달했다. 그 실제적인 의미는 왕 한 사람뿐 아니라 모든 언약의 자손들을 향해 선포되는 성격을 지니고 있었다. 예언의 내용은 그들이 여호와 하나님과 함께 거한다면 그 역시 저희와 더불어 계시리라는 것이었다. 또한 언약의 자손들이 하나님을 간절히 찾는다면 그가 자기 백성들과 만나 거룩한 교제를 나누게 되리라고 했다.

반면에 만일 그 백성이 여호와 하나님을 버린다면 하나님께서도 그 배도자들을 버리시게 된다고 했다. 이 말씀은 언약의 백성들이라면 당연히 모세가 기록한 율법에 순종해야 한다는 뜻을 내포하고 있다. 즉 성경에 기록된 율법을 버리고 하나님의 말씀을 멸시하게 되면 그들은 하나님으로부터 버림을 받아 무서운 저주에 빠질 수밖에 없다. 그들이 하나님을 버린다는 것은 그로부터 주어진 율법에 저항한다는 의미를 지니고 있기 때문이다.

(2) 북 이스라엘 왕국의 배도행위(대하15:3,4)

선지자 아사랴는 북 이스라엘 왕국을 신랄하게 비판했다. 거기에는 이스라엘에 대한 비판적 예언을 통해 저들로 하여금 그것을 반면교사로 삼으라는 의미를 지니고 있다. 스스로 언약의 범주 안에 들어있다고 여기면서 배도에 빠지게 되면 순수 이방인들보다 훨씬 더 악한 행실을 하게 된다.

배도자들은 하나님을 향한 소극적 범죄행위를 저지르는 것이 아니라 율법을 부분적으로 알고 있으면서 하나님 앞에서 적극적 범죄를 행한다. 즉 배도에 빠진 자들은 아담, 노아, 아브라함, 모세, 다윗 등의 믿음의 조상들의 이름을 알고 있으면서 그들이 마치 자기편인 양 착각하고 있다. 그들은 스스로 이방인들을 부정하게 여기며 살아가고 있지만 실상은 저들보다 훨씬 사악한 자들에 지나지 않았다.

이에 대해서는 오늘날 우리시대 역시 그와 별반 다르지 않다. 스스로 하나님을 믿는 자라 주장하면서 기독교인 행세를 하는 배도자들은 불신자들보다 더욱 악한 자들이다. 그들은 하나님의 말씀을 멸시하고 인간적인 논리를 내세워 자신의 주장을 옹호하기에 급급하다. 이방 영역에 속한 불신자들이 하나님에 대하여 소극적 범죄를 저지르는 데 반해 기독교 내부나 그 언저리에 머물면서 하나님을 떠난 자들은 율법에 저항하는 적극적 범죄행위를 되풀이하게 된다. 그런 자들에게는 살아계신 하나님을 진정으로 경외하는 마음이 없다.

선지자 아사랴는 당시 북 이스라엘 왕국 백성들이 모세가 기록한 하나님의 율법을 멸시하는 자리에 앉아 있었으므로 그들 가운데는 참 신이신 여호와 하나님이 계시지 않는다고 말했다. 따라서 그들에게는 참된 제사장도 없고 하나님의 말씀도 존재하지 않는다. 신앙의 본질이 사라진 채 야곱의 자손으로서 혈통적 껍데기만 남은 상태가 되어 있었다. 그것은 여로보암이 불법적으로 배도의 왕국을 세우고 통치자의 자리에 올라 권력을 행사하면서부터 끊임없이 진행되어 온 일이었다.

심각한 문제가 되는 것은 다수의 백성들이 자기가 여호와 하나님께 저항하며 사악한 행동을 하는 이단적 불신자가 된 사실을 전혀 모르고 있었다는 사실이다. 그들은 하나님의 언약에 관련된 조각 단어들을 머리에 담은 채 입술에 올리면서 그것을 신앙인의 표지라 여기고 있었다. 거기다가 이방신과 혼합된 종교 행위를 하면서 그것이 마치 하나님을 향한 신앙의 표현인 양 믿고 있었던 것이다.

그렇지만 선지자는 과거 이스라엘 자손이 하나님의 은혜를 입었던 사실을 언급했다. 하나님에 대한 불순종으로 인해 심한 고통을 당하면서 돌이켜 하나님 앞으로 나갔을 때 하나님께서 저들을 받아주셨다는 것이었다. 악한 자들의 유혹과 인간적인 부족함으로 인해 일시적인 불순종을 행했을지라도 그 남은 백성들에게는 신앙의 양심이 존재하고 있었다. 그때는 그들이 성경에 계시된 하나님을 적극적으로 모독하는 행위를 하지 않았을 뿐더러 율법에 따른 아론 지파 제사장들이 있었다. 그들은 비록 율법에 온전히 순종한 것은 아니었지만 모세가 전한 율법의 존재 의미 자체를 잊어버리지는 않았다.

(3) 유다 왕국을 위한 하나님의 약속(대하15:5-7)

이스라엘 백성이 하나님을 버리고 이단적 배도에 빠져 있을 때 모든 것이 혼란스러울 수밖에 없었다. 언약의 왕국 주변에 있던 여러 왕국들의 정세가 불안하고 시대가 극도로 어지러웠기 때문이다. 따라서 사람들이 마음 편하게 집 밖으로 출입하기 쉽지 않았으며 안전하게 나다니는 것조차 어려운 지경이 되었다.

또한 나라와 나라들이 서로간 침략하여 여기저기서 많은 전쟁과 더불어 갈등 양상이 나타나게 되었다. 그리고 성읍과 성읍이 서로 치고 무찌르는 혼란한 상황이 되풀이 되었다. 그러다보니 각국에 속한 백성들이 전쟁으로 인해 피차 심한 상처를 입거나 피를 흘리고 죽는 자들이 많았다.

그와 같은 끔찍한 상황은 자연적으로 발생한 것이 아니라 하나님으로 말미암은 것이었다. 언약의 자손들이 이방신을 섬기며 더러운 배도에 빠지게 되자 여호와 하나님께서 저들을 심한 고난 속에 빠뜨리셨던 것이다(대하14:6). 이는 사실 모든 성도들에게 매우 중요한 의미를 제공하고 있다. 하나님께서 언약의 자손들의 죄악을 징계하시는 과정에서 주변의 많은 나라들이 그에 동원되거나 직접적인 영향을 받게 되기 때문이다.

이에 대해서는 하나님의 실제적인 활동에 대하여 지극히 둔감한 우리시대 교회와 성도들이 주의 깊게 생각해 보아야 한다. 즉 지상 교회가 타락하여 하나님 앞에서 범죄하게 되면 진노하신 하나님께서 그에 속한 교인들을 심판을 행하시게 된다. 그런데 문제는 그로 인한 형벌이 교인들에게만 내려지는 것이 아니라 주변의 국가와 사회가 함께 그 형벌의 자리에 놓이게 된다는 사실이다.

그러므로 우리는 세속 국가나 사회에 어떤 심각한 재앙이 내려질 경우 그것이 하나님의 말씀에 불순종하는 지상 교회와 배도에 빠진 교인들로 말미암은 것일 수 있다는 사실을 기억해야 한다. 특히 하나님의 교회가 존재하는 국가와 지역 사회에서 어떤 재앙이 발생한다면 교회와 성도들은 더욱 민감하게 자신을 되돌아 볼 수 있어야 한다. 그것이 우연한 일이 아니라 하나님으로부터 임한 직접적인 징계일 수 있기 때문이다.

따라서 당시 선지자는 그와 더불어 언약의 자손들을 향해 용기를 잃지 말고 강하고 담대한 자세로 하나님께서 원하시는 선을 행하라는 당부를 하고 있다. 극도의 위기 상황 가운데 처해 있다면 그것이 결코 쉽지 않은 일이겠지만 지혜로운 자들은 하나님을 의지하는 가운데 그렇게 해야만 했다. 하나님의 말씀에 온전히 순종함으로써 장차 하나님으로부터 보상(reward)을 받을 수 있을 것이었기 때문이다.

이에 대해서는 오늘날 신약시대 교회에 속한 성도들 역시 동일한 원리 가운데 살아가고 있다. 성숙한 성도라면 교회와 자신이 속한 국가와 지역 사회에 어떤 재난이 임하게 될 때 하나님의 진노에 의한 것이 아닌지 신중하게 생각해 볼 수 있어야 한다. 그런 가운데서 하나님을 온전히 의지하며 강하고 담대한 마음을 가져야 한다. 하나님을 진정으로 경외하는 성도들은 어떤 경우라 할지라도 낙심하지 않은 채 영원한 천국의 상급을 바라보며 온전한 신앙인의 삶을 살아갈 수 있어야 하는 것이다.

2. 아사의 지속적인 개혁운동 및 제단중수, 그리고 북쪽지역 주민들의 남하(대하15:8,9)

아사 왕이 선지자 오뎃의 아들 아사랴의 예언을 듣고 마음을 강하게 먹었다. 이는 그런 강한 자세를 지탱하지 않고는 언약의 왕국과 그 백성들 가운데서 신앙적인 개혁운동을 해 나갈 수 없다는 사실을 말해주고 있다. 나라 안에는 왕이 정책적으로 시행하는 신앙적 정화작업을 조직적으로 훼방하는 세력이 버티고 있었기 때문이다.

그러므로 아사 왕은 용기를 가지고 담대한 마음으로 유다와 베냐민 지파의 모든 땅에서 하나님을 욕되게 하는 가증한 물건들을 제거했다. 또한 에브라임 산지에서 빼앗은 성읍들 가운데서도 더러운 우상들을 파괴하여 철거했다. 언약의 자손들의 마음을 빼앗고 신앙을 혼란케 하는 모든 것들을 없애버렸던 것이다.

그대신 참된 신앙을 확립하는 일에 최선의 노력을 기울였다. 그는 예루살렘 성전의 현관 앞에 설치되어 있는 여호와 하나님의 제단을 중수했다. 왕은 노후된 제단을 다시 보수함으로써 그 중요성을 확인함과 동시에 백성들로 하여금 새로운 마음을 가지도록 했던 것이다. 즉 그 과정을 통해 더러운 산당과 우상들에 미혹되어 흐트러진 마음을 하나님의 성전으로 모을 수 있었다.

또한 아사 왕은 유다와 베냐민 지파에 속한 무리를 예루살렘의 한자리에 불러 모았다. 그때 북 왕국의 에브라임과 므낫세와 시므온 지파에 속한 사람들 중에서 남쪽 유다왕국으로 내려와 저희들과 함께 거하는 자들도 그 자리로 불렀다. 당시 아사 왕이 섬기는 여호와 하나님께서 그와 함께 계시는 것을 본 북 이스라엘 왕국에 속한 백성들 가운데 남 유다 왕국의 아사 왕에게로 돌아오는 자들의 수가 많았던 것이다.

북 이스라엘 왕국의 입장에서 본다면 자기 지파를 버리고 예루살렘으로 돌아간 자들은 변절자에 지나지 않았다. 따라서 그런 자들이 지속적으로 생겨나는 것을 방지할 수 있는 특단의 대책을 강구해야만 했다. 그것을 위한 정책의 일환이 남북으로 오가는 통로의 길목을 차단하는 성곽 건축이었다. 이처럼 북 왕국에서는 모든 힘을 기울여 그 일을 시행할 수밖에 없었던 것이다.

3. 이스라엘 모든 지파 사람들의 예루살렘 성전 제사와 민족적 맹세(대하15:10-15)

아사 왕 즉위 제 십오 년에 온 백성들이 예루살렘에 모였다. 그때 그들은 외부로부터 노략해 온 물건들 가운데 소 칠백 마리와 양 칠천 마리로 여호와 하나님께 제사를 드렸다. 그 제물들은, 구스 사람 세라가 유다 왕국을 침략했을 때(대하14:9) 아사 왕이 하나님의 특별한 도우심에 힘입어 승리를 거두고 취한 전리품이었다. 즉 그들은 하나님께서 허락하신 제물을 바쳤던 것이다.

아사 왕과 거기 모인 모든 백성들은 그 자리에서 마음을 다하고 성품을 다하여 저들의 조상이 섬기던 그 하나님만 섬기기로 굳게 다짐하고 언약을 맺었다. 그때 그들은 언약의 지경 안에 살아가면서 이스라엘의 하나님 여호와를 섬기지 않는 자들이 있다면 남녀노소, 지위고하를 막론하고 전부 죽이는 것이 마땅하다는 결의를 했다. 그리고 난 후 온 백성이 큰 소리로 외치며 피리와 나팔을 불어 여호와 하나님 앞에서 맹세했다.

유다 왕국의 모든 백성이 그 언약과 맹세를 기뻐하면서 기꺼이 받아들였다. 그들은 마음을 다하여 여호와 하나님 앞에서 맹세했으며 뜻을 다하여 진심으로 하나님을 찾았으므로 주님께서 저들을 위한 거룩한 교제를 허락하셨다. 그리하여 하나님의 도우심으로 말미암아 백성들이 사방에서 평안을 누릴 수 있게 되었다.

우리가 여기서 반드시 기억해야 할 바는 오직 여호와 하나님만 섬기기로 다짐하고 언약을 맺은 백성들의 굳은 자세이다. 그들은 언약의 땅에 살아가면서 여호와 하나님을 멸시하는 자들을 죽이기로 결안했다. 거기에는 성별과 지위 등이 전혀 고려되지 않았으며 그 결안한 내용은 모든 백성들에게 공히 적용되어야만 했다. 이는 하나님을 경외하는 백성들을 순결하게 보존하고자 하는 이유 때문이었다.

당시 유다 왕국의 백성들이 취했던 강경한 자세는 오늘날 우리에게도 그 정신이 그대로 남아 있어야 한다. 물론 우리시대는 사람을 직접 죽이는 일이 없지만 중요한 권징 사역이 살아있다. 즉 하나님의 몸된 교회 가운데서 하나님을 멸시하거나 그의 말씀에 불순종하여 저항하는 자가 있다면 교회는 마땅히 그를 엄히 징계해야 한다. 만일 교회로부터 시행되는 진리에 대한 가르침을 끝까지 거부한다면 정당한 절차에 따라 영적 생명권 박탈에 해당되는 출교조치를 해야만 하는 것이다.

4. 아사 왕의 조모 마아가의 우상 숭배(대하15:16-19)

이 세상에는 부모 자식 간이라 할지라도 하나님에 대한 신앙이 동일하지 않을 수 있다. 즉 부모가 자식보다 올바른 신앙을 가진 경우가 있는가 하면 그 반대의 경우도 있다. 아사 왕의 경우에도 왕 자신은 모세 율법을 지키며 올바른 신앙을 유지하기 위해 최선의 노력을 기울였으나 그의 조모인 마아가는 전혀 그렇지 못했다.

태왕태후(太王太后) 자리에 있던 마아가는 아세라 신의 가증한 목상을 제작하여 그것을 섬기기를 좋아했다. 그녀는 이스라엘 백성의 여호와 하나님에 대한 왜곡된 신앙 위에 종교적으로 덧칠한 혼합주의적인 신앙을 가지고 있었던 것으로 보인다. 그런데 일반 시민이 아닌 왕의 조모인 태왕태후가 그와 같은 이단적인 신앙을 가졌다는 것은 매우 위험한 양상을 띠지 않을 수 없었다.

이는 그로 말미암아 잘못된 신앙을 가진 배도자들이 태후의 힘을 배경으로 삼아 배도의 길을 확고히 하고자 하는 사악한 분위기가 조성될 것이었기 때문이다. 아마도 배도에 빠진 일부 정치인들을 비롯한 지도계층의 인사들은 태후와 세력을 같이 하고 있었을 지도 모른다. 따라서 만일 누군가 우상과 연관된 사실을 비판할 때 태왕태후의 이름을 언급하며 강압적인 자세를 보인다면 아무도 그에 쉽게 대응하지 못했을 것이다. 그와 같은 바람직하지 않은 상황을 아사 왕이 잘 파악하고 있었을 것이 분명하다.

그러므로 아사 왕은 조모가 가졌던 태왕태후의 위(位)를 폐하기에 이르렀다. 그것은 많은 사람들의 눈에 잔인한 행동으로 비쳐질 수 있었다. 그리고 조모 마아가가 제작하여 섬기던 우상을 찍어내 빻아서 기드론 시냇가에 던져 불살라 버렸다. 그럼에도 불구하고 그 조모가 가까이 하던 산당은 이스라엘 중에서 제거하지 못했다.

이는 아마도 당시 정치적인 상황과 더불어 아직 개혁되지 못한 배도의 분위기와 연관되어 있었을 것으로 보인다. 즉 그가 그 산당을 파괴하지 못한 것은 여전히 주변에 강력한 저항 세력이 남아 있었기 때문이었을 가능성이 크다. 앞에서 보여준 아사 왕의 개혁의지를 보면 특별한 이유 없이 산당들을 남겨둔 것으로 보기 어렵다.

우리가 여기서 볼 수 있는 점은 아사 왕이 자기 조모라 할지라도 하나님에 대한 신앙을 버리고 배도의 길을 갈 때 단호하게 대처했다는 사실이다. 실상 그것은 왕에게 매우 큰 부담으로 작용했을 것이 틀림없다. 즉 신앙이 어리거나 배도에 빠진 많은 백성들 특히 배도자들은 그와 같은 행동을 하는 왕을 불효막심(不孝莫甚)한 자로 몰아갔을 것이기 때문이다.

아사 왕은 그와 같은 큰 부담을 안고서도 자기 조모가 신으로 여기며 아끼는 우상을 단호하게 척결한 후 태왕태후의 위를 박탈했다. 이는 그것이 이스라엘 민족 가운데서 얼마나 위태로운 악영향을 끼치는지 잘 알고 있었으므로 실천에 옮길 수 있었다. 따라서 성경은 하나님에 대한 아사 왕의 마음이 한 평생 온전했다는 사실을 언급하고 있다(대하15:17).

아사 왕은 자기와 부친인 선왕 아비야가 구별한 물건들 곧 은과 금으로 된 그릇들과 모든 기물들을 예루살렘 성전에 드렸다. 그와 같은 행동은 온전한 신앙으로 말미암은 것이었음이 틀림없다. 따라서 그후부터 아사 왕 삼십오 년까지 오랜 기간 동안 하나님의 은총으로 말미암아 전쟁이 없는 평화의 시대가 지속되었다.

여기서 우리가 알 수 있는 것은 악을 도모하는 자들은 항상 나름대로 저항 세력을 조성한다는 사실이다. 그에 가담하는 자들은 선악에 대한 분별력 없이 시대에 맞추어진 자신의 주장을 펼치게 된다. 그들은 하나님을 경외하는 자들이 '성경으로 돌아가' '올바른 교회를 회복' 하려고 애쓰는데 반해, 세속적인 풍조를 교회 안으로 끌고 들어오는 자들은 저들끼리 한편이 되어 하나님의 진리와 대결하는 오류에 빠지게 된다.

이에 대해서는 오늘날 우리시대 역시 마찬가지다. 예를 들어 동성애와 동성 결혼문제, 진화론과 유신진화론을 주장하며 그에 대한 적극적인 지지를 보내는 자들의 경우가 그렇다. 물론 그들이 체제를 갖춘 조직화를 도모하는 것이 아니라 할지라도 결집된 힘을 보여주고 있다. 그에 반해 하나님의 편에 선 자들은 대개 그런 식으로 반응하지 않는다. 구약시대의 선지자들이 세를 결집하려고 애쓴 것이 아니라 각자 하나님의 말씀에 따른 목소리를 낸 것과 그 예언을 받아들여 순종하고자 했던 성도들이 여기저기 있는 것과도 같다.

제13장

아사 왕의 불신앙과 고통스런 말년
(대하16:1-14)

■ ■ ■ ■ ■ 역대하 16장

1. 유다 왕국과 이스라엘 왕국, 그리고 아람 왕국의 관계(대하16:1-6)

세상에 존재하는 모든 나라들은 국제 관계 속에 뒤얽혀 있다. 정치 외교 경제 문제뿐 아니라 사회 문화적인 면에 있어서도 그렇다. 따라서 정치인들은 자국의 유익을 위해 부단 없이 노력하며, 주변 왕국들과 더불어 긴장 관계를 유지하게 된다.

언약의 땅에 거주하는 백성들에게도 그와 다르지 않은 문제들이 끊임없이 발생했다. 아비야 왕을 이어 아사 왕이 유다 왕국의 최고 통치자의 자리에 앉은 지 삼십육 년이 되던 해 북 이스라엘 왕국의 바아사 왕이 유다 왕국을 침략하고자 했다. 그는 남쪽 지역을 정복하고자 하는 이유가 아니라 자국민을 왜곡된 자신의 의도 아래 묶어두기 위한 목적을 가지고 있었다.

그러므로 북 왕국의 바아사 왕은 라마(Ramah) 성을 건축하고 북쪽 지역 사람들로 하여금 예루살렘 방문을 금지하고자 했다. 즉 예루살렘을 봉쇄

함으로써 그 길목을 가로막는 것이 그 목적이었다. 북쪽의 열 지파 사람들이 아무런 제재 없이 예루살렘과 성전을 자유롭게 방문할 수 있다는 것은 큰 부담이 되지 않을 수 없었다. 그들이 모세 율법을 빗대어 이스라엘 왕국의 신앙에 대한 비판을 가한다면 더욱 심각한 문제가 발생할 수 있었기 때문이다.

그 시기에는 이미 북쪽 왕국을 버리고 유다 왕국으로 내려간 자들이 상당히 많이 있었다(대하15:9). 그에 대한 특단의 조치를 강구하지 않으면 북 이스라엘 왕국 전체가 흔들릴 수도 있는 문제였다. 그런 이유 때문에 바아사 왕은 라마 성곽을 건축하고자 결심했던 것이다.

우리가 기억해야 할 바는 당시 북 이스라엘 왕국은 남쪽 왕국과는 전혀 다른 율법 체제를 갖추고 있었다는 사실이다. 그들은 모세가 기록한 율법을 받아들이지 않았을 뿐 아니라 오히려 그에 대하여 강력하게 저항하는 입장을 취하고 있는 상태였다. 북 왕국의 통치자들과 지도자들은 모세 율법과 예루살렘 성전의 언약적 중요성을 완전히 버렸던 것이다.

북쪽 이스라엘 왕국이 적극적인 배도의 세력을 구축하고 있었던 사실이 외적으로 입증이 되는 것은 그 지도자들이 백성들의 참된 신앙을 가지지 못하도록 모든 힘을 다해 가로막고 있었던 것과 연관된다. 그들에게는 이스라엘 백성이 하나님의 율법을 올바르게 받아들이는 것이 부담스러웠다. 악한 지도자들은 그것을 용납하게 될 경우 왕국 내부의 분열이나 국가 권력에 대한 저항의 씨앗이 될 수 있다는 판단을 하고 있었다. 이는 하나님에 대한 올바른 신앙을 가지는 것을 훼방하는 역할을 했다.

이와 같은 이유로 말미암아 북 이스라엘 왕국은 남 유다 왕국을 침략하기 위한 준비를 하고 있었다. 그러나 유다의 아사 왕은 북 왕국이 그와 같은 태세를 취하는 것을 보고 크게 위축되지 않을 수 없었다. 군사적 전투력과 그 대응 능력이 북 왕국에 비해 턱없이 부족했던 그는 북쪽 세력을 보며 지레 겁을 먹고 있었던 것이다.

남 유다 왕국과 아사 왕은 그런 심각한 국가적 위기에 봉착하게 되었을 때 당연히 예루살렘에 거주하는 백성들과 더불어 여호와 하나님께 매달려 기도해야만 했다. 언약의 자녀들에게는 모든 어려움에 대해 하나님의 도움을 간구하는 것이 최선의 방책이었다. 만일 그런 자세를 가지지 않는다면 그것은 하나님에 대한 불신앙을 드러내는 것과 같다.

그렇지만 아사 왕은 그 위기의 상황 가운데서 하나님을 찾지 않았다. 그는 여호와 하나님께 간구하며 그의 능력을 의지한 것이 아니라 주변에 있는 이방 왕국의 세력으로부터 지원을 받아 그 위기 상황을 극복하고자 했다. 그래서 그는 아람 왕국의 군사적 지원을 받기 위하여 하나님의 성전 곳간과 왕국 곳간에 보관된 은금보화를 취하여 사신들의 손에 그것들을 들려 다메섹의 벤하닷 왕에게 보냈다.

이는 유다 왕국이 하나님을 알지 못하는 이방 군대의 세력이 하나님보다 강하다는 것을 선포하는 것과 동일한 의미를 지니고 있다. 아사 왕을 비롯한 유다의 백성들은 하나님의 능력을 실제적으로 인정하지 않았다. 이는 이방 세력을 언약의 왕국 내부로 끌어들이는 행위이자 그에 굴복하는 것과 마찬가지였다.

아사 왕은 아람 왕 벤하닷에게 양국 사이의 조약 체결을 제안했다. 선대 왕이었던 자기 부친과 벤하닷의 부친 왕 사이에 존재했던 우호관계를 상기시키면서 옛날의 그 관계를 다시금 복원하자는 것이었다. 그것을 위해 유다 왕국의 통치자인 아사 왕이 아람 왕 벤하닷에게 은금을 보내 조약체결을 요구하게 되었던 것이다.

나아가 그 조약의 내용은 일반적인 화친이 아니라 군사협정이었다. 당시에는 이미 아람 왕국과 북 이스라엘 왕국 사이에 상호 조약을 맺고 있는 상태였다. 그런데 아사 왕은 벤하닷을 향해 이제 북 이스라엘 왕국과의 조약을 파기하고 자기와 새로운 군사 동맹을 맺자는 요구를 했다. 따라서 아사 왕은 벤하닷에게 만일 자기의 요구를 기꺼이 받아들인다면 이제 북 이스라엘 왕국을 침공하여 그들의 예루살렘 침략 계획에 대한 시행을 중단시켜 주기를 바란다고 언급하게 되었다.

유다 왕국으로부터 많은 공물을 받은 벤하닷은 자기와 군사 동맹을 맺기 원하는 유다 왕국의 아사 왕이 청하는 내용을 그대로 수락하게 되었다. 그는 그동안 북 이스라엘 왕국과 맺은 조약을 파기하고 남 유다 왕국과 새로 맺는 군사 협정이 아람 왕국에 더욱 유리할 것이란 판단을 하고 있었다. 그 이방 왕국의 통치자는 자기에게 유리하다면 언제든지 필요에 따라 상대국과의 조약을 파기할 수 있는 인물이었다.

그리하여 벤하닷은 아사 왕의 요구대로 군대를 보내 이스라엘 왕국의 단과 납달리 지역을 비롯하여 중요한 몇 군데의 국고성들을 습격했다. 벤하닷의 입장에서는 북 이스라엘 왕국의 세력이 점차 확장되어가는 것을 이번 기회에 차단시킬 필요가 있었을 것이 분명하다. 만일 이스라엘 왕국이 강력한 군사력으로 유다 왕국을 정복하게 되는 일이 발생하면 바아사 왕의 세력은 엄청나게 팽창하게 될 것이 틀림없었다.

그동안 기고만장하던 북 이스라엘 왕국의 바아사 왕은 아람 왕국의 군대가 도착하자 병사들을 통솔하는 벤하닷을 보고 자기의 계획을 돌이키지 않을 수 없었다. 당시는 벤하닷의 세력이 막강했기 때문에 그에 저항했다가는 오히려 더 많은 것을 잃을 수 있었다. 바아사 왕은 국제 정세를 살피며 스스로 가장 합리적인 판단을 했던 것이다.

그로 말미암아 남쪽 유다왕국의 아사 왕은 일시적이나마 자기가 원하는 대로 그 위기의 상황을 극복할 수 있었다. 그리하여 그는 바아사가 라마 성 건축을 위해 모아둔 돌들과 나무들을 가져다가 자기가 원하는 게바와 미스바를 건축하게 되었다. 이렇게 하여 북 이스라엘 왕국은 아람 왕국의 개입으로 인해 엄청난 손실을 입게 되었다.

그에 반해 남 유다 왕국에서는 겉보기에 상당한 이득을 본 것 같았다. 하지만 실상은 그때부터 아람 왕국의 눈치를 보지 않을 수 없었다. 우리가 그보다 더 큰 관심을 가지고 눈여겨보아야 할 사실은 예루살렘 성전을 중심으로 살아가던 언약의 자손들이 여호와 하나님을 전적으로 의지하는 대신 이방 왕국의 군대를 의지했다는 점이다. 따라서 아사 왕은 모든 위기를 해결한 것 같았으나 실제로는 그것이 하나님을 무시하는 행위였으므로 결국은 무서운 심판을 자초하는 결과를 가져오게 되었다.

2. 아사 왕의 불신앙의 결과(대하16:7-9)

유다 왕국이 그와 같은 상황에 처해 있을 때 하나님께서는 유다 왕 아사에게 선견자 하나니(Hanani)를 보냈다. 그로 하여금 자신의 뜻을 전달하도록 하셨던 것이다. 선견자는 우선 유다 왕이 여호와 하나님을 의지하지 않고 아람 왕의 군대를 의지한 것에 대한 문제점을 지적했다. 그로 말미암아 아사 왕은 그 이방 군대의 세력으로부터 자유롭지 못하게 되었다. 즉 일시적으로 아람 군대의 도움을 받아 이스라엘 왕국을 격퇴하기는 했지만 더 큰 부담을 안게 되었던 것이다.

선견자 하나니는 아사 왕에게 과거에 있었던 한 사건에 관한 언급을 했다. 지난번 구스 즉 에디오피아 군대와 룹 즉 리비아의 사람들의 대군이 유다 왕국을 침략했을 때 저들의 말(馬)과 병거들을 포함한 군사력이 얼마나 막강한 규모였던지 생각해 보라는 것이었다. 유다 왕국의 군대로서는 저들을 이길 만한 힘이 전혀 없었다. 저항할 수도 없이 그냥 패배할 수밖에 없는 상황이었다.

그 절체절명(絶體絶命)의 위기 가운데서 왕과 백성이 여호와 하나님을 전적으로 의지했을 때 그가 저들에게 승리를 안겨주셨다. 진정한 승리는 오직 여호와 하나님께 달린 것일 뿐 막강한 전투 병력을 갖춘 군대에 달려 있지 않았다. 어리석은 자들은 자기의 세력을 키워 적과의 전쟁에 임하고자 한다. 또한 자기의 능력이 부족하다고 판단되면 외세에 의존하여 적을 방어하고 그 위기를 타개해 나가려고 한다. 그것은 하나님에 대한 믿음이 없다는 사실에 대한 분명한 증거가 될 따름이다.

그러므로 선견자 하나니는 유다 왕 아사를 향해 그가 북 이스라엘 왕국의 침략을 방어하기 위해 이방의 아람 왕국의 세력을 끌어들인 모든 행동은 하나님에 대한 믿음이 없음을 보여준 것이라고 했다. 여호와 하나님의 눈은 항상 온 땅을 두루 감찰하고 계신다. 그는 진정으로 자기를 의지하는 백성들을 위해 놀라운 능력을 베풀어 주신다. 그에 반해 자기를 멸시하여 의지하지 않는 자들에 대해서는 엄한 징계를 내리신다.

따라서 선견자는 아사 왕이 여호와 하나님 보시기에 망령된 판단과 행동을 했다는 점을 분명히 지적했다. 따라서 유다 왕국에 평화의 시대가 끝나고 피흘리는 전쟁이 일어나게 되리라는 예언을 했다. 왕은 눈앞에 놓인 위기의 상황을 자기의 뜻대로 해결하기 위해 이방 군대를 끌어들였다가 오히려 더 큰 고통을 겪어야만 했던 것이다. 그것은 지극히 어리석은 일이 아닐 수 없었다.

이에 대해서는 오늘날 우리 역시 중요한 교훈으로 받아들여야 한다. 교회 공동체나 성도들이 어떤 위기에 봉착할 때 전심으로 여호와 하나님께 의존하는 자세를 유지하는 것은 매우 중요하다. 그것은 물론 관념이나 상징이 아니라 말씀과 성령의 인도하심에 따라 구체적으로 시행되어야 한다. 성숙한 성도들은 그것이 참된 지혜인줄 알기 때문에 겸손한 자세를 유지하는 가운데 기꺼이 하나님께 모든 것을 맡기게 된다.

3. 하나님을 향해 저항하는 아사 왕과 그의 말년(대하16:10-14)

유다 왕국의 아사 왕은 하나님께서 보내신 선견자의 말을 귀담아 듣기는커녕 도리어 배척했다. 그가 자기에게 유리하고 좋은 말을 해 주지 않고 부정적인 예언을 한다는 이유 때문이었다. 어리석은 인간들은 자기 귀에

듣기 좋은 말을 해 주기를 바라지만 선지자들을 통해 계시된 하나님의 음성을 그대로 듣는 것이 중요하다.

아사 왕은 결국 크게 진노하여 선견자 하나니를 감옥에 가두어버렸다. 이는 더 이상 하나님의 말씀을 예언하지 말라는 의미를 담고 있다. 나아가 선견자의 편에 서 있으면서 자기에게 충언을 고하는 많은 백성을 학대하기에 이르렀다. 그것은 하나님께 저항하는 행위로서 모세가 기록한 율법과 하나님의 뜻을 멀리함으로써 나타난 양상이었다.

아사 왕의 통치 말년인 즉위 삼십구 년에는 그의 발에 중한 질병이 걸리게 되었다. 그때 그는 여호와 하나님께 치유를 간구하지 않고 의사를 찾아가 자기 병을 낫게 하고자 했다. 여기서도 아사 왕은 자기의 병을 치유하기 위해 하나님께 간구하는 대신 의사에게 모든 것을 맡김으로써 하나님을 전적으로 의지하는 마음을 먹지 않았다. 그것은 언약의 백성들을 위한 그의 모든 역할이 서서히 끝나가고 있다는 사실을 말해주고 있다.

우리는 또한 여기서 매우 주의 깊은 생각을 해보게 된다. 그것은 오늘날 우리가 어떤 질병이 걸렸을 때 병원에 가지 말고 하나님께 기도만 해야 하는가 하는 문제와 연관되어 있기 때문이다. 물론 우리는 병이 걸렸을 때 병원을 찾아가는 것을 두고 신앙적인 문제가 있는 것으로 간주하지 않는다. 하지만 하나님께 의존하는 마음이 전혀 없는 상태에서 병원 의사를 찾아가 치료를 받는 것으로 만족해서는 안 된다.

하나님의 백성은 어떤 질병이 걸렸을 때 먼저 자신과 자신이 속한 사회를 돌아보며 하나님의 뜻을 깊이 생각해 볼 수 있어야 한다. 그 고통 가운데 자신과 이웃이 함께 얻을 수 있는 교훈이 존재하는지 되돌아보아야 하며 인간의 한계를 깨닫는 중에 하나님의 섭리와 경륜을 심중에 새겨야 한다. 병원에 가서 의사로부터 치료를 받고 약을 복용하는 중에도 단순히 육체적 고통만 염두에 두고 치유를 원하는 것을 넘어 자신과 이웃을 기억하는 가운데 하나님의 뜻을 기억하며 그에게 온전히 의지할 수 있어야 하는 것이다.

아사 왕은 그 질병과 연관되어 즉위 사십일 년에 죽어 조상들과 함께 다윗성의 묘실에 장사되었다. 그가 죽었을 때 사람들은 규례에 따라 시신을 처리하여 각양 향 재료를 가득 채운 침상에 눕혔다. 그리고 장례를 준비하는 주변에 많은 백성들이 그의 죽음을 애도할 수 있도록 큰 불을 밝혀두었다. 유다 왕국 가운데서 아사 왕이 남긴 모든 행적들에 대해서는 유다와 이스라엘의 열왕기에 기록되어 남겨져 있다.

제14장

남 왕국의 여호사밧 왕과 북 왕국의 아합 왕
(대하17:1-19; 18:1-34)

■ ■ ■ ■ ■ 역대하 17장

1. 하나님을 경외하는 여호사밧 (대하17:1-19)

(1) 여호사밧의 왕위 계승과 하나님의 도우심 (대하17:1-6)

아사 왕이 죽은 후 그의 아들 여호사밧이 왕위에 올랐다. 그는 외세에 의존하지 않고 자체적인 힘을 키워 북 이스라엘 왕국에 대한 방어를 강화했다. 이 말은 선왕이 아람 왕국에 의존하여 눈치를 보던 태도를 완전히 버리고 자주 국방의 능력을 확보했다는 의미를 지니고 있다. 따라서 그는 유다 왕국이 관할하는 지역의 모든 견고한 성읍에 군대를 주둔시켰다. 그리고 선왕 아사가 탈취한 에브라임의 여러 성읍들에도 수비대를 두었다.

여호와 하나님께서 여호사밧 왕에게 은혜를 베푸신 것은 그가 조상 다윗이 행한 선한 길을 따랐기 때문이었다. 그는 풍요의 신 바알을 비롯한 이방신들에게 빌며 간구하는 악행을 저지르지 않았다. 또한 하나님의 율법을 지키려고 애썼던 자기 부친 아사 왕의 뒤를 이어갔다. 즉 배도에 빠진 북 이스라엘 왕국의 사악한 신앙 행위를 용납하지 않으려 했다.

그러므로 여호와 하나님께서 유다 왕국을 견고하게 만들어주셨다. 우리는 여기서 여호사밧이 자신의 능력과 통솔력을 통해 나라를 강대국으로 만들어갔던 것이 아니라 하나님께서 그렇게 해 주셨음을 기억해야 한다(대하17:5, 참조). 그로 말미암아 유다의 많은 백성들은 여호사밧에게 값진 예물들을 갖다 바치게 되었다.

그런 과정을 거치는 동안 여호사밧의 부귀와 영광은 최고에 달했다. 그와 같은 형편 가운데서도 집권 초기의 그는 교만한 자세를 취하지 않았으며 여호와의 율법을 따르기 위해 최선의 노력을 기울였다. 나아가 그는 힘을 다해 율법에 순종하면서 유다 지역에 흩어져 있던 산당과 아세라 목상 등 더러운 우상들을 제거해 나갔다.

(2) 여호사밧의 민족 교육 정책(대하17:7-9)

여호사밧 왕은 율법에 기초한 신앙 교육에 많은 관심을 기울였다. 그가 즉위한 지 삼년이 되었을 때 고위층 관리들로서 가르치는 교사의 능력을 가진 벤하일, 오바댜, 스가랴, 느다넬, 미가야 등을 특별히 선발했다. 하나님의 율법에 정통한 그들을 유다 지역의 여러 성읍들에 보내 백성들을 교육시키도록 했다. 또한 그들과 더불어 여러 명의 레위인들과 제사장들을 함께 보냈다. 이는 단순한 지식에만 치중한 것이 아니라 하나님을 섬기는 실천적 섬김의 의미가 동반되어 있음을 보여주고 있다.

그들이 각 지역으로 가서 언약의 자손들을 가르치며 교육한 주된 내용은 모세를 통해 기록된 하나님의 율법이었다. 우리가 여기서 기억해야 할 바는, 그들이 필사된 성경책을 가지고 갔을 것이란 사실이다. 이는 물론 오늘날 우리가 가지고 있는 구약성경 전체가 아니라 그때까지 주어진 모든 성경을 의미하고 있다.

기록된 성경이 없이 구두로만 백성들에게 가르쳤다면 일관성 있는 교훈으로 가르치기 어렵다. 기록된 성경을 구체적으로 살피며 확인하지 않고는 정확한 교훈을 베풀 수 없을 것이기 때문이다. 따라서 그들은 기록된 성경을 가지고 여러 성읍들을 순행하며 모세 율법을 비롯한 하나님으로부터 계시된 내용을 백성들에게 가르쳤던 것이다.

하나님의 율법을 모르거나 멀리하는 자라면 올바른 신앙인이 될 수 없다. 율법에 관한 올바른 지식이 결여된 채 종교적인 활동을 열성적으로 하는 것은 매우 위험한 현상이다. 이는 예나 지금이나 전혀 다를 바 없다. 따라서 여호사밧 왕이 교육 정책에 특별한 신경을 썼던 것은 당시 유다 왕국 내에 하나님의 율법에 무지한 사람들이 많았음을 반증하고 있다.

언약의 백성들에게 가장 중요한 것은 하나님의 율법에 대한 올바른 지식을 소유하는 것이다. 그래야만 그들이 하나님의 뜻에 따라 올바른 경배와 제사 행위를 지속할 수 있다. 여호사밧이 그런 교육 정책을 펼치면서 온 백성에게 율법을 가르치고자 한 까닭은 바로 그 점 때문이었다. 유다 땅에서 각종 우상들을 제거하는 외형적인 정책을 넘어 언약의 백성들의 심령에 하나님의 율법을 뿌리내리게 하는 것은 신앙의 근간을 튼튼하게 확보하는 가장 중요한 본질적인 성격을 지니고 있었다.

(3) 하나님의 특별한 보호와 강력한 세력(대하17:10-19)

언약 신앙을 확실히 갖추기 위한 여호사밧 왕의 교육 정책은 유다 왕국을 안정되게 했다. 그리하여 하나님께서 그 주변에 있던 모든 나라들로 하여금 유다 왕국을 침략하거나 여호사밧의 군대와 싸우지 못하도록 하셨다. 이처럼 언약의 백성들이 이방 왕국의 위협 없이 안정을 취할 수 있게 되는 것은 하나님의 간섭으로 말미암는 것이다.

그러다보니 주변의 여러 이방 왕국들이 여호사밧에게 예물이나 공물을 갖다 바치는 경우가 많아졌다. 블레셋 사람들은 여호사밧 왕에게 귀중품을 가져와 조공을 바쳤다. 그리고 아라비아 사람들은 양과 염소 각 칠천 칠백 마리나 되는 엄청난 수의 짐승 떼를 몰고 와서 왕에게 바쳤다. 여기서 엿볼 수 있는 사실은 그 동물들의 수를 보아 그것이 정례적 조공이었을 것이란 점이다.

이는 또한 블레셋과 아리비아뿐 아니라 그 외에도 주변의 많은 나라들이 여호사밧이 통치하는 유다 왕국을 두려워하여 우호관계를 가지기 원했다는 점을 말해주고 있다. 그리하여 여호사밧은 점차 더욱 강력한 세력을 갖추게 되었으며 유다 지역에 견고한 성채와 국고성을 건축하기 위해 많은 노력을 기울였다. 나아가 유다 전역에 흩어진 노후된 성읍들을 보수하게 되었다.

그리고 예루살렘 성에는 용맹한 병사들을 주둔시켜 성을 방어하도록 했다. 물론 그 가운데는 예루살렘 성전이 있었다. 여호사밧 왕은 그 성을 지켜 보호하기 위해 유다 지파와 베냐민 지파에 속한 여러 군대 지휘관들을 두고 그들 아래 활과 방패를 잡은 많은 수의 병사들 및 다양한 전투 병력들을 두도록 했다. 하나님께서는 여호사밧이 행한 이 모든 것들을 통해 언약의 나라를 굳건히 만들어 주셨던 것이다.

■■■■■ 역대하 18장

2. 여호사밧 왕과 이단 세력인 아합 왕의 동맹관계(대하18:1-3)

여호사밧은 최고의 권좌에 앉아 부귀와 영화를 누리게 되자 점차 교만해지기 시작했다. 그 모든 것들은 그가 스스로 쟁취한 것이 아니라 하나님께서 허락하신 것이었다(대하17:5). 그럼에도 불구하고 세월이 흘러가면서 그 번영이 마치 스스로 일궈낸 것인 양 착각하게 되었다. 그와 같은 오만한 태도는 결국 분별력을 상실하게 만들었다.

급기야 여호사밧 왕은 북 이스라엘 왕국의 아합 왕의 가문과 혼인 관계

를 맺게 되었다. 여호사밧의 아들 여호람과 아합의 딸 아달랴를 혼인시킴
으로써 일종의 혼인 동맹을 맺은 것이다. 어쩌면 여호사밧은 그렇게 하는
것이 찢어진 이스라엘 모든 지파들의 화합을 도모하는 방편이 될 것이라
판단했을 수 있다. 그리고 혼인 정책을 통해 나라를 더욱 부강하게 만들
수 있을 것으로 믿었을지 모른다.

하지만 그와 같은 판단은 결코 올바른 것이라 말할 수 없다. 그의 일방
적인 논리 전개와 감정이 어떠했을지라도 그렇게 하는 것은 나라를 위하
는 것이 아니라 도리어 큰 위기에 빠뜨리는 원인에 지나지 않았기 때문이
다. 그로 말미암아 예루살렘 성전을 중심으로 모세 율법을 지키며 살아가
야 할 유다 왕국 백성들에게 북 왕국의 잘못된 풍조를 끌어들이는 결과를
초래하게 되었다.

이처럼 인간적인 판단으로 인해 이단적인 악한 세력과 손을 잡거나 저
들에게 정도(正道)를 벗어난 관용을 베풀어 교제의 문을 여는 것은 하나님
의 뜻을 저버리는 것과 같다. 이에 대해서는 오늘날 우리시대를 살아가는
교인들이 주의 깊게 생각해 보아야 할 일이다. 어리석은 신학자들과 목회
자들 중에는 성경의 교훈을 무시한 채 전략적으로 이단적 불건전한 신앙
을 가진 자들과 대화를 시도하고 있다.

그와 같은 활동이 지나치게 되면 신앙의 본질을 버린 채 기독교란 종교
적인 껍질을 가진 자들과 '하나'가 되기를 추구하며 소위 '종교 일치운
동'을 벌이게 된다. 그런 자들은 그것을 통해 자기가 마치 사랑이 많은 자
인 양 착각하며 많은 사람들 앞에서 자기를 매우 관대한 자로 내세우기를
좋아한다. 하지만 그것은 교회의 순수성을 위협하여 참 교회를 허무는 역
할을 하게 될 따름이다.

혼인을 통해 서로간 우호 관계를 형성한 여호사밧 왕은 한 걸음 더 나아
가 북 이스라엘 왕국과 군사적 동맹 관계를 확립하게 되었다. 양 집안의
혼인이 있은 후 몇 년이 지나 여호사밧은 아합을 방문하기 위해 사마리아

지역으로 갔다. 그러자 아합은 소와 양을 잡고 사돈이 된 그를 위해 큰 잔치를 베풀어 환대했다.

그때 아합 왕은 여호사밧에게 길르앗 라못으로 가서 아람을 침략하려고 하는데 유다 왕국도 그에 참여해 줄 것을 제안했다. 자기가 조만간 그곳을 습격하려는 계획을 실행할 때 함께 연합군을 결성하기를 원한다는 것이었다. 여호사밧은 그의 요청을 거부하지 않고 도리어 그에 대해 적극적인 반응을 보였다. 그는 북 이스라엘 왕국과 남 유다 왕국은 하나이기 때문에 그렇게 하는 것은 당연하다는 입장을 보이기도 했다.

여기서 우리는 여호사밧 왕이 자기 나름대로 윤리적인 인물이었다는 사실을 알 수 있다. 그는 북 왕국이 모세의 율법을 거부하고 예루살렘 성전을 부인하는 문제에 대해서는 그다지 중요하게 생각하지 않았다. 그대신 남북 이스라엘 자손이 동일한 혈통을 가지고 있는 형제라는 점에 주된 관심을 두었다. 북 왕국에 속한 백성들도 남쪽 유다 백성들과 마찬가지로 아브라함과 이삭과 야곱의 자손들이라는 것이었다. 하지만 그것은 하나님의 뜻을 크게 벗어난 매우 위태로운 판단이 아닐 수 없었다.

3. 여호사밧 왕의 하나님과 아합 왕의 신(대하18:4-27)

(1) 아합 왕과 미가야 선지자(대하18:4-8)

여호사밧 왕이 믿는 하나님과 아합 왕이 믿는 신은 서로 달랐다. 사용하는 종교 용어들은 유사했을지라도 그 신앙의 본질은 같지 않았다. 그럼에도 불구하고 여호사밧은 양국의 연합군 결성에 관한 아합의 제안을 긍정적으로 받아들였다.

하지만 남쪽 유다 왕국의 통치자는 기본적인 신앙의 틀을 완전히 버린 인물이 아니었다. 따라서 여호사밧은 아합을 향해 그 전투에 관한 입장을 여호와 하나님께 먼저 물어보는 것이 좋으리라고 말했다. 그리하여 아합 왕에게 주변에 있는 선지자를 불러서 물어 보도록 권했다.

북 이스라엘 왕국에 속하여 그 법령에 따르면서 모세 율법을 멸시하고 예루살렘 성전을 부인하는 자들 중에는 참된 선지자가 없었다. 하지만 그 가운데 하나님의 말씀을 진정으로 경외하며 예루살렘 성전의 의미를 아는 참 선지자들도 있을 수 있다. 물론 참된 선지자라면 형식적인 국적은 북 이스라엘 왕국일지라도 본질적인 그의 신앙은 유다 왕국의 예루살렘 성전에 속해 있어야만 했다.

우리가 여기서 기억해야 할 바는 외형상 '선지자'란 동일한 직함을 가진 자들이라 할지라도 그 실상은 전혀 다른 경우가 많다는 점이다. 이에 대해서는 교회 역사 가운데 줄곧 동일한 양상을 보여 왔으며 오늘날 역시 마찬가지다. 기독교 신학자나 목사라는 직함을 가지고 있으나 그 가운데는 배도에 빠진 가짜 종교인들이 많기 때문이다.

여호사밧 왕의 군사동맹 주문을 받은 아합 왕은 자기 주변에 있는 선지자 사백여 명을 불러 모았다. 그들은 전부 하나님을 완전히 떠나 있으면서도 그럴듯한 종교적인 언어를 사용하는 거짓 선지자들이었다. 아합은 그들에게 자기의 계획을 언급하면서 그것이 마치 하나님으로 말미암은 것인 양 내세우고자 했다.

아합 왕은 여호사밧 왕이 바로 옆에 앉아 있는 자리에서 거짓 선지자들을 향해 남북 이스라엘 왕국의 연합군이 길르앗 라못을 침공하면 어떻게 될지 물어보았다. 그러자 왕의 의도를 알고 있던 그들은 그곳으로 올라가 습격하라는 말로 권했다. 하나님이 도와주실 것이기 때문에 왕이 그 성을 점령하게 되리라는 것이었다. 선지자의 직함을 가진 그들은 왕의 속내를 알고 그가 원하는 대로 예언했다.

그것은 실상 자신의 안위를 위하는 것으로서 하나님을 욕되게 하는 거짓예언이었다. 하지만 거짓 선지자들은 그로 말미암아 상당한 자부심과 만족을 느꼈을 것이 분명하다. 옆에서 그 광경을 가만히 지켜보던 여호사밧 왕은 아합의 말에 답하는 북쪽 지역 선지자들의 반응이 마뜩치 않았다. 그의 눈에는 저들에게 여호와 하나님을 진정으로 경외하는 마음이 없어 보였기 때문이다. 따라서 그는 아합 왕에게 저들 외에 하나님의 뜻을 전할 만한 다른 선지자가 없는지 물어보았다.

그러자 아합 왕은 미가야라는 별난 선지자가 한 사람이 있기는 하나 저에게 무엇을 물어본다고 할지라도 그는 자기를 위해 좋은 예언을 하지 않는다고 말했다. 아합은 항상 자기에 대하여 부정적이고 흉한 예언만 하는 그를 매우 미워한다는 말을 덧붙였다. 그와 같은 부정적인 선지자를 좋아할 수 없다는 것이었다.

아합 왕의 생각을 듣게 된 여호사밧은 그런 식의 주관적인 태도를 가지는 것은 그다지 바람직하지 않다고 대꾸했다. 오히려 그 선지자를 불러 하나님의 뜻이 어떤지 물어보는 것이 옳지 않느냐고 했다. 그의 말을 듣게 된 아합 왕은 울며 겨자 먹기식으로 자기 신하를 보내 선지자 미가야를 불러오도록 명령을 내렸다.

(2) 아합 왕과 시드기야를 비롯한 거짓 선지자들(대하8:9-11)

당시 이스라엘 왕 아합과 유다 왕 여호사밧은 왕복을 갖추어 입고 때에 맞추어 선지자들의 예언을 듣는 중이었다. 그들은 사마리아 성문 어귀 광장에서 각기 왕의 보좌에 앉아 그 예언의 말을 듣고 있었다. 당시 선지자들의 입술을 통해 예언을 들었지만 그 모든 말들은 거짓 예언으로서 신뢰성이 전혀 없었다.

아합 왕 역시 저들의 예언을 듣고 있었지만 그대로 믿지 않았음이 틀림없다. 그러면서도 그는 자기에게 유리한 말을 쏟아내는 그 거짓 예언을 들으면서 흐뭇한 마음으로 앉아 있었다. 분명한 점은 거짓 선지자들의 엉터리 예언을 듣는 어리석은 백성들은 그에 속아 넘어갈 수밖에 없었다는 사실이다. 왕은 선지자들의 거짓 예언을 통해 백성들을 기만함으로써 자기의 야망을 이루고자 했던 것이다.

아합 왕이 신하에게 선지자 미가야를 불러 오도록 명령을 내린 상태에서 아직 그가 도착하기 전에 결정적인 사건이 발생했다. 그것은 거짓 선지자들의 대표격인 시드기야가 갑자기 나타나서 철로 만든 뿔을 가지고 행위 예언을 했기 때문이다. 그는 두 왕들과 많은 백성들이 모인 자리에서, 아합 왕이 그와 같은 뿔로써 아람 사람들을 무찔러 진멸하리라는 하나님의 예언이 자기에게 임했다는 것이었다.

그 말을 들은 사백여 명이나 되는 거짓 선지자들이 그에 적극적으로 동조하며 화답했다. 아합 왕에게 길르앗 라못으로 올라가서 승리를 거두라고 촉구했던 것이다. 여호와 하나님께서 그 성을 왕의 손에 붙여 그 지역을 점령하게 되리라는 것이었다. 그 말은 하나님의 뜻과 아무런 상관없는 거짓말이었지만 왕의 기분을 좋게 만들었을 것이 틀림없다. 거짓 선지자들은 왕의 가려운 귀를 긁어주기 위해 그와 같은 엉터리 예언을 했던 것이다.

(3) 회유를 당하지 않는 선지자 미가야의 예언(대하18:12-22)

한편 미가야 선지자를 불러오기 위해 왕명에 따라 그에게 간 신하는 그를 만나자마자 회유하고자 했다. 이스라엘 왕국의 모든 선지자들이 하나같이 왕을 위해 좋은 예언을 하고 있으니 미가야에게도 그렇게 예언하도록 종용했던 것이다. 그것은 하나님의 뜻과 상관없는 말을 하라는 강압적 태도에 지나지 않았다.

그의 말을 들은 선지자 미가야는 살아계신 여호와 하나님 앞에서 맹세하건데 하나님께서 계시하시는 대로 예언하겠다고 말했다. 그런 대화가 오가는 중 미가야가 왕 앞으로 불려 나왔다. 아합 왕은 그를 보고 길르앗 라못을 침략하는 문제에 대하여 하나님의 뜻이 어떤지 예언해 보라고 요구했다.

왕의 요청을 들은 선지자 미가야는 의외의 반응을 보였다. 그곳으로 가서 싸워 승리를 쟁취하라는 것이었다. 왕이 저들을 쳐부수게 되리라는 것이었다. 이는 선지자의 반어법(反語法)이라 할 수 있다. 어차피 듣지 않을 하나님의 예언을 무엇 때문에 굳이 알려고 하느냐는 것이었다. 또한 거기에는 수백 명의 선지자들을 불러 이미 모든 예언을 다 들어본 터에 뒤늦게 자기를 불러 무슨 이야기를 더 듣고 싶으냐는 의미가 담겨 있다.

물론 아합 왕 역시 자신을 불신하는 그의 마음을 충분히 읽고 있었다. 따라서 그는 그동안 선지자 미가야에게 여호와의 이름으로 진실한 것만 말하라고 수없이 맹세하게 한 사실을 기억하라고 말했다. 그는 여호사밧 앞에서 그와 같은 말을 함으로써 자기가 하나님과 선지자의 말을 무시하는 자가 아님을 입증하려는 듯한 교활한 태도를 보였다.

아합의 말을 들은 후 미가야는 비로소 예언을 하기 시작했다. 자기가 하나님의 계시를 통해서 보니, '온 이스라엘이 목자 없는 양떼 같이 산에 흩어졌는데 여호와의 말씀이 이 무리가 주인이 없으니 각각 평안히 그 집으로 돌아갈 것이니라'(대하18:16)고 하셨음을 전했다. 이 말은 그 전투를 수행하게 되면 이스라엘 군대가 지휘관을 잃고 적에게 완전히 패배한다는 의미를 지니고 있다.

아합 왕은 자신이 계획하고 있는 바에 대하여 부정적인 예언을 하는 미가야의 말을 매우 불쾌하게 받아들였다. 따라서 그는 옆에 앉아 있던 여호사밧에게 미가야라는 그 선지자는 항상 그런 식으로 예언한다고 하지 않았느냐는 말을 했다. 괜히 불러와서 아무런 도움이 되지 않는 부정적인 말만 들어 병사들의 사기만 저하시키게 되었다는 것이다.

아합 왕이 여호사밧 왕에게 하는 이야기를 듣고 있던 미가야는 그 자리에서 자신이 본 환상에 관한 언급을 하면서 여호와 하나님의 말씀을 귀담아 들으라고 강조했다. 여호와 하나님께서 천상의 보좌에 앉아 계셨으며 그 좌우로 수많은 천군천사들이 그를 모시고 서 있었다는 것이었다. 그때

하나님께서 천사들을 향해 '누가 나서서 아합을 꾀어 길르앗 라못으로 올
라가게 하여 거기서 죽게 만들꼬' 라고 하셨다는 것이다.

하나님의 말씀을 들은 천사들 가운데 제각각 자기가 그 일을 담당하겠
다고 나섰는데 그 가운데 한 천사가 말한 사실을 언급했다. 그는 자기가
거짓말 하는 영이 되어 왕 앞에서 거짓 예언을 하는 선지자들의 입술을 지
배하겠다고 했다. 그렇게 하여 아합을 죽음에 이르는 심판에 내어줄 수 있
다는 것이었다. 그의 말을 들은 하나님께서 그에게 성공적으로 그 일을 완
수하도록 허락하셨다고 했다.

선지자 미가야는 그렇게 하여 그 거짓 선자자들이 왕 앞에서 근거 없는
거짓말을 내뱉은 사실을 언급했다. 그것은 여호와 하나님의 진노로 말미
암아 그렇게 되었다는 것이다. 여기서 선지자는 당시 아합 왕이 하나님의
율법과 예루살렘 성전을 완전히 멸시했기 때문에 하나님의 진노가 그에게
임하게 된 사실을 증거하고 있다.

(4) 거짓 선지자 시드기야의 분노와 참 선지자 미가야의 고통(대하18:23-27)
강한 철로 만든 뿔을 들고 와서 아합 왕의 승리를 장담하며 행위 예언을
하던 거짓 선지자 시드기야가 미가야의 말을 듣고 나서 크게 분노했다. 감
히 이스라엘 왕국의 아합 왕을 비난하며 부정적으로 예언한다고 생각했기
때문이다. 따라서 그는 선지자 미가야의 뺨을 후려치며 심하게 책망했다.

우리가 여기서 엿볼 수 있는 점은 거짓 선지자의 분노가 위선이 아니었
을 것이라는 사실이다. 즉 일부러 그렇게 화를 낸 것이 아니라 정말 화가
속으로부터 치밀어 올랐던 것이다. 이는 그에게 존재하는 주관적인 정의
감 때문에 일어난 일이었다. 그런 자들은 자기가 판단하는 정의와 하나님
의 율법에 근거한 정의 사이를 구분하지 못하게 된다.

거짓 종교인들의 주관적인 분노는 항상 신앙이 어린 교인들에게 심각한
혼란을 가져다준다. 어리석은 자들은 그렇게 행하는 자들을 보며 진심을

드러내는 훌륭한 종교인으로 오해하기 십상이다. 하지만 인간들의 주관적인 진심은 하나님의 정의와 아무런 상관이 없을 뿐더러 오히려 정반대가 될 수 있다는 사실이다. 즉 그런 자들은 자신의 판단에 대하여 스스로 속고 있으면서도 그 사실을 전혀 인식하지 못하고 있는 것이다.

그러므로 참 선지자 미가야의 뺨을 후려친 거짓 선지자 시드기야는 당당한 태도로 그를 강하게 비난했다. 여호와 하나님의 성령이 이미 자기에게 말씀하셨는데 어떻게 미가야가 한 부정적인 예언이 가능하냐는 것이었다. 사악한 거짓 선지자는 정의의 사자 행세를 하고 하나님을 진정으로 경외하는 참 선지자는 오히려 창피를 당하는 꼴이 되어버렸다. 이와 같은 어처구니없는 일은 역사 가운데 항상 있어왔던 일이었다.

선지자 미가야는 수백 명의 거짓 선지자들과 거기 모인 뭇 백성들 앞에서 그와 같은 창피하고 억울한 일을 당했지만 어떻게 할 도리가 없었다. 그리하여 미가야는 시드기야를 향해 그가 하나님으로부터 쫓겨나는 날 골방으로 들어가 숨을 때 그 실상을 분명히 알게 되리라고 말했다. 이처럼 하나님의 말씀을 가감 없이 예언한 미가야는 진리의 편에 서 있었음에도 불구하고 엄청난 고통에 휩싸이게 되었다.

그러므로 이스라엘 왕국의 아합 왕은 자기에게 불리한 예언을 한 미가야를 그냥두지 않고 즉석에서 체포하도록 명했다. 그리고는 관련 책임자였던 아몬과 왕자 요아스 앞으로 그를 끌고 가라는 명령을 내렸다. 그를 호송한 자들은, 왕이 미가야를 감옥에 구금하고 전쟁에서 승리를 거둔 후 평안히 돌아올 때까지 그에게 '고생의 떡과 고생의 물로 먹이라'고 명한 사실을 전했다.

그 말을 들은 미가야는 아합 왕이 결코 평안히 되돌아오지 못하리라는 사실을 예언했다. 그렇게 할 것이라면 하나님께서 굳이 자신에게 예언의 말씀을 전하도록 하지 않았을 것이라고 말했다. 그리고나서 거기 모여 있는 모든 백성들에게 자기가 예언하고 있는 그 말을 귀담아 들었다가 나중에 그 상황이 어떻게 진행되어가는지 잘 보라고 했다.

4. 남북 이스라엘 연합군과 아람 왕국과의 전쟁(대하18:28-34)

(1) 양쪽 진영의 전략(대하18:28-32)

아합 왕은 선지자 미가야의 예언을 완전히 무시했다. 하지만 그와 같은 태도는 선지자 한 사람을 무시한 것을 넘어 그것을 예언하게 하신 여호와 하나님을 멸시하는 것과 마찬가지였다. 그럼에도 불구하고 아합 왕을 비롯한 이스라엘 왕국의 수백 명의 거짓 선지자들과 그를 따르는 백성들은 스스로 무슨 짓을 하고 있는지 알지 못하고 있었다.

그런데 문제는 유다 왕국의 여호사밧 왕이었다. 그는 기본적으로 여호와 하나님을 믿고 경외하는 자라고 주장하면서도 분별력을 상실한 체 참예언과 거짓 예언을 가려내지 못하고 있었다. 이는 오만하게 변한 여호사밧 왕 역시 하나님의 율법을 벗어난 자기중심적인 신앙을 가지고 있었음을 말해준다.

결국 남북 이스라엘 두 왕국은 연합군을 결성하고 길르앗 라못을 침략했다. 그 앞에는 두 왕들이 앞장서 군대를 지휘하며 전술을 구사하고 있었다. 아합 왕은 자신의 전략을 여호사밧에게 소개하며 그의 협조를 구했다. 자기는 일반 사병으로 변장하고 병사들 틈으로 들어가 적진을 공격할 테니 여호사밧 왕은 왕의 군복을 갖추어 입고 총지휘관이 되어 달라는 것이었다.

남북 이스라엘 왕국의 연합군에서 그런 전술을 짜서 실행하고 있을 때 아람 왕은 병거를 앞세우고 군사들을 지휘하는 장교들에게 특별한 명령을 내려두고 있었다. 그것은 일반 병사들을 상대하거나 그들의 지휘관들을 공격하는 것을 목적으로 삼지 말라는 것이었다. 그의 전술전략은 오직 이스라엘 왕국의 아합 왕을 주 대상으로 삼아 공격하라는 작전이었다.

아람 왕의 군대가 왕의 군복을 갖추어 입은 여호사밧을 발견하고 그가 이스라엘 왕국의 아합 왕인 줄 알고 맞서 공격을 시도하고자 했다. 그 상황을 파악한 여호사밧은 자기가 이스라엘 왕국의 왕이 아니라고 큰 소리로 외쳤다. 그는 여호와 하나님의 도우심으로 인해 그 위기를 피하여 목숨을 건질 수 있었다. 하나님께서 아람 군대의 지휘관들을 간섭하셔서 여호사밧이 이스라엘 왕이 아니란 사실을 알게 하여 그 뒤를 뒤쫓지 않도록 하셨던 것이다.

(2) 하나님의 심판과 아합 왕의 전사(대하18:33,34)

아합 왕과 여호사밧 왕은 여호와 하나님께서 전쟁을 이끄시는 분이라는 사실을 모르고 있었다. 불신자인 아합은 그렇다 치고 여호사밧도 마찬가지였다. 우주만물의 모든 것들을 직접 관여하시는 전지전능한 하나님이 아니라 자기의 필요에 따라 반응해 주는 하나님으로 변형시켜 버렸던 것이다.

그러나 여호와 하나님은 항상 자기 자녀들을 보호하실 뿐 아니라 배도자들을 응징하시는 분이다. 물론 그는 고유한 섭리와 경륜에 따라 일하고 계시기 때문에 인간들의 짧은 안목으로 모든 것을 파악할 수 없다. 그럼에도 불구하고 하나님의 구체적인 손길이 미치지 않는 곳은 존재하지 않는다. 설령 그가 의도적으로 방치하는 어떤 경우가 있다고 하더라도 그것마저 하나님의 뜻에 따른 것이다.

남북 이스라엘 왕국의 연합군과 아람 왕국의 군대가 길르앗 라못에서 전략을 짜고 전투를 벌이고 있었지만 가장 중요한 사실은 눈에 보이지 않는 하나님이 그 가운데 활동하고 계신다는 점이다. 그때 아람 군대의 병사 한 사람이 이스라엘 왕국의 아합 왕을 특별히 죽이려는 의도가 없는 상태에서 화살을 쏘았다. 그런데 그 화살이 아합의 갑옷 솔기 곧 가슴막이에 정통으로 맞았다. 그로 인해 왕이 심각한 부상을 입게 되었다.

그와 같은 위기의 상황에 이르자 아합 왕은 자기와 함께 있던 부관에게 그 사실을 알렸다. 그리고 자기를 태운 병거가 전투 현장에서 빠져 나가도록 하라는 명령을 내렸다. 하지만 그 날 양 진영 사이에 전투가 맹렬했기 때문에 그 자리에서 탈출하는 것이 쉽지 않았다. 결국 심한 부상을 입은 아합 왕은 병거에서 근근이 몸을 지탱하다가 해가 질 무렵인 저녁때가 이르러 사망하게 되었다.

이렇게 하여 선지자 미가야의 예언이 아합 왕과 그의 나라에 이루어졌다. 이는 이스라엘 왕국에 속한 거짓 예언자들이 하나님의 이름을 들먹이며 자기 마음대로 예언한 것이 엉터리였다는 사실을 입증해주고 있다. 하지만 그들은 자신의 죄악을 진심으로 뉘우치고 여호와 하나님 앞에서 회개한 것이 아니라 여전히 다양한 핑계를 대며 변명하기에 급급했다. 이와 같은 일은 기독교 역사 가운데 항상 있어 왔으며 오늘날 우리시대도 그와 전혀 다르지 않다.

제15장

환궁한 여호사밧 왕의 개혁정책과
하나님의 도우심
(대하19:1-11; 20:1-37)

1. 예루살렘으로 환궁한 여호사밧 (대하19:1-3)

여호사밧 왕은 사돈 관계에 있는 아합 왕을 만나 교제를 나누기 위해 사마리아 지역을 방문했었다. 그는 그때 북 왕국과 연합군을 결성하여 길르앗 라못으로 가서 아람 왕국을 침략하는 전투에 참가하게 되었다. 그것을 위해서는 상당한 기간이 소요되었을 것이 분명하다. 모든 일이 끝난 후 여호사밧은 예루살렘으로 돌아와서 왕궁으로 들어갔다.

당시 그의 마음은 매우 심란했을 것이 틀림없다. 전사한 아합은 북 이스라엘 왕국의 왕이기 전에 자신의 사돈이었다. 예루살렘에 도착해서는 며느리에게 면목 없어 했을지도 모른다. 여호사밧은 사마리아에서 아합 왕의 장례를 치르고 왔을 것이다. 예루살렘으로 돌아왔을 때 마음 아픈 일들이 있었지만 한편으로는 안도의 숨을 쉴 수 있었다.

그런데 하나니의 아들 선견자 예후가 여호사밧 왕을 찾아와 정면으로 책망했다. 그가 북 왕국으로 가서 행한 모든 일에 심각한 문제가 있다는 것이었다. 그가 악한 자를 도와주며 여호와 하나님을 미워하는 자를 사랑한 것이 가당한 일이냐는 것이었다. 이는 여호사밧이 북 이스라엘 왕국을 돕고 저들을 위해 자비를 베풀어준 사실을 두고 하는 말이다.

그와 같은 발언은 사실상 매우 위험한 행동이었다. 일반적인 관점에서 본다면 선견자 예후는 매우 무례한 자로 보일 수 있었다. 전쟁에서 사돈을 잃고 장례를 치르고 돌아온 여호사밧 왕에게 위로의 말을 먼저 전하는 것이 순서일 것 같다. 또한 죽은 사람에 대하여 '악한 자'라는 직설적인 표현을 하는 것은 쉽지 않은 표현이다.

그와 같은 상황에서 왕을 직설적으로 비난한다는 것은 생명을 내어놓아야 할지도 모를 일이었다. 그럼에도 불구하고 선견자 예후가 그렇게 했던 것은 그의 개인적인 판단이 아니라 하나님께서 명하신 일이었기 때문이다. 선견자는 북 왕국의 백성이 하나님을 완전히 떠나 배도에 빠진 악한 자들이라는 사실을 잘 알고 있었다.

그러므로 선견자 예후는 하나님께서 그런 행동을 한 여호사밧에게 무서운 진노를 퍼부을 것이라 경고했다. 동시에 그동안 왕이 나름대로 선한 일을 행하기도 한 사실을 언급했다. 그가 아세라 목상을 비롯한 우상들을 언약의 땅에서 제거하고 순전한 마음으로 여호와 하나님을 찾았기 때문이다. 여기에는 여호사밧 왕이 비록 잘못을 저질렀으나 완전히 패망하지는 않을 것이란 점에 대한 예언적 의미가 내포되어 있다.

2. 정신을 가다듬어 개혁에 착수한 여호사밧 왕 (대하19:4-7)

여호사밧 왕은 예루살렘에 돌아와 왕궁에 거하면서 다시금 정신을 가다듬었다. 그는 남쪽 브엘세바에서부터 북쪽에 있는 에브라임 산지까지 순방하며 백성들의 삶을 돌아보았다. 그리하여 언약의 백성들로 하여금 여호와 하나님께 돌아오도록 독려했다.

그는 또한 유다 온 나라 안에 건설된 견고한 모든 성읍에 재판관들을 세웠다. 그리고 그 재판관들에게 하나님의 뜻을 벗어나 함부로 재판하지 말고 삼가 조심하라는 당부를 했다. 그들이 재판하는 것은 백성들 곧 인간을 위해서가 아니라 여호와 하나님을 위해서라는 것이었다(대하19:6). 따라서 그들이 재판을 할 때 하나님께서 저들과 함께 계신다는 사실을 말했다. 이는 하나님 앞에서 자기 마음대로 재판할 것이 아니라 하나님의 율법에 따라 공정한 재판을 해야 한다는 사실을 말해주고 있다.

그러므로 재판관은 여호와 하나님을 진심으로 경외하고 두려운 마음을 가져야만 한다. 그래야만 자기 마음대로 무책임한 재판을 하지 않을 수 있게 된다. 따라서 모든 재판관은 불의하지도 않고 편파적으로 치우치지도 않고 그릇된 재판을 위해 뇌물을 받지도 않는 가운데 여호와 하나님을 항상 기억하고 있어야만 한다.

이에 대해서는 오늘날 지상 교회의 직분자로 세워진 목사와 장로들이 특별히 잘 생각해 보아야 한다. 지상 교회 가운데서 하나님의 말씀을 전하며 목양에 참여하는 직분자들은 개인의 욕망과 감정을 앞세워서는 안 된다. 하나님의 신실한 성품처럼 모든 불의를 버리고 편파적인 생각을 버려야 한다. 그리고 개인적인 이득을 위해 불의한 뇌물을 받음으로써 굽은 판단을 하지 말아야 한다.

3. 예루살렘의 공의를 위한 재판관들(대하19:8-11)

여호사밧 왕은 특히 예루살렘 성에서 하나님의 공의를 세우고자 애썼다. 다른 여러 성읍들도 중요했지만 거룩한 성전이 있는 예루살렘은 더욱 특별한 의미를 지니고 있었다. 하나님의 도성인 예루살렘과 성전은 유다 왕국의 심장부였을 뿐 아니라 하나님의 임재와 메시아 강림에 직접 연관된 곳이었기 때문이다.

그러므로 왕은 예루살렘에 레위인들과 제사장들, 그리고 이스라엘 지파의 족장들 가운데서 따로 사람을 세워 중요한 직무를 맡겼다. 그들로 하여금 여호와 하나님께 속한 일들과 예루살렘 거민의 모든 송사를 맡아 재판하도록 했다. 그렇게 함으로써 율법에 근거한 질서가 확립될 수 있었다. 따라서 왕은 재판을 맡은 자들에게 여호와 하나님을 경외하고 충의와 성심으로 그 직무를 감당하도록 명령했다.

중요한 점은 다른 여러 성읍들에서 발생한 사건들 가운데 판단이 어려운 것들은 예루살렘 재판관들에게 상소할 수 있었다는 사실이다(대하19:10, 참조). 종족간에 발생하는 살인 사건을 비롯한 중대 범죄사건을 편파적이지 않게 공의로 판단하는 것은 매우 중요하다. 또한 율법과 계명, 율례, 규례 등에 대한 해석에 문제가 발생하고 다른 성읍들에서 시시비비가 분명히 가려지지 않을 경우 그 사건은 예루살렘으로 가져와야 했다.

그럴 경우 재판관들은 소송 당사자들에게 여호와 하나님께 범죄하지 않도록 분명히 경고해야만 했다(대하9:10). 그래야만 재판관들과 그 당사자들에게 하나님의 진노가 임하지 않게 된다. 이는 재판에 관련된 모든 사람들이 문제의 실상과 하나님의 율법을 분명히 알아야 한다는 사실을 말해주고 있다. 그런 다짐과 경고를 명확히 해야만 그 재판관들에게 책임이 부과되지 않는다. 즉 그것을 무시하여 소송 당사자들에게 경고를 하지 않으면 저들에게 하나님의 진노가 임할 수 있다.

여호와 하나님께 속한 모든 일에 대한 총책임은 대제사장 아마랴가 맡았으며, 왕에게 속한 모든 일 곧 정치에 연관된 것들은 유다 지파의 장로인 스바댜가 담당했다. 그리고 레위인들에게는 재판에 관련된 관리 업무를 수행하도록 했다. 그러므로 왕은 그 모든 것들에 대하여 최선의 힘을 기울이도록 요구했다. 여호와 하나님께서는 율법을 지키며 자신을 경외하는 자들과 항상 함께 계실 것이었기 때문이다.

4. 위기에 처한 유다 왕국과 믿음에 의한 적절한 대응(대하20:1-12)

여호사밧이 예루살렘에서 유다 왕국을 통치하던 중 큰 위기가 닥쳤다. 모압 자손과 암몬 자손이 마온 사람들(Meunites)과 연합군을 결성하여 유다 왕국을 습격하고자 했기 때문이다. 그에 대한 정보를 입수한 사람이 여호사밧 왕에게 그 사실을 신고했다. 대규모 군대가 아람과 에돔 지역으로부터 사해 바다를 건너 여호사밧 왕을 공격하기 위해 하사손다말 곧 사해 동편의 엔게디에 이르렀다는 것이다.

그 소식을 접한 여호사밧은 큰 두려움에 빠지지 않을 수 없었다. 자기에게는 그 대군을 물리치거나 군사적으로 대응할 만한 능력이 없다는 판단을 하고 있었기 때문이다. 그렇다고 해서 속수무책인 상태로 가만히 앉아서 당할 수도 없는 노릇이었다.

그런 형편 중에서 여호사밧은 올바른 판단을 하게 되었다. 그는 눈앞에 닥친 국난을 피하기 위해 병사의 수를 늘리거나 군사력을 강화하고자 하는 대신 여호와 하나님께 의존해야 한다는 사실을 깨달아 알고 있었다. 그래서 여호와 하나님을 향하여 간구하고자 했다. 그것만이 국가의 위기를 타개할 수 있는 유일한 길이라고 믿었던 것이다.

그러므로 여호사밧 왕은 유다 백성들에게 금식을 하도록 선포했다. 온 백성들은 여호와 하나님의 도우심을 구하기 위해 유다 지역의 모든 성읍으로부터 예루살렘에 모여들었다. 여호와 하나님께 도움을 구하기 위해서였다. 우리는 그것이 유다 왕국의 대단한 결단이란 사실을 알 수 있다. 전쟁을 앞두고 군사력과 무기로써 대응하려하지 않고 비무장 상태로 금식하며 예루살렘에 모여 여호와 하나님께 간구하는 것은 분명한 믿음이 없이는 가능하지 않은 일이었기 때문이다.

예루살렘에 온 백성들을 집결시킨 여호사밧은 성전 뜰 앞에 섰다. 이스라엘 백성을 대표하는 왕이 회중 앞에서 여호와 하나님을 향해 간절한 마음으로 부르짖었다. 믿음의 조상들의 하나님 여호와께서는 천상의 나라에 계시면서 언약의 왕국뿐 아니라 지상의 모든 이방 왕국을 통치하시는 분이라는 것이었다. 그의 손에 모든 권세와 능력이 있으므로 감히 그것을 막을 자가 없다는 사실을 언급했다.

그 하나님께서 오래전 가나안 지역에 살고 있던 이방인들을 쫓아내고 하나님과 교제 가운데 있는 아브라함의 자손에게 그 땅을 영원한 기업으로 주신 사실을 말했다. 그들이 그 약속의 땅에 기거하면서 하나님을 위한 거룩한 성소를 건축하게 되었다는 것이다. 그 성전은 언약의 자손들이 여호와 하나님을 의지할 수 있는 유일한 곳이었다.

따라서 만일 그 백성에게 자연 재해나 전쟁이나 전염병이나 기근과 같은 재앙이 임하게 된다면 주님의 이름이 있는 성전 곧 하나님의 전 앞에 서서 간구해야만 했다. 그들이 환난을 당하고 있는 중에 하나님께 부르짖으면 그가 친히 들으시고 구원해주시리라는 것이었다. 물론 하나님께서는 그 전에도 자기 백성을 지켜 보호해 오셨다.

오래 전 이스라엘 백성이 애굽 땅에서 탈출해 나올 때도 그들은 하나님의 적극적인 보호를 받았다. 당시에도 암몬 자손과 모압 자손과 세일 산의 에돔 족속이 밀려왔다. 그러나 하나님께서는 이스라엘 자손이 저들의 영역으로 들어가는 것을 용납하지 않았다는 사실을 언급하였다. 즉 언약의 백성이 그들을 공격하여 멸망시킨 후 약속의 땅으로 들어온 것이 아니라 그 지역을 돌아서 들어왔다.

여호사밧 왕은 이스라엘 백성이 저들을 공격하지 않았다는 점을 기도 중에 언급했다. 그런데 그 족속들은 과거 이스라엘이 베풀었던 은혜를 기억하지 않고 도리어 그 은혜를 원수로 갚으려 한다고 했다. 그들이 하나님께서 이스라엘 자손에게 주신 기업인 그 땅을 정복하고자 한다는 것이었

다. 그럼에도 불구하고 이제 유다 왕국은 저들의 군대를 방어할 만한 능력
이 전혀 없다는 사실을 고백했다.

그러므로 여호사밧 왕은 하나님께서 약속의 땅과 언약의 백성을 노리는
이방인들을 징벌해 주시도록 간구했다. 그와 같은 위기의 상황에서도 자
기와 백성들에게는 그 큰 군대를 대적할 능력이 없고 어떻게 해야 할지도
모르겠다는 것이었다. 따라서 이제 유다 왕국의 모든 백성은 오직 주님만
바라볼 뿐이라는 사실을 고백하며 그의 도우심을 간구했던 것이다.

5. 하나님의 응답과 백성들의 반응 (대하20:13-19)

유다 백성의 지도자들이 자기 아내와 자녀들을 비롯한 온 가족과 함께
예루살렘 성전 뜰 앞에 모여 섰다. 그들은 저들의 왕 여호사밧이 여호와
하나님께 간구할 때 그에 온전히 참여했다. 왕의 기도가 곧 저들의 기도가
되었던 것이다. 이는 왕의 기도가 개인적인 기도가 아니라 유다 왕국을 대
표하는 기도였음을 말해주고 있다.

그때 여호와 하나님의 성령께서 회중 가운데 있던 레위인 야하시엘에게
임하셨다. 그는 하나님의 계시를 받아 예루살렘과 유다 지역에 살고 있는
모든 이스라엘 백성과 여호사밧 왕을 향해 예언했다. 하나님께서 이방인
들의 대규모 군대가 침략을 시도하려는 것을 보고 두려워하거나 놀라지
말라고 하셨다는 것이다. 그 전쟁은 저들의 군대에 속한 것이 아니라 하나
님께 속한 것이었기 때문이다.

우리는 여기서 매우 중요한 의미를 생각해 볼 수 있어야 한다. 성경에는
전쟁이 여호와 하나님께 속했다는 사실을 언급하고 있다(삼상17:47). 그러나
이 말씀을 세상에서 발생하는 모든 전쟁이 하나님으로 말미암는다는 식으
로 해석해서는 안 된다. 역사 가운데 있었던 수많은 전쟁들이 모두 여호와
하나님께 속한 것으로 말할 수 없는 것이다.

물론 구속사 가운데 하나님께서 특별히 전쟁이 일어나게 하시고 직접 관여하신 적은 많이 있다. 그러나 세상의 크고 작은 모든 전쟁을 하나님이 일으키신 것이라고 주장하는 것은 곤란하다. 그럼에도 불구하고 성경은 전쟁이 하나님께 속했다는 언급을 하고 있다. 이는 하나님의 자녀들에게 영향을 끼치는 전쟁일 경우 그 승패가 하나님께 달려 있다는 사실을 말해주고 있다. 즉 인간들의 전투력이나 작전이 그 승패여부를 결정짓지 않는다.

그러므로 당시 하나님께서는 선지자 야하시엘을 통해 막강한 군사력을 갖춘 이방 군대를 향해 마주 나아가라고 말씀하셨다. 하지만 적진으로부터 올라오는 대군을 만나면 직접 저들에게 맞서 싸우지 말도록 하셨다. 그냥 대열을 갖춘 채 여호와 하나님께서 자기 백성을 구원하시는 광경을 보기만 하면 된다는 것이었다.

따라서 예루살렘과 유다 지역에 살고 있는 모든 백성들에게 두려워하거나 놀랄 필요 없이 그 다음날 적진으로 나아가라고 했다. 여호와 하나님께서 저들과 함께 계실 것이었기 때문이다. 언약의 백성들은 막강한 군사력을 갖춘 적군의 규모를 의식할 필요가 없었으며 형편없이 나약해 보이는 자기 자신의 모습을 볼 필요도 없었다. 오직 그들은 여호와 하나님을 의지하고 그를 바라보며 앞으로 나아가기만 하면 된다.

선지자를 통해 하나님의 말씀을 듣게 된 여호사밧 왕은 그 앞에서 몸을 굽혀 얼굴을 땅에 대고 부복했다. 그러자 거기 모여 있던 모든 백성이 왕과 함께 땅에 엎드려 여호와 하나님을 향해 경배했다. 그와 동시에 그핫 자손과 고라 자손에게 속한 레위 사람들은 일어서서 목청을 높여 이스라엘의 하나님 여호와를 찬송했다. 그것이 언약의 자손들이 행하는 전쟁의 가장 중요한 방편이 되었다. 언약의 자손들에게는 그렇게 하는 것이 최상의 전력이자 작전이었던 것이다.

6. 유다왕국의 작전과 여호사밧 군대의 승리(대하20:20-30)

선지자를 통해 하나님의 말씀을 들은 백성들은 그 이튿날 아침 일찍 일어나 드고아 광야로 나아갔다. 그때 여호사밧 왕은 유다와 예루살렘 거민들에게 특별한 요구를 했다. 그것은 저들의 하나님 여호와를 전적으로 의지하라는 당부였다. 그리고 하나님께서 보내신 선지자의 말을 신뢰하라고 했다. 그리하면 그 백성이 흔들리지 않고 견고하게 설 것이며 모든 상황이 형통하게 전개되어 가리라는 것이었다.

그리고 나서 여호사밧은 적군을 향해 전장으로 나갈 채비를 갖추었다. 물론 그 방법은 일반적인 군대가 취하는 방법과는 전혀 달랐다. 그는 먼저 백성들과 의논하고 노래하는 자들을 택했다. 그리고 저들에게 거룩한 예복을 입혔다. 그것은 전쟁하는 군인의 복장이라 말할 수 없다. 하지만 하나님께서 요구하신 모든 준비를 갖춘 그들은 군대 앞에서 나아가며 여호와 하나님을 찬송했다.

우리는 여기서 하나님의 자녀들이 전쟁을 할 때는 하나님을 향한 찬양이 동반되어야 한다는 사실을 깨달아야 한다. 즉 하나님의 백성에게는 전투를 위한 유능한 병사들이나 성능 좋은 무기가 아니라 전쟁과 더불어 하나님에 대한 경배와 찬송이 그 중심에 놓여 있어야 한다. 그러므로 그들은 '여호와께 감사하세 그 자비하심이 영원하도다'(슥20:21)라고 큰 소리로 노래하며 적진을 향해 나아갔다.

여호와 하나님께서는 백성들로부터 그 노래와 찬송이 시작될 때 숨어있던 병사들로 하여금 암몬과 모압과 세일 산 사람들인 에돔 족속을 치도록 하셨다. 그로 말미암아 에돔 족속이 엄청난 손실을 입게 되었다. 그후부터 이방 군대의 병사들 사이에 서로간 공격하며 살육하는 일이 발생했다. 이처럼 이방인들 가운데 자중지란(自中之亂)이 일어나 스스로 일으킨 그 전쟁에서 패배하게 되었다. 이는 하나님께서 그 전쟁에서 직접 싸우신 모습을 보여주고 있다.

유다 왕국의 병사들은 칼과 창과 활을 사용하는 직접적인 전투를 벌이지 않았다. 그런데도 놀라운 승리를 거두게 되었다. 유다 사람들이 적군이 주둔해 있던 광야의 망대에 도착했을 때는 이미 칼에 맞아 죽은 자들의 시체가 여기저기 널브러져 있었다. 그들은 전장에 이르러 하나님께서 이미 저들을 위해 모든 일을 행하셨음을 확인하게 되었다.

이에 대해서는 오늘날 우리도 매우 주의 깊게 생각하고 받아들여야 한다. 원리적인 측면에서 볼 때 오늘날 우리시대도 예전과 다르지 않다. 당시의 하나님과 오늘날 우리의 하나님은 동일한 분이시기 때문이다. 우리가 주의해야 할 바는 이는 하나님의 자녀들이 게으르게 가만히 앉아 있으면서 막연히 하나님이 해주시기를 기다리면 된다는 것이 아니라 하나님의 말씀과 그 요구에 온전히 순종해야 한다는 점을 의미하고 있다.

하나님을 진심으로 찬양하고 그의 말씀에 순종하는 것이 총칼보다 훨씬 강하다는 사실을 깨닫는 것은 매우 중요하다. 이것은 결코 이론적이거나 상징적인 의미가 아니라 실제적인 상황을 동반하게 된다. 이는 궁극적인 승리는 인간의 능력과 재주가 아니라 전지전능하신 여호와 하나님께 달려 있다는 사실을 말해주고 있다.

유다 백성들은 전투현장에 도착하여 적군들이 남긴 물건들을 전리품으로 취했다. 이방의 침략자들은 많은 재물과 의복과 중요한 보물들을 남겨둔 채 죽거나 도망쳤다. 유다 왕국의 병사들이 각기 그 전리품들을 취했지만 그것들은 무려 사흘 동안을 취하여 운반해야 할 만큼의 엄청난 분량이었다.

우리가 여기서 기억해야 할 바는 그 모든 전리품들이 하나님께서 유다 백성들에게 주신 특별한 선물이었다는 사실이다. 그 전리품들은 그들 스스로 전쟁에서 승리하여 쟁취한 것들이 아니었다. 하나님의 백성들은 그 점을 온전히 깨닫지 않으면 안 되었다. 그렇지 않으면 자고하거나 교만하게 될 우려가 따를 것이었기 때문이다.

그러므로 그 나흘 째 되는 날 온 유다 백성이 브라가 골짜기(The Valley of Beracah)에 모여 여호와 하나님을 높이 송축했다. '브라가'는 축복이란 뜻을 지닌 단어로서 하나님께서 그 전쟁을 승리로 이끌어 주신 축복을 고백하는 성격을 지니고 있다. 그리하여 그후부터 사람들이 그곳을 브라가 골짜기라 부르게 되었다.

여호와 하나님에 의해 전쟁에서 승리를 거두고 그를 송축한 후 여호사밧을 비롯한 모든 언약의 백성들은 즐거운 마음으로 예루살렘을 향해 길을 나섰다. 불과 얼마 전 극한 위기로 말미암아 불안에 빠져 떨던 때와는 정반대의 상황이 되었다. 그들에게는 즐거움이 넘쳤으며 무리가 비파와 수금과 나팔을 합주하면서 예루살렘에 도착하여 여호와 하나님의 성전으로 나아갔다. 왕과 백성들은 이방 군대에 승리한 모든 것이 하나님으로 말미암은 것이란 사실을 잘 알고 있었던 것이다.

그로 말미암아 유다 왕국의 국제적 위상에도 큰 변화가 일어났다. 이방의 모든 나라들이 이스라엘의 신 여호와가 이방 왕국의 대군을 물리치셨다는 소문을 듣고 그를 두려워하게 되었다. 이스라엘의 승리는 사실상 불가능했으므로 여호와로 말미암아 그렇게 되었다고 볼 수밖에 없었기 때문이다.

그후부터 여호사밧 왕이 통치하는 유다 왕국은 전쟁이 없는 태평의 시대를 누릴 수 있게 되었다. 그들이 평화로운 삶을 이어갈 수 있었던 것은 전적으로 하나님의 도우심에 의한 것이었다. 즉 유다 왕국이 스스로 군사력을 비롯하여 막강한 세력을 확보했기 때문에 그런 시대를 맞을 수 있었던 것이 아니다. 이는 여호사밧 왕을 비롯한 온 백성이 여호와 하나님을 전적으로 의지하고 그의 율법에 순종하고자 하는 신앙자세를 가지고 있었다는 사실을 말해주고 있다.

7. 여호사밧의 행적과 민족주의를 택한 오류(대하20:31-37)

여호사밧이 왕위에 오를 때 나이가 삼십오 세였다. 그는 예루살렘에서 이십오 년 동안 통치권을 행사했다. 또한 선임이었던 아사 왕처럼 율법을 지키기 위해 애썼으며 여호와 하나님 보시기에 정직하게 행했다.

그렇지만 그는 모든 산당들을 폐하지는 않았다. 이는 아마도 당시 상당한 반대세력이 있었기 때문이었던 것으로 보인다. 사악한 자들은 여호사밧의 개혁 정책에 대하여 조직적으로 저항했을 것이 분명하다. 그런 판국에 무리하여 산당들을 부수게 되면 다른 부작용이 발생할 우려를 하지 않을 수 없었을 것이다.

여호사밧의 그와 같은 판단은 눈앞에 놓인 일시적인 화평을 도모했을지 모르나 많은 백성들이 여호와 하나님께로 돌아오기를 거부하게 되었다. 여호사밧은 백성들의 눈치를 보며 여론에 따라 외적인 평화를 추구하기를 좋아했다. 하지만 그것은 도리어 하나님의 뜻에 온전히 순종하는 근본적인 문제를 해결하는 데 아무런 도움이 되지 않았다.

앞에서도 언급한 바 있지만 여호사밧 왕은 민족주의적 사고를 버리지 못했다. 그는 이스라엘 열두 지파를 하나로 엮어 통일하는 것이 매우 중요하다는 자의적 판단을 하고 있었다. 그래서 왕위를 이어받은 북 이스라엘 왕국의 아하시아가 하나님 보시기에 심한 악을 행하는 자였음에도 불구하고 그와 정책적 협력을 하기에 주저하지 않았다.

그래서 여호사밧과 아하시야는 서로 연합하여 에시온게벨에서 선박을 건조하여 다시스[42]로 보내고자 했다. 하지만 그것은 여호사밧의 결정적인 실수로서 하나님의 뜻에 정면으로 반하는 행동이었다. 그러므로 선지자

---

42) 여기서 언급된 다시스는 선지자 요나가 가고자 했던 다시스와는 다른 곳이다. 요나서에 기록된 다시스는 지중해 끝 어딘가에 있던 성읍이었다. 이에 반해 역대하 본문에 언급된 다시스는 홍해바다를 지나 멀리 떨어져 있던 다른 지역이었다.

엘리에셀은 여호사밧을 향해 중요한 예언을 했다. 그것은 여호사밧이 북이스라엘 왕국의 아하시야와 교류했으므로 여호와 하나님께서 그가 건조한 배를 파괴하리라는 것이었다. 그로 말미암아 그 배는 부서지게 되어 다시스로 가지 못했다.

우리는 여기서 하나님을 경외하는 자들은 불신자들이나 배도자들과 아무렇지 않게 교제해서는 안 된다는 사실을 배우게 된다. 오늘날은 왜곡된 관용을 앞세워 하나님과 그의 말씀인 율법 곧 성경을 부인하는 자들과 교제하거나 연합하는 것을 별 문제가 없는 것처럼 여기는 자들이 많이 있다. 하지만 우리는 그와 같은 행동이 하나님을 진노케 하는 일이 될 수 있음을 기억해야만 한다.

역대기에서는 여호사밧 왕의 모든 행적이 예후의 글에 기록되어 있다는 사실을 언급하고 있다. 그리고 이스라엘 열왕기에도 기록되어 있다고 했다. 뿐만 아니라 왕궁의 기록물에도 그의 행적들이 포함되어 있었을 것이다. 하지만 그에 관한 기록이 여기저기 많이 남아 있다고 할지라도 하나님의 계시를 통한 것이 아니라면 절대적인 의미를 가지지 않는다.

제16장

유다 왕국의 여호람 왕과 아하시야 왕

(대하21:1-20; 22:1-9)

■ ■ ■ ■ ■ 역대하 21장

1. 왕위에 오른 여호람의 악행과 보존되는 하나님의 언약(대하 21:1-7)

여호사밧 왕이 사망하게 되자 백성들은 그를 다윗성에 장사지냈다. 그 뒤를 이어 왕위에 오른 인물은 그의 맏아들 여호람이었다. 여호사밧은 죽기 전에 여호람을 비롯한 여러 왕자들에게 은금과 보물들을 비롯하여 견고한 성읍들을 제각각 유산으로 남겨주었다. 그는 자녀들에게 재산을 골고루 상속해 줌으로써 화평을 도모하고자 했던 것이다.

그러나 여호사밧이 죽고 나서 여호람이 왕위에 오르게 되자 상황이 완전히 달라졌다. 여호람의 아내는 이단 신앙을 가지고 있었던 북 이스라엘 왕국의 아합 왕과 이세벨 사이에서 태어난 딸 아달랴였다. 여호람은 그나마 건전한 왕으로 인정받던 자기 아버지 여호사밧의 본을 받지 않고 처가(妻家)인 북 왕국과 그곳 출신의 아내 아달랴의 영향을 더 크게 받았다.

여호람에게는 언약을 소유한 유다 왕국과 진실한 신앙이 중요했던 것이 아니라 자신의 정치적 야망과 권력유지가 중요했을 따름이다. 그가 왕위에 올라 권력을 장악하게 되자 피바람을 일으키는 대대적인 숙청을 단행했다. 왕자인 자기 동생들과 이스라엘의 정치 지도자들 가운데 중요한 인사들 여러 명을 죽였다. 이는 아마도 그들이 자기의 권력에 위협이 될 수 있다는 판단을 했기 때문이었을 것으로 보인다.

우리가 여기서 짐작할 수 있는 사실은 그가 마구잡이로 여러 왕자들과 정치인들을 죽인 것이 아니었을 것이란 점이다. 그는 처형당하는 각 사람들에게 거짓 죄목을 만들어 뒤집어 씌웠을 것이다. 그리하여 어리석은 백성들은 새로운 왕이 많은 사람들을 죽이는 것이 마치 정화작업(淨化作業)이라도 하는 것인 양 여기며 속았을 것이다.

여호람은 삼십이 세에 왕위에 올라 팔년 동안 예루살렘에서 백성들을 통치했다. 그는 치세 기간 동안 하나님의 율법과 유다 왕국의 정통성 있는 신앙을 완전히 버리고 북 이스라엘 왕국의 이단 종교사상을 도입했다. 그는 배도에 빠진 장인 아합의 집안을 본받아 행했으며 자기 아내 아달랴의 잘못된 신앙을 그대로 따라했다.

여호람 왕은 율법을 떠나 여호와 하나님 보시기에 심한 악을 저질렀다. 그럼에도 불구하고 하나님께서 유다 왕국을 완전히 멸망시키고자 하지 않으셨다. 이는 하나님께서 그 전에 다윗과 맺은 언약을 기억하고 계신 사실과 연관되어 있다. 그리고 다윗과 그 자손에게 '영원히 꺼지지 않는 등불'을 주시겠다는 약속을 하셨기 때문이기도 하다(대하21:7).

이 약속은 메시아 언약과 밀접하게 연관되는 말씀으로 받아들여야 한다. 여기서 '영원히 꺼지지 않는 등불'을 주시리라고 약속하신 것은 다윗 왕국의 왕위가 영원히 지속될 것에 대한 의미에 연관되어 있었다. 하지만 그와 달리 실제 역사 가운데서는 바벨론 제국에 의해 다윗 왕조가 완전히 패망하게 된다. 이를 보건데 그 약속이 가지는 원래의 의미는 장차 오실 영원한 왕이신 메시아를 지칭하고 있는 것이 분명하다.

2. 배도자 여호람의 쇠락(대하21:8-10)

여호람 왕이 하나님의 율법을 떠나 배도의 길을 걷게 되자 하나님께서 저들을 엄히 징계하시고자 했다. 그것을 위해 주변에 있던 이방 족속들을 동원하기로 작정하셨다. 그리하여 당시 유다 왕국과 우호관계에 있으면서 정치적 간섭아래 놓여 있던 에돔 족속이 그에 저항하여 반기를 들게 되었다. 그들은 유다 왕국의 정치적 간섭으로부터 벗어나 저들의 왕을 세워 독자적인 행보를 취하고자 했던 것이다.

그에 대한 정보를 입수하게 된 여호람 왕은 그 배신자들을 응징하기 위해 군대를 소집했다. 군대 지휘관들과 많은 병사들을 소집하고 병거와 무기들을 총동원해 출정하게 되었다. 그들은 에돔 지역으로 가서 전투를 벌이고자 했다. 그러자 에돔 족속은 그 상황을 피하거나 그로 인해 위축되지 않고 도리어 총력을 기울여 유다 군대를 포위하기에 이르렀다.

그리하여 여호람의 군대는 전략을 짜 한 밤중에 일어나 에돔 군대를 습격했다. 하지만 유다 병사들은 저들에게 승리를 거둔 것이 아니라 도리어 크게 패하게 되었다. 그것은 하나님의 심판의 일환이었으므로 유다 왕국이 에돔 족속에 의해 대패하는 것은 당연한 일이었다.

그로 말미암아 에돔 족속은 유다의 정치적 간섭으로부터 완전히 벗어나게 되었다. 그와 같은 정세는 유다 왕국에 엄청난 타격을 주었을 것이 분명하다. 뿐만 아니라 유다와 블레셋 사이에 위치한 립나도 에돔과 더불어 유다 왕에게 반기를 들고 독립적인 지위를 쟁취하기에 이르렀다. 이로 말미암아 부정적으로 형성된 정황은 그후 유다에 연관된 국제 정세 가운데 오랫동안 지속되었다.

유다 왕국이 그와 같은 불리한 상황에 맞닥뜨리게 되었던 것은 여호람 왕이 하나님의 율법을 버리고 북 이스라엘 왕국의 관행을 받아들인 배도 행위 때문이었다. 그리고 자기의 왕권을 유지할 목적으로 동생들인 여러 왕자들을 잔인하게 죽이고 자기의 편에 서지 않는 정치 지도자들을 무자비하게 살해한 악행으로 인한 것이었다.

그럼에도 불구하고 여호람 왕은 그에 연관된 상황을 제대로 인식하거나 파악하지 못하고 있었다. 에돔과 립나가 배신함으로써 유다 왕국의 간섭에서 벗어나고 저들과의 전투에서 완패한 원인을 몰랐던 것이다. 따라서 그는 여호와 하나님 앞에서의 악행을 멈추지 않고 더욱 심한 배도의 길을 택하게 되었다.

3. 산당 건립과 우상 숭배에 대한 선지자 엘리야의 경고(대하 21:11-15)

여호람 왕은 온전한 신앙 정신을 가진 인물이 아니었다. 하나님의 엄한 징계가 있었음에도 불구하고 자신의 죄악을 돌아볼 생각을 전혀 하지 않았다. 그는 오로지 자기의 정치적인 야망과 종교적인 욕망을 추구하기에만 급급했던 것이다.

그러므로 여호람은 유다 지역의 여러 산에 다시금 산당들을 세웠다. 그것은 선왕 여호사밧의 정책에 정면으로 역행하는 행위였다. 그 산당들은 여호사밧이 율법의 교훈에 따라 파괴한 것들이었다. 그는 여호와 하나님을 경외한 여호사밧 왕이 올바른 신앙과 유다 왕국 회복을 위하여 펼쳤던 모든 정책에 정면으로 반기를 들었다. 이는 기존의 선한 정책에 대한 유다 왕국 내부의 정권 교체와 더불어 발생한 저항 행동이었다.

게다가 여호람 왕은 북 이스라엘 왕국의 이단 풍조와 자기 외조부였던 아합왕의 사악한 전철을 밟아가기에 급급했다. 그렇게 하여 예루살렘 거민을 비롯한 유다 백성들로 하여금 다시 세워진 산당들에서 우상을 섬기도록 강요했다. 그와 같은 배도행위는 언약의 왕국에 속한 유다 백성들을 미혹하여 하나님을 적극적으로 배반하도록 하는 역할을 하게 되었다.

그와 같은 사악한 상황을 목격한 선지자 엘리야가 여호람 왕에게 편지를 써 보냈다. 그 내용은 여호람 왕이 하나님께서 다윗에게 허락하신 모든 언약을 버리고 유다 왕국의 이전 선한 왕들이었던 여호사밧과 아사의 길을 본받아 행하지 않았다는 것이다. 그는 오히려 추악한 이단자가 되어 이스라엘 왕국의 악한 왕들의 길로 행하면서 유다와 예루살렘 거민으로 하여금 음란하게 우상을 섬기도록 한 점을 언급했다. 그는 북 왕국 출신의 아내 아달랴와 장인 아합과 장모 이세벨의 집처럼 행하면서 죄 없는 여러 동생들을 죽인 사실을 지적했다.

여호람의 사악한 행위를 지적한 하나님께서는 그에게 재앙을 선포하셨다. 그의 백성과 자녀들, 아내를 비롯한 여러 첩들, 그리고 그의 모든 재물들을 치시리라는 것이었다. 또한 그의 신체에 엄한 징계를 내리겠노라고 하셨다. 즉 그의 창자에 질병이 걸려 날로 심해져 결국은 창자가 빠져나오는 무서운 징계였다. 이는 그에게 엄중한 재앙이 임하게 될 것에 대한 예언의 말씀이다.

4. 하나님의 심판과 여호람의 죽음(대하21:16-20)

하나님께서는 여호람에게 무서운 재앙을 내리시겠다는 말씀과 더불어 강한 경고의 메시지를 주셨다. 그럼에도 불구하고 전혀 반성의 기미가 보이지 않는 여호람에게 하나님은 또 다른 징계를 내리시고자 했다. 그것은 블레셋 사람들과 구스에서 가까운 아라비아 족속들의 마음을 격동시켜 여호람과 유다 왕국을 치도록 하시겠다는 것이었다.

그리하여 이방 왕국의 군대 무리가 유다 지역을 침공하는 일이 발생하게 되었다. 무자비한 병사들은 왕궁의 모든 재물들을 약탈했으며 그의 자식들과 처첩들을 죽이거나 잡아갔다. 그 결과 왕자들 가운데 여호람의 막내아들 여호아하스 외에는 단 한 명도 남지 않게 되었다. 이는 나라와 왕가 자체가 엄청난 시련에 빠지게 된 사실을 말해주고 있다.

그 사건이 있은 후 하나님께서는 앞에서 경고한 대로 여호람 왕의 신체를 치셨다. 그의 창자에 일반적인 의술로는 치료할 수 없는 중한 질병을 주셨던 것이다. 이 년이 지난 후에는 그의 창자가 몸 밖으로 빠져 나와 그로 인해 죽게 되었다. 그러나 유다 백성들 가운데 그의 죽음을 진정으로 애도하는 사람은 없었다.

그러므로 백성들은 여호람을 그 전의 왕들과 달리 대우했다. 전에는 왕이 사망할 경우 그의 업적을 기념하며 애도의 불을 밝혔다. 하지만 여호람이 죽었을 때는 그렇게 하지 않았다('His people made no fire in his honor, as they had for his fathers' , NIV, NASB, 참조). 한글개역성경에 기록된 '분향' 의 의미는 우리가 일반적으로 생각하는 그런 분향이 아니라 애도의 불을 밝힌 것을 의미하는 것으로 보는 것이 자연스럽다.

여호람 왕은 나이 삼십이 세에 왕으로 즉위한 후 예루살렘에서 팔 년간 백성들을 통치하다가 죽었다. 하지만 그를 아끼는 자가 아무도 없는 상태에서 불명예를 안고 이 세상을 떠나게 되었던 것이다. 따라서 이스라엘 백성은 그의 시신을 다윗성에 장사 지내기는 했지만 여러 왕들이 묻힌 왕의 묘실에 두지는 않았다. 이는 그가 유다 왕국의 왕으로서 제 역할을 전혀 감당하지 않았다는 사실을 말해주고 있다.

■ ■ ■ ■ ■ 역대하 22장

5. 북 이스라엘 왕국 아합의 길을 따른 아하시야 왕(대하22:1-6)

여호람 왕이 죽은 후 그의 막내 아들 아하시야가 왕위를 이어받았다. 그의 모든 형들이 아라비아 병사들의 공격에 의해 죽임을 당했기 때문에 선택의 여지가 없었다. 아하시야가 왕이 되었을 때 나이가 이십이 세였다.[43] 그는 유다 왕국의 왕이었음에도 불구하고 북 이스라엘의 전통을 잇고자 하는 왕처럼 행세했다. 그는 예루살렘에서 일 년 동안의 짧은 기간 왕국을 통치하며 백성들을 다스렸다.

아하시야의 모친 아달랴는 북 이스라엘 왕국의 오므리 왕가에 속한 공주로서 아합과 이세벨의 딸이었다. 따라서 그는 배도에 빠진 북 이스라엘 왕국의 이단 사상과 종교적 행위의 영향을 크게 받을 수밖에 없었다. 나아가 모후인 아달랴는 아들인 왕을 꾀어 하나님의 율법을 멀리하고 야망을 추구하며 살도록 요구했다. 이는 아달랴의 영향력이 막강했음을 말해주는 동시에 그렇게 하는 것이 자기 아들에게 유리하게 작용할 것이라 판단했기 때문이다.

여호람 왕이 죽고 나서 왕권을 가지게 된 아하시야는 최고 권력자로서 거칠 것이 없었다. 그는 북 왕국의 아합 집안의 잘못된 가훈을 따름으로써 아합 집안이 저질렀던 모든 악을 하나님 앞에서 그대로 저질렀다. 그는 자신의 야망을 추구하고자 애썼지만 그것은 패망의 길을 가는 행위에 지나지 않았다.

그런 타락한 사고를 가진 아하시야 왕은 북 이스라엘 왕국과 좋은 관계를 유지하고자 했다. 그의 입장에서 볼 때 외척인 북 왕국의 왕인 요람과 협력하는 것은 자연스러울 수 있었다. 그리하여 그는 요람 왕과 함께 길르앗 라못으로 가서 아람 왕 하사엘의 세력을 습격하여 싸웠다. 아마도 오래전 아합 왕과 여호사밧이 못 이룬 일을 이룩하고자 하는 마음이 저들에게 있었을 것이다.

하지만 그때도 아람 병사들에 의해 요람 왕이 큰 부상을 당하고 퇴각할

---

43) 열왕기하 8:26에는 아하시야가 즉위할 때 나이가 이십이 세였던 것으로 기록되어 있다. 역대하 22:2에 그의 나이가 사십이 세로 기록된 것은 필사 과정에서의 오류 때문이었을 것이다. 전체적인 정황을 감안하면 그가 즉위할 때 나이가 이십이 세였던 것으로 보는 것이 자연스럽다.

수밖에 없었다. 길르앗 라못에서 치명상을 입은 북 왕국의 요람은 치료를 하기 위해 왕궁이 있는 이스르엘로 돌아왔다. 그러므로 유다 왕 아하시야 가 이스르엘로 가서 그를 병문안하게 되었다(왕하8:29, 참조).[44] 아하시야가 북 왕국과 우호관계를 지속했던 것은 결코 하나님께서 원하시는 바가 아 니었다. 하나님의 언약을 소유한 유다 왕국은 결코 이단자 이스라엘 왕국 과 가까이 해서는 안 되었기 때문이다.

6. 아하시야 왕의 처참한 말로(대하22:7-9)

아하시야 왕이 요람 왕을 위해 이스르엘로 문병을 갔을 때 엄청난 정치 적 문제가 발생했다. 그것은 하나님께서 내리시는 징계로 인한 것이었다. 남북 왕국의 왕들이 함께 있을 때 임시의 아들 예후가 그들에게 들이닥쳤 다. 예후는 아합 왕가를 멸망시키기 위해 하나님께서 특별히 세운 인물이 었다. 그래서 선지자 엘리야가 그에게 기름을 부어 이스라엘 왕국의 왕으 로 세우게 되었던 것이다(왕상19:16).

그리하여 아하시야 왕과 요람 왕은 급작스럽게 북 왕국의 군대 장관이 었던 예후의 반란 사태를 맞아야 했다. 반란을 일으킨 예후는 아합 왕가를 징벌하여 요람 왕을 살해했다. 그때 그와 함께 있던 남 유다 왕국 아하시 야 왕의 신하들과 그에게 속한 자들도 죽였다. 결국 아하시야는 생명을 부 지하기 위해 사마리아 지역으로 도망쳐서 숨게 되었다.

하지만 북 왕국에 속한 그곳은 결코 그에게 안전한 도피처가 되지 못했 다. 결국 그는 므깃도까지 도망을 갈 수밖에 없었다. 그러나 예후의 신하 들이 므깃도에 숨어 있던 아하시야 왕을 체포하여 반란군의 우두머리가

---

44) 역대하 22:6에 기록된 아사랴는 아하시야를 가리키고 있음이 틀림없다. '한 글개역'과 '개역개정'을 제외한 거의 모든 번역 성경들에서는 '여호람의 아 들 아하시야'(Ahaziah, the son of Jehoram)로 기록하고 있다.

된 예후 앞으로 데리고 왔다.

유다 왕국의 통치자였던 아하시야는 결국 거기서 처형당하게 되었다(왕하9:27). 예후는 그를 죽이면서 그가 전심으로 여호와 하나님을 따르던 여호사밧의 아들이라는 사실을 언급했다. 반란군의 우두머리였던 예후는 아합 왕의 사돈이었던 여호사밧이 어떤 인물인지 잘 알고 있었다. 아하시야 왕은 북 왕국 지역에 숨어있으면서 자신을 지켜낼 수 있는 세력을 상실한 채 예후의 반란 군대를 방어해내지 못했다. 아하시야 왕이 죽게 되자 신하들은 그의 시체를 예루살렘으로 옮겨와 다윗성에 장사지냈다(왕하9:28, 대하 22:9).

이스라엘 왕국의 요람 왕과 유다 왕국의 아하시야 왕을 살해한 예후는 반란에 성공하게 되었다. 그후 예후가 이스르엘 왕궁에 이르렀을 때 일어난 사건이 열왕기서에 기록되어 있다. 그가 이스르엘에 도착했을 때 죽은 아합 왕의 아내 이세벨이 그 소문을 듣고 눈 화장을 하고 머리를 손질한 다음 창 밖을 내다보고 있었다. 교활한 그 여인은 그런 상황에서도 살아남기 위해 예후에게 접근하며 교활한 모습을 보였던 것이다(왕하9:30,31).

하지만 예후는 그 교활한 술수에 넘어가지 않았다. 그는 궁전에서 이세벨과 함께 있던 자들에게 명하여 그 여인을 창 밖으로 내던지라고 명했다. 창 밖으로 던져진 이세벨의 피가 주변의 담벼락과 예후가 타고 있던 말에게까지 튀었다. 예후는 그 시체를 밟고 지나가 궁전을 접수하고 그곳에서 음식을 먹고 마시며 승리를 자축했다.

그리고는 그 저주받은 계집을 찾아 장사하라는 명령을 내렸다. 하지만 개들이 달려들어 시체 일부를 먹어버렸기 때문에 두개골과 손발 등 신체 일부만 남아 있었다(왕상21:23, 왕하9:36, 참조). 그후 예후는 후환을 없애기 위해 아합 왕 집안의 자손 칠십 명을 처형했다(왕하10:1-7). 이로써 오므리 왕조의 아합 왕가는 과거의 위세와는 동떨어진 처참한 상태로 막을 내릴 수밖에 없었다. 그리하여 예후 왕조가 북 이스라엘 왕국을 다스리는 새로운 시대가 열리게 되었다.

이와 더불어 남 유다 왕국에도 엄청난 정변이 일어났다. 하나님을 배반하고 북 이스라엘 왕국을 동반자로 삼은 아하시야 왕의 정책은 치명적인 결과를 가져왔다. 그는 모세 율법과 예루살렘 성전의 본질적인 의미를 버리고 이단자인 북 왕국과 손을 잡았으나 결국 처참한 객사(客死)를 당하게 되었다. 따라서 아하시야의 사망 후 유다 왕국은 걷잡을 수 없는 혼란에 빠질 수밖에 없었다. 모후였던 아달랴가 유다의 왕자들을 죽이고 권력을 찬탈했기 때문이다. 이렇게 하여 남 유다 왕국이 일시에 북 이스라엘 왕국화 되어 갔던 것이다.

제17장

찬탈자 아달랴와 제사장 여호야다의 혁명

(대하22:10-12; 23:1-21)

■ ■ ■ ■ ■ 역대하 22장

1. 아달랴의 본색(대하22:10-12)

아하시야 왕의 모친이자 북 이스라엘 왕국의 아합과 이세벨의 딸인 아달랴는 자기 아들 아하시야가 죽게 되자 그 본색을 드러내기 시작했다. 그것은 언약의 왕국 자체를 없애버리려는 개인적인 음모였다. 북 이스라엘 왕국의 이단 사상에 투철한 그 여인은 사탄이 유다 왕국에 심어놓은 세력이었다.[45] 이는 그가 다윗 왕조의 뿌리와 줄기를 완전히 잘라버리고자 했기 때문이다.

그러므로 아하시야 왕이 죽은 후 아달랴가 가장 먼저 시도했던 일은 다

---

45) 민족주의적 사고를 가졌던 여호사밧 왕은 남북 이스라엘 왕국의 화합을 도모하기 위해 아합 왕과 사돈 관계를 맺었다. 그것은 나름대로 잘해 보려는 순진한 판단에 의한 것일지라도 본인도 모르는 사이 유다 왕궁에 사탄의 세력을 끌어들이는 역할을 하게 되었다. 오늘날 우리가 비록 나쁜 의도로 행하지 않는 일이라 할지라도 자칫 배도자들을 위한 행동이 될 수 있으므로 항상 깨어 있지 않으면 안 된다.

윗 계보에 속한 왕의 씨 즉 모든 왕손들을 진멸하고자 하는 것이었다. 그 것은 결코 일반적인 정치적 끔찍한 사건에 머물지 않고 그보다 훨씬 큰 의 미를 내포하고 있다. 그는 다윗 왕통의 씨를 완전히 말려버림으로써 메시 아의 통로를 차단하려 했기 때문이다.

만일 유다 왕국의 혈통을 잇는 왕족의 씨가 완전히 사라져 버리게 되면 다윗 왕조는 자동적으로 무너질 수밖에 없다. 왕위를 계승할 만한 모든 왕 자들과 계승권을 가진 자들이 죽게 되면 유다 왕국은 더 이상 지속되지 못 한다. 그것은 의미상 메시아를 배태하는 기능을 하는 아브라함과 유다와 다윗을 잇는 혈통이 사라지는 것과 동일하다.

그래서 아달랴는 모든 왕자들과 연관된 자녀들을 다 죽였다. 이는 인간 역사 초기에 사탄에게 속한 가인(Cain)이 아벨(Abel)을 죽임으로써 이땅에 오시게 될 메시아를 위한 통로를 끊어버리려고 한 것과 동일한 의미를 지 니고 있다. 하나님께서는 언약의 백성들과 그 가운데 구속사의 핵심 혈통 을 통해 메시아를 보내시고자 했지만 사악한 자들은 하나님의 그 일을 끊 임없이 방해했었다.

그렇지만 하나님께서는 항상 그 가운데 역사하시면서 자신이 뜻하시는 바 구속 사역을 진행시키셨다. 아달랴가 모든 왕자들을 빠짐없이 다 죽이 려 했을 때도 하나님께서 그 혈통을 지키셨다. 그 사건이 발생했을 때 여 호사브앗이 갓 태어난 아기인 조카 요아스를 살해당하는 왕자들 틈에서 빼냈다.

하지만 아달랴는 그에 연관된 사실을 충분히 인지하지 못하고 있었다. 그 여인은 아마도 모든 왕자들이 다 처형되었을 것으로 생각했을 것이다. 아기 요아스를 죽음의 자리에서 몰래 끄집어 낸 여호사브앗은 여호람 왕 의 딸이자 아하시아 왕의 누이로서 제사장 여호야다의 아내였다. 그 공주 는 아기를 유모의 침실에 숨겨 아달랴의 눈을 피하게 함으로써 아달랴가 그를 죽이지 못했다.

그후부터 여호사브앗은 자기 남편과 함께 어린 아기인 왕자 요아스를 육 년간 하나님의 성전에 숨겨 키웠다. 그 긴 세월 동안 들키지 않고 키웠다는 사실은 하나님의 특별한 섭리가 임했음을 말해주고 있다. 또한 그에 대한 내용을 알고 있던 소수의 사람들도 하나님의 성전 내부와 왕궁의 권력에 연관된 문제를 함부로 발설하지 못했다. 그 육년 동안 아달랴가 불법적 찬탈 왕이 되어 유다 왕국을 다스렸다. 그녀가 원했던 것은 남 유다 왕국을 이단이자 배도에 빠진 북 이스라엘 왕국처럼 만드는 것이었다.

■ ■ ■ ■ ■ 역대하 23장

2. 제사장 여호야다의 혁명(대하23:1-7)

유다 왕국의 역사에서 여호야다가 차지하고 있는 비중은 매우 크고 중요하다. 그는 레위 지파 아론 가문에 속한 제사장이었다. 또한 여호람 왕의 공주이자 아하시야 왕의 누이 여호사브앗의 남편으로서 왕국의 극한 위기를 막아냈던 인물이다.

아하시야 왕이 죽은 후 아달랴가 정변을 일으켜 왕위를 찬탈한 지 칠년이 지났다. 이는 갓 태어난 왕자 요아스가 여호사밧에 의해 성전에 숨겨 온 지 육년이 되었음을 말해준다. 이는 유다 왕국의 왕자로서 정통성 있는 신분을 가진 그가 찬탈 당한 왕위를 회복할 때가 가까워졌음을 의미하고 있다.

모후 아달랴에 의해 왕위 찬탈사건이 발생한 지 제 칠년에 제사장 여호야다가 어린 요아스를 왕위에 오르게 할 목적으로 혁명을 일으키고자 거사(巨事)를 꾸몄다. 그는 그 일을 위해 먼저 신뢰할 만한 여러 명의 군 장교들을 한자리에 불러 자신의 뜻을 밝혔다. 그리고는 그 중요한 과업을 수행하기 위해 그들과 암약을 맺었다. 그 비밀은 절대로 사전에 새어나가서는 안 되었기 때문이다. 따라서 그들은 여호와 하나님의 이름으로 맹세했을 것이 틀림없다.

그후 그들은 각각 유다 지역의 여러 성읍과 촌락을 다니며 레위 사람들과 이스라엘 족장들에게 그에 관한 사실을 전달했다. 물론 그것은 치밀한 작전과 더불어 진행되어 갔다. 그리하여 그 거사에 참여하고자 하는 많은 사람들이 예루살렘으로 올라왔다. 그때 회집한 모든 지도자들은 하나님의 거룩한 성전 뜰 앞에 섰다.

그 혁명을 지휘하는 총책임자였던 여호야다는 거기 모인 모든 백성들을 향해 말했다. 여호와 하나님께서 오래 전 다윗의 자손들에게 언약하신 대로 그의 혈통을 지닌 왕자 요아스가 살아있으니 그가 왕위에 올라야 한다는 것이었다. 그것은 선택적인 사항이 아니라 마땅히 행해야 할 일이라는 사실을 강조했다. 이는 불법으로 왕궁을 점령하여 권력을 행사하고 있는 아달랴가 하나님의 뜻에 저항하는 사악한 인물이라는 사실을 공개적으로 선포하는 의미를 지니고 있었다.

제사장 여호야다는 그와 더불어 거사를 위해 모든 책임 있는 당사자들이 행해야 할 작전을 선포했다. 그들은 놀랍게도 안식일을 거사일로 잡았다. 이스라엘 자손이 어떤 노동도 하지 말아야 할 그 날을 거사일로 잡은 까닭은 군인들을 비롯한 많은 사람들이 무장을 해제하고 모든 일을 쉬었을 것이기 때문이었다.

그러므로 여호야다는 안식일날 당번을 맡은 제사장들과 레위인들이 직무 수행을 위해 성전에 도착하면 그들이 어떤 행동을 취해야 할지 구체적인 지시를 내렸다. 그들이 도착하는 즉시 삼분의 일을 따로 세워 성전 문을 지키도록 명했다. 이는 여호야다를 비롯한 혁명을 이끄는 지도부의 허락 없이는 어느 누구도 성전 안으로 들여보내서는 안 된다는 것이었다.

그리고 그들 가운데 삼분의 일로 하여금 왕궁을 지키도록 했다. 왕궁에 들어가는 사람들을 막아서 밖에서 일어나고 있는 거사에 관한 말이 왕궁 안으로 전달되는 것을 차단해야 했기 때문이다. 또한 그들 중에 나머지 삼 분의 일은 성곽의 문을 지키도록 했다. 성읍을 드나드는 사람들을 철저히 통제하고자 했던 것이다.

그리하여 안식일날 당번을 맡은 제사장들과 레위인들을 세 그룹으로 나 누어 한 그룹은 요아스 왕이 숨어 있는 성전을 지켰으며 또 한 그룹은 왕궁 주변을 통제했다. 그리고 나머지 한 그룹은 성읍을 둘러싸고 있는 성곽의 문을 지키는 일을 담당했다. 또한 일반 백성들 가운데 많은 사람들이 성전 뜰에 모여 그 거사 과정에 참여하고 있었다.

제사장들과 레위인들은 모두 제각기 손에 칼과 창 등 무기를 잡고 어린 왕자 요아스를 호위하며 맡겨진 직무를 감당해 나갔다. 따라서 누구든지 혁명을 일으키는 세력에 반하여 저항하는 자들은 가차 없이 죽이도록 명 했다. 이렇게 하여 아직 나이 어린 요아스를 왕으로 옹립하는 모든 계획이 진행되어 갔다.

우리가 여기서 눈여겨보아야 할 점은 생명을 내놓고 시도해야 할 혁명 인 그 거사에 참여하는 자들의 중심에 제사장이 있었다는 사실이다. 즉 혁 명을 일으킨 주동자는 군인이나 정치인 혹은 각 지파 지도자가 아니었다. 거룩한 성전에서 제사를 지내며 제단에 제물을 바치는 직무를 감당해야 할 제사장과 그 성전에 관련된 일에 종사하는 자들의 손에 칼과 창이 들려 져 있었다. 그들이 무기를 들고 거룩한 싸움에 나선 것은 그것이 저들에게 맡겨진 매우 중요한 일이기도 했기 때문이다.

이에 대해서는 오늘날 우리시대 교회 역시 이와 동일한 관점에서 생각 해 보아야 한다. 교회의 교회다움을 위해 앞장 서야 할 자들은 말씀을 맡 은 직분자인 목사들과 말씀 사역에 동참하는 장로들이다. 그 직분자들은 하나님을 예배하는 일을 위해 세워진 자들인 동시에 교회 내부에 존재하 는 악을 제거하고 하나님께서 피로 값 주고 사신 교회로 하여금 제 위치를

지켜나가도록 최선의 힘을 기울여야 한다. 그것을 위해서는 면밀한 작전
과 더불어 피 흘리는 싸움이 따를 수밖에 없다.

3. 혁명의 실행과 요아스의 왕위 회복(대하23:8-11)

제사장들과 레위인들을 비롯한 유다 왕국의 큰 무리가 제사장 여호야다
의 명령에 의해 모든 것을 실행에 옮겼다. 거사의 시간이 다가왔을 때는
안식일날 직무를 감당하기 위해 입번할 자들과 출번할 자들이 대기하고
있었다. 하지만 여호야다는 밤새 직무를 끝내고 출번할 자들을 밖으로 내
보내지 않았다. 아마도 그들에게도 상황 설명과 더불어 어떤 역할을 부여
했을 것으로 보인다.

제사장 여호야다는 하나님의 성전 안에 보관되어 있던 다윗 왕의 창을
비롯한 무기들과 큰 방패와 작은 방패들을 백부장들을 비롯한 군 지휘관
들에게 나누어주도록 했다. 그리고 백성들로 하여금 각각 손에 무기를 잡
고 왕을 호위하라는 명령을 내렸다. 어린 왕자 요아스는 여호야다의 혁명
이 성공하여 왕위에 올라야 할 중요한 인물이었다. 보다 본질적인 사실은
그가 왕위에 올라 언약적 혈통상 메시아를 위한 왕통을 계승하게 된다는
사실이다.

그리고 제사장과 레위인이 아닌 일반 백성들에게도 무기를 나누어 주어
거사에 참여하도록 했다. 그들에게 성전 남쪽과 북쪽 즉 좌우편 끝에 이르
는 영역과 제단과 성전 부근에서 있으면서 왕을 보호하는 직무를 맡겼다.
그렇게 함으로써 유다 왕국의 모든 백성들로 하여금 그 혁명에 가담하도
록 했다.

우리가 여기서 보게 되는 것은 예루살렘 성전이 일종의 무기고 역할을
했다는 점이다(대하23:9, 참조). 그것은 하나님의 율법에 따라 성전을 지키는
자들에 의해 무기가 관리되었음을 말해준다. 그러므로 여호야다는 제사장

으로서 그 중요한 거사를 일으킬 수 있었다.

이와 더불어 우리가 기억해야 할 점은 신약시대의 교회 역시 신령한 무기를 보관하는 무기고 역할을 하고 있다는 사실이다. 신약성경이 교회와 성도들로 하여금 피흘리기까지 싸우라고 독려하고 있는 것은 그에 연관되어 있다. 물론 우리는 말씀의 검과 창과 방패를 가지고 배도자들을 비롯한 세상의 악한 세력과 맞서 싸우게 되는 것이다(엡6:11-17).

제사장 여호야다가 이끄는 혁명 참여자들은 많은 백성들이 성전 좌우편과 전면을 경호하고 있는 가운데 어린 왕자 요아스를 밖으로 인도해 나왔다. 그리고 그의 머리에 왕관을 씌우고 하나님의 율법책을 전달했다. 당시 나이어린 그가 율법서를 얼마나 잘 읽을 수 있었는가에 대해서는 명확하게 알 수 없으나 그것은 매우 중요한 상징적인 의미를 지니고 있다. 그가 왕위에 오르게 되면 하나님의 율법에 기초하여 백성들을 다스려야 한다는 기본 원칙에 연관되어 있었기 때문이다.

그리하여 제사장 여호야다와 그의 아들들인 제사장들이 다윗의 혈통을 이은 요아스의 머리에 기름을 붓고 왕으로 옹립했다. 그리고 온 백성들 앞에서 그가 이제 유다 왕국의 유일한 왕이라는 사실을 선포했다. 그와 더불어 거기 모인 모든 백성들은 요시아 왕에 대한 만세를 부르며 기뻐했다. 이제 이단 왕국에 속한 여인으로서 다윗 왕가의 왕비가 된 아달랴에 의해 찬탈당한 유다 왕국을 탈환하게 되었기 때문이다.

4. 혁명의 성공과 아달랴의 파멸(대하23:12-14)

왕궁에 머물고 있던 아달랴는 뒤늦게 밖에서 나는 떠들썩한 소리를 듣게 되었다. 많은 백성들이 모여 큰 소리로 왕을 찬양하는 노래를 부르며 집단행동을 하는 것은 결코 일상적이지 않은 일이었다. 더구나 안식일날 그와 같은 상황이 벌어진다는 것은 범상치 않은 일이었음이 분명하다.

그러므로 아달랴는 곧장 성전으로 갔다. 그때는 이미 상황이 종료된 상황이었으므로 경비를 위해 왕궁에 나가 직무를 행하던 자들이 철수했을 것으로 보인다. 그리하여 아달랴가 백성들이 모인 성전 뜰에 가서 보니 나이어린 요아스가 왕관을 쓰고 성전 문기둥 가까이 서 있었다. 또한 여러 장관들과 나팔수가 왕의 곁에서 모시고 서 있는 광경이 눈에 들어왔다. 또한 노래하는 자들이 주악하며 찬송을 인도했으며 모든 백성들이 즐거워하고 있었다.

그 광경을 목격한 아달랴는 옷을 찢으며 '반역이로다 반역이로다' 고 외쳤다. 그에게는 충격적이지 않을 수 없었다. 과거에 반역을 일으켜 왕좌를 찬탈한 자가 오히려 정도를 회복한 자들을 반역자로 간주하며 큰 소리로 외쳤던 것이다. 그 여자는 가짜 왕이었지만 최고 통치자의 자리에 있던 자가 그렇게 외치면 당연히 진압군이 움직여야만 했다. 하지만 당시 아달랴의 편에 선 사람은 아무도 없었다.

오히려 제사장 여호야다가 그것을 보고 가까이 있던 군대 지휘관에게 명령을 내렸다. 아달랴를 성전 바깥으로 몰아내라고 하면서 그 여자를 따르는 자들이 있다면 성전 밖에서 그와 함께 칼로 쳐 죽이라고 명했다. 여기에는 여호야다가 하나님의 거룩한 성전 안에서 피를 흘리는 일이 발생하지 않도록 요구한 의미가 내포되어 있다. 여호야다가 자기 아내의 친정 모친인 아달랴를 죽이도록 명하는 것은 쉬운 일이 아니었다. 하지만 그는 유다 왕국의 대의를 생각하며 사사로운 관계에 얽매이지 않았다.

5. 혁명의 완수(대하23:15-21)

성전 뜰에 모여 있던 백성들은 제사장 여호야다의 명에 따라 아달랴가 바깥으로 나갈 수 있도록 길을 열어주었다. 성전 밖에서 그들은 아달랴를 붙잡아 왕궁에 있는 '말의 문' (馬門) 가까이 이르렀을 때 그곳에서 처형했다. 유다 왕국을 불법으로 짓밟은 그 여인의 최후는 이렇게 처참하게 끝나게 되었다.

그 숨가쁜 상황이 종료된 후 제사장 여호야다는 자기와 온 백성과 왕 사이에 언약을 세웠다. 그것은 그들 모두가 '여호와 하나님의 백성이 되리라'(대하23:16)는 것이었다. 누구든지 그 언약에서 이탈하게 되면 그것은 하나님 앞에서 맺은 언약을 파기한 자가 되어 징벌을 면치 못한다.

하나님 앞에서 언약을 굳게 맺은 모든 백성들은 바알 신당을 훼파하고 그 단들과 우상들을 깨뜨렸다. 그리고 바알을 섬기는 맛단(Mattan)을 그 제단 앞에서 죽였다. 우리는 여기서 바알신을 섬긴 자들이 순수 이방인들이 아니라 언약의 자손들 가운데 존재한 배도자들이었다는 사실을 기억할 필요가 있다.

당시 이단에 빠진 배도자들은 모세 율법을 통해 말씀하시는 여호와 하나님에 대한 신앙과 이방인들의 바알신 사상을 혼합시켜 놓았다. 아합과 이세벨의 딸인 아달랴가 불법적으로 왕권을 찬탈하여 유다 왕국의 정체성을 파괴함으로써 북 이스라엘 왕국처럼 이방신을 추종하는 나라로 바꾸어 버렸기 때문이다. 이제 여호야다는 새로운 왕 요아스와 함께 그 악한 환경을 되돌려 놓아야만 했던 것이다.

혁명을 완수한 제사장 여호야다는 성전에서 종사하는 직책을 맡은 자들을 전체적으로 정비했다. 번제를 드리는 제사장들과 노래를 부르며 찬양하는 자들과 성전 문지기들, 그리고 군대 지휘관들과 다양한 직무를 행할 관료들, 궁궐에서 왕을 보좌할 사람들 등을 모세의 율법에 기록된 규례에 따라 임명했다.

이렇게 하여 육년 동안 찬탈당했던 유다 왕국이 완전히 회복되었다. 나이 일곱 살 된 어린 요아스는 성전에서 나와 왕궁으로 들어가게 되었으며 그로 말미암아 온 백성이 즐거워하는 가운데 여호와 하나님께 감사했다. 이렇게 하여 유다 왕국과 예루살렘이 아달랴의 공포정치에서 벗어나 평온

함을 되찾을 수 있게 되었던 것이다.

여기에는 오늘날 우리시대 교회가 받아들여야 할 중요한 교훈이 담겨있다. 이는 제사장 여호야다가 부당한 욕망으로 왕위를 탐내지 않으면서 철저한 개혁을 단행했기 때문이다. 신약시대의 교회에 속해 살아가는 성도들과 목사를 비롯한 모든 직분자들도 그와 같은 온전한 신앙 정신을 받아들여 유지하는 것은 매우 중요하다.

제18장

제사장 여호야다의 섭정과 요아스 왕의 행적
(대하24:1-27)

■ ■ ■ ■ ■ 역대하 24장

1. 어린 요아스 왕과 제사장 여호야다 (대하24:1-3)

요아스 왕이 육 년간 성전 안에 숨어 지내다가 고모부인 제사장 여호야다의 혁명을 통해 왕위에 올랐을 때는 이제 겨우 일곱 살 어린이에 지나지 않았다. 그에게 정치적 판단이나 신앙적으로 율법에 대한 투철한 이해가 있지는 않았을 것이 분명하다. 따라서 여호야다가 요아스 왕을 대신하여 섭정을 할 수밖에 없었다.

어쨌거나 요아스는 왕위에 오르고 나서 사십 년간 예루살렘에서 최고 권력을 가지고 백성들 위에서 정치했다. 제사장 여호야다가 살아있으면서 섭정을 하는 동안에는 요아스 왕이 하나님 보시기에 선정을 펼쳤다. 그것은 여호야다가 신실한 신앙인으로서 올바른 방향을 제시했기 때문이다.

어린 요아스 왕은 점차 나이가 들어 성장해갔다. 왕의 나이가 혼기에 찼을 때 여호야다는 그로 하여금 혼인을 하도록 했다. 그리하여 그는 첫 아내를 맞아 혼인을 하고 두 번째 여인을 얻게 되었다. 그 여인들로부터 여러 명의 자녀들을 낳았다. 이렇게 하여 요아스는 점차 장성하여 나름대로 판단력을 갖추고 독자적인 정치를 하기에 이르렀다.

2. 여호야다의 섭정과 초기 요아스 왕의 선정(대하24:4-7)

세월이 흘러 요아스 왕이 성장하여 자신의 의사를 피력하기에 이르렀다. 그 가운데 가장 중요한 것 중에 하나는 예루살렘 성전을 중수하고자 결심한 사실이었다. 그전에 통치권을 찬탈한 아달랴는 예루살렘 성전을 방치했다. 그는 성전을 멸시하고 거의 방문하지 않았던 것으로 보인다. 아기였던 왕자 요아스가 육 년 동안 숨어 지냈음에도 불구하고 그를 발견하지 못한 것을 보아 그 사실을 짐작할 수 있다.

그런데 보다 심각했던 문제는 아달랴의 성전에 대한 소극적인 멸시가 아니라 그 악한 여인의 아들들의 적극적인 반율법적인 행위였다(대하24:7). 그들은 하나님의 성전을 훼손하며 파괴하기도 했다. 그리고 성전 안에 보관되어 있던 많은 성물들을 바알 신당에 갖다 바쳤다. 그와 같은 형편을 본 요아스 왕이 이제 성전을 중수하고자 했던 것이다.

성전을 중수하기로 뜻을 굳힌 요아스 왕은 제사장들과 레위인들을 소집했다. 그리고는 그들로 하여금 유다 지역의 여러 성읍들로 가서 이스라엘 백성에게 예루살렘 성전을 수리하기 위하여 해마다 필요한 세금을 거두라는 명을 내렸다. 이는 요아스 왕의 개인적인 욕망 때문이 아니었다. 여기서 해마다 세금을 부과하고자 한 것은 지속적으로 성전을 관리하고자 하는 그의 선한 마음에 근거한 것이 분명하다.

당시 예루살렘 성전은 오랫동안 관리를 하지 않아 여러 부분에서 훼손되거나 허물어져서 대대적인 수리가 필요했다. 따라서 속히 그 일을 시행하도록 명령했던 것이다. 하지만 당시 레위인들은 왕의 명령을 듣고도 곧바로 시행하지 않고 늑장을 부렸다. 이는 아마도 아직 요아스에게 충분한 국정 운영의 경험이 없었으며 여호야다가 섭정하고 있었기 때문이었을 것으로 보인다.

그러므로 요아스 왕은 제사장 여호야다를 불러 채근했다. 레위인들을 시켜 여호와의 종 모세가 정한 율법에 따라 과거 이스라엘 회중이 성막을 위하여 그렇게 했듯이 성전을 위한 세금을 거두도록 하라는 것이었다(대하 24:6). 출애굽기에는 하나님께서 모세를 통해 이스라엘 자손들에게 성막 봉사를 위해 반 세겔을 내도록 하신 내용이 기록되어 있다.

"여호와께서 모세에게 일러 가라사대 … 반 세겔을 여호와께 드릴찌며 무릇 계수 중에 드는 자 곧 이십 세 이상 된 자가 여호와께 드리되 너희의 생명을 속하기 위하여 여호와께 드릴 때에 부자라고 반 세겔에서 더 내지 말고 가난한 자라고 덜 내지 말찌며 너는 이스라엘 자손에게서 속전을 취하여 회막의 봉사에 쓰라 이것이 여호와 앞에서 이스라엘 자손의 기념이 되어서 너희의 생명을 속하리라"(출30:11-16)

모세 율법에서는 회막 곧 성막을 위해 반 세겔의 세를 내야 한다고 명시되어 있다. 그것은 형식상 성막을 위한 것이었지만 동시에 생명의 속전이었다. 이는 성막 곧 성전이 언약의 백성들을 위한 생명의 원천이 된다는 사실을 말해주고 있다.

그리고 성막을 위한 세금은 부자라고 해서 더 많이 내지 말고 가난한 자라고 해서 덜 내지 말도록 했다. 빈부는 물론 지위고하를 막론하고 모든 백성이 동일한 액수로 내야만 했던 것이다. 그것을 통해 '하나님의 집'에서는 부자를 비롯한 특수 계층의 사람들에게 기득권이 돌아가는 것이 아님을 말해주고 있다. 모든 백성들이 하나님 앞에서 평등한 존재라는 것이었다.

우리시대에도 모든 성도들은 하나님 앞에서 완전히 평등하다. 즉 하나님의 몸된 교회 안에서는 빈부귀천이나 지위에 의한 차별 없이 모두가 평등하며 특별한 기득권층이 존재할 수 없다. 모세 율법에 규정된 '성전세 납부 규정'을 통해 신약시대 성도들 역시 그 정신을 온전히 받아들여야만 하는 것이다.

요아스 왕이 당시 백성들에게 성전세를 내도록 촉구한 것은 모세 율법에 근거하고 있었으며 기본 요건을 갖춘 자들은 그에 따라야만 했다(대하 24:6, 참조). 하지만 요아스 당시에는 그것이 달리 응용되었을 것으로 보인다. 또한 그것은 성전을 위한 경비 마련을 위한 것인 동시에 율법을 회복하고자 하는 왕의 정책 방향을 선포하는 의미를 지닌 것이기도 했다. 이 모든 것은 아달랴와 그 자식들이 하나님의 성전을 훼손한 결과로 말미암아 마련된 율법에 근거한 대책이었다.

3. 요아스 왕의 성전 중수(대하24:8-14)

요아스 왕은 성전세를 거두기 위하여 특별히 제작된 연보궤를 성전 문 밖에 두도록 명령했다. 그리고는 유다 지역과 예루살렘에 살고 있는 모든 백성들에게 선포했다. 하나님의 종 모세가 시내광야에서 이스라엘 백성에게 성전세를 내도록 기록한 율법에 순종하도록 요구했던 것이다. 하지만 당시에는 율법적 강제성을 지닌 세금이라기보다 백성들의 판단에 따른 자발적 연보였던 것으로 이해할 수 있다.

우리가 여기서 기억해야 할 바는 그 법령이 예수님 당시에도 적용되었다는 사실이다.[46] 그러므로 가난한 예수님과 그의 제자들에게도 정해진 반 세겔의 성전세가 부과되었다. 예수님께서 성전세를 내실 때는 예루살렘의 성전이 아니라 그로부터 멀리 떨어진 가버나움에서 바쳤다. 이는 성

---

46) 성전궤와 연관된 전통은 예수님 당시까지 이어졌다. 요아스 왕 시대에 회복된 이 제도는 타당한 제도였다는 사실이 그에 대한 예수님의 인정을 통해 확인되었다.

전세 납부의무가 전 유대 땅에 적용되었음을 말해준다. 그에 대한 내용이 신약성경 복음서에 기록되어 있다.

> "가버나움에 이르니 반 세겔 받는 자들이 베드로에게 나아와 가로되 너의 선생이 반 세겔을 내지 아니하느냐 가로되 내신다 하고 집에 들어가니 예수 께서 먼저 가라사대 시몬아 네 생각은 어떠하뇨 세상 임금들이 뉘게 관세와 정세를 받느냐 자기 아들에게냐 타인에게냐 베드로가 가로되 타인에게니이 다 예수께서 가라사대 그러하면 아들들은 세를 면하리라 그러나 우리가 저 희로 오해케 하지 않기 위하여 네가 바다에 가서 낚시를 던져 먼저 오르는 고기를 가져 입을 열면 돈 한 세겔을 얻을 것이니 가져다가 나와 너를 위하 여 주라 하시니라" (마17:24-27)

예수님은 성전의 주인으로서 성전세를 낼 필요가 없는 분이었다. 하지 만 그는 일반 백성들의 오해를 사지 않기 위해 세를 납부하셨으나 성전의 주인이자 하나님의 아들로서 기적적인 방법을 동원하여 다른 사람들과 동 일하게 세를 내셨다. 이처럼 이스라엘 자손이 성전세를 납부하는 모세 율 법은 매우 중요한 의미를 담고 있었다. 부자든 가난한 자든 기본 의무요건 을 갖추게 되면 누구나 세를 내야만 했던 것이다. 물론 납부한 자들의 명 단이 어떤 방식으로 관리되었는지에 대해서는 명확히 알기 어렵다.

유다 왕국 요아스 왕 당시에도 율법을 근거로 한 성전세를 부담해야 했 다. 찬탈자 아달랴의 치하에서 크게 훼손된 성전을 수리하기 위해 필요한 경비를 모으는 요아스 왕의 정책은 많은 사람들의 지지를 받았다. 그리하 여 다수의 지도자들과 일반 백성들이 기꺼이 그에 참여했다. 그들은 훼손 된 하나님의 성전을 중수할 수 있도록 연보궤에 성심껏 돈을 넣었다. 백성 들은 성전을 출입하며 성전세를 자진 납부하며 그 일을 위해 힘을 모았던 것이다.

레위인들은 그 궤에 돈이 가득 차면 서기관들과 제사장들에게 예속된 담당자들이 와서 그 궤를 한 곳에 모으고 그 빈 궤를 다시금 성전 앞에 갖다 놓았다. 이렇게 하여 성전 중수를 위한 돈을 많이 거둘 수 있게 되었다. 요아스 왕과 제사장 여호야다는 그 돈을 성전 중수를 위한 책임자에게 주어 석수와 목수를 고용하여 성전을 중수하도록 했다. 그리고 철과 놋을 다루는 기술자들을 동원하여 성전 내부를 수리하게 했다.

그 일을 위해 많은 기술자들이 고용되어 성전 중수를 위한 공사가 원활하게 진행되었다. 그리하여 일을 마칠 때 즈음 되어 그 전처럼 성전이 견고하게 되어 갔다. 모든 공사를 완성한 후에는 그 남은 돈을 왕과 제사장 여호야다 앞으로 가져왔다. 그것으로 성전과 제단에서 사용할 금, 은으로 된 그릇들과 수저를 만들었다.

제사장 여호야다가 생존해 있는 동안에는 요아스 왕이 비교적 올바른 정치를 했다. 그리하여 하나님의 거룩한 성전에서는 제사장들을 통해 원만한 제사가 드려졌다. 이는 여호야다가 죽은 후에는 상황이 변하여 요아스 왕과 유다 왕국에 엄청나게 큰 변화가 일어났다는 사실을 시사하고 있다.

4. 제사장 여호야다의 특별한 지위(대하24:15,16)

제사장 여호야다는 유다 왕국의 역사 가운데 매우 특별한 인물이다. 공주와 혼인하여 왕가와도 긴밀한 연관성이 있었다. 그는 매우 신실한 신앙인으로서 유다 왕국과 다윗 왕조의 혈통을 유지하기 위해 많은 애를 썼다. 이는 외형적으로는 유다 왕국을 위한 것이었지만 내면적으로는 장차 임하게 될 메시아 강림을 준비하는 중요한 성격을 지니고 있었다.

그는 당시로 봐서도 매우 오래 살았던 장수한 인물이었다. 그는 자신에게 부과된 모든 직무를 마치고 일백삼십 세에 죽었다. 이는 그가 몇 대에 걸쳐 유다 왕국의 왕들을 가까이 모셨다는 사실을 말해주고 있다. 즉 그는 산 역사로서 언약의 왕국에서 일어난 모든 일들을 가까이서 보았던 것이다.

그는 죽어서 다윗성의 열왕이 묻힌 묘실에 장사되었다(대하24:16). 이는 매우 특이한 일이 아닐 수 없다. 그는 유다 지파 다윗 왕의 혈통을 계승한 자가 아니었다. 그는 레위 지파에 속한 자로서 아론 가문의 인물이었다. 그런 그가 왕의 묘실에 장사되었다는 것은 의미심장한 의미를 지니고 있음이 분명하다. 이는 그가 죽어 왕의 예우를 받았음을 말해주고 있기 때문이다.

제사장 여호야다는 어린 왕자 요아스로 하여금 왕위에 오르게 하고 그를 위해 상당기간 섭정을 하며 나라를 이끌었다. 즉 그는 왕의 직무를 감당하며 요아스 왕을 대신하여 통치했던 것이다. 하지만 그는 권력을 탐하거나 자기의 유익을 위한 정치를 하지 않았다. 여호야다는 하나님과 그의 거룩한 성전, 그리고 이스라엘 민족을 위해 선을 행하는 자였던 것이다.

유다 왕국의 왕들 가운데는 왕의 묘실에 묻힐 수 없었던 자들이 많이 있었다. 그런데 왕이 아니면서 왕의 묘실에 묻혔다는 것은 그 자체로서 매우 특이한 일이 아닐 수 없다. 그가 왕의 예우를 받은 것은 하나님께서 원하시는 모든 일을 원만하게 감당했으므로 그의 사후에 인정된 특별한 명예라 할 수 있다. 그 선물은 하나님으로 말미암아 주어진 것으로서 이스라엘 백성들 가운데 그에 반대하거나 저항하는 자는 아무도 없었다.

5. 후기 요아스 왕의 사악한 행위(대하24:17-22)

제사장 여호야다가 죽은 후에는 요아스 왕이 점차 신앙의 정체성을 상실해 가게 되었다. 율법을 멀리하고 하나님을 의지하는 자세를 버림으로써 판단력이 흐려졌던 것이다. 그의 주변에는 왕을 이용하여 자신의 유익을 추구하려는 사악한 자들이 많아서 그들이 나쁜 영향을 끼쳤다.

유다 지역의 간신배들인 방백들이 왕 앞으로 나아와 부복했다.[47] 형식적으로는 왕을 향해 고개를 조아렸지만 실상은 왕을 이용하고자 하는 마음이 저들에게 있었다. 왕에게 요구한 저들의 간청은 예루살렘 성전을 중심으로 한 편협한 신앙을 버리고 유다 왕국 안에 아세라 목상과 우상 제작을 장려하여 그것들을 섬기는 행위를 허용하자는 것이었다(대하24:18, 참조).

간사한 관리들은 신앙의 중심을 잃은 왕의 마음을 얻기 위해 온갖 방법을 다 동원했을 것이 분명하다. 그들은 종교적인 신앙을 다양화 하는 것이 이스라엘 민족의 화합을 도모하기 위한 최선의 방편이 된다고 설득했을 것이다. 나아가 그렇게 함으로써 유다 왕국의 번영이 이루어진다고 말했을지도 모른다.

그러므로 요아스 왕은 저들의 요구를 순순히 받아들였다. 그가 생각하기에는 백성들이 다양하고 포괄적인 신앙을 가지도록 허용하는 것이 국가를 위해 유익이 되리라 여겼을 것이다. 지금까지 그의 행적을 볼 때 그가 우상숭배 자체를 장려함으로써 하나님께 대항하여 배도에 빠지게 할 의도를 가진 것은 아니었을 것으로 보인다. 하지만 설령 그가 의도하지 않았다고 할지라도 그것은 하나님 앞에 무서운 범죄행위가 될 수밖에 없다.

이와 같은 배도의 양상은 그후 기독교 역사 가운데 지속적으로 있어 왔으며 오늘날 우리시대 역시 마찬가지다. 어리석은 기독교 지도자들 가운데는 다양한 종교들에 대하여 포용적인 자세를 취하면서 관대한 모습을 보이고자 하는 자들이 상당수 있다. 그들은 종교다원주의(religious-pluralism)를 받아들이고 예수 그리스도를 통한 복음의 절대성을 주장하지 않는다.

---

47) 그들은 스스로 나라와 민족을 위한 충성스런 공직자라 착각하고 있었을 수도 있다. 이스라엘을 위해서 하나님의 말씀보다 눈앞의 현실에 민감하게 반응하는 것이 더욱 중요하다고 여겼을 수 있기 때문이다. 즉 당시의 상황에서는 저들의 주장처럼 하는 것이 최선의 방편이라 여겼을 수 있었다는 것이다. 하지만 그것은 하나님에 대한 배도 행위에 지나지 않았다.

성경에 계시된 진리가 절대적이라는 신앙 자세를 가지는 것은 다른 종교를 무시하는 처사인 양 여긴다. 그렇게 함으로써 주님의 교회가 지닌 절대성을 포기하고 교회 안에 혼합주의를 끌어들이는 죄에 빠지게 되는 것이다.

요아스 왕이 그와 같은 이방종교에 대한 포용정책을 펼쳤을 때 하나님께서는 그 죄악을 지적하기 위하여 선지자를 보내셨다. 다시금 여호야다의 생존시처럼 자기에게 돌아오라는 것이었다. 하지만 왕은 간사하고 사악한 신하들의 말을 들으면서도 선지자를 통해 전달되는 하나님의 말씀을 받아들이지 않고 배척했다.

그렇게 되자 하나님의 성령이 제사장 여호야다의 아들 스가랴를 감동시키셨다. 그리하여 그가 백성들 앞에 서서 하나님의 말씀을 선포하게 되었다. 어찌하여 여호와의 명령을 거역하고 스스로 형통치 못한 위태로운 상황에 빠지느냐는 것이었다. 따라서 그들이 여호와 하나님을 버렸기 때문에 이제 하나님께서도 저들을 버리셨다는 것이다.

스가랴의 예언을 들은 자들은 잘못을 뉘우치고 하나님의 말씀을 받아들이기는커녕 성전 뜰 안에서 그를 돌로 쳐 죽여 버렸다. 성전 뜰 안에서 피를 흘려 사람을 죽이는 그와 같은 악행은 결코 용납될 수 없는 일이었다. 그럼에도 불구하고 그런 일이 발생한 것은 저들의 사악한 배도 행위가 이미 도를 넘고 있었음을 말해주고 있다.

제사장 여호야다가 살아있을 동안 요아스 왕과 유다 왕국을 위해 한 일들을 생각한다면 하나님의 말씀을 전하는 그의 아들을 잔인하게 돌로 쳐 죽일 수 없었다. 요아스와 그의 악한 신하들은 하나님과 제사장 여호야다의 은혜를 원수로 갚는 사악한 행동을 저질렀다. 따라서 여호야다의 아들 스가랴는 여호와 하나님께서 그 모든 상황을 굽어 살피시고 자신의 억울함을 갚아달라는 간구를 하며 처참한 죽임을 당하게 되었다.

6. 하나님의 응징(대하24:23-27)

해가 바뀔 무렵이 되어 아람 군대가 요아스 왕을 습격하기 위해 올라왔다. 그들이 유다와 예루살렘에 이르러 백성들 가운데 많은 방백들과 지도자들을 쳐 죽였다. 그리고 그곳에 있는 많은 보물과 물건들을 탈취하여 다메섹에 있는 왕에게 보냈다.

아람 군대는 대규모가 아니라 소수의 정예 병사들로 조직된 규모였다. 그럼에도 불구하고 유다 왕국이 패배한 것은 하나님께서 배도에 빠진 유다 왕국의 큰 군대를 저들에게 붙여 패하도록 하셨기 때문이다. 그들의 패인은 군사의 수나 무기의 성능, 혹은 작전에 있었던 것이 아니었다. 그것은 하나님과 그의 율법을 버리고 배도에 빠졌기 때문에 닥친 상황이었다.

당시 아람 군대와의 전투에서 요아스 왕은 큰 부상을 당하게 되었다. 그후 아람 병사들은 본국으로 퇴각했다. 그러자 그의 신하들 가운데 몇 명이 여호야다의 아들 스가랴를 부당하게 죽인 일에 대한 불만을 품고 모반을 일으켰다. 그들이 전투에서 부상을 입고 침상에 누워있는 왕을 살해했던 것이다. 저들 나름대로의 입장에서는 그것이 정의로운 행동이라 여겼을 것이 분명하다.

요아스 왕이 죽었을 때 다수의 백성들은 그가 하나님의 심판에 의해 그렇게 된 것으로 받아들였다. 많은 병사를 둔 유다 왕국이 소수의 아람 군대에 의해 패배한 것도 왕의 잘못으로 간주되었다. 그러므로 요아스 왕이 죽자 백성들은 그의 시신을 다윗성에 안장했으나 왕의 묘실에 장사하지 않았다. 이는 그가 왕이었지만 실제적인 왕으로 인정받지 못했음을 말해주고 있다. 이와 같은 일은 실제적인 왕이 아니었음에도 불구하고 열왕의 묘실에 묻힌 제사장 여호야다와 크게 대비된다.

우리는 여기서 매우 중요한 교훈을 배울 수 있다. 요아스 왕은 실제로 왕이었지만 하나님에 대한 사악한 배도 행위로 인해 왕의 예우를 받지 못했다. 그에 반해 제사장 여호야다는 실제적인 왕이 아니었으나 왕의 예우를 받았다. 우리는 이를 통해 세상에 살아가는 성도들의 다양한 형태의 모습들을 떠올려 볼 수 있다.

교회사 가운데 그와 같이 반전되는 상황은 끊임없이 일어났으며 오늘날 우리시대 역시 마찬가지다. 겉보기에 유명한 신학자와 목사로서 기독교 지도자 노릇을 했으나 실제로는 하나님과 그의 말씀을 욕되게 했기 때문에 진실한 성도로서 예우받지 못할 자들이 많이 있다. 그와 반대로 외형적으로는 그럴듯한 자리에 있지 않았으나 실제로는 매우 중요한 하나님의 사람으로 인정받게 될 자들도 많이 있다.

요아스 왕과 그의 아들들이 행한 여러 일들과 그가 하나님으로부터 받은 질책의 내용과 하나님의 성전을 중수한 사적은 열왕기의 주석에 기록되어 있다. 이는 성경 열왕기서에 직접 기록되지 않았지만 그 가운데 별도로 기록되었음을 말해주고 있다. 어떤 의미에서는 요아스에게 공과(功過)가 같이 있었다고 할 수 있으나 그의 전반적인 삶과 행위는 하나님의 율법을 거부하는 배도자의 자리에 서 있었다. 그가 죽은 후에는 그의 아들 아마샤가 뒤를 이어 왕위를 계승하게 되었다.

제19장

아마샤 왕의 사역과 행적
(대하25:1-28)

1. 아마샤의 즉위와 그의 정책(대하25:1-4)

아마샤는 이십오 세에 왕위에 올랐다. 그는 예루살렘에서 이십구 년간 백성들을 다스렸다. 아마샤 왕은 자기 아버지 요아스가 율법을 떠나 행한 것처럼 무모한 행위를 하지 않았다. 그는 하나님 보시기에 나름대로 율법적으로 행하기 위해 노력했지만 순전한 마음으로 하나님의 말씀에 순종한 것은 아니었다. 즉 그는 종교적인 형식을 따랐을 뿐 그의 신앙은 온전하지 못했다.

어쨌거나 아마샤가 통치를 하기 시작한 후 유다 왕국은 점차 안정을 되찾았다. 그는 자기 아버지 요아스 왕을 살해한 자들을 사형에 처했다. 하지만 그들의 자녀들을 죽이지는 않았다. 이는 모세의 율법이 그렇게 요구하고 있었기 때문이다. 하나님께서는 자녀의 잘못으로 인해 그 아비를 죽이지 말고 아비의 죄로 말미암아 그 자녀를 죽이지 말라고 하셨다. 각 사람은 자기의 죄에 대하여 책임을 지게 된다는 사실을 말해주고 있다. 신명기에는 그에 관한 명시적 기록이 나타난다.

> "아비는 그 자식들을 인하여 죽임을 당치 않을 것이요 자식들은 그 아비를 인하여 죽임을 당치 않을 것이라 각 사람은 자기 죄에 죽임을 당할 것이니라"(신24:16)

아마샤 왕은 이 율법에 따라 자기 아버지 요아스를 살해한 자들에 대해서는 그 죗값을 엄중히 물어 사형에 처했다. 하지만 그 자녀들을 비롯한 다른 가족에게는 그에 연관된 책임을 묻지 않았다. 이에 대해서는 오늘날 우리시대에도 그 정신이 그대로 적용되는 것으로 이해해야 한다.

부모들은 언약의 자녀를 위해 최선의 힘을 기울여 신앙으로 양육해야 한다. 그러나 장성한 자녀들의 잘못을 부모가 책임지거나 비난 받지는 말아야 한다. 그 반대의 경우도 마찬가지다. 부모의 잘못으로 인해 그 자녀가 책임을 지거나 비난을 받지 않는다. 하나님의 자녀들은 그와 같은 어려움 가운데 있는 형제들을 위해 안타까운 마음으로 기도할 수 있을 따름이다.

2. 체제 정비와 북 이스라엘 왕국과 결탁한 아마샤 왕(대하25:5,6)

아마샤 왕은 즉위하자 곧 전체적인 체제를 정비하고자 했다. 앞 시대의 미흡한 상태를 보완하기 위해서였다. 그는 유다 지파와 베냐민 지파 사람들을 모으고 각 집안에 따라 적절한 인물을 택하여 군대를 지휘하는 천부장과 백부장으로 세워 군 조직을 정비했다. 그리고 전쟁에 나갈 수 있는 이십 세 이상의 청년들로 하여금 병사의 의무를 감당하도록 했다.

그들은 창과 칼과 방패를 잡고 적군에 맞서 싸우는 전투에 임할 수 있는 힘을 가진 자들이었다. 유다 왕국의 모든 병사의 총수는 삼십만 정도의 대군이었다. 그 모든 상황을 확인하게 된 병사들은 어떤 강력한 적군과 싸운다고 할지라도 이길 수 있을 것 같이 사기가 드높아지게 되었다.

아마샤 왕이 군대를 정비한 까닭은 에돔 족속을 공격하기 위해서였다. 에돔은 원래 유다 왕국의 간섭아래 있었으나 아마샤의 증조부인 여호람 왕 때 배신하여 독립체제를 갖추고 있는 실정이었다. 아마샤는 이제 그들을 습격하여 그 전과 같은 자리로 돌려놓고자 했던 것이다.

그런데 아마샤 왕은 더욱 강력한 세력을 구축함으로써 확실한 승리를 확보하기를 원했다. 그래서 그는 은 일백 달란트 곧 은 3,400킬로그램(현대인의 성경)을 지불하고 북 이스라엘 왕국의 삼십만 병사들을 용병으로 고용하고자 했다. 아마샤가 그렇게 한 것은 북 이스라엘 왕국과 군사협정을 맺는 것과 동일한 성격을 지니고 있었다.

아마샤가 그런 전략을 펼친 것은 그의 조상 여호사밧 왕과 여호람 왕의 전철을 밟는 것과 마찬가지였다. 이방 왕국과 싸우기 위해서는 같은 야곱의 자손들인 북 왕국과 손을 잡는 것이 전혀 문제가 될 것이 없다고 판단했던 것이다. 하지만 그것은 정통 신앙을 소유한 언약의 백성과 이단 신앙을 가진 자들이 동일한 목적으로 화합을 도모하는 것과 같았다. 그것은 도리어 하나님의 진노를 불러일으키게 될 따름이었다.

3. 무명 선지자의 권면과 아마샤 왕의 수용

(1) 아마샤 왕의 옳은 판단(대하25:7-10)

아마샤가 북 이스라엘 왕국과 군사협정을 통해 용병을 불러오고자 했을 때 진노한 하나님께서 그에게 선지자를 보내셨다. 그는 아마샤를 향해 북 이스라엘 왕국의 군대와 함께 전장으로 나가지 말라고 했다. 하나님께서는 결코 그 이단자들의 군대와 함께하지 않으리라는 것이었다. 이는 남북 이스라엘 왕국이 연합군을 결성하면 하나님의 외면을 받을 수밖에 없음을 말해주고 있다.

그러므로 만일 유다 왕이 그들과 함께 적군에 맞서 힘써 싸운다고 해도 하나님께서 그를 그 앞에 엎드러지게 하실 것이라고 했다. 하나님은 유다 왕국을 돕기도 하시고 패배하도록 만드시기도 한다. 따라서 북 왕국과 손을 잡는다면 반드시 백전백패하리라는 것이었다.

하나님의 선지자의 말을 들은 아마샤 왕은 북 왕국에 군사들을 용병으로 데려오기 위하여 이미 은 일백 달란트를 지급한 상태인데 이제 어떻게 하면 좋겠느냐고 했다. 그의 입장에서는 이스라엘 왕국과 군사적 약정을 맺으며 거금을 보내버렸는데 난감하지 않을 수 없었을 것이다. 우리는 여기서 이러지도 저러지도 못하고 당황한 기색이 역력한 아마샤 왕의 모습을 떠올릴 수 있다.

그런 난감한 분위기 가운데서 하나님의 사람은 저에게 그 돈을 포기하라고 조언했다. 그 거액의 돈을 날릴지라도 그것을 포기하고 북 왕국의 군인들을 용병으로 쓰지 말라고 했던 것이다. 그것이 도리어 유다 왕국에 유익이 된다는 것이었다. 즉 여호와 하나님은 자기에게 순종하는 자에게 그보다 훨씬 많은 것을 주시는 분이기 때문이라고 했다. 아마샤 왕은 하나님의 선지자의 말을 듣고 그 모든 것을 수용하게 되었다.

그리하여 옳은 판단을 한 아마샤는 에브라임에서 자기에게 나아온 북 이스라엘 왕국의 병사들을 구별하여 전쟁에 참여시키지 않은 채 저들의 땅으로 돌려보냈다. 그런데 그로 말미암아 또 다른 문제가 발생했다. 본국으로 돌아가는 이스라엘 병사들이 즐거운 마음을 가졌던 것이 아니라 도리어 유다 왕국에 대하여 심한 분노의 마음을 가졌다. 이는 그것이 북 왕국과 맺은 조약을 일방적으로 파기하는 성격을 지니고 있었기 때문이다.

우리는 여기서 몇 가지 중요한 교훈을 동시에 얻게 된다. 그것은 우선 오직 여호와 하나님만 의지해야하며 전쟁에서 승리하기 위해 외세에 의존하지 말아야 한다는 사실이다. 아마샤 왕은 자신의 이성과 경험적 판단에 따라 승리를 쟁취하기 위해 북쪽의 이단 세력을 끌어들이려고 했다. 하지만 하나님을 진정으로 신뢰하는 자라면 결코 그와 같은 어리석은 판단과 행동을 해서는 안 된다.

그리고 잘못된 판단과 행동을 한 뒤에 취한 아마샤 왕의 적절한 결단이다. 그는 거금의 돈을 포기하면서 하나님께서 보내신 선지자의 말을 수용했다. 그것은 단순한 포기가 아니라 북 이스라엘 왕국과 맺은 군사 협정을 파기하는 것이었다. 국가간에 이루어진 약속을 어기는 것은 상당한 부담을 가질 수밖에 없는 일이었지만 왕은 선지자의 말을 믿고 그렇게 했다. 이에 대해서는 오늘날 우리 역시 그와 같은 삶의 자세를 가져야만 한다.

(2) 아마샤 왕의 승리(대하25:11-13)

아마샤는 하나님의 말씀에 순종하여 북 이스라엘 왕국과의 군사협정을 파기한 후 단독으로 진군했다. 그때 '담력'을 내어 나아갔다는 것은 외적으로 보았을 때 아마샤의 군대가 열세였다는 의미를 지니고 있다. 그럼에도 불구하고 유다 군대는 하나님을 의지하고 사해 부근의 염곡 즉 소금골짜기(the Valley of Salt)에 도착해 에돔 족속을 공략했다.

그들은 상대병력보다 약한 상태였지만 큰 승리를 거둘 수 있었다. 유다 자손이 전투 중에 세일 자손 일만 명을 죽이고 또다시 일만 명을 포로로 잡은 후 저들을 산 위의 바위 꼭대기에서 밀쳐 죽였다. 그것을 통해 유다 왕국의 힘을 보여주고자 했던 것이다.

그런데 유다 지역의 다른 곳에서 문제가 발생하게 되었다. 아마샤 왕이 이스라엘 왕국과 맺은 군사협정을 파기하고 본처로 되돌려 보낸 병사들이 사마리아와 벧 호른 사이에 있는 유다 성읍들을 공격했기 때문이다. 그로 말미암아 유다 백성 삼천 명 가량이 죽었다. 뿐만 아니라 많은 물건들이 저들에 의해 약탈당했다.

유다 왕국의 최고 통치자인 왕이 잘못된 판단을 내리고 이단 왕국과 손

을 잡고자 했던 것이 오랫동안 자기를 찌르는 날카로운 가시로 남아 있었
다. 이를 통해 우리가 배울 수 있는 점은 지상 교회의 지도자들은 눈앞의
문제를 해결하기 외해 함부로 세상의 도움을 구해서는 안 된다는 사실이
다. 나중에 그에 대한 잘못을 인식하고 하나님 앞에서 뉘우쳐 회개한다고
할지라도 그로 말미암은 후유증은 오래 간다는 사실을 기억하지 않으면
안 된다.

4. 종교적인 오판을 한 아마샤 왕

(1) 신앙을 버린 아마샤(대하25:14-16)

전쟁에서 승리한 아마샤는 또다시 오만한 태도를 보였다. 그가 많은 에
돔 사람들을 죽이고 돌아오면서 저들의 우상들을 가지고 왔다. 그것을 자
신의 신으로 세우고 그 앞에 경배하며 분향했다. 그는 우상숭배를 하면서
도 자신의 악한 행위에 대해서 제대로 인식하지 못하고 있었던 것이 분명
하다.

아마샤 왕은 에돔 사람들로부터 빼앗은 우상을 궁궐의 깊숙한 곳에 모
셔 두었을 것이 틀림없다. 그것은 아마도 겉보기에 아름다운 모양과 색상
을 가지고 있었을 것이라 짐작된다. 그는 종교를 취미생활을 하듯 여기면
서 그 우상을 섬기며 에돔 군대에 대승을 거둔 사실을 기억하며 뿌듯한 마
음을 가졌을지 모른다.

하지만 그의 그런 행위는 하나님을 모독하는 행위에 지나지 않는다. 따
라서 여호와 하나님께서 그에게 선지자를 보내셨다. 선지자는 왕을 향해
에돔 사람이 섬기던 그 우상 덩어리가 그 백성을 구하지 못한 터에 어떻게
유다 왕국의 왕이 그 이방 우상을 섬기느냐는 것이었다. 그 에돔의 우상에
게 능력이 있었다면 에돔 족속을 구출했겠지만 그렇지 못한 것을 알지 않
느냐는 의미였다.

그 말은 왕의 그런 우상 숭배행위가 허망한 짓일 뿐 아니라 하나님을 욕되게 하는 것이라는 사실을 지적하고 있었다. 선지자의 말을 들은 아마샤 왕은 그 앞에서 크게 노하는 모습을 보였다. 자기가 그를 왕의 스승으로 삼은 적이 없는데 자기를 향해 부정적인 말을 한다고 판단했기 때문이다. 따라서 그 말을 중단하라고 명했다. 그와 같은 식의 말을 계속하면 그 자리에서 목숨을 잃을 수 있다는 것이었다.

그 말을 들은 선지자는 자기 말을 거기서 일시 멈춘 후 더 심각한 예언을 했다. 왕이 그 더러운 우상을 지속적으로 섬기면서 여호와 하나님의 선지자의 경고를 듣지 않는다면 무서운 심판을 면할 수 없다고 했다. 즉 하나님의 경고를 멸시했기 때문에 그가 왕을 멸망시키기로 작정하셨다는 사실을 전달했다. 우리는 여기서 언약의 나라를 다스리는 왕으로서 하나님의 말씀을 듣지 않고 자기의 종교적 취향에 이끌려가는 것이 얼마나 어리석은 일인가 하는 것을 보게 된다.

(2) 남 유다 왕국의 북 왕국을 향한 전쟁 선포(대하25:17-20)

유다 왕 아마샤는 보좌관들과 상의한 후 북 이스라엘 왕국에 전쟁을 선포했다. 그는 에돔 족속 침공을 위해 군사 협정을 맺으면서 거금의 돈을 준 것으로 인해 내심 마음이 편치 않았을 것이다. 북 왕국의 병사들을 지원받기로 했으나 저들을 되돌려 보내고 나서 한 푼도 되돌려 받지 못했기 때문이다.

거기다가 사해 부근에서 유다 군대와 에돔이 전투 중일 때 북 왕국에 속한 에브라임 사람들이 유다 성읍들을 공격하고 많은 백성들을 죽인 것에 대한 분노가 컸다. 그런 중에도 북 이스라엘 왕국의 예후의 손자 요아스 왕은 아무런 사과조차도 없었다. 따라서 아마샤 왕은 북 왕국을 향해 전쟁을 선포했던 것이다.

북 이스라엘 왕국의 요아스 왕은 남 유다 왕국의 왕 아마샤에게 사신을 보내 예화를 통해 그 뜻을 밝혔다. 레바논의 가시나무가 레바논의 백향목에게 사람을 보내 백향목의 딸을 가시나무의 아들에게 주어 아내를 삼게 하자고 청혼했으나 지나가던 레바논의 들짐승이 그 가시나무를 짓밟아버렸다는 것이다. 이 말은 동족이지만 가시나무 같은 남 유다 왕국이 사신을 보내 백향목 같은 북 이스라엘 왕국과 협조관계를 맺자고 청원했으나 결국 이스라엘 왕국의 군대가 유다 왕국을 짓밟아 버렸다는 것이다.

이 말은 유다 왕국이 먼저 자기를 도와달라고 이스라엘 왕국에게 군사협정을 요구했다가 모든 것이 무산되어 북 왕국의 군대가 저들을 짓밟은 것은 자연스러운 일이라는 것이었다. 또한 유다 왕국이 에돔 사람들을 쳐서 승리했다고 해서 그 마음에 교만이 가득 차 있다는 점을 언급했다. 그런 태도를 가지고 있다면 자기 왕궁에서 평안히 있을 것이지 왜 전쟁선포를 하며 화를 자초하고 있느냐고 말했다.

그러므로 감히 북 이스라엘 왕국에 덤볐다가는 아마샤 왕 자신과 유다 왕국이 함께 멸망당하게 될 것이라고 경고했다. 하지만 먼저 전쟁의 의사를 표명한 아마샤가 그 말을 귀담아 들을리 없었다. 거기에는 심판을 위한 하나님의 손길이 작용하고 있었다. 아마샤 왕을 비롯한 일부 유대인들이 우상 덩어리인 에돔 신들을 섬기면서 그에게 모든 형편을 물었으므로 하나님께서 저들을 원수의 손에 붙여 재앙을 내리고자 하셨기 때문이다.

(3) 유다 왕국과 아마샤 왕의 완패(대하25:21-24)

남 유다 왕국의 선전 포고를 듣게 된 북 이스라엘 왕국은 망설이지 않고 출전했다. 그리하여 이스라엘의 요아스 왕의 군대와 유다의 아마샤 왕의 군대가 벧세메스에서 맞붙어 전투를 벌였다. 그 결과 유다 왕국의 군대가 대패하여 각기 도망을 치게 되었다.

그 전투에서 북 왕국은 유다 왕 아마샤를 포로로 사로잡았다. 그들은 생포된 왕을 북쪽으로 데려간 것이 아니라 도리어 예루살렘으로 끌고 왔다.

이는 유다 왕을 앞세워 수도를 공략함으로써 나라 전체를 뒤엎으려는 전술의 일환이었다.

북 이스라엘 왕국의 군대는 예루살렘 성벽의 에브라임 문에서부터 성모퉁이 문에 이르는 사백 규빗 약 일백팔십 미터에 달하는 성벽을 허물어 버렸다. 그리고 오벳에돔이 지키고 있던 성전의 많은 금은과 그릇을 비롯한 비품들을 약탈하고 궁궐 안 보물 창고에 보관되어 있던 모든 재물들을 탈취해 갔다. 또한 유다 왕국의 유력한 많은 사람들을 볼모로 잡아 사마리아로 돌아갔다.

아마샤 왕은 억울함에 못 이겨 북 왕국에 대하여 복수를 감행하려고 했지만 그 결과는 참담했다. 앞서 에돔 왕국에 승리를 거두었을 때 모세 율법을 준수하며 하나님 앞에 겸손한 자세를 가져야만 했다. 그러나 그와는 정반대로 에돔의 우상 신들을 가져와 섬김으로써 오만하게 되어 하나님의 진노를 불러 일으켰다. 모든 언약의 자손들은 그로 말미암아 발생한 하나님의 심판을 기억하고 있어야만 했다.

5. 아마샤 왕의 죽음(대하25:25-28)

그 전쟁으로 인해 유다 왕국이 완전히 패망당했으나 아마샤 왕의 생명은 오랫동안 보존되었다. 당시 벧세메스에서 맞붙어 싸워 승리를 거둔 북 왕국의 왕 요아스가 죽은 후에도 유다의 아마샤 왕은 십오 년을 더 살았다. 그러나 오래 살았다는 이유만으로 좋은 것이라 말할 수는 없다.

아마샤 왕의 삶은 결코 평탄하지 못했다. 이는 그가 하나님을 떠나 자기의 종교적 취향과 판단에 따라 모든 일을 시행하려고 했기 때문이었다. 그가 여호와 하나님을 멀리하고 더러운 이방 신을 택하여 혼합주의적 신앙의 길을 걷게 된 후부터 고통스런 일들이 이어졌다. 하나님께서 그를 돕지 않으셨기 때문이다.

결국 배도자 아마샤 왕에게는 정치적 권력누수(權力漏水) 현상이 일어났다. 급기야는 예루살렘에 살고 있던 무리가 세력을 결집하여 모반을 일으켰다. 그리하여 왕은 예루살렘으로부터 남서쪽으로 오십 킬로미터 가량 떨어진 전략 요충지인 라기스 지역으로 도망을 갔다.

하지만 그 모반을 일으킨 자들은 그를 그냥 내버려 두지 않았다. 그들은 왕을 뒤따라가 라기스에서 살해했다. 그리하여 사람들은 그의 시체를 말 등에 실어다가 예루살렘으로 가져와 다윗성에 장사지냈다. 언약의 왕국의 왕이었음에도 불구하고 그의 죽음을 진심으로 애도한 백성이 없었다는 사실은 그것 자체로 비참한 일이었다.

제20장

웃시야 왕과 요담 왕의 사역과 행적
(대하26:1-23; 27:1-9)

1. 웃시야 왕 (대하26:1-5)

아마샤 왕이 예루살렘으로부터 멀리 떨어진 요새인 라기스에서 불행한 죽임을 당한 후 그의 아들 웃시야가 유다 왕국의 통치권을 이양받았다. 그때 그의 나이는 겨우 열여섯 살에 지나지 않았다. 소년 웃시야는 왕위에 오른 다음 아카바만 북단 지역에 있는 엘롯에 성읍을 건축하여 유다 왕국의 소유로 만들었다. 그는 국력을 보강하여 강력한 나라로 세우기 위해 최선의 노력을 기울였던 것이다.

웃시야는 왕위에 오른 후 오십이 년이라는 긴 세월 동안 예루살렘에서 언약의 백성들을 통치했다. 어린 나이에 왕이 된 그는 부친이자 선왕인 아마샤가 즉위 초기에 하나님을 경외하여 그의 뜻에 따르고자 했던 것처럼 그 신앙을 이어받아 정직하게 행하고자 했다. 그는 하나님의 율법에 순종하고자 하는 마음을 유지하고 있었다.

웃시야 왕에게는 하나님의 묵시를 올바르게 해석하여 밝히는 스가랴라는 이름을 가진 좋은 선지자가 곁에 있었다. 그는 왕이 판단하고 결정하며 행동하는 모든 일을 가까이 지켜보면서 하나님의 뜻을 전달했다. 그 선지자가 살아있을 때는 왕이 항상 하나님을 의지하고 그의 뜻을 구하고자 애썼다. 이렇듯이 웃시야 왕이 하나님의 율법에 순종하는 동안에는 모든 것이 형통했다. 여호와 하나님께서 그와 그가 하는 일들을 도우셨기 때문이다.

우리는 여기서 매우 중요한 교훈을 얻게 된다. 성도들에게 있어서 가장 복된 삶은 주변에 하나님을 진정으로 경외하고 그의 말씀에 익숙한 이웃을 두는 것이다. 무언가 그릇된 판단이나 행동을 할 때 그를 통해 조언을 듣고 자기를 돌아볼 수 있을 것이기 때문이다. 이는 웃시야 왕이 선지자 스가랴를 좋은 이웃으로 두고 그로부터 조언을 받았던 것과 같다.

2. 웃시야 왕의 세력 확장 (대하 26:6-15)

웃시야 왕은 정치적 경력이 쌓여가면서 유다 왕국의 세력을 점차 외부로 확장시키고자 했다. 그는 군대를 이끌고 나가 블레셋 병사들과 싸워 가드 성과 아스돗 성 등을 공격하여 허물고 그들의 땅에 유다를 위한 새로운 성읍들을 건축하게 되었다. 하나님께서 그를 도우셨으므로 블레셋뿐 아니라 아라비아 사람들을 비롯한 이방 지역까지 칠 수 있게 되었다.

또한 유다 왕국의 세력에 압도된 암몬 사람들은 웃시야 왕에게 조공을 바쳐야 할 처지에 놓였다. 이와 같이 웃시야 왕의 통치력은 점차 더욱 강성해져 가기에 이르렀다. 그리하여 웃시아 왕의 명성은 주변의 이방 족속들뿐 아니라 애굽 변방을 비롯한 먼 지역에 이르기까지 널리 퍼져나가게 되었다.

그리고 웃시야 왕은 예루살렘 성을 굳건하게 지키기 위해 많은 노력을 기울였다. 성곽 모퉁이에 있는 성문과 성의 굽이가 꺾어지는 곳마다 높은 망대들을 세워 더욱 견고하게 했다. 또한 유다 지역 여러 곳에 망대들을 건축하고 깊은 웅덩이들을 많이 파서 풍부한 물을 공급할 수 있게 했다.

그것을 통해 평지에서는 육축을 많이 길렀으며 산과 들에서는 농부들이 농사를 짓기도 하고 포도원을 만들어 관리인들을 두어 경작하도록 했다.

웃시야 왕에게는 전쟁에 참여할 만한 젊고 용맹한 청년들이 많이 있었다. 각 부대에는 병사들을 통솔하는 여러 지휘관들을 두었으며 하나냐가 왕의 군대를 이끄는 총사령관이 되어 전군을 관장했다. 그리하여 외국 군대의 병사들과 전쟁이 발발하면 모든 병사가 일제히 나가 싸울 수 있었다. 당시 유다 왕국의 군대는 삼십만 명이 넘는 전쟁에 능한 대규모의 건장한 병사들을 두고 있었다.

그 군대는 예루살렘을 방어하고 웃시야 왕을 도와 나라를 위협하는 적군들을 대적해 싸우는 임무를 감당하게 되었다. 따라서 왕은 그들을 위해 창과 방패와 갑옷과 활과 물맷돌 등의 많은 병기를 마련했다. 또한 예루살렘에서 정교한 기술자들로 하여금 전투를 위한 특수한 무기를 제작하도록 명령했다.

그 병기들을 망대와 성곽 위에 두어 언제든지 예리한 화살과 둥글게 다듬어진 그 큰 돌을 적군을 향해 쏠 수 있도록 했다. 그와 같은 막강한 병력과 무기들에 관한 소문이 주변의 여러 나라들에 퍼져나가게 되었다. 그리하여 이방인들의 외국 군대가 함부로 유다 왕국을 넘볼 수 없었으므로 강력한 나라를 유지할 수 있게 되었다.

우리시대에도 다양한 영적인 무기들이 필요하다. 말씀에 대한 풍부하고 올바른 이해와 기도를 동반한 성실한 삶이 세상의 적들에 대한 중요한 무기가 된다. 교회의 목사, 장로들은 시대와 대상에 따른 다양한 무기들을 제작하여 공급해야만 한다.

현대에 급증하게 된 종교다원주의, 동성애와 동성결혼, 유신진화론, 타락한 문명과 문화, 음란한 예술과 영상매체 등은 심각하다. 거기다가 과학주의와 인공지능, 가상현실, 증강현실을 비롯한 4차 산업은 장차 어떤 폐해를 몰고 올지 예측조차 하기 어렵다. 이처럼 숱한 대적들이 기승을 부리

는 때 교회는 진리를 지키기 위해 성도들에게 그에 따른 적절한 영적 무기
들을 제작하여 공급해야만 하는 것이다.

3. 오만해진 웃시야 왕 (대하 26:16-18)

유다 왕국이 강성해지자 웃시야 왕은 교만해져가기 시작했다. 안하무
인(眼下無人)격이 된 그에게는 이제 율법에 명시된 직분 따위가 그다지 중요
하지 않게 여겨졌다. 모든 영역에서 왕인 자기가 최고인 듯 여겼을 따름이
다. 그러다보니 하나님께 제물을 바치며 섬기는 제사장들조차도 특별한
직분자로 보이지 않게 되었다.

그러므로 웃시야 왕은 예루살렘 성전의 번제단과 물두멍을 지나 성소
내부로 들어가 향단에 분향하려고 했다. 그는 충동적이거나 임기응변적인
판단에 의해 성소에 들어가려고 했던 것이 아니라 계획적인 의도를 가지
고 그렇게 하고자 했다. 즉 왕은 작정을 하고 그 일을 시행하려고 했던 것
이다.

우리가 여기서 짐작해 볼 수 있는 점은 웃시야 왕이 그 일을 두고 사전
에 주변의 제사장들에게 타당성 여부에 대한 자문을 구했을 것이란 사실
이다. 당시 웃시야가 직접 모세 율법을 확인하지 못한 채 가까이 있는 자
들에게 자기의 의견을 물었을 때 간신배들은 율법의 교훈을 전하는 대신
왕이 듣기 원하는 답변을 했던 것으로 보인다. 왕은 그 악한 신하들의 아
부하는 말을 듣고 자기가 행하고자 하는 일에 대한 정당성을 부여했을 것
이다.

그렇지만 성소에서 하나님을 섬기는 직분은 오직 아론 지파 제사장만
할 수 있는 일이었다. 따라서 그것을 어기는 행위는 하나님의 율법을 멸시
하는 무서운 범죄행위가 된다. 그런데 그는 사악한 범행을 계획하면서도
마치 자기가 잘하고 있는 것인 양 착각하고 있었다. 레위 지파에 속한 아

론의 자손이 아니었으나 유다 왕국의 최고 통치권자로서 그렇게 하는 것은 아무런 문제가 없는 것으로 여겼던 것이다.

하지만 그와 같은 행위는 결코 발생해서는 안 될 일로서 여호와 하나님을 진노케 하는 심한 악행에 지나지 않았다. 따라서 제사장 아사랴가 나서서 하나님을 욕되게 하는 웃시야 왕의 어처구니없는 행동을 막으려고 시도했다. 그는 제사장들 가운데 용감한 자 팔십 명을 따로 이끌고 성소에 들어가는 왕의 뒤를 따라갔다. 여기서 용감한 자들이란 일반적으로 싸움을 잘하는 자들이 아니라 웃시야 왕의 패역에 대하여 맞설 수 있는 자들을 의미한다.

그러므로 아사랴를 비롯한 용감한 제사장들이 성소 안 향단에서 분향하려는 왕을 가로막았다. 이는 정치적 질서로만 보았을 때 왕에게 저항하는 행위로서 매우 위태로운 상황으로 전개될 수 있는 문제였다. 그럼에도 불구하고 아사랴를 비롯한 여러 제사장들은 그 상황을 두려워하지 않고 왕에게 직언할 수 있었다.

제사장 아사랴는 먼저 웃시야 왕을 향해 여호와 하나님께 분향하는 일은 왕이 행할 바가 아니라는 사실을 선포했다. 성소에 놓인 향단에서 분향하는 일은 오직 특별히 구별된 아론의 자손 제사장들에게 맡겨진 직무라는 것이었다. 그러니 성소를 더럽히지 말고 즉각 밖으로 나가라고 요구했다. 웃시야는 자신의 분향하는 행위를 통해 하나님으로부터 인정받고 영광을 취하려 했지만 실상은 정반대가 되었던 것이다.

4. 웃시야의 지나친 종교적 열성과 하나님의 징계 (대하26:19-23)

웃시야 왕은 제사장들의 강력한 저항과 경고성 요구에도 불구하고 그 말을 귀담아 듣지 않았다. 그는 오히려 제사장들을 향해 심하게 화를 내며 저들을 뿌리치고 손으로 향로를 잡고 분향하려고 했다. 그는 제사장들을

통해 그것이 율법에 어긋난다는 사실을 명백히 확인하고도 여전히 그 악
행을 저지르려고 했던 것이다.

　왕이 성소 내부에 놓인 향단 앞에서 분향하려고 할 시점에 그에게 심각
한 문제가 발생했다. 그것은 하나님께서 그의 이마에 문둥병이 발하도록
하셨기 때문이다. 이는 여호와 하나님께서 성소인 그 자리에 함께 계셨다
는 사실을 말해주고 있다. 웃시야가 자신의 종교적인 욕망을 채울 목적으
로 자기와 함께 계시는 하나님의 뜻을 멸시했기 때문에 하나님의 심판이
그에게 임하게 되었던 것이다.

　이처럼 웃시야의 잘못된 행위와 제사장들에 대한 진노는 무서운 저주를
불러왔다. 그는 정당한 행위를 하는 제사장들에게 화를 내며 자신의 잘못
을 깨닫지 못했다. 그러나 하나님의 자녀로서 의로운 진노를 발하는 것은
지극히 당연한 일이다. 구약시대의 선지자들과 신약시대의 사도들은 배도
자들에게 분노하며 심판을 선언하기를 게을리하지 않았다. 이에 대해서는
오늘날 우리 역시 그 믿음의 사람들의 편에서 그와 동일한 자세를 가져야
한다. 하지만 감정에 따른 자기중심적인 진노는 극히 자제되어야만 한다.

　성소 안에 있던 제사장 아사랴를 비롯한 모든 제사장들은 악행을 저지
르는 웃시야 왕의 이마에 문둥병이 발한 것을 금방 알아볼 수 있었다. 제
사장들은 신체적으로 부정한 자가 되어버린 웃시야를 하나님의 거룩한 성
소에서 급히 쫓아내고자 했다. 왕은 자기에게 무서운 저주의 병이 걸렸음
에도 불구하고 실상을 깨닫지 못한 채 버티려했을지 모른다. 하지만 하나
님께서 저를 치시므로 속히 성소에서 나갈 수밖에 없었다.

　우리는 여기서 신약교회에 속한 성도로서 현실적인 중요한 교훈을 얻을
수 있어야 한다. 교회의 다양한 직분을 부여받은 성도들은 하나님과 그의
몸된 교회의 뜻에 따라 자기에게 맡겨진 사역을 감당해야 한다. 따라서 어
느 누구도 교회의 허락 없이 개인의 종교적인 욕망으로 인해 다른 직분자
들의 일을 가로채려고 해서는 안 된다.

자기에게 맡겨진 직무가 아닌 제사장의 일을 가로챘던 웃시야 왕은 그 때부터 죽는 날까지 구약시대에 저주의 상징이 될 만큼 중병인 문둥병에 걸려 고통스런 삶을 살아가게 되었다. 그가 부정한 질병에 걸리게 됨으로써 이제는 하나님의 성소는커녕 성전 출입조차 할 수 없었다. 그는 전염성이 강한 문둥병으로 인해 여러 사람이 거주하는 왕궁에 함께 살지 못하고 별궁에 격리되어 살도록 조치되었다. 따라서 그의 아들 요담이 왕궁에 거하면서 아버지 웃시야를 대신해 행정을 처리하며 백성들을 다스렸다.

웃시야 왕의 모든 행적은 선지자 이사야가 기록으로 남겼다. 세월이 흘러 웃시야가 죽게 되자 백성들은 그의 시신을 다윗성에 묻었다. 그러나 그가 문둥병에 걸린 상태였으므로 열왕의 묘실에 장사지내지는 않았다. 그 대신 열왕의 묘실에 가까이 접한 땅 곧 열조의 곁에 매장했다. 그가 죽은 후에는 그의 아들 요담이 정식으로 왕위에 오르게 되었다.

■ ■ ■ ■ ■ 역대하 27장

5. 요담의 즉위와 유다왕국의 형편 (대하27:1-5)

웃시야 왕이 죽은 후 요담이 왕위에 오를 때 그의 나이가 이십오 세였다. 그는 예루살렘에 살면서 십륙 년 동안 언약의 백성들을 다스렸다. 성경은 요담이 그 부친 웃시야의 모든 행위대로 여호와 보시기에 정직하게 행했음을 언급하고 있다(대하27:2). 많은 실수에도 불구하고 성경은 웃시야와 요담을 정직하게 행한 왕으로 묘사하고 있다. 그와 같은 평가를 받게 된 것은 비록 부족한 점들이 많았으나 하나님을 경외하는 마음이 그들에게 있었기 때문이었을 것으로 보인다.

요담 왕은 자기 아버지 웃시야가 오직 제사장들만 들어갈 수 있는 성소에 들어간 행위를 되풀이하지 않았다. 물론 향단에 분향하려는 어처구니없는 생각이나 행동을 하지 않았다. 그는 하나님의 율법을 지키고자 하는 신앙 자세를 유지하고 있었던 것이다. 이 말은 그가 하나님을 진정으로 경외하는 자세를 가지고 있었다는 사실을 뒷받침해 주고 있다.

그런데 요담이 통치하던 초기의 유다 왕국의 백성들은 전혀 신실하지 않았다. 그들은 오히려 하나님 보시기에 사악한 불의를 행하는 것을 대수롭지 않게 여겼다. 이는 유다 왕국의 백성들 가운데 상당수가 하나님을 진정으로 경외하기는커녕 그의 율법으로부터 떠나 있었다는 사실을 말해주고 있다.

이와 같은 오만한 백성들이 많은 형편에서 요담 왕이 원만한 통치를 하기에 그리 쉽지 않았을 것이다. 그럼에도 불구하고 왕은 최선의 노력을 기울였다. 그는 성전과 그 주변을 굳건히 하는 것을 중요시했다. 그리하여 성전 윗 문을 건축하고 또 성전의 남쪽 지역에 위치한 둔덕인 오벨(Ophel)에 성벽을 증축하게 되었다.

또한 유다의 오지에 여러 성읍들을 건축했으며 산림지역에는 요새를 만들고 높은 망대를 세웠다. 이는 주변 왕국 군대의 공격에 대한 방어를 굳건히 하고자 하는 방편이었다. 그렇게 함으로써 유다 왕국에 속한 언약의 백성들을 안전하게 지키고자 했다. 물론 그와 더불어 굳건하게 보존해야 할 가장 중요한 대상은 예루살렘과 하나님의 성전이었다.

그런 중에 요담 왕과 암몬 왕 사이에 외교적 마찰이 있었다. 결국 그들은 전투를 벌였지만 철저한 방어를 한 유다 왕국이 승리를 거두게 되었다. 그로 말미암아 승리한 유다 왕은 삼년 동안 암몬 자손으로부터 은 일백 달란트와 밀 일만 석과 보리 일만 석의 조공을 받았다.[48] 이는 요담 시대의 유다 왕국이 안정된 정국을 유지하고 있었다는 사실을 말해주고 있다.

---

48) '현대인의 성경'에는 이를 현대의 도량으로 환산하여, 은 3,400킬로그램, 밀 약 980톤, 보리 약 980톤으로 기록하고 있다.

6. 요담의 업적과 사망 (대하27:6-9)

요담 왕은 여호와 하나님 앞에서 정치와 종교에 있어서 정도(正道)를 행하기 위해 최선의 노력을 기울였다. 그것은 하나님 보시기에 합당한 통치자의 모습이었다. 따라서 하나님께서는 요담 왕과 유다 왕국을 위태로운 상황에 빠지지 않도록 지켜 보호해 주셨다.

그러므로 그가 통치하는 기간 동안 나라가 점점 강성해갔다. 이는 왕국 자체뿐 아니라 일반 백성들 가운데도 상당한 변화가 일어났으리라는 점을 짐작케 해준다. 앞에서 언급된 것처럼 요담 왕의 통치 초기에는 많은 백성들이 하나님의 율법을 버리고 사악한 행동을 일삼는 것을 예사로 여겼다 (대하27:2). 하지만 점차 백성들의 삶이 요담 왕과 함께 하나님을 경외하는 온전한 길로 돌아섰을 것으로 보인다.

요담의 통치기간 동안 행한 모든 행적과 이방 종족들과 맞서 싸웠던 전쟁에 연관된 내용들은 이스라엘과 유다의 열왕기에 기록되어 있다. 왕위에 오를 때인 이십오 세부터 십륙 년 동안 예루살렘에서 행해진 그의 통치와 업적들을 통해 그가 하나님을 경외하는 왕으로서 원만하게 직무를 수행했음을 알 수 있다. 요담이 죽었을 때 그의 시신은 다윗성에 장사되었으며 그의 아들 아하스가 대신하여 왕위에 오르게 되었다.

제21장

아하스 왕의 사역과 행적
(대하28:1-27)

■ ■ ■ ■ ■ 역대하 28장

1. 아하스 왕의 배도행위와 하나님의 심판 (대하28:1-7)

요담이 죽고 난 후 그의 아들 아하스가 유다 왕국의 왕위를 계승했다. 그는 이십 세에 왕위에 올라 십륙 년을 예루살렘에서 백성들을 다스리며 치리했다. 하지만 최고 통치권자가 된 그는 모세 율법을 따르며 여호와 하나님을 경외한 좋은 왕들을 본받지 않고 율법을 떠난 잘못된 왕들의 행위를 따랐다.

아하스 왕은 여호와 하나님이 보시기에 정직한 행위를 하지 않았으며 이단에 빠진 북 이스라엘 왕국의 여러 왕들이 행한 사악한 본을 받아 제멋대로 정치를 했다. 그는 바알신의 우상을 부어 만들어 섬기면서 배도의 길에 들어섰다. 이방신과 그 사상을 언약의 백성들 가운데 끌고 들어와 혼합주의 종교를 만들어 풍요를 추구하고자 했다. 그는 다양한 여러 신들로부터 도움을 받는 것이 훨씬 유리하다는 판단을 했던 것이다.

그는 또한 예루살렘의 남쪽 경계를 이루는 곳으로서 더럽고 잔악한 이교도들의 종교의식을 거행하던 장소였던 '힌놈의 아들 골짜기'(the valley of the son of Hinnom)에서 분향했다.[49] 여호와 하나님께서 역겨워하는 사악한 종교행위를 자행했던 것이다. 아하스와 그를 따르는 배도자들은 이방인들의 가증한 행위를 본받아 어린 자녀를 불사르는가 하면 산당과 작은 언덕 위와 푸른 나무 아래서 제물을 바치며 분향하기를 좋아했다.

우리가 여기서 생각해 보아야 할 점은 아하스 왕과 그를 따르는 자들이 나름대로 그에 대한 이유를 가지고 있었을지 모른다는 사실이다. 그들은 하나님께서 아브라함에게 독자 이삭을 모리아산에서 제물로 바치라고 한 사실을 떠올리며 그것을 최고의 신앙이라 여겼을 것이다. 그리고 어린 자녀를 불살라 바치며 그와 동일시하며 합리화시켰을 것으로 보인다. 하지만 그것은 하나님의 뜻을 떠난 왜곡된 신앙일 뿐이다.

이처럼 아하스와 그를 추종하는 자들은 하나님의 율법을 완전히 떠났기 때문에 이방인들의 방식들을 동원해 열정적으로 신을 섬기는 행위를 잘하는 것인 양 착각하고 있었다. 그들의 모든 종교행위는 풍요를 가져오기는커녕 하나님을 욕되게 하는 것에 지나지 않았다. 그것은 결국 하나님의 무서운 진노를 불러일으키고 심판을 자초하게 되었다. 그리하여 하나님께서는 그들을 아람 왕의 손에 붙이셨다. 아람 군대가 쳐들어와서 많은 무리를 포로로 사로잡아 다메섹으로 끌고 가게 되었던 것이다.

또한 북 이스라엘 왕국의 군대가 유다 지역으로 쳐들어와 많은 백성들을 살육하게 되었다. 유다 왕 아하스는 이단 행위를 되풀이하는 북 왕국의 그럴듯한 외형적인 환경을 보며 저들을 따라 행하는 것이 큰 복을 얻는 지

---

49) 나중 요시아 왕은 힌놈의 골짜기를 예루살렘의 쓰레기장으로 삼았다. 그곳에서 끊임없이 타오르는 불은 게헨나(Gehenna)로서 지옥의 상징처럼 일컬어졌다.

름길이 될 것이라 여겼다. 또한 아람 족속의 다양한 신들을 섬기면 그 나라 백성들처럼 잘될 줄로 생각했다. 하지만 그 결과는 그의 기대와는 완전히 다른 양상으로 나타났다. 모든 것이 저들처럼 잘되어 풍요를 가져온 것이 아니라 도리어 그가 본받고자 하던 나라들로부터 공격을 받아 처참한 패배를 당하게 되었다.

아하스 왕과 유다 왕국이 북 이스라엘과 이방 왕국의 침략으로 인해 엄청난 재난을 받게 된 것은 그들이 여호와 하나님과 그의 율법을 버렸기 때문이었다. 그리하여 북 이스라엘 왕국의 베가 왕은 유다 지역을 침략하여 하루 동안 십이만 명 정도의 엄청난 수의 병사들을 죽였다. 그리고 에브라임의 용사 시그리는 아하스와 그의 왕자들 그리고 궁내대신과 총리대신을 죽이게 되었다.

북 이스라엘 왕국의 군대는 예루살렘 성읍을 공격하여 승리를 거두었지만 완전히 점령하지는 못했다. 하지만 유다 왕국은 그로 말미암아 엄청난 타격을 입을 수밖에 없었다. 예루살렘과 거룩한 성전이 파괴되지 않은 것은 아직 여호와 하나님께서 유다를 멸망시킬 때가 이르지 않았음을 말해 주고 있다.

2. 이스라엘 왕국과 선지자 오뎃의 경고 (대하28:8-15)

하나님의 언약을 소유한 유다 왕국은 그 일과 더불어 이단에 빠진 북 이스라엘 왕국에 의해 처참한 패배를 당하게 되었다. 그들의 군대가 습격하여 이십만 명이나 되는 유다의 부녀자들을 사로잡고 그 재물들을 노략질했다. 그리하여 많은 포로들을 사로잡고 재물을 탈취하여 개선군이 되어 사마리아로 돌아갔다.

당시 사마리아 지역에 오뎃(Oded)이라는 여호와의 말씀을 전하는 선지자가 있었다. 그는 북 이스라엘 왕국에 속한 시민이었지만 그의 본질은 예루살렘 성읍과 거룩한 성전에 속한 인물이었다. 육신의 시민권이 어느 나라냐 하는 것보다 더욱 중요한 것은 영적인 소속이 어디인가 하는 것이 훨씬 중요하다.

하나님의 선지자는 북 이스라엘 왕국의 시민이었지만 그곳의 법과 통치자들의 명령에 복종하지 않았다. 그는 오히려 하나님의 율법에 순종하며 그의 뜻에 온전히 순종하고자 했다. 따라서 참된 언약의 자손들이라면 어느 왕국에 속해 살아가든 그의 본질적인 삶은 예루살렘과 거룩한 성전을 중심으로 살아가야만 했다. 오뎃은 하나님의 계시를 전달하는 선지자였으므로 당연히 예루살렘과 그 안에 존재하는 성전에 속한 인물이었다.

그가 사마리아에 거하고 있으면서 유다 왕국에 대한 승리를 거두고 예루살렘으로부터 돌아오는 군대를 향해 말했다. 그는 승리하여 기고만장한 자들에게 칭찬이나 축하를 하며 환영하는 대신 저들을 강한 어조로 책망했다. 북 이스라엘 왕국의 병사들이 남 유다 왕국에 승리를 거둔 것은 그들의 탁월한 전술 때문이 아니라 유다 왕국에 진노하신 여호와 하나님 때문이라는 것이었다.

그 전쟁에는 하나님의 심판에 연관된 뜻이 담겨 있었음에도 불구하고 이스라엘 왕국의 병사들은 그것을 무시하고 제 욕망에 따른 지나친 행동을 했다는 것이다. 그들은 살기가 충천하여 많은 유다 백성들을 무자비하게 죽이고 유다 지역과 예루살렘의 거민들을 포로로 잡아와 노예로 삼으려고 했기 때문이다. 하지만 그것은 신실한 판단에 근거한 것이 아니라 개별적인 욕망에 따른 지나친 행동에 지나지 않았다.

선지자 오뎃은 저들에게 배도에 빠진 북 이스라엘 왕국이 그 동안 여호와 하나님 보시기에 어떤 오만한 행동을 해왔는지 생각해보라며 강하게 책망했다. 그런데 이제 그들은 또 다시 하나님을 거역하는 더 심한 악행을 저지르려 하고 있었다. 따라서 선지자는 이제 자신의 말을 귀담아

들고 그에 온전히 따르도록 요구했다. 유다와 예루살렘에서 포로로 잡아온 자들을 석방하여 원래 지역으로 되돌려 보내라는 것이었다. 지금 당장 그렇게 하지 않으면 더욱 심한 하나님의 진노가 저들에게 임하리라고 했다.

선지자 오뎃의 말을 들은 에브라임 자손의 이스라엘 왕국의 지도자들 가운데 몇 사람이 그에 따르고자 했다. 그리하여 그들은 승리에 취하여 전장에서 돌아오는 병사들의 앞을 가로막아 섰다. 유다 지역으로부터 포로로 잡아온 자들을 사마리아로 데리고 오지 못하도록 하기 위해서였다. 그 포로들을 사마리아로 끌고 들어오는 것은 여호와 앞에서 큰 문제가 될 것이었기 때문이다. 만일 그 행위를 거기서 멈추지 않는다면 그로 말미암아 하나님의 무서운 진노가 저들 위에 임하게 된다.

이스라엘 왕국의 지도자들이 그와 같은 결심과 행동을 하게 된 배경에는 하나님에 대한 올바른 신앙이 아니라 그로 말미암아 발생하게 될 공포가 자리잡고 있었다.[50] 즉 참된 신앙이 작용했던 것이 아니라 저들에게 닥치게 될 재앙에 대한 두려움이 컸던 것이다. 어쨌거나 그들은 선지자 오뎃의 말을 듣고 그에 따르고자 하는 결심을 굳히고 실행에 옮겼다. 만일 사로잡은 유다인 포로들을 사마리아로 끌고 들어왔다가 여호와 하나님으로부터 큰 재앙이라도 임하게 된다면 큰일이었기 때문이다.

그런 갑작스런 상황이 벌어지게 되었을 때 전쟁에서 승리하고 돌아온 병사들은 상당히 당황스러웠을 것이다. 하지만 그에 대하여 논쟁을 벌이

---

50) 우리가 여기서 기억해야 할 바는 북 이스라엘 왕국 백성들 가운데 모세 율법과 예루살렘 성전을 중심에 두고 올바른 신앙을 유지하는 자들이 일부 있었으리란 점이다. 그들은 선지자 오뎃의 예언을 하나님의 말씀으로 받아들였을 것이다. 하지만 당시 오뎃의 말을 듣고 그에 따른 여러 인물들은 참된 신앙 때문이 아니라 여호와 하나님의 무서운 진노에 대한 공포감 때문이었을 것으로 보인다.

거나 다투려고 하지 않았다. 그 대신 포로들과 노략한 모든 전리품들을 방백들과 거기 모인 회중 앞에 내놓았다. 이스라엘 왕국의 지도자들과 백성들에게 모든 결정을 맡기겠다는 것이었다. 군대의 장교들은 지도자들의 조언을 듣고 그에 따르기로 작정했던 것이다.

그리하여 위에 언급된 지도자들이 자리에서 일어나 유다인 포로들과 노략해온 전리품들 가운데 옷을 취하여 끌려온 자들에게 입혀주고 신을 신겨주도록 했다. 그리고 저들에게 먹고 마실 수 있는 식량을 주었으며 기름을 발라주어 건강한 모습을 회복하게 했다. 또한 포로들 가운데 허약한 자들을 나귀에 태웠다. 그들은 예루살렘으로 바로 데려가지 않고 요단강 길을 따라 내려가 사해 북단에 있는 종려나무 성읍인 여리고 성에서 포로들을 풀어주었다. 그리고는 포로들을 그곳까지 인도했던 자들은 곧장 사마리아로 되돌아오게 되었다.

3. 앗수르에 지원을 요청한 아하스 왕 (대하28:16-21)

아하스 왕 때는 유다 왕국이 국내외적으로 혼란스런 상황이 되풀이 되었다. 북 이스라엘 왕국과 아람 왕국 뿐 아니라 에돔 사람들도 유다 왕국을 습격해 왔다. 에돔 병사들은 많은 유다 백성을 포로로 사로잡아 자기 지역으로 끌고 갔다. 또한 유다 왕국이 허약해진 틈을 타서 블레셋 사람들도 유다 지역의 평지와 남방에 위치한 성읍들을 침범하여 여러 동네들을 탈취하고 그 지역에 기거하기 시작했다.

유다 왕국이 그와 같이 약해지고 혼란스럽게 된 것은 아하스 왕이 모세 율법을 버리고 하나님 앞에서 더러운 죄악과 더불어 망령된 행동을 했기 때문이다. 따라서 여호와 하나님께서는 그 언약의 백성이 주변의 여러 나라들로부터 많은 침략을 당하도록 내버려두셨다. 그로 인해 백성들은 견디기 어려운 큰 고통을 당하게 되었으며 과거의 막강한 세력이 완전히 바

닥나게 될 지경에 이르렀다.

그러자 다급해진 아하스 왕은 당시 막강한 세력을 갖추고 있던 앗수르 왕에게 사신을 보내 지원을 요청하기에 이르렀다. 그리하여 앗수르 왕 디글랏 빌레셀(Tiglathpileser) 3세가 군대를 이끌고 유다 지역에 도착했다. 하지만 그는 위기에 처한 유다 왕국을 지원하기는커녕 도리어 공격을 감행하며 괴롭혔다. 아하스는 어려움에 처한 상황을 타개하려다가 더 큰 위기의 사태에 직면하게 되었던 것이다.

그러자 아하스 왕은 그 문제를 해결하고자 할 수 있는 모든 노력을 기울일 수밖에 없었다. 그는 결국 여호와의 성전에 보관된 성물들을 취했으며 왕궁과 지도자들의 집으로부터 많은 재물들을 거두어 앗수르 왕에게 갖다 주었다. 그렇게 하면 긴박한 문제가 해결될 줄로 믿고 있었기 때문이다.

하지만 아하스의 그와 같은 행위는 아무런 효과를 가져 오지 못했다. 나아가 당시 아하스가 취했던 행동은 여호와 하나님께 저항하는 사악한 것이었다. 그가 감히 거룩한 성전에 보관된 성물들을 취하여 이방 왕국에 바친 것은 하나님을 모독하는 것과 같았다. 이는 곧 더 큰 하나님의 심판을 자초하는 상황을 보여주고 있다.

4. 하나님을 능욕한 아하스 왕의 범죄 (대하 28:22-27)

아하스 왕이 주변의 여러 이방 족속들의 침략을 받으면서 당시 세계 최강국이었던 앗수르 왕에게 지원을 요청했다가 도리어 공격을 당하는 극한 위기에 처하게 된 것은 당연한 일이었다. 그럼에도 불구하고 아하스는 문제의 본질을 전혀 파악하지 못하고 있었다. 유다 왕국이 왜 그와 같은 심각한 곤궁에 빠지게 되었는지 제대로 몰랐던 것이다. 그러다보니 그는 여호와 하나님을 더욱 분노케 하는 악행을 되풀이했을 따름이다.

　유다 왕국이 직면하고 있던 위기 상황에 대한 올바른 인식을 하지 못한 아하스 왕은 점점 더 심한 범죄의 길에 들어섰다. 그는 모세 율법을 떠나 여호와 하나님을 완전히 버리게 되었다. 결국 유다 왕국을 습격한 다메섹 사람들이 섬기는 이방 신들에게 제사를 지냈다. 그렇게 함으로써 그 위기의 형편에서 벗어나고자 했기 때문이다. 어리석게도 그는 이방의 거짓 신이 자기와 유다 왕국을 돕게 되기를 바라고 있었던 것이다.

　하지만 아하스 왕이 자신과 유다 왕국에 승리를 안겨 주리라고 믿었던 그 이방신이 오히려 패망을 가져오는 역기능을 했다. 그가 이방 족속들의 세력을 막지 못하고 참패를 당하게 되었을 때 그의 광기는 더욱 심해져 갔다. 그는 예루살렘 성전의 성물들을 마구잡이로 끄집어내어 훼파하는 행동을 했다. 자신의 패배가 하나님의 성전으로 말미암는 것이란 어처구니없는 판단을 하고 있었기 때문에 나타난 반응이었다.

　그리고 아하스 왕은 성전의 모든 문들을 폐쇄하고 제사장들과 레위인들을 비롯한 백성들의 출입을 막았다. 부당한 권력으로 번제와 분향 등 하나님을 향한 모든 제사를 중단시켰던 것이다. 나아가 예루살렘 성읍의 구석구석마다 이방인의 신들을 섬기기 위한 제단들을 많이 만들었다. 나아가 유다 지역에 흩어진 각 성읍들에 이방 산당들을 세워 더러운 신령들에게 분향하도록 종용했다.

　그로 말미암아 언약의 조상들이 율법에 따라 섬겨오던 여호와 하나님의 진노를 격발케 되었다. 그가 하나님과 그의 율법을 버리고 거룩한 성전에 보관된 성물들을 파괴한 것은 사악한 범죄 행위가 아닐 수 없었다. 나아가 그 안에 있던 물건들을 모아 훼파한 것은 하나님에 대한 무서운 죄악이었다. 또한 이방 신당을 세워 우상숭배를 장려했던 것 또한 하나님을 모독하는 행위였다.

　아하스 왕이 유다 백성들 가운데서 행한 모든 행적과 사악한 행위는 이스라엘 열왕기에 기록되었다. 때가 이르러 그가 사망하게 되었을 때 그의 시신은 유다 왕국의 여러 왕들이 묻힌 묘실에 장사되지 못했다. 그는 예루살렘 성 다른 곳에 묻히게 되었던 것이다. 그가 죽은 후에는 그의 아들 히스기야가 뒤를 이어 왕위를 계승하게 되었다.

제22장

히스기야 왕의 사역과 행적
(대하29:1-36)

1. 히스기야의 왕위 계승과 정책 기조 선포 (대하29:1-11)

아하스 왕이 죽고 난 후 히스기야가 왕위를 계승할 즈음에는 북 이스라엘 왕국이 백척간두(百尺竿頭)와 같은 상황을 눈앞에 두고 있었다. 디글랏빌레셀 3세를 이어 앗수르 제국의 최고 통치권자가 된 살만에셀 5세는 대군을 이끌고 이스라엘 왕국을 침략하기를 되풀이 했다. 뿐만 아니라 당시 북 이스라엘 왕국은 국내적으로도 매우 혼란스러운 시기에 처해 있었다. 이스라엘 왕국의 마지막 왕이었던 호세아가 선왕 베가를 살해하는 정변을 일으켜 왕위를 쟁탈한 지 그리 오래되지 않았기 때문이다.

결국 그런 어수선한 국내외의 정세 가운데서, BC722년 앗수르 군대에 의해 사마리아가 함락됨으로써 북 이스라엘 왕국은 완전히 패망 당하게 되었다. 그 해 살만에셀 5세가 죽고 사르곤 2세가 통치권을 이양받았다. 하지만 그는 제국의 왕자였음에도 불구하고 정상적인 과정을 통해 왕위에 오르지 않았다. 당시 이미 상당한 세력을 형성하고 있던 사르곤 2세는 주

변을 제압하고 스스로 왕권을 쟁탈했던 것이다.[51]

사마리아를 정복한 앗수르 제국은 패망한 북 이스라엘 왕국의 백성들을 앗수르 지역으로 강제 이주시켰다. 그리고 앗수르 제국의 통치 영역인 바벨론 지역과 하맛 등지에 살고 있던 이방인들을 사마리아 지역으로 이주시켜 그 성읍들에 거하도록 했다(왕하17:24). 그리하여 사마리아에서는 배도에 빠진 이스라엘 자손들과 앗수르에서 이주해 온 자들에 대한 혼혈정책이 진행되었다.

그와 같은 국제적인 환경 가운데 히스기야 왕이 이십오 세에 아하스의 뒤를 이어 유다 왕국의 최고 통치자의 지위에 올라 예루살렘에서 이십구년 동안 치리했다. 그는 하나님을 진정으로 경외하며 올바른 신앙 자세를 유지하는 인물이었다. 즉 히스기야는 모세 율법을 떠나 하나님께 저항하며 배도에 빠졌던 자기 부친 아하스 왕과는 달랐다. 새로운 왕은 다윗이 하나님을 경외했듯이 정직한 자세로 여호와 하나님을 섬기고자 했다.

그러므로 히스기야가 즉위한 때는 극한 위기에 직면한 시기였으나 그해 정월에 여호와 하나님의 집인 성전 문들을 열고 모든 부숴진 것들을 수리하게 되었다. 그는 군사력을 강화하는 대신 여호와 하나님을 온전히 섬기는 방편인 율법과 성전을 회복하는 일에 최선의 힘을 기울였다. 이는 그의 아버지 아하스가 성전 문을 폐쇄한 이래 제사장들과 백성들이 그 안으로 출입할 수 없었기 때문이다. 그것은 하나님에 대한 제사를 전면적으로 금지하는 끔찍한 범죄로서 하나님을 모독하는 행위였다.

이제 아하스를 뒤이어 새 왕으로 즉위한 히스기야는 성전 동편 광장에 제사장들과 레위 지파 사람들을 불러 모았다. 이제 유다 왕국의 정책기조

---

51) 히스기야 왕은 앗수르 제국 내에서 발생한 어수선한 정국의 틈을 타 유다 왕국을 굳건히 할 수 있었을 것이다. 물론 근본적으로는 그가 군사력을 강화하는 대신 성전과 성전제사 회복에 주력했을 때 하나님께서 섭리 가운데 그 모든 상황을 허락하셨음이 분명하다.

와 더불어 그에 연관된 중대한 발표와 지시를 내리기 위해서였다. 이는 그가 이미 오래전부터 앞선 시대 유다 왕국과 자기 아버지가 하나님의 뜻에 정면으로 대항하고 있었던 사실을 충분히 인식하고 있었음을 말해준다.[52] 그래서 즉위하자마자 성전에 연관된 원래의 모든 기능을 회복하기 위한 정책을 펼치기 시작했던 것이다.

히스기야 왕은 거기 모인 제사장들과 레위 지파 사람들을 향해 자기가 선포하는 모든 말을 귀담아 들으라고 했다. 그리고 자기의 말에 온전히 순종하라는 명령을 내렸다. 그 일을 실행하기 위해 먼저 '저들의 몸'을 성결케 한 후 믿음의 조상들이 섬기던 '여호와 하나님의 성전'을 성결케 하라는 요구를 했다. 그리고 성소 안을 정결하게 하고 그 안에 있는 모든 더러운 것들을 바깥으로 내버리라고 했다.

히스기야는 그 자리에서 자기 아버지 아하스 왕이 통치하던 때 왕과 그를 추종하던 자들이 여호와 하나님 보시기에 범죄한 사실을 언급했다. 예루살렘 성전을 훼손하는 것은 여호와 하나님을 욕되게 하는 것과 마찬가지다. 즉 그들은 여호와 앞에서 악행을 저지르면서 하나님을 버리고 얼굴을 돌이켜 성소를 등지게 되었다는 것이다.

아하스 왕과 그의 추종자들은 거룩한 성소의 낭실 문을 폐쇄했으며 성소 안의 등대 위에 켜져 있던 불을 끄고 떡상을 차리는 일은 물론 향단에서 분향하는 일을 하지 못하도록 했다. 또한 그들은 제사장들이 하나님 앞에 번제를 드리는 것을 중단시켰다. 이는 그들이 천상에 계시는 여호와 하나님과 언약의 백성들 사이에 형성된 관계를 완전히 단절시키는 의미를 지니고 있다. 이와 같은 행위는 언약의 자손으로서 결코 있어서는 안 될 하

---

52) 히스기야가 왕위에 오르기 전 어린 시절부터 그와 같은 온전한 신앙을 가질 수 있었던 것은 그의 모친 '아비야'에 의한 교육 때문이었던 것으로 보인다 (대하29:1, 참조). 그가 율법에 따른 올바른 판단을 할 수 있었던 근저에는 어머니의 교육이 배경이 된 것으로 이해할 수 있는 것이다.

나님에 대한 모독이자 참람한 행위에 지나지 않았다.

그러므로 여호와 하나님께서는 유다와 예루살렘을 향해 크게 진노하셨다. 그로 인해 저들을 버리시고자 했던 것이다. 그로 말미암아 발생하는 모든 재앙을 목격한 이방인들은 하나님에 대한 두려움을 느끼게 되어 놀라지 않을 수 없었다. 언약의 자손들은 그와 더불어 만방의 비웃음거리가 되었다. 히스기야는 거기 모인 자들을 향하여 그에 관한 사실을 지금도 두 눈으로 목격하고 있는 바가 아니냐고 말했다.

또한 그들의 악행으로 인해 언약의 자손들이 이방인들의 칼날에 의해 엎드러졌으며 그 아내와 자녀들이 포로로 사로잡혀 이방 지역으로 끌려가게 되었다(대하28:5,17, 참조). 새로 왕위에 오른 히스기야는 그에 관해 분명한 어조로 말했다. 따라서 이제 그와 같은 위급한 상황에서 벗어나야 한다고 했다. 그러기 위해서는 과거에 하나님 앞에서 저지른 잘못된 행위들을 완전히 청산하고 모든 것을 정결하게 해야만 한다는 것이었다.

따라서 히스기야는 여호와 하나님과 더불어 다시금 언약을 세워 그 무서운 진노가 떠나가도록 할 마음이 자기에게 있다는 사실을 언급했다. 따라서 이제 백성들에게 참된 신앙을 갖추어 게으르지 말고 부지런히 하나님의 율법을 익혀 그에 순종하도록 요구했다. 그와 더불어 여호와께서 이미 저들을 거룩한 성전에 계신 하나님 앞에 서서 수종들며 성소에서 분향하게 하셨다는 점을 말했다. 이는 오랫동안 깊은 절망에 빠져 살아오던 언약의 백성들에게 커다란 소망이 되었다.

2. 레위 족속과 제사장들의 순종 (대하29:12-19)

히스기야 왕의 선포를 들은 자들 가운데 많은 백성들의 그 말을 듣고 순종하고자 하는 마음을 가졌다. 그리하여 레위 지파에 속한 유대인 지도자들이 자리에서 일어났다. 그들은 즉시 형제들을 모아 율법에 따라 성결례를 행하게 되었다. 그리고는 왕이 여호와의 말씀을 근거로 하여 명령한대로 하나님의 성전을 깨끗하게 했다.

제사장들은 성전으로 들어가서 그 안에 놓여있던 모든 더럽고 부정한 것들을 밖으로 끄집어냈다. 그렇게 함으로써 성전의 본질을 회복하여 정결하게 했다. 레위인들은 그 모든 더러운 것들을 성전 뜰 앞의 한 자리에 모았다. 그후 레위 사람들이 그것들을 취하여 기드론 시내로 가져가서 버렸다.

직무를 맡은 담당자들은 히스기야 왕의 명령에 따라 정월 초하루에 성전을 회복하기 시작하여 그 달 초팔일까지 모든 것을 정결케 하고 부정한 물건들을 처리했다. 또한 그들은 여호와의 낭실에 이르러 팔일 동안 성전을 성결케 하고 정월 십육일에 성전 사역을 회복하기 위한 일을 끝냈다. 아마도 그 모든 과정에서 율법에 따라 그에 대한 정결 의례를 행했을 것이 틀림없다.

하나님의 집인 성전을 정결케 하기 위한 모든 절차를 마친 백성들은 이제 성전 내부로 들어가서 히스기야 왕이 지시한 모든 과업들을 시행했다. 여호와의 성전과 번제단과 그 모든 기구들, 그리고 성소 안의 떡상을 비롯한 모든 성물들을 정결하게 했다. 히스기야 왕이 의도한 바 성전 제사를 회복하기 위한 모든 일들이 완성되었던 것이다.

이렇게 하여 히스기야 왕은 선왕 아하스 왕이 성전에 대하여 저지른 모든 악한 요소들을 완전히 청산하게 되었다. 아하스 왕이 멸시하여 버렸던 거룩한 성물들을 다시금 정돈하고 성결케 하여 하나님의 제단 앞에 정렬하여 두었다. 우리는 여기서 악한 자들은 하나님의 성물을 멸시하여 버리게 되는 반면 하나님의 자녀들에게는 그것이 매우 중요한 보물과 같이 여겨진다는 사실을 알 수 있다.

즉 배도자들이 중요하다고 여기는 것들은 하나님의 백성에게는 더러운 쓰레기에 지나지 않았다. 이처럼 악한 자들과 하나님의 자녀들 사이에는 정반대의 가치관을 가지고 있었다. 따라서 율법에 따라 맡은 바 모든 일을 완성한 제사장들과 레위인들은 히스기야 왕에게 결과를 보고했으며 그로 말미암아 성전 제사와 예배를 위한 기본적인 모든 기능이 회복되었다.

우리는 여기서 드러나는 중요한 교훈을 기억하지 않으면 안 된다. 하나님의 교회에 속한 성도들과 하나님을 알지 못하는 불신자들 사이에는 그 가치가 근본적으로 다르다. 따라서 우리는 세상 사람들이 값어치 있는 것이라 내세울지라도 그들과 동일한 관점에서 그 가치를 부여하지 않는다. 그 대신 그들이 무의미한 것으로 간주할지라도 하나님의 복음은 우리에게는 가장 가치 있는 보물이 된다.

3. 히스기야 왕의 요청과 제사장들의 '속죄제' 거행 (대하29:20-24)

히스기야 왕은 정해진 날 아침 일찍 일어나 예루살렘 성읍의 지도자들을 모으고 여호와의 성전으로 올라갔다. 하나님 앞에서 거룩한 제사를 지내기 위해서였다. 그곳에 모인 사람들은 수송아지, 수양, 어린 양, 수염소를 각 일곱 마리씩 끌고 와서 그 동물들을 나라와 성소와 유다 백성들을 위한 속죄 제물로 삼고자 했다.

왕은 아론 지파 제사장들에게 명령을 내려 그 제물들을 번제단에서 여호와 하나님께 바치도록 요구했다. 그리하여 먼저 수소를 잡아 제사장이 그 피를 단에 뿌렸다. 또한 수양과 어린 양을 잡아 속죄 제물로 삼아 그 피를 뿌리게 되었다.

그런 다음 제사장들이 속죄제를 행하기 위해 왕과 회중 앞으로 수 염소를 끌고 왔다. 그리고는 제사장들이 그 수 염소를 자신의 대리물로 삼아 그 머리 위에 안수했다. 즉 하나님 앞에 속죄 제물로 바쳐지는 수 염소는 죄에 빠진 인간들에 대한 대리적인 성격을 지니고 있었던 것이다. 즉 죄인인 인간 대신에 모든 죄를 뒤집어 쓴 채 죽게 되어 하나님 앞에 제물로 바

처지게 되는 것이다. 이는 장차 하나님의 아들 예수 그리스도께서 이땅에 오셔서 감당하시게 될 십자가 사역에 대한 예언적 성격을 지니고 있다.

그리하여 제사장이 그 의미를 염두에 둔 채 가져온 동물을 잡아 그 피로 속죄제를 삼아 제단에 바쳤다. 그것을 통해 언약의 자손인 이스라엘 백성을 위해 속죄하게 되었던 것이다. 우리가 여기서 기억해야 할 점은 성전을 정결하게 하는 책임을 가진 당사자들이 그것을 회복하는 율법적 행위뿐 아니라 저들의 모든 죄와 허물을 용서받기 위한 속죄제를 지내야 한다는 사실이다.

또한 결코 간과하지 말아야 할 사실은 그 속죄제가 단순한 상징이나 기념에 머무는 것이 아니라 실제적인 의미를 지니고 있다는 점이다. 이는 물론 그 가운데 장차 오실 예수 그리스도께서 자신의 몸을 십자가에 바침으로써 하나님의 영원한 제물이 되시는 일과 밀접하게 연관되어 있다. 즉 그 속죄제는 미래에 이루어지게 될 하나님의 구속사역의 실제인 동시에 그림자 역할을 하고 있었던 것이다.

우리가 성경 본문의 기록을 통해 주의 깊게 생각해 보아야 할 점은 왕의 역할과 더불어 행해지는 제사장의 사역에 관한 문제이다. 당시 번제와 속죄제는 제사장들의 순수 자발적인 결단이 아니라 왕의 명령에 의하여 이루어졌다. 즉 제사장들은 왕의 명령에 순종하여 율법에 따라 제사를 드렸다. 당시 히스기야 왕은 악한 자들에 의해 허물어지고 폐쇄된 성전을 원래대로 되돌리고 제사에 연관된 모든 기능을 회복하기 위해 제사장들을 비롯한 책임 있는 자들에게 명령을 내렸던 것이다.

4. 히스기야 왕과 레위인들을 비롯한 온 백성의 경배와 찬양
(대하29:25-30)

히스기야 왕은 그 제사와 더불어 제금과 비파와 수금과 같은 악기를 연주하는 레위인들을 성전에 배치시켰다. 그리고 제사장들도 손에 나팔을 들고 그 가운데 서도록 했다. 이는 오래 전 여호와 하나님께서 유다 왕국에 세워진 선견자 갓과 선지자 나단을 통해 다윗 왕에게 지시한 내용과 같았다.

악기를 손에 잡은 레위인들과 나팔을 든 제사장들은 악기를 연주하기 위한 모든 준비를 갖추었다. 왕의 명령에 따라 제사장들이 제단에 번제를 드리기 시작할 때 담당자들은 시로 노래를 하고 나팔을 불며 다윗에게 허락한 악기들을 연주했다.[53] 그에 따라 거기 모인 모든 회중이 하나님을 경배했으며 노래부르는 자들과 악기를 연주하는 자들은 번제를 마칠 때까지 노래하며 연주하기를 지속했다.

여호와 하나님께 번제를 바치며 제사드리는 모든 과정이 끝나게 되자 히스기야 왕과 그와 함께 있던 백성들이 모두 엎드려 하나님을 향해 경배했다. 또한 왕이 그 중에 있는 여러 대신들과 레위 사람들에게 명령을 내려 다윗과 선견자 아삽이 계시 받아 쓴 시로써 여호와 하나님을 찬송하도록 했다. 그러자 그들은 즐거운 마음으로 하나님께 찬송하며 몸을 굽혀 하나님께 경배를 드렸다.

당시 하나님을 향해 노래부르던 자들은 다윗과 아삽의 시로 노래하며 찬송했다. 그들은 개인적인 판단에 따라 하나님을 노래하는 시를 작성했던 것이 아니라 하나님께서 특별히 계시하신 시들을 찬양하기 위한 노래의 방편으로 삼았다. 이에 대해서는 구약시대뿐 아니라 신약시대의 성도들 역시 마찬가지다. 여호와 하나님을 찬송할 때 성경에 계시된 시편으로 노래하는 것이 매우 중요하다.

---

53) 구약시대 다양한 악기들을 연주한 것은 악기의 아름다운 음율 자체보다 '중요한 선언적 의미'를 지니고 있다. 그 선포를 통해 세상에 존재하는 하나님의 자녀들에게는 구원과 소망이 선포되는 반면 배도자들과 불신자들에게는 무서운 심판이 선언되었던 것이다. 그 선언적 의미는 오늘날 우리 시대에도 그대로 전달되고 있다.

5. 제사장들을 비롯한 온 백성의 순종과 참여(대하29:31-36)

성전을 회복하고 하나님을 향한 경배를 마친 히스기야 왕은 거기 모인 모든 백성들을 향해 말했다. 이제 몸을 정결케 하여 여호와 하나님께 드린 바 되었으니 마땅히 감당해야 할 바를 행하라는 명령을 내렸던 것이다. 그 것은 하나님께 바칠 제물과 감사제물을 준비해 성전으로 가져오라는 의미를 내포하고 있다.

왕의 명령을 들은 모든 백성들은 율법에 따라 제물과 감사제물을 가지고 나아왔다. 마음에 소원을 가진 자들은 하나님께 바칠 번제물을 가져오기도 했다. 그들은 온 힘을 다해 하나님께 바칠 제물을 준비했다. 이렇게하여 선대의 왕 아하스가 성전을 폐쇄함으로써 그동안 정지된 성전 제사를 회복하게 되었던 것이다.

당시 왕의 요구에 따라 회중이 가져온 번제물은 수소와 수양, 어린 양이 수백 마리가 되었다. 그것들은 모두 여호와 하나님께 번제로 드릴 제물들이었다. 또한 성물로 구별하여 드린 동물들이 수천 마리가 되었다. 그 수는 엄청난 수가 아닐 수 없었다. 그러다보니 당시 동물을 잡기 위한 제사장들의 수가 절대 부족했다.

제사장들이 많이 부족한 상태였으므로 소수의 관련자들이 번제로 바쳐지게 될 모든 동물들의 가죽을 다 벗길 수 없었다. 따라서 성결한 레위 족속들이 그 일을 마칠 때까지 도움을 주었다. 그런데 성경은 당시 제사장들보다 레위인들이 더 성결했다는 놀라운 사실을 언급하고 있다. 이는 아마도 제사장들 가운데는 전문 종교인 행세를 하며 하나님 보시기에 순결한 모습을 버린 자들이 많았기 때문일 것이다.

그때 성전에는 번제와 화목제의 기름과 각 번제에 속한 전제가 많았다. 이처럼 하나님의 성전에서 섬기는 모든 일들이 율법에 기록된 절차에 따라 순조롭게 진행되어 갔다. 그 모든 일들이 유다 왕국을 둘러싼 국제 정세의 변화들 가운데 급작스럽게 이루어졌으나 하나님께서 자기 백성을 위하여 모든 상황을 예비하셨으므로 별 어려움 없이 진척될 수 있었다. 따라서 히스기야 왕과 온 백성들은 하나님 앞에서 기쁘고 감사한 마음을 가지게 되었다.

제23장

히스기야 왕의 유월절 거행
(대하30:1-27)

1. 유월절 준수 명령(대하30:1-5)

히스기야 왕은 예루살렘 성전을 청결케 하고 속죄제물을 바치며 번제를 드리는 등 기본적인 제사를 마친 다음 이제 유월절을 지키고자 했다. 이는 그동안 유월절이 중단되어 왔음을 의미하고 있다. 이스라엘 민족 가운데서 유월절이 지켜지지 않았다는 것은 하나님과의 교제가 정상적으로 이루어지지 않았음을 의미하고 있다.

그러므로 왕은 이스라엘과 유다 전 지역에 흩어져 살아가고 있는 언약의 자손들에게 자신의 특별한 명령을 전달할 신하들을 보냈다. 그리고 에브라임과 므낫세 지파에도 서신을 보내 자신의 뜻을 전했다. 모든 백성들로 하여금 예루살렘에 있는 거룩한 성전으로 와서 언약의 하나님 여호와를 위해 유월절을 지키라고 명령했던 것이다.

우리가 여기서 각별히 주목해야 할 사실은 당시에는 원래 지켜야 할 유월절 절기의 때가 이미 지나가버렸다는 사실이다. 즉 유월절은 매년 정월 십사일에 지켜야 할 절기이다. 그것은 율법에 명시된 것으로서 정상적인 상황 가운데서는 그렇게 해왔다. 그런데 이제 그 시기가 한 달 가까이 지나간 상태에서 왕은 유월절을 지키고자 했다.

히스기야 왕은 그 문제를 두고 예루살렘의 온 회중과 더불어 논의를 했다. 왕은 주변 인물들의 견해를 무시한 채 일방적으로 특별한 유월절을 지키기로 결심한 것이 아니라 여러 지도자들의 적절한 의견을 수렴한 후 원래의 기간으로부터 한 달이 지난 이월 달에 유월절을 지키고자 했다. 그렇게 할 수밖에 없었던 까닭은 정월의 정해진 때 온전한 유월절을 지키는 것이 가능하지 않았기 때문이었다. 그때는 규례에 따라 성결케 된 제사장들이 부족했으며 백성들도 예루살렘에 모일 수 없는 형편이었다.

그런 타당한 이유로 말미암아 유월절을 한 달 미루어 지키는 것을 두고 왕을 비롯한 모든 백성들이 선하게 여겼다. 따라서 한 달이 늦은 때인 이월 달에 유월절을 지키기로 중지(衆志)를 모았다. 우리는 여기서 매우 중요한 의미를 엿볼 수 있다. 그것은 유월절을 올바르게 지키는 것 자체가 본질로서 그 시기보다 훨씬 중요하다는 사실을 말해주고 있기 때문이다.

모세 율법은 유월절을 정월 십사일에 지키도록 규정하고 있으나 율법을 준수하는 백성들이 부득이한 형편에 의해 한 달 늦춘다고 해서 율법을 범하는 것이 아니었다. 즉 정해진 때 그 절기를 지키지 못해 생략하거나 포기한 채 그냥 일 년 뒤의 다음 해로 넘기는 것이 아니라 적법한 절차에 따라 한 달 늦게라도 온전한 유월절을 지키는 것이 중요했던 것이다. 이는 유월절을 위해 날짜가 정해진 것이며 유월절이 특정 날짜에 예속된 것은 아니라는 점을 의미하고 있다.

그렇다고 해서 날짜가 중요하지 않다는 의미는 결코 아니다. 언약의 백성들이 편의에 따라 임의로 날짜를 정하는 일이 빈번히 발생하게 되면 하나님으로 말미암은 그 본질적인 경건함을 상실할 우려가 따를 수밖에 없다. 그렇게 되면 악한 인간들은 자기 취향에 맞는 대로 절기를 운용함으로써 세속화될 것이 분명하다.

이에 대해서는 오늘날 우리 역시 소중한 교훈을 받아야 한다. 예를 들어 신약시대 교회가 안식일 후 첫날인 주일날을 공 예배와 더불어 지키는 것은 '주일'의 의미가 '한 날'에 예속된 개념이기 때문이 아니다. 교회와 그에 속한 성도들은 언약적 개념 가운데서 주일을 지키면서 그 참된 의미가 드러나도록 해야 한다. 만일 주일을 언약적인 의미를 지닌 예수님께서 부활하셨던 안식 후 첫날인 오늘날의 일요일이 아니라 아무렇게나 날을 옮기게 되면 인간들의 편의를 중심으로 한 세속화의 길에 들어설 수밖에 없다.

히스기야 왕은 당시 백성들의 의견을 충분히 수렴한 후, 그 시기가 매우 특별한 경우인 만큼 유월절은 원래의 때로부터 한 달 후에 지키게 된다는 사실을 반포하기에 이르렀다. 그는 신하들을 단에서부터 브엘세바에 이르기까지 이스라엘 전역에 보냈다. 그리하여 백성들로 하여금 일제히 예루살렘으로 와서 언약의 하나님의 유월절을 지키도록 명령했다.

왕을 비롯한 백성의 지도자들이 그와 같은 특별한 결정을 내리게 된 것은 오랫동안 하나님의 율법이 요구하고 있는 바 유월절을 제대로 지키지 않았기 때문이다. 절기를 포기한 잘못된 습성에 익숙해진 일반 백성들에게는 그것이 오히려 편하게 여겨졌을지 모른다. 따라서 그 중요한 유월절을 회복하기 위해서는 당시의 긴박한 상황 가운데서 다시금 일 년 가까운 긴 세월을 기다릴 수 없었던 것이다.

2. 가나안 땅 전역에 통지(대하30:6-9)

히스기야 왕과 방백들 등 지도자들이 보내는 공적인 편지가 통신을 전하는 신하들의 손에 맡겨졌다. 그들은 왕의 명령에 따라 그것을 온 이스라엘 백성들에게 전달했다. 그 대상은 남 유다 지역뿐 아니라 북 이스라엘 왕국 지역까지 포함되어 있었다.

왕으로부터 하달된 서신의 내용 가운데는 특히 북 이스라엘 왕국에 속한 자손들을 향해 아브라함과 이삭과 야곱의 하나님 여호와께 돌아오라는 명령이 들어 있었다. 그렇게 하면 하나님께서 저들의 남은 자 곧 앗수르 왕의 손에서 벗어난 자들에게로 돌아오시리라는 것이었다.[54] 이는 그 남은 자들이 회개하고 돌이키면 하나님께서 저들을 자기에게로 이끄시게 될 것이라는 의미를 지니고 있다.

그러므로 여호와 하나님께서는 그 백성들을 향해 더러운 이단 사상에 빠진 조상들이나 배도의 길에 선 사악한 형제들 같이 되지 말라고 당부하셨다. 그 조상들이 여호와 하나님께 범죄했기 때문에 지금 하나님께서 저들을 패망에 빠뜨린 것을 두 눈으로 목격하고 있지 않느냐는 것이었다. 따라서 하나님의 율법을 떠나 그에게 저항하는 것은 멸망의 지름길이 될 따름이라는 사실을 항상 명심하고 있어야만 했다.

그 백성들이 살아남기 위한 유일한 방법은 배도에 빠진 그들의 조상이 하나님 앞에서 목을 뻣뻣하게 세워 불순종하듯 하지 말고 하나님 앞으로 돌아와 그의 뜻에 온전히 순종하는 길밖에 없었다. 그리하여 거룩한 성전을 통해 여호와 하나님을 섬기라고 요구했다. 그렇게 하면 하나님의 무서운 진노가 저들에게서 떠나가리라는 것이었다.

궁지에 빠진 이스라엘 자손이 여호와 하나님께로 돌아오면 그가 저들이 처한 위급한 상황을 해결해 주시게 된다. 그리하면 하나님께서 은혜를 베

---

54) 북 이스라엘 왕국이 BC722년 최종적으로 멸망하기 전에도 사마리아에 살고 있던 사람들 가운데 일부는 앗수르의 포로로 잡혀갔다. 즉 한꺼번에 모든 사람들을 앗수르 지역으로 강제 이주시켰던 것이 아니라 그 정책은 점차적으로 이루어졌다. 이는 나중 BC587년 남 유다 왕국이 패망하고 예루살렘 성전이 완전히 파괴되기 전에 이미 여러 차례 유다 백성들이 바벨론으로 사로잡혀 간 것과 같다.

풀어 사로잡혀 간 자들로부터 자비를 입어 약속의 땅으로 되돌아 올 수 있었다. 이는 여호와 하나님은 진정으로 회개하고 뉘우치는 언약의 백성들에게 한없이 자비로우신 분이기 때문이다.

이방인들이 통치하는 무자비한 세력의 수하에 들어간 자들이라 할지라도 하나님 앞으로 돌아오기만 하면 그가 저들을 안전하게 지켜 보호해 주시게 된다. 여호와 하나님은 자신의 선한 얼굴을 저들로부터 돌이키지 않으시리라는 것이었다. 하지만 어리석은 백성들은 여호와 하나님의 명령과 간청을 받아들이지 않고 그에게로 돌아오기를 거부했다. 그들은 결국 하나님의 은혜를 저버리고 멸망의 길을 택하게 되었던 것이다.

3. '조롱하는 자들' 과 '순종하는 자들' (대하30:10-12)

왕의 명령이 기록된 공문서를 지닌 신하들이 북 이스라엘 왕국 지역에 속한 에브라임과 므낫세 지역의 각 성읍을 두루 다니며 그것을 전달했다. 그리고 스불론 지역으로 가서 왕명을 전했다. 그 백성들은 율법에 근거한 왕의 명령에 마땅히 복종해야만 했다. 하지만 그 지파 사람들은 왕명을 받아들이기를 거부했다.

나아가 그 지파들에 속한 백성들은 왕명이 담긴 중요한 문서를 전달하는 신하들을 받들어 예우하기는커녕 도리어 심하게 조롱하며 비웃었다. 히스기야 왕이 요구하는 대로 예루살렘을 방문하거나 그곳에 있는 성전에서 하나님을 섬길 하등의 이유가 없다는 것이었다. 그 백성들은 그동안 단과 벧엘에 사악한 지도자들이 세운 이단 신전에서 저들의 변형된 신을 섬겨왔기 때문에 남 유다 왕국에 속한 예루살렘 성전에 연관된 여호와 하나님에 대해서는 아무런 관심이 없었던 것이다.

그와는 달리 아셀과 므낫세 반지파와 스불론 사람들 중에는 배도에 빠진 조상들과 저들의 죄악을 깨닫는 자들이 있었다. 그들 가운데 하나님 앞에 겸허한 자세를 가진 몇몇 사람들이 예루살렘으로 올라왔다. 그들은 모세 율법에 따라 예루살렘 성전에서 여호와 하나님을 섬겨야 한다는 사실을 깨닫고 있었던 것이다.

물론 그것은 하나님께서 저들에게 특별한 긍휼을 베풀어 주셨기 때문에 가능한 일이었다. 하나님께서는 또한 예루살렘에 살고 있던 유다 사람들을 감동시켜 사악한 종교적 배경에서 살아오다가 거룩한 성전을 방문한 그들을 배려해 주도록 권고하셨다. 그리하여 왕과 백성의 지도자들이 그들로 하여금 율법에 기록된 말씀에 순종하여 여호와 하나님을 섬길 수 있도록 도와주게 되었던 것이다.

4. 대대적인 무교절과 유월절 행사 (대하30:13-22)

정월이 지나고 이월이 되어 언약의 백성들이 유월절과 뒤이어 행해지는 무교절 절기를 지키기 위해 예루살렘에 모여들었다. 그때는 가나안 땅 전역에서 많은 사람들이 왔으므로 매우 성대한 모임이 되었다. 그들은 먼저 예루살렘에 남아있는 율법을 벗어난 거짓 제단들과 이방신을 위한 모든 제단들을 제거했다. 그리고 향단들을 전부 거두어 기드론 시내에 던져 폐기처분했다.

정월 십사일에서 만 한 달이 지난 이월 십사일이 되어 유월절을 지키기 위해 엄선된 양을 유월절 제물로 삼아 잡았다. 제사장과 레위 사람들은 과거의 부정을 벗어나지 못한 채 자기에게 맡겨진 거룩한 직무에 소홀했던 점을 기억하며 창피하고 부끄러운 마음을 가졌다. 따라서 그들은 먼저 정결례를 행한 다음 번제물을 성전으로 가져왔다.

제사장들과 레위인들은 정해진 규례에 따라 각각 자기 위치에 섰다. 그리고는 모세의 율법을 좇아 제사장이 레위 사람의 손에서 동물의 피를 받아 뿌림으로서 정하게 했다. 하지만 거기 모인 회중들 가운데는 몸을 정결케 하지 못한 자들이 많이 있었다. 따라서 레위 사람들이 아직 부정한 모든 사람들을 위하여 유월절 양을 잡아 그 피로써 저희로 하여금 여호와 앞에서 정결하게 했다.

그러나 북쪽 이스라엘 왕국 지역에 속한 에브라임과 므낫세와 잇사갈과 스불론 지역으로부터 온 많은 무리들은 자신의 몸을 정결케 하지 않은 상태에서 유월절 음식을 먹었다. 그에 연관된 율법에 근거한 문제의식이 전혀 없었기 때문이다. 그것은 저들의 잘못된 관행에 따른 것이었지만 정해진 규례를 어긴 행위였다. 그들은 예루살렘과 성전을 방문했음에도 불구하고 저들의 잘못된 종교적인 습성을 버리지 못하고 있었던 것이다.

그 사실을 알게 된 히스기야 왕은 하나님의 뜻을 멸시하는 무리를 보며 바짝 긴장하지 않을 수 없었다. 그래서 선하신 여호와 하나님께서 신앙이 미숙한 저들을 용서해주시도록 간구했다. 그 사람들은 성소의 정결례에 따라 성결하게 되지 못했지만 진심으로 여호와 하나님을 찾기로 다짐하고 정성껏 경배하려는 자들이라는 것이었다. 하나님께서는 히스기야의 기도를 들으시고 저들이 저지른 과오를 용서해주셨다.

그리하여 하나님의 은혜로 말미암아 예루살렘에 모여든 모든 이스라엘 자손들은 크게 즐거워하며 유월절과 더불어 칠일 동안의 무교절을 지켰다. 제사장들과 레위 사람들은 날마다 여호와 하나님을 노래하며 큰 소리 나는 악기들을 연주하며 여호와 하나님을 찬양했다. 그것을 통해 하나님의 영광이 온 세상에 선포되었던 것이다.

히스기야 왕은 규례에 따라 성숙한 자세로 하나님을 섬기는 모든 레위 사람들을 격려했다. 이처럼 무교절 기간 칠일 동안 언약의 백성들은 신령한 음식을 먹으면서 화목제를 드리며 조상들로부터 상속되어 온 여호와 하나님께 감사하는 마음을 유지했다. 그리하여 예루살렘 성전을 정결케 한 후 제사와 유월절과 무교절을 온전히 지킬 수 있었다.

5. 유월절 절기의 연장과 히스기야 왕의 절기 회복 (대하30:23-27)

당시 히스기야 왕이 선포하고 시행한 유월절과 무교절은 매우 특이하게 진행되었다. 정월에 행해지는 유월절과 무교절이 끝나면 그것으로 일단 절기가 마무리 된다. 이월 달에 특별히 행해지는 절기라 할지라도 그 준수 기간은 그와 다르지 않다. 이는 율법이 정한 규례로서 지극히 당연한 일이었다.

그런데 히스기야 왕이 주도하는 이번 이월 달 유월절의 특이한 점은 그 일정을 한 달 뒤로 연기한 사실뿐만이 아니었다. 왕을 비롯한 책임 있는 위치에 있는 모든 지도자들은 회의를 통해 그 기간을 칠일 더 연장하기로 결의했다. 유월절과 무교절 기간 팔일을 마친 다음 그 기간을 한 주일 더 연장하는 것은 결코 일반적이지 않다.

하지만 이월 십사일의 유월절 다음 칠일 간의 무교절을 지키고 난 후 이례적으로 또다시 칠일을 더해 즐거운 마음으로 그 절기를 지켰다. 왕은 그 추가된 절기를 위해 수천 마리의 수송아지와 양들을 회중에게 내주었다. 또한 지도자들인 방백들도 일만 마리가 넘는 많은 동물들을 백성들에게 제공했다. 그리고 많은 제사장들이 정결례를 행하여 자신을 성결하게 하는 일에 참여했다.

그로 말미암아 유다 왕국의 온 회중과 제사장들과 레위 사람들 뿐 아니라 북 이스라엘 왕국 지역에서 온 모든 회중과 북쪽 땅에서 내려온 나그네와 유다 지역에 거한 나그네가 다함께 즐거워했다. 이는 이방인들로서 언약의 범주 안으로 들어와 여호와 하나님을 믿게 된 백성들이 많았음을 말해주고 있다.

당시 기간이 연장된 무교절 절기로 인해 예루살렘에는 큰 기쁨이 넘쳐났다. 이는 단순한 인간적인 즐거움을 넘어 성전 제사와 절기 회복을 통해 하나님의 뜻이 백성들 가운데 이루어지게 된 점으로 인한 것이었다. 오랜 기간 동안 성전 제사가 가로막히고 절기가 행해지지 않고 있다가 그 일이 회복된 것은 이스라엘 민족 가운데 메시아에 연관된 진정한 소망이 회복되었음을 말해주고 있다.

당시 예루살렘 성전을 중심으로 하여 행해진 거대한 절기와 그로 말미암아 넘치는 신령한 기쁨은 다윗의 아들 솔로몬 왕 이래 없던 일이었다. 그때 제사장들과 레위 사람들이 일어나서 언약의 백성들을 위한 기도와 더불어 축복을 했다. 그들이 축복하는 소리를 하나님께서 들으셨고 그 기도가 예루살렘 성소를 통해 천상의 거룩한 성소에 계시는 여호와 하나님께 상달되었다. 이를 통해 하나님의 모든 언약이 정상적으로 회복되었던 것이다.

제24장

히스기야 왕의 개혁과 체제 정비
(대하31:1-21)

■ ■ ■ ■ ■ 역대하 31장

1. 신앙개혁과 우상 척결(대하31:1)

히스기야 왕은 성전 문을 비롯한 성전의 여러 부분에 대한 수리와 더불어 성전 제사를 회복하고자 노력했다. 그는 먼저 선왕 아하스 시대에 폐쇄된 성전 문을 열고 성전 주변의 파손된 모든 것들을 되돌려 놓는 일을 시행했다. 또한 성전을 수리하는 일과 중단되었던 성전 제사를 회복한 후 히스기야 왕은 언약의 땅에서 대대적인 개혁운동을 단행했다.

새로운 왕의 등극과 함께 하나님의 뜻을 분명히 깨닫게 된 백성들은 유다 왕국 지역의 여러 성읍들에 세워진 주상을 깨뜨렸다. 그리고 아세라 목상을 찍어냈다. 나아가 유다와 베냐민 뿐 아니라 에브라임과 므낫세 지파의 모든 땅에서 배도자들이 세운 산당과 제단을 부수어 제거하게 되었다.

히스기야 왕은 그때, 시내 광야에서 불평하다가 불뱀으로 인해 극한 위기에 빠진 이스라엘 백성을 구출하고자 모세가 만들었던 '놋 뱀'을 파괴했다(왕하18:4; 민21:4-9, 참조). 그것은 과거 이스라엘 자손에게 매우 긍정적인 역할을 한 중요한 상징물이기도 했다. 하지만 당시 이스라엘 가운데 많은 사람들이 느후스단(Nehushtan)이라 일컬어지는 그것을 우상화 하여 그 앞에서 분향했으므로 부수어버렸던 것이다.

우리는 여기서 히스기야 왕의 철저한 개혁을 보게 된다. 그때도 우상으로 섬기기 위한 목적으로 만든 것이 아니라 좋은 의도로 제작된 것이라면 보존해야 된다는 자들이 상당수 있었을 것이다. 더구나 이스라엘 민족을 애굽에서 구출해낸 믿음의 조상 모세가 직접 만든 것이라면 성물이 될 수 있었다. 하지만 히스기야는 그와 같은 것들까지 철저히 파괴했다. 그 일을 담당한 자들은 모든 임무를 완성한 후에 제각각 자기의 성읍으로 돌아갔다.

현대 교회는 히스기야의 개혁운동으로부터 중요한 교훈을 받을 수 있어야 한다. 교회를 올바르게 세우기 위해서는 모든 우상을 걷어내는 철저한 개혁이 필요하다. 만일 그렇게 하지 못한다면 우리가 부족해서 못할 따름이지 원리가 그런 것은 아니다. 어떤 의미에서는 당시 히스기야가 파괴했던 모세의 놋 뱀은 이스라엘 민족의 보물처럼 인식될 수도 있던 물건이었지만 그 일을 단행했다.

그러므로 우리가 여기서 기억해야 할 바는 그와 같은 개혁운동이 쉽게 이루어지기 어렵다는 사실이다. 기득권자들은 우상들을 제작하는 일과 판매하는 모든 유통과정을 통해 많은 부를 쌓거나 거짓 종교사상을 퍼뜨림으로써 그것을 순박한 백성들의 재산을 착취하는 방편으로 삼아 왔다. 자기의 이득을 위한 도구가 되는 것들을 파괴하고 내다버림으로써 상황이 완전히 바뀌게 되면 저들에게는 엄청난 손실을 가져올 수밖에 없다.

그러므로 그동안 기득권을 확보하고 있던 배도자들은 암암리에 조직적으로 그 일을 방해했을 것이 분명하다. 특히 그들 가운데는 많은 종교인들이 있어서 상당한 권력과 힘을 소유하고 있었다. 그들 중에 다수는 신분상 히스기야 왕의 개혁 정책 아래 활동하면서 실제로는 부당한 여론을 조성하며 그 개혁을 가로막고자 했던 것이다.

하나님의 율법에 의하면 그들이 만들어 세운 모든 우상들은 여호와 하나님께 정면으로 대적하는 것들이었음이 분명하다. 하지만 배도의 길에 참여하고 있던 순박한 백성들의 입장에서 보면 도리어 자기의 종교적인 신앙을 개혁 세력에 의해 방해받는 것으로 여길 수 있었다. 즉 그들의 입장에서는 그동안 친숙해진 개인적인 종교 활동을 방해받는 것으로 사고할 수도 있었던 것이다.

이는 과거 예루살렘 성전 출입이 중단되고 하나님 앞에 각종 제사를 드리지 못하게 되었을 때 참된 하나님의 자녀들은 자신의 신앙생활이 방해받게 되어 심각한 상태에 놓이게 된 것과 유사한 마음이었을 것으로 보인다. 더러운 우상들과 이방신을 섬기는 제단을 척결할 때도 그것들을 중심으로 하여 살아가던 어리석은 자들은 그와 같은 감정을 가질 수 있었던 것이다. 따라서 사악한 지도자들은 그 순박한 자들을 이용하여 자기의 기득권을 유지하기 위해 모든 술수를 동원했던 것이다.

2. 제사 제도와 봉사절차 정비 (대하 31:2-7)

히스기야는 또한 대대적인 유월절 행사와 더불어 약화된 제사를 회복하기 위한 체제와 제도를 정비하고자 했다. 체계적인 제도 정비 없이는 지속성이 없다. 따라서 그는 먼저 제사장들과 레위인들이 형편에 따라 임기응변적으로 제사에 수종드는 것이 아니라 절차에 따라 그 직무를 수행하도록 했다. 이는 개인적인 판단에 따라 임의로 제사를 지내며 하나님을 경배하는 것이 아니라 규례와 차례에 따라 맡은 바 직무를 감당해야 했던 것이다.

그러므로 제사장들이나 레위인들이라고 해서 개별적인 의도에 따라 하나님께 제사지낼 수는 없었다. 그들은 질서에 따라 번제와 화목제를 드려

야 했으며 여호와의 영문에서 하나님을 섬기며 그에게 감사하고 찬송해야
만 했다. 그들 가운데는 제사를 위하여 약속된 규례가 존재했던 것이다.

제사장과 레위인들은 자기의 소유물 중에서 정해진 수를 확정하여 하나
님의 율법에 기록된 대로 제사를 지내야 했다. 그들은 날마다 아침저녁으
로 상번제를 드리고 매주일 안식일을 지켰다. 또한 매월 초하루에 월삭 제
사를 드렸으며 해마다 유월절, 오순절, 장막절 등을 비롯한 정해진 절기를
지키며 하나님께 제물을 바쳤다. 이는 그전에 제대로 지키지 않던 모든 형
태의 제사를 회복하게 되었음을 말해준다.

또한 왕은 예루살렘에 거주하는 백성들에게 명령을 내려 제사장들과 레
위인들에게 직무에 따른 몫을 주어 생활을 담당케 함으로써 저들로 하여
금 여호와 하나님의 율법을 지키는 일에 힘을 쏟도록 요구했다. 이스라엘
백성들은 왕의 명령에 따라 곡식과 포도주, 기름, 꿀 등을 가져왔으며 밭의
소산물 가운데 처음 거둔 것들을 풍성히 가져왔다. 또한 모든 소득의 십일
조를 가지고 나아왔다.

또한 유다 여러 성읍에 거주하는 백성들이 제사장들과 레위인들을 위하
여 소와 양의 십일조를 가져왔다. 그리고 여호와 하나님께 구별하여 바칠
성물의 십일조를 가져오기도 했다. 그로 인해 모든 것들이 풍성하게 넘쳐
나게 되었다. 그들은 이월 달에 치러진 유월절과 무교절이 끝난 후부터 대
속죄일(7월 10일)과 초막절(7월 15-21일)이 있는 달인 칠월에 이르기까지 힘써
예물을 가져와 바쳤다. 이는 그 기간 동안 히스기야 왕의 성전제사와 연관
된 모든 것이 회복되었음을 시사하고 있다.

우리는 여기서 신약시대 교회와 직분제도에 연관된 실제적인 의미를 생
각해 보게 된다. 교회에서는 어느 누구도 개인적인 욕망이나 판단에 따라
스스로 직분을 가질 수 없다. 하나님의 말씀을 맡아 가르치는 교사인 목사
나 성도들을 말씀으로 지도 감독하는 장로, 그리고 교회의 운영을 담당하
는 집사의 직분은 성경의 원리에 따라 교회적 질서 가운데 세워지고 행해

저야 한다.

나아가 교회의 교사 직분을 맡은 목사의 생활비를 교회가 부담하는 것 역시 구약의 원리와 연관된 것으로 이해해야 한다. 이는 목사는 자기 개인을 위한 목적을 추구하는 자가 아니라 하나님의 몸된 교회를 위해 사역해야 할 자임을 말해주고 있다. 따라서 목사 직분을 맡은 성도는 항상 교회 가운데서 하나님의 말씀을 온전히 선포하며 하나님의 뜻을 밝히 드러내야 한다. 이는 물론 개인의 종교적인 판단이 아니라 말씀과 성령의 인도하심에 따라 그 직무를 감당해야 함을 배경으로 하고 있다.

3. 넘치는 예물(대하31:8-10)

언약의 백성들이 많은 예물을 여호와 하나님 앞에 정성껏 바친 것은 저들의 선한 마음을 보여주고 있다. 즉 눈에 보이는 물질보다 고귀한 것은 하나님을 믿고 신뢰하는 저들의 신앙이었다. 히스기야 왕과 백성의 지도자들은 바쳐진 풍성한 예물더미를 보고 여호와 하나님을 향해 송축하며 백성들을 위해 축복했다.

그리고 히스기야는 그 모인 예물이 어떤 의미를 지니고 있는지 제사장들과 레위 사람들에게 물었다(대하31:9). 왕이 스스로 그에 대하여 의미를 부여하고 판단한 것이 아니라 그에 연관된 올바른 해석을 할 만한 직분자들에게 물은 것은 눈여겨보아야 할 대목이다. 이는 그 예물들이 하나님의 성전에 바쳐진 것이기 때문에 제사장들과 레위인들이 율법의 정신에 따라 그에 대한 해석을 내려야만 했음을 말해주고 있다.

왕의 질문을 듣고 난 후 대제사장 아사랴가 그에 대한 답변을 했다. 그는 먼저 이스라엘 백성이 하나님의 성전에 예물을 바치기 시작한 때부터 제사장들과 레위인들이 풍족하게 먹을 수 있었다는 사실을 언급했다. 그리고도 눈앞에 보이는 대로 남은 것이 그만큼 많다는 것이었다. 그것은 언약의 자손을 향한 하나님의 축복이 넘쳐나고 있음을 보여준다고 했다.

대제사장의 말 가운데는 히스기야 왕이 예루살렘 성전과 이스라엘 자손의 신앙을 위해 행한 모든 것들이 여호와 하나님으로부터 인정을 받았다는 의미가 담겨 있다. 성전 문이 폐쇄되고 방치된 성전을 다시금 정리한 일과 율법에 기록된 요구를 확대하여 특별한 방법으로 유월절과 무교절을 지킨 것도 하나님께서 기쁘게 받으셨다는 것이다.

거기에는 언약의 백성들이 기쁨으로 하나님께 바친 모든 예물들이 그 사실을 드러내 보여준다는 의미가 내포되어 있다. 이는 왕을 비롯한 모든 백성들에게 큰 격려가 되었음이 분명하다. 이로 인해 히스기야 왕은 언약의 백성들 가운데 율법을 기초로 한 지속적인 개혁을 단행해 나갈 수 있었던 것이다.

4. 온당한 비축과 정당한 분배(대하31:11-19)

제사장들로부터 예물과 연관된 모든 의미에 대한 말을 들은 히스기야는 비로소 백성들에게 명령을 내렸다. 성전 안에 예물을 위한 창고를 예비하라는 것이었다. 그리하여 성전 내부에는 예물들을 보관할 창고가 마련되었다.

왕의 명령을 들은 사람들은 그 예물과 십일조를 비롯한 구별된 물건들을 창고 안에 보관했다. 그것을 위해 레위 사람 고나냐가 모든 일을 주관하는 총괄 책임을 맡았으며 그의 아우 시므이가 부책임자의 일을 담당했다. 그 수하에 많은 사람들이 배당되어 책임자의 지시에 따라 모든 물건들을 살피며 관리하는 일을 하게 되었다.

그들이 감당해야 할 일들 가운데 중요한 것은 그 예물들을 보관하는 직무뿐 아니라 적절하게 분배하는 직무가 포함되어 있었다는 점이다. 그것들 가운데는 하나님께 바쳐야 할 예물들이 있었으며 절차에 따라 백성들에게 나누어 주어야 할 것들도 있었다. 또한 각 제사장의 성읍들에서도 그 일을 행하도록 했다.

그때 담당자들에게 명령하면서 물건을 분배할 때 질서에 따라 모든 사람들에게 나누어 주도록 했다. 그리하여 삼 세 이상으로 족보에 기록된 모든 남자들과 날마다 성전에 들어가서 그 절차대로 직임에 수종드는 자들에게 나누어 주었다. 또한 지파 족속대로 족보에 기록된 제사장들과 이십 세 이상부터 그 절차에 따라 직임을 맡게 된 모든 레위 사람들에게 나누어 주었다.

그리고 족보에 기록되어 있는 회중의 모든 어린아이와 부녀자들에게 나누어 주었다. 그 혜택을 받는 백성들은 율법에 따라 성결하고 신실하게 그 직분을 다하는 가정에 속한 자들이었다. 또한 각 성읍에 등록된 사람으로서 성읍 가까운 들에 거하고 있는 아론 자손 제사장들에게도 나누어 주되 모든 남자와 족보에 기록된 레위 사람들에게 나누어 주었다.

우리가 여기서 볼 수 있는 사실은 언약의 자손들이 하나님께 바친 예물을 질서 가운데 모든 백성들에게 다시금 재분배했다는 점이다. 각 개인의 형편에 따라 하나님께 바친 후 그것을 다시금 각 백성들의 형편을 보아 차등 분배하게 된다. 즉 거두어들일 때는 많이 가진 사람들이 많이 바치게 되지만 분배할 때는 적게 낼 수밖에 없는 형편에 놓인 자들이 더 많이 가져가게 되는 것이다.

이는 사실 우리 모두에게 매우 중요한 의미를 지니고 있다. 오늘날 신약 시대 교회 가운데도 여전히 이 원리가 그대로 살아있어야 한다. 사도 바울은 고린도교회에 보내는 두 번째 편지에서 그에 연관된 내용을 기록하고 있다.

"이는 다른 사람들은 평안하게 하고 너희는 곤고하게 하려는 것이 아니요 평균케 하려 함이니 이제 너희의 유여한 것으로 저희 부족한 것을 보충함은 후에 저희 유여한 것으로 너희 부족한 것을 보충하여 평균하게 하려 함이라 기록한 것 같이 많이 거둔 자도 남지 아니하였고 적게 거둔 자도 모자라지 아니하였느니라"(고후8:13-15)

사도 바울은 고린도후서에서 평균케 하는 원리를 언급하며 그것은 이스라엘 자손이 시내 광야에서 생활할 때 이미 제공된 원리라는 점을 밝혔다. 하나님으로 말미암아 하늘에서 만나와 메추라기가 내릴 때 모든 백성들은 자기에게 적합한 만큼 취할 수 있었다. 그 원리가 히스기야 왕 때 다시금 확인되었던 것이다.

또한 그 원리는 사도 바울을 통해 오늘날 신약시대에도 여전히 존재해야 한다는 사실을 말해주고 있다. 이는 일종의 공산주의적 사회를 유지하라는 의미가 아니다. 즉 모든 사람들이 똑같이 소유하고 균등하게 나누어 주라는 뜻이 아닌 것이다. 이 말의 진정한 의미는 교회 가운데 극심한 고통을 당하는 성도들이 있지 않은지 살펴보아 모두가 그 짐을 나누어 져야 한다는 사실을 말해주고 있다.

물론 그에 대한 구체적인 적용은 현실적으로 매우 어려운 것이 사실이다. 각 가정이나 개인의 내부 사정이 다르므로 일괄적인 적용을 할 수 없기 때문이다. 즉 어떤 사람들은 겉보기에 괜찮아 보이지만 실제로는 매우 어려운 자가 있는가 하면 그 반대의 경우도 있을 수 있다. 따라서 교회는 전체적인 형편을 살피는 가운데 그에 대한 성숙한 적용과 더불어 그 의미를 드러낼 수 있어야 하는 것이다.

5. 히스기야의 선정 (대하31:20,21)

히스기야는 하나님 앞에서 선정을 펼친 왕이었다. 율법에 따라 성전의 의미를 확인하고 성전 제사를 다시금 확립했다. 그리고 유월절을 비롯한 각종 절기를 제대로 회복했다. 나아가 이스라엘 백성들이 성전으로 가지고 온 예물들을 성전제사를 위해 사용하고 필요에 따라 백성들에게 재분배하는 일을 했다.

이 모든 일들은 여호와 하나님 보시기에 선과 의를 진심으로 따르는 행동이었다. 그것들은 히스기야가 왕위에 오르기 전에 폐기되거나 정지된 상태에 놓여 있었다. 이제 히스기야 왕 때 하나님의 율법과 그 정신이 다시금 실현되었던 것이다.

그러므로 하나님께서는 그의 모든 사역을 인정하고 기쁨으로 받아들이셨다. 그가 행하는 모든 일 곧 하나님의 성전에 수종드는 일과 율법을 지키는 일, 계명에 따르는 삶 등을 하나님께서 인정하셨다. 왕이 여호와 하나님을 바라보며 그의 뜻을 구하고 전심으로 행했으므로 하나님께서 그에게 은혜를 베풀어 주셨다.

그로 말미암아 왕을 비롯한 모든 백성들이 당시 혼란한 국제 정세 가운데서도 형통한 삶을 유지할 수 있었다. 왕을 비롯한 모든 관료들은 맡은바 직무에 전념했으며 제사장들과 레위인들은 성전과 제사하는 일에 열중했다. 나아가 일반 백성들은 예루살렘과 흩어진 성읍 가운데 살아가면서 하나님께 온전히 의지할 수 있었던 것이다.

제25장

앗수르 산헤립 왕의 침략과 하나님의 보호하심

(대하32:1-33)

1. 앗수르의 침략과 히스기야의 대응 (대하32:1-8)

히스기야 왕이 유다 왕국 가운데서 안정된 정국을 이끌어갈 때 문제가 발생했다. 그것은 충분히 예측할 수 있는 일이었다. 북 이스라엘 왕국이 패망한 뒤 이십여 년 지난 후 사르곤 2세의 아들로서 앗수르 제국의 왕위에 오른 산헤립이 유다 왕국을 침략했다. 그가 유다 지역의 견고한 성읍들을 향하여 진을 치고 공격을 시도하고자 했던 것이다.

예루살렘에 거주하던 히스기야 왕은 앗수르 제국의 산헤립이 예루살렘을 치러 올라온 것을 보며 대책을 강구했다. 그는 여러 신하들과 군대의 장군들을 모아 의논했다. 그 결과 성 밖에 있는 모든 물 근원과 물줄기를 막아 차단하기로 결의했다. 그것을 좋게 여긴 많은 백성들이 그 일에 참여하여 도움을 주고자 나아왔다.

그 일을 위해 모이게 된 많은 백성들은 힘을 합하여 모든 물의 근원을 차단하고 땅으로 흘러내리는 물줄기를 막았다. 앗수르 왕과 그의 군대가 와서 풍족한 물을 얻지 못하도록 하기 위해서였다. 당시 예루살렘을 진격하기 위해 몰려온 앗수르 군대의 병사들에게는 물이 절대로 필요하지 않을 수 없었다.

물 근원을 막은 히스기야는 뒤이어 퇴락한 성을 중수하여 망대까지 높이 쌓아올렸다. 또한 외성을 쌓고 다윗성의 내성과 외성 사이를 흙으로 채워 강화함으로써 높은 언덕과 같은 밀로(Millo)를 더욱 견고하게 다졌다. 뿐만 아니라 병기와 방패들을 충분히 준비하고 군대 장관들을 세워 백성을 거느리게 했다.

그와 더불어 모든 군대와 무리들을 성문 광장으로 불러 모았다. 왕은 거기 모인 자들을 향해 마음을 강하게 하고 담대히 하라는 권고를 했다. 앗수르 왕과 그를 따르는 군인들이 아무리 강력하게 보일지라도 그들을 두려워할 필요가 없으니 그로 말미암아 놀라지 말라고 했다. 언약의 백성과 함께하는 여호와 하나님은 저들과 비교가 되지 않을 만큼 막강하다는 것이었다.

앗수르 왕과 그를 따르는 자들이 아무리 큰 군대를 조직하고 있을지라도 한계를 지닌 인간에 지나지 않는다. 그에 비해 이스라엘과 함께하시는 분은 전능하신 여호와 하나님이시다. 따라서 그가 반드시 언약의 자손들을 도우실 것이며 저들을 대신하여 싸우시리라는 것이었다. 따라서 히스기야 왕의 말을 들은 백성들은 막강한 앗수르 군대를 앞에 두고도 여호와 하나님을 의지하고 안심할 수 있었다.

2. 앗수르 왕 산헤립의 교란 작전 (대하32:9-15)

앗수르 왕 산헤립은 유다 왕 히스기야의 처신과 방비책을 보며 전혀 위축되거나 뒤로 물러서려 하지 않았다. 도리어 전세를 몰아 공격할 태세를 갖추었다. 그리하여 앗수르 군대는 남서쪽에서 예루살렘 도성과 성전을 방어하는 중심 성읍이었던 라기스를 침공하게 되었다(왕하19장, 사36:1-3, 참조). 나아가 사신을 보내 유다 왕 히스기야와 예루살렘에 거주하는 유다 백성을 향해 경고하기에 이르렀다.

산헤립 왕은 유다 왕국을 향해 예루살렘이 이미 완전히 포위되어 있으므로 더 이상 피할 방법이 없다는 사실을 선포했다. 유다 왕 히스기야가 순박한 백성들을 미혹하여 이스라엘 민족의 여호와 하나님께서 앗수르 왕의 손에서 건져낼 것이라고 주장하지만 그것은 말도 되지 않는 소리라고 했다. 그런 식으로 앗수르 군대에 저항한다면 유다 백성들은 굶주림과 목마름으로 인해 죽음에 처할 수밖에 없게 된다는 것이었다.

또한 산헤립은 전쟁을 앞둔 상황에서 어수선한 분위기에 빠진 백성들을 향해 말을 이어갔다. 히스기야가 그전에 신들을 섬기는 모든 산당들과 제단들을 제하여 버리고 유다와 예루살렘 백성들로 하여금 오직 한 곳 예루살렘 성전과 거기 있는 제단 앞에서만 분향하며 경배하라고 하지 않았느냐고 했다. 이 말 가운데는 유다 백성의 하나님뿐 아니라 여러 민족의 다양한 신들을 믿고 숭배하는 것이 유리할 터인데 히스기야는 도리어 그것을 가로막음으로써 백성들을 궁지로 몰아갔다는 것이다

그러면서 산헤립 왕 자신과 그 조상들이 그전부터 주변의 모든 민족들에게 행했던 세력을 알고 있지 않느냐고 반문했다. 그 모든 나라들의 다양한 신들과 군대가 앗수르의 막강한 세력 앞에서 자기 백성들을 건져낼 수 없었다는 것이다. 과거 앗수르 군대가 진멸시킨 열국의 신들 중에 아무도 스스로 구출해내지 못한 터에 이스라엘의 여호와가 유다 백성을 자기 손에서 구해낸다는 것은 어불성설이라는 것이었다.

그러므로 유다 백성들을 향해 이스라엘의 하나님이 앗수르 군대로부터 구출해 줄 것이라는 히스기야의 거짓에 속지 말라고 했다. 그리고 그로부터 미혹되지 말고 그의 말을 믿지 말라고 했다. 세상의 어느 나라의 신이라 할지라도 위기에 빠진 백성을 앗수르 군대와 자기의 손에서 건져 내지

못했다는 것이었다.

이는 사실 앗수르 제국의 산헤립이 전개한 전략적인 심리전의 일환이었다. 신앙이 돈독하지 못하여 마음이 여린 백성들은 그 상황에서 우왕좌왕하기 쉬웠다. 더구나 유다 왕국의 병사들조차도 상대의 막강한 병력을 보며 위축되지 않을 수 없는 상태에서 그 말을 듣고 사기가 저하될 수밖에 없었을 것이다.

3. 산헤립의 여호와 하나님 모독과 '왕자의 난'에 의한 피살(대하32:16-21)

유다 왕국과 예루살렘을 향한 산헤립의 심리전은 단순한 전술을 넘어 여호와 하나님을 모독하는 행위였다. 하지만 불신자들인 앗수르 군대는 그에 대한 인식이 전혀 없는 상태에서 스스로 사기를 드높였다. 따라서 산헤립의 부하들도 여호와 하나님과 그의 종인 유다 왕 히스기야를 조롱하며 비방했다.

두려울 것이 전혀 없던 산헤립은 예루살렘의 지도자들에게 편지를 써 보냈다. 그것은 항복을 요구하는 의미가 담긴 서신이었다. 그는 여호와 하나님을 욕하고 비방하기를 주저하지 않았다. 그 동안 각 민족의 거주 지역에 존재하던 열방의 신들이 자신의 세력으로부터 그들을 구해내지 못한 것처럼 히스기야와 유다 왕국의 신도 그 백성을 자기의 손아귀에서 구원해 낼 수 없다는 것이었다.

그리고 산헤립의 신하 가운데 유다 방언을 아는 자가 일어나 유다 백성들이 들을 수 있도록 히브리어로 큰 소리를 질러 여호와 하나님을 비방했다. 그들은 겁 없는 무자비한 모습을 보이며 예루살렘에 거주하는 유다 백성들로 하여금 놀라 혼선에 빠뜨리고자 했다. 그리하여 예루살렘 성을 정복하고자 했던 것이다.

산헤립을 비롯한 그의 신하들은 예루살렘 성전에 거하시는 여호와 하나님을 마치 거짓 신들이나 사람들이 만든 우상을 대하듯이 훼방하기를 주저하지 않았다. 그러므로 히스기야 왕은 선지자 이사야와 더불어 천상의 나라를 향해 간절히 부르짖으며 기도했다. 그 기도를 들으신 하나님께서는 아무도 몰래 한 천사를 앞세워 앗수르 군대의 진영에 보내 장군들과 지휘관들을 비롯한 병사들을 진멸시키셨다. 그때 선지자 이사야가 예언한 대로 하나님의 천사들에 의해 18만 5천 명의 병사들이 죽게 되어 본국으로 퇴각하게 되었다.

갑작스럽게 그런 일이 발생하게 되자 앗수르 제국의 왕 산헤립은 당황하지 않을 수 없었다. 그는 결국 유다 왕국과의 전쟁에서 참패하게 됨으로써 창피하여 고개를 들지 못할 지경이 되어버렸다. 그리하여 그는 돌이킬 수 없는 패잔병이 되어 고국으로 돌아갈 수밖에 없었다. 산헤립은 본국으로 돌아가서 앗수르인들이 믿는 신전에 들어가 자기가 믿던 신에게 도움을 요청하고자 했다.

하지만 그때 아무도 예기치 못했던 '왕자의 난'이 일어나게 되었다. 궁중에 거하던 왕자들이 그 아버지인 산헤립 왕을 칼로 쳐 죽이는 반란 사건이 발생하게 되었던 것이다(왕하19:36,37, 사37:38). 당시 잔인한 세력을 갖추고 있던 왕자들은 비록 자기 부친이라 할지라도 앗수르 왕국의 자존심을 크게 상하게 한 책임을 져야 한다는 판단을 하고 있었을 것이다.

4. 하나님의 도우심 보호(대하32:22,23)

히스기야 왕과 유다 백성들은 앗수르 제국의 극한 위협으로부터 완전히 벗어나게 되었다. 이는 전적으로 여호와 하나님의 도우심으로 말미암은 승리였다. 즉 왕의 군대를 위한 특별한 정책이라든지 다양한 무기들을 개발함으로써 승리를 거둔 것이 아니었다.

여호와 하나님께서는 자신을 진정으로 경외하는 히스기야 왕과 모세 율법에 순종하고자 하는 다수 백성들의 삶을 보시고 저들에게 승리를 안겨 주셨다. 만일 그들이 그전처럼 불순종하며 하나님을 욕되게 했다면 하나님께서 저들을 도와주어 승리를 거두게 해 주시는 은혜를 베풀지 않았을 것이다.

하나님께서는 아무런 능력이 없는 유다 왕국을 위해 자기의 천사들을 보내 앗수르 대군을 무찌르셨다. 물론 앗수르 군대는 유다 왕국의 신의 영향력이 있을지라도 하나님의 천사들에 의해 패배를 당했다고 생각하지 못했을 것으로 보인다. 오히려 유다 왕국의 군대가 일어나 신묘막측(神妙莫測)한 전투력으로 기습 공격했기 때문에 패배한 것으로 믿었을 것이다.

그로 말미암아 주변의 많은 나라들이 유다 왕국을 바라보는 시각이 달라졌다. 즉 나약해 보이던 왕국을 이제 함부로 대하지 못할 강력한 힘을 가진 나라로 인식하게 되었다. 따라서 여러 나라로부터 많은 사람들이 예물을 가지고 예루살렘을 방문하여 이스라엘 민족의 신 여호와 하나님 앞으로 가져왔으며 히스기야 왕에게 보물들을 가져 오기도 했다.

당시 여호와 하나님께 예물을 바치는 자들은 언약의 자손들이 소유한 것과 같은 순전한 신앙을 가졌기 때문이 아니었다. 그것은 이스라엘 하나님의 막강한 능력에 대한 두려움 때문이었던 것으로 보인다. 그로 인해 히스기야 왕은 주변의 많은 나라들의 눈에 위대하게 비쳐지게 되었던 것이다.

우리는 오늘날 신약시대에도 그와 같은 일이 발생하고 있다는 사실을 기억해야 한다. 언약의 백성이라 일컬음을 받는 자들이 하나님께 저항하며 불순종하게 되면 비록 그 방법은 다를지라도 그가 무서운 심판과 징계를 베푸신다. 그에 반해 하나님의 말씀에 온전히 순종하는 자세를 가지게 되면 하나님께서 은혜를 베푸시게 된다. 물론 하나님께서는 인간들의 눈에 보이지 않는 천사를 보내 돕기도 하신다. 이는 상징적인 의미가 아니라 매우 구체적이며 실제적인 의미를 지닌다는 사실을 깨닫는 것은 매우 중요한 일이다.

5. 교만에 빠진 히스기야 왕의 반성과 하나님의 은혜(대하32:24-26)

그와 같은 일들이 발생하는 중에 히스기야 왕이 병들어 죽을 수밖에 없는 지경이 되었다. 그럴 때 간절히 기도하게 되자 하나님께서 그에 응답하시고 놀라운 이적을 보여 주셨다. 그의 생명을 유지할 수 있게 되었던 것이다.

히스기야 왕이 병들었을 때는 그가 죽기 15년 전의 일이었다(왕하20:4-6). 하나님께서 그의 기도를 들어주신다고 약속하시면서 그에 대한 표징을 보여주셨다. 해 그림자가 뒤로 물러가게 하는 현상을 통해 그 증거를 보여주셨던 것이다(왕하20:8-11).

우리가 여기서 주의 깊게 생각해 보아야 할 점은 당시 해 그림자가 뒤로 물러갔다는 것은 비단 예루살렘과 히스기야에게만 일어난 현상이 아니었다는 사실이다. 즉 그 현상은 전 지구상에서 동시에 일어난 것으로 보는 것이 타당하다. 이는 지구의 자전이 지속되다가 일시적으로 반대로 돌았다는 의미를 지니고 있기 때문이다.[55]

지금부터 2,700여 년 전에는 그와 같은 일이 발생해도 그 사실을 구체적으로 인식하는 자들이 거의 없었을 것으로 보인다. 설령 지구 위 다른 지역에서 그에 대한 어느 정도의 감지를 했다고 할지라도 잠시 놀라거나 고개를 갸우뚱거리는 선에서 그 문제가 그냥 지나갔을 것이 분명하다. 즉 예루살렘과 히스기야 왕 이외의 사람들은 그것을 구체적인 엄청난 사건으로

---

[55] 우리 시대 자유주의 신학자들과 과학주의자들은 이 역사적 사실을 받아들이지 않는다. 그들은 인간의 시각으로 모든 것을 판단하려고 할 뿐 하나님의 말씀을 믿지 않기 때문이다. 하지만 하늘의 해와 달과 별 등 우주만물을 창조하신 하나님께는 그와 같은 정도의 기적이 아무것도 아니다.

이해하지 못했던 것이다.

하여튼 히스기야는 그 놀라운 우주적 사건과 더불어 질병으로부터 치유를 받게 되었다. 그런데 문제는 특별한 기적과 치유를 경험한 히스기야의 마음이 도리어 교만하게 되었다는 사실이다. 하나님께서 그를 살려주신 것은 율법과 성전에 연관된 하나님의 언약에 충실하게 살도록 하기 위함이었지만 그는 받은 은혜에 대하여 진정한 보답을 하려고 하지 않았다. 즉 히스기야는 하나님께서 자기를 살려주신 근본적인 의도대로 살아가려고 하지 않았다. 이는 그가 병들기 전에 하나님 보시기에 전심으로 행하던 것과는 크게 대조적인 모습이었다.

그로 말미암아 여호와 하나님의 무서운 진노가 그와 예루살렘에 임하게 되었다. 이는 왕이 나름대로 머리를 짜내 모든 일을 인간의 판단에 따라 유능하게 해나간다는 것이 도리어 하나님의 율법을 버리는 역기능을 했음을 말해주고 있다. 즉 질병에서 낫게 된 히스기야는 자기의 경험과 지식에 따라 백성들을 다스리며 나라를 이끌어가고자 했다. 그것이 곧 하나님의 무서운 진노를 유발하게 되었던 것이다.

하나님의 진노가 임하게 되자 비로소 히스기야 왕은 자신의 교만한 태도를 뉘우쳤다. 뒤늦게 자신의 잘못된 모습을 돌아보며 깨달음을 가질 수 있었던 것이다. 따라서 그는 자세를 고쳐 예루살렘 거민들과 함께 저들의 모든 죄를 뉘우치게 되었다. 그렇게 한 결과 히스기야 왕이 통치하는 동안 유다 왕국에 하나님의 진노가 임하지 않았다.

6. 히스기야 시대의 번성과 실책 및 생애 마감 (대하32:27-33)

히스기야 왕이 통치하던 시기는 대체적으로 정국이 안정되고 모든 것이 풍요로웠다. 왕은 뭇 백성들로부터 존경을 받아 부귀와 영화를 누릴 수 있었다. 이는 백성들이 하나님의 율법과 예루살렘 성전을 중심에 두고 정상적인 삶을 살았다는 사실을 말해주고 있다.

그러므로 온 나라에 은금과 보석과 향품을 비롯한 값진 물건들을 보관할 창고들이 많이 세워졌다. 또한 전쟁을 위한 방패들을 비롯한 병기들을 만들어 무기고에 보관했다. 그리고 곡식과 새 포도주와 기름을 보관하기 위한 창고를 건립했다.

뿐만 아니라 여러 종류의 많은 짐승들을 위한 외양간과 양떼를 돌보는 우리를 만들었다. 그와 같은 일은 유다 지역의 모든 성읍들에서 시행되었다. 히스기야 왕이 통치하던 시기에 정국이 안정되고 모든 것이 풍요로웠던 것은 그의 개인적인 역량 때문이 아니라 율법에 순종하는 그에게 하나님께서 은혜를 베푸셨기 때문이다.

히스기야 왕은 기혼의 윗 샘물을 막아 그 아래로 연결하여 다윗성 서편으로 물이 흘러가도록 하여 물이 풍부하게 했다. 이는 예루살렘의 물이 성 밖 외부로 흘러 나가 적군을 이롭게 하거나 낭비하지 않음으로써 성안 백성들에게 많은 물이 공급되었음을 말해주고 있다. 그와 같은 일은 백성을 위한 히스기야 왕의 올바른 판단에 의한 것이었다.

그와 같은 일들이 진행되던 시점에 앗수르 제국 가까이서 세력의 부침을 거듭해온 바벨론이 유다 왕국의 히스기야에게 특별한 목적을 가지고 사신들을 보냈다. 바벨론 왕 므로닥 발라단(브로닥 발라단, Berodach-baladan)[56] 이 그 땅에서 일어난 놀라운 일들 즉 히스기야 왕의 기적적인 치유와 유다 왕국의 회복에 관해서 알고자 했기 때문이다(사39:1). 바벨론은 유다 왕국에서 발생한 모든 형편들에 대하여 소상히 파악하고자 했던 것이다.

그때 하나님께서는 그 문제에 직접 관여하시지 않고 히스기야가 그에 대하여 어떻게 대응하는지 그 진심을 알고자 하여 그냥 내버려두셨다. 이

---

56) 므로닥 발라단은 BC709년 앗수르 왕 사르곤 2세에 의해 침공을 당해 수도가 함락되어 포로로 잡혀가게 되었다. 그는 일시 석방되어 권좌를 회복했으나 산헤립의 통치기간 중에는 왕위에서 축출되어 망명 중에 죽었다.

는 하나님께서 그의 처신을 보시고자 했던 것을 의미하고 있다. 히스기야는 멀리서 자기를 방문한 사신을 보고 기뻐한 나머지 유다 왕국 안에 있는 모든 보물 창고와 무기고를 다 보여주었다. 이는 그가 자기의 능력을 과시하고자 하는 마음이 있었기 때문이다.

선지자 이사야는 히스기야의 모든 행동을 보고 그에 대한 강한 책망과 더불어 장차 일어날 예언을 했다(사39:1-7). 바벨론이 보낸 사신들에게 유다 왕국의 모든 것을 다 보여주었으므로 장차 유다 왕국이 바벨론에 의해 패망하게 되리라고 했던 것이다. 나중 때가 이르면 유다 백성들 가운데 많은 사람들이 바벨론의 포로로 잡혀가 그들을 섬기는 환관이 되리라는 것이었다.

선지자 이사야의 예언은 나중에 역사 가운데 그대로 이루어졌다. 바벨론이 앗수르 제국을 멸망시키고 세력을 장악한 다음 그 일이 구체적으로 성취되었다. BC605년 이래 유다 백성들은 여러 차례에 걸쳐 바벨론의 포로로 잡혀 갔으며 결국 BC587년에 예루살렘 성읍과 성전이 완전히 파괴되었던 것이다.

히스기야 왕이 통치기간 중 행했던 모든 업적과 그의 모든 선한 일들에 관해서는 이사야가 기록한 선지서와 유다와 이스라엘의 열왕기에 기록되었다. 때가 이르러 그가 죽게 되자 온 유다와 예루살렘 거민들은 그를 다윗 왕조의 묘실 가운데 가장 높은 곳에 장사지냈다. 그것을 통해 그에게 최고의 존경을 표하고자 했던 것이다. 이는 유다 왕국 가운데 하나님의 율법을 좇아 선정을 펼친 그의 특별한 위상을 잘 보여주고 있다. 그가 죽은 후에는 그의 아들 므낫세가 뒤를 이어 유다 왕국의 왕위를 계승하게 되었다.

제26장

므낫세 왕과 아몬 왕
(대하33:1-25)

1. 우상 숭배를 장려하는 므낫세 왕 (대하33:1-9)

히스기야 왕이 유다 왕국 역사 가운데서 매우 훌륭한 왕으로 인정받은데 반해 그의 아들 므낫세는 전혀 그렇지 못했다. 이는 선대에 거룩한 성전에서 율법에 따라 하나님을 섬기는 일과 정치 경제 사회 문화 등 모든 면에서 안정된 모습을 유지하고 있었으므로 다음 세대를 이을 자녀교육에 대하여 안일한 자세를 가졌기 때문이었을 것으로 보인다.

므낫세가 왕위에 등극할 때 그의 나이는 겨우 열두 살에 불과했다. 그는 오십오 년이란 긴 세월 동안 예루살렘에서 정치를 하면서 하나님의 율법을 버린 채 숱한 악행을 저질렀다. 앞에서 언급한 것처럼 므낫세가 더 어릴 때 신앙교육에 소홀했던 점과 더불어, 나이 어린 왕의 주변에 건전하지 못한 나쁜 신하들이 많았던 것이 그를 악한 길로 걸어가도록 한 또 다른 원인이 되었다.

므낫세는 어린 나이에 왕위에 오른 후 이방인들의 가증한 종교행위를 본받았다. 그것이 결국 그로 하여금 하나님의 율법을 떠나 적극적인 배도에 빠지게 했다. 하나님을 진정으로 경외하는 자라면 그의 말씀에 온전히 순종해야 하며 앞서 살아간 하나님의 백성들을 본받아야 한다. 이는 하나님을 알지 못하는 이방인들의 종교성을 본받아서는 안 된다는 사실을 말해주고 있다.

오늘날 우리는 이를 통해 매우 중요한 교훈을 배워야 한다. 믿음의 자녀들을 양육하는 언약의 백성들은 항상 다음 세대를 위한 참된 교육을 게을리 해서는 안 된다. 또한 교회는 어린 성도들을 지켜 보호해야 하며 악한 자들이 그 주변을 어슬렁거리지 못하도록 경계의 끈을 늦추지 말아야 한다. 또한 하나님을 알지 못하는 불신자들의 일반적인 가치관을 무분별하게 수용하거나 그것을 본받으려 해서는 안 된다. 그렇지 않으면 배도자들이 어린 교인들을 속여 하나님을 배도하는 자리로 끌어들이게 될 것이기 때문이다.

유다 왕국의 왕이 된 므낫세는 하나님을 경외하는 마음을 가지고 있지 않았으며 모세가 기록한 율법을 가까이 두기를 거부했다. 따라서 여호와 하나님 보시기에 악을 행하는 것을 예사로 여겼다. 그는 하나님께서 이스라엘 자손 앞에서 쫓아내신 이방인의 가증한 우상들을 다시금 받아들였다. 자기 아버지 히스기야가 헐어버린 산당들을 또다시 세웠으며 바알신들을 위한 제단을 쌓고 아세라 목상을 만들었다. 또한 하늘에 있는 많은 별들을 숭배하며 점성술에 빠져들기도 했다.

여호와 하나님께서는 오래 전에 이미 자기의 거룩한 이름을 영원토록 예루살렘 성전에 두게 되리라는 말씀을 하셨다. 그런데 므낫세 왕은 그 성전에서 부정한 제단들을 쌓는 일을 시행했다. 뿐만 아니라 성전 앞에 있는 두 마당에 하늘의 별들인 일월성신(日月星辰)을 위하여 더러운 단들을 쌓았다.

이는 므낫세 왕이 친 앗수르 정책을 펼치고 있었던 사실과 연관되어 있

다. 그는 앗수르의 영향을 받아 하늘의 다양한 천체들에 관련된 신상들을
예루살렘 성전 뜰에 세워두게 되었던 것이다. 그리하여 배도에 빠진 유다
백성들에게는 바알 종교와 앗수르 종교가 뒤섞여 혼합된 종교사상이 편만
하게 되었다.

그는 또한 '힌놈의 아들' 골짜기에서 자기 아들 곧 왕자들을 불살라 바
치는 끔찍한 이방 종교행위를 감행했다. 아브라함의 후손이라 주장하는
언약의 자손들에게는 결코 그와 같은 일이 있을 수 없다. 하지만 므낫세는
신앙을 오해하여 그런 잔인한 행위를 하면서 스스로 마치 신을 위해 자기
에게 가장 중요한 것을 바치는 매우 헌신적인 왕인 양 착각했다.[57] 이는
사탄의 술수에 빠지지 않고는 결코 일어날 수 없는 일이었다.

그리고 므낫세 왕은 점을 치며 종교적인 사술과 요술을 행하기를 좋아
했다. 나아가 신접한 자와 박수무당의 종교행위를 의지함으로써 여호와
하나님 보시기에 엄청난 악을 저질렀다. 또한 자기가 정교한 문양으로 새
겨 만든 목상을 하나님의 성전 뜰 가운데 세웠다. 그 모든 것은 어린 백성
들에게 엄청난 악영향을 끼칠 수밖에 없었다. 므낫세 왕은 그런 끔찍한 범
죄를 저지르면서도 그에 대한 심각성을 제대로 인식하지 못했다.

결국 그의 모든 행위는 하나님의 무서운 진노를 격발하게 되었다. 하나
님께서는 자기의 집인 거룩한 성전에 그와 같은 더러운 물건들을 두는 것
을 결코 용납하시지 않는다. 하나님은 오래전 다윗과 솔로몬을 향해 자신
이 친히 이스라엘 모든 지파 중에 건립하는 성전과 예루살렘 도성에 자기
의 이름을 영원히 둘 것이라고 말씀하셨다.

하나님께서는 언약의 자손들에게 모세를 통해 계시하신 모든 율법과 율

---

57) 므낫세 왕은 그런 종교적 행태가 신에 대한 최상의 충성이라 여겼을지도 모
른다. 과거 하나님께서 아브라함에게 독자 이삭을 제물로 바치라고 요구했던
것을 근본적으로 오해하면 그와 같은 어처구니없는 신앙 행태로 발전할 수도
있었기 때문이다.

레와 규례를 지켜 행하도록 명하셨다. 그들이 그에 온전히 순종하면 저들을 지켜 보호해 줄 것이라고 하셨다. 그렇게 하면 그들의 조상에게 주기로 약속한 그 땅에서 이방인에 의해 쫓겨나거나 포로로 잡혀가는 일이 발생하지 않게 해주신다는 것이었다.

하지만 이스라엘 자손들은 여호와 하나님의 말씀을 완전히 버렸다. 유다와 예루살렘에 거주하는 백성들이 므낫세의 유혹에 빠져 사악한 행위를 되풀이 했다. 그들의 악행은 사악하기 그지없어서 그 전에 하나님께서 이스라엘 자손들 앞에서 멸망시킨 이방인들의 행위보다 더욱 심한 악행을 저질렀던 것이다.

2. 앗수르 군대의 포로로 잡혀간 므낫세 왕과 하나님의 은혜로 인한 귀환 (대하33:10-12)

하나님을 경외하지 않고 그의 율법을 떠난 자들은 그의 뜻을 완전히 무시한다. 므낫세 왕과 그를 추종하던 자들이 그와 같았다. 하나님께서는 배도의 길에 빠진 므낫세 왕과 백성들을 향해 자기에게로 돌이키도록 요구하셨다. 하지만 그들은 하나님의 말씀을 듣고 순종하기를 거부했다.

그러므로 하나님께서는 왕에게 징계를 내리시고자 앗수르 군대를 동원해 유다 왕과 그 백성들을 치도록 하셨다. 그리하여 앗수르의 군 지휘관들이 대군을 끌고 와서 유다 왕국을 침공하게 되었다. 그것은 하나님의 징계로 말미암아 발생한 일이었기 때문에 므낫세 왕은 처절한 패배를 당할 수밖에 없었다.

결국 앗수르 군대는 예루살렘을 침공하면서 므낫세 왕을 사로잡았다. 그들은 포로가 된 왕을 앗수르 지역으로 끌고 가기 위해 쇠사슬로 결박했다. 무자비한 이방 군인들은 그를 멀리 바벨론 지역으로 끌고 갔다(대하33:11). 한 나라의 왕으로서 그런 끔찍한 일을 당한다는 것은 치욕적이지 않을 수 없었으며 그로 말미암아 백성들의 사기는 완전히 저하되었다. 이는 유다 왕국이 이미 멸망한 북 이스라엘 왕국과 같이 종말을 향해 나아가고 있음을 보여주고 있다.

므낫세 왕과 유다 백성이 이와 같은 큰 환난을 당하게 되자 비로소 자신을 되돌아보며 뉘우치게 되었다. 왕은 자기의 잘못된 행위를 진정으로 회개하고 겸비하여져서 여호와 하나님께 간절히 기도하며 간구했다. 그 기도를 들으신 하나님께서는 왕과 백성들에게 자비를 베풀어 그에 응답해주셨다.

3. 므낫세 왕의 회심과 죽음(대하33:13-20)

하나님께서는 므낫세 왕을 바벨론 땅으로부터 예루살렘에 돌아오도록 해주셨다. 하나님께서 앗수르 제국의 권력층을 감동시킴으로써 므낫세 왕을 석방하여 본국으로 돌아가게 했던 것이다. 그는 예루살렘으로 돌아와 다시금 왕위에 올라 맡겨진 직무를 감당했다. 그제서야 므낫세는 여호와가 참 하나님이라는 사실을 깨달아 알게 되었다. 그는 왕이 되어 처음에는 오랫동안 하나님과 그의 율법을 떠나 성전을 멸시하며 배도 행위를 저질렀으나 뒤늦게 하나님께 돌아왔던 것이다.

하나님의 은혜로 말미암아 회심을 경험하게 된 므낫세 왕은 다윗성 밖에 있던 기혼 서편 골짜기 안에 외성을 쌓았다. 그리고 어문(魚門: 물고기문) 어귀까지 이르러 언덕과 같은 오벨을 둘러 매우 높이 쌓아올렸다. 또한 유다 왕국의 모든 성읍들에 군대 장관들을 주둔시켰다. 이는 예루살렘 성전을 보호하기 위해 이방 군대의 침공을 방어하는 성격과 더불어 부정한 이방인들의 사상이 언약의 백성들 가운데로 자유롭게 들어오는 것을 방지하는 성격을 지니고 있었다.

따라서 므낫세 왕은 그와 더불어 자기가 예루살렘 성전에 세웠던 이방

신을 위한 우상들을 철거하고 성전 부근과 예루살렘 성읍에 설치되었던 모든 제단들을 허물어 성 밖으로 내다버렸다. 그것은 자신의 과거를 부정하는 일로써 결코 쉽지 않은 일이었다. 나아가 당시 이방신들에 대한 혼합주의적 종교사상으로 물들어 있던 자들과 산당에 우상과 관련된 것들을 제작하고 판매하며 관리하는 과정에서 기득권을 소유한 자들의 저항도 만만치 않았을 것이 분명하다. 그런 가운데서 그 모든 일들이 진행되어 갔던 것이다.

므낫세 왕은 그와 같은 일을 행한 후 자기가 율법을 떠나 있으면서 훼손했던 여호와 하나님의 제단을 중수하도록 명령했다. 그 단 위에서 하나님께 화목제와 감사제를 드리고, 유다 백성들에게 명령을 내려 이스라엘 하나님 여호와를 섬기도록 했다. 왕의 그와 같은 명령에 따르는 자들이 많아짐으로써 나라가 점차 회복되어갔다.

하지만 그것은 하루아침에 일시적으로 바꾸어질 일은 아니었다. 수십 년 동안 잘못된 종교적 관행에 물든 사람들의 습성을 바꾸기 위해서는 상당한 기간이 필요했기 때문이다. 그들 가운데 왕의 명령에 따라 성전에서 하나님께 제사를 드리면서 동시에 산당에서도 제사를 지내는 자들이 많이 있었다. 이는 다수의 백성들이 혼합주의에서 완전히 벗어나지 못한 까닭에 발생한 일이었다.

므낫세 왕이 남긴 모든 사적뿐 아니라 위기에 빠진 그가 하나님께 기도한 내용과 선견자들이 이스라엘의 하나님 여호와의 이름으로 그에게 권면했던 말들은 이스라엘 왕조실록에 기록되었다. 또한 므낫세의 기도와 하나님께서 그 기도를 들으신 사실도 기록으로 남겨졌다. 그리고 그의 모든 악행이나 과실과 더불어 그가 회심하기 전 산당을 건립한 장소들과 아세라 목상과 우상을 세운 곳들이 전부 호새(Hozai)의 기록에 남아 있다.

므낫세 왕이 죽게 되자 그의 시신은 왕궁에 장사되었다. 그후 왕자 아몬이 왕위에 올라 모든 권력을 이양 받았다. 므낫세 왕의 행적에 대한 역사적 평가는 의미상 전기와 후기로 나눌 수 있다. 그의 통치기간 중 앞에 해당되는 오랜 시기 동안에는 하나님의 뜻을 완전히 저버린 배도행위를 지속했다.

하지만 나중 앗수르 군대에 의해 포로로 잡혀갔다가 자기의 잘못을 뉘우치고 되돌아온 후에는 하나님의 말씀에 순종하는 자세를 보였다. 하나님과 그의 은혜를 깨닫게 되었기 때문이다. 따라서 유다 백성들 가운데 끼친 그의 영향력에 대한 평가도 부정적인 면과 긍정적인 면을 구분지어 평가해야만 한다.

4. 므낫세의 아들 아몬 왕의 행적과 죽음(대하33:21-25)

므낫세 왕이 죽어 그 열조와 함께 잠들게 되자 왕궁에 장사된 후 그의 아들 아몬이 자기 아버지를 이어서 왕위에 올랐다. 당시 아몬의 나이는 스물두 살이었다. 그는 예루살렘에 있는 왕궁에서 불과 이 년밖에 백성들을 다스리지 못했다.

아몬은 왕이 되어 자기 부친 므낫세 왕이 초기에 행하던 것과 같은 배도행위를 했다. 여호와 하나님 보시기에 더러운 악행을 저질렀기 때문이다. 그는 하나님의 율법을 받아들이지 않았으며 예루살렘 성전 제사를 통한 하나님과의 교제를 멸시했다.

유다 왕국의 최고 통치자가 된 아몬은 자기 부친이 만들었던 것처럼 정교하게 아로새긴 우상을 제작하여 그 앞에서 제사하며 섬기기를 좋아했다. 뿐만 아니라 자기 신하들과 일반 백성들에게도 그와 같은 종교생활을 장려했다. 판단력이 없는 어리석은 자들은 최고 통치권자인 왕이 그렇게 하자 쉽게 그에 동조하며 따르게 되었다. 이는 여호와 하나님을 대항하여 정면으로 도전하는 무서운 범죄행위와 마찬가지였다.

아몬은 불과 이 년밖에 되지 않는 매우 짧은 기간 동안 유다 백성들을 통치하면서도 겸손한 자세를 전혀 보이지 않았다. 이는 선왕이었던 므낫세가 자신의 잘못을 뉘우치고 여호와 하나님 앞에서 스스로 겸비한 모습을 보였던 것과 크게 대조적이었다. 그는 왕위에 오른 후 점점 더 심한 악행을 저질렀던 것이다.

이는 결국 하나님의 무서운 진노를 불러일으킬 수밖에 없었다. 하나님께서는 그 모든 광경을 지켜보시면서 이번에는 외국의 군대를 불러들여 심판의 도구로 삼으신 것이 아니라 유다 왕국의 내부 인사들을 동원해 그를 심판하고자 하셨다. 따라서 그의 신복들 가운데 몇 사람이 궁중에서 반란을 일으켜 아몬 왕을 살해하게 되었다. 물론 하나님의 경륜 가운데 일어난 반란 사건이었지만 그것 자체가 선한 것이라 할 수는 없었다.

그러므로 언약의 백성들이 일어나 아몬 왕에게 반기를 들고 그를 살해한 사람들을 전부 죽였다. 유다 왕국에서 내란이 일어나 왕을 죽이는 행위는 결코 허용될 수 없는 일이었기 때문이다. 아몬이 매우 짧은 통치 기간을 끝내고 불행하게 죽은 후에는 그의 어린 아들 요시야가 왕위를 계승하게 되었다.

제27장

요시야 왕의 개혁과 율법책
(대하34:1-33)

1. 개혁을 단행하는 요시야 왕 (대하34:1-7)

하나님의 율법을 멸시하고 배도에 빠져있던 아몬 왕이 궁중 반란으로 인해 신하들의 손에 의해 죽고 난 후 불과 여덟 살밖에 되지 않은 어린 왕자 요시야가 왕위를 계승하게 되었다. 그는 예루살렘에서 삼십일 년간을 통치했다. 요시야는 자기 부친 아몬 왕이 사악한 길을 걸었던 것과 달리 여호와 하나님 보시기에 정직하게 행했다.

요시야 왕은 하나님의 율법에 순종하려는 자세를 유지했던 다윗 왕의 길을 따라 행하며 좌로나 우로 치우치지 않고 균형있는 삶을 이어갔다. 그는 즉위 팔 년이 되던 해 곧 열여섯 살의 어린 나이에 하나님의 언약에 따라 유다 왕국을 세운 다윗 왕의 정신을 이어 나라를 굳건히 세우고자 하나님을 의지하여 그에게 간절히 구했다. 그리고 즉위 십이 년이 되던 스무 살 때는 유다와 예루살렘을 정화하는 일을 시행했다.

이제 청년이 된 요시야 왕은 약속의 땅 여기저기 세워져 있던 산당들과 아세라 목상을 비롯하여 정교하게 만든 우상들을 제거해 나갔다. 유다 백성들은 왕의 목전에서 바알신을 섬기는 제단을 훼파했으며 왕은 직접 그 단 위에 높이 달린 태양상들을 찍어냈다. 그리고 아세라 목상들과 정교하게 아로새긴 우상들을 부수었으며 그것들을 빻아 가루로 만들어 거기서 제사하던 자들의 무덤 위에 뿌렸다. 그렇게 함으로써 저들이 저지른 이방으로부터 유입된 종교 행위가 하나님 보시기에 얼마나 사악한 행위였던가 하는 점을 만방에 드러내게 되었던 것이다.

나아가 배도에 빠져 악행을 저지른 거짓 제사장들의 뼈를 저들이 섬기던 이방신 제단 위에 불살랐다. 그 과정을 통해 유다와 예루살렘에 가득 찬 부정한 것들을 벗겨내 정화시키고자 했다. 그동안 하나님의 율법을 떠나 어리석은 범죄 행위에 빠져 있던 자들과 그 추종자들은 그 광경을 목격하며 여호와 하나님을 두려워할 수밖에 없었다.

요시야 왕과 그의 명령에 따르던 자들은 유다와 예루살렘 뿐 아니라 과거 북 이스라엘 왕국에 속했던 지역에까지 가서 황폐한 성읍들 가운데서 그와 동일한 정화운동을 행했다. 이방신을 섬기는 제단들을 훼파하고 아세라 목상들과 아로새긴 우상을 빻아 가루로 만들어버렸다. 또한 온 이스라엘 땅에 있던 태양상들을 찍어냈다. 왕의 명령을 듣고 그에 순종하던 자들은 그 모든 일들을 마친 후 예루살렘으로 돌아왔다. 그리하여 배도행위로 인해 더럽혀진 약속의 땅 전체를 청결케 했던 것이다.

우리가 여기서 반드시 기억해야 할 바는 요시야 왕이 북 이스라엘 왕국의 옛 지역을 '약속의 땅'으로 이해하고 있었다는 사실이다(대하34:6, 참조). 당시에는 그 땅이 앗수르 제국에 빼앗겨 복속된 상태에 놓여 있었다. 따라서 요시야가 과거 북 이스라엘 왕국 지역에 들어가 우상들을 제거했다는 점은 앗수르 제국의 영역을 침범한 것과 다르지 않다. 하지만 요시야는 그 일을 감행했으며 앗수르도 그에게 별다른 제재를 가하지 않은 것 같다. 우리는 이를 통해 요시야 시대의 강한 국력과 더불어 하나님께서 유다 왕국을 도우셨다는 사실을 알게 된다.

2. 언약의 땅 정결운동과 성전수리(대하34:8-13)

요시야 왕 즉위 십팔 년 곧 그가 이십육세 되던 해 왕은 약속의 땅과 성전 부근을 정결케 하는 일을 마쳤다. 그후 그는 예루살렘 성전을 수리하고자 책임자들을 임명하여 그 직무를 완수하도록 했다. 그들은 대제사장 힐기야 앞으로 나아가서 그 전에 하나님의 성전을 위해 연보해 두었던 돈을 전달했다.

그 돈은 성전 문을 지키는 레위 사람들이 북 이스라엘 왕국의 남은 자들과 온 유다와 예루살렘 거민들로부터 거둔 연보였다. 대제사장은 그 돈을 받아 여호와 하나님의 성전수리 작업을 감독하는 자들의 손에 넘겨주었다. 그들은 또한 그것을 성전에서 일하는 기술자들에게 주어 그 전을 수리하도록 했다.

즉 감독은 목수와 건축하는 자들에게 돈을 주고 일을 맡겨 정교하게 다듬은 석재와 들보를 만들 재목을 구입해서 과거 율법을 떠난 유다 왕들이 허물어놓은 건축물들을 다시금 손질하게 했던 것이다. 그 일을 맡은 자들은 성실한 자세로 그 직무를 감당했다. 그 감독의 직무를 배당받은 자들은 레위 지파에 속한 사람들이었다.

또한 성전을 중수하는 공사가 진행되는 동안 레위 지파에 속한 자들이 그 모든 일들을 주관했으며, 음악과 노래에 능숙한 레위인들이 저들과 함께했다. 책임을 맡은 자들은 모든 자재를 운반하는 짐꾼들을 관리하고 인부들이 작업하는 전 과정을 구체적으로 감독했다. 그리고 다른 레위인들 가운데는 서기 업무를 보거나 작업일지를 쓰는 자들이 있었으며 문지기 일을 맡은 자들도 있었다. 이렇듯이 성전을 수리하는 레위인들은 각기 역할을 분담하여 그 책임을 다했던 것이다.

3. 율법책의 발견 (대하 34:14-21)

　체계적인 규례와 질서에 따라 직무를 맡은 당사자들이 예루살렘 성전에 보관되어 있던 연보 돈을 꺼낼 때 전혀 기대하지 못했던 의외의 일이 발생했다. 그것은 제사장 힐기야가 모세의 율법책을 발견하게 되었기 때문이다. 아마도 그 책은 선대 왕 아몬과 그의 편에 선 배도자들에 의해 무시되어 방치되었던 것으로 보인다.

　제사장 힐기야는 먼저 서기관 사반에게 자기가 하나님의 율법책을 발견한 사실을 말했다. 그는 자기가 성전에서 발견한 책을 제사장으로서 스스로 그에 대한 모든 일을 결정지으려 하지 않고 서기관 사반에게 넘겨주었다. 이는 그 율법책을 요시야 왕에게 전달하고자 했기 때문이다.

　그러므로 제사장으로부터 그 책을 전달받게 된 서기관 사반은 요시야 왕 앞으로 나아갈 때 그것을 함께 가지고 갔다. 그는 먼저 예루살렘 성전 수리를 위해 진행되는 모든 상황을 왕에게 보고했다. 그는 우선 왕의 명령을 받은 책임자들이 모든 임무를 성실하게 준행하고 있다는 사실을 언급했다. 그와 더불어 성전에 보관되어 있던 연보 돈을 감독자와 기술자들의 손에 전달한 사실을 말했다.

　그리고 난 후 사반은 제사장 힐기야가 서기관인 자기에게 성전에서 발견한 율법책을 주었다고 했다. 그리고는 사반이 요시야 왕 앞에서 그 책을 차근히 읽어 내려갔다. 율법서에 기록된 내용을 들은 왕은 그 자리에서 자기가 입고 있던 옷을 찢었다. 이는 율법을 떠난 이스라엘 민족의 잘못된 모습을 기억하며 슬퍼한 사실을 말해주고 있다.

　요시야 왕은 그후 제사장 힐기야와 서기관 사반을 비롯한 관련 책임자들을 한자리에 불러 모으고 그들에게 명령을 내렸다. 왕과 유다와 이스라엘의 남은 자들을 위하여 거룩한 성전으로 올라가 율법책에 기록된 내용에 관하여 여호와 하나님께 물어보라는 것이었다. 과거 저들의 조상이 하나님의 말씀을 지키지 않고 율법책에 기록된 모든 요구를 거부했으므로 하나님께서 자기와 백성들에게 크게 진노하고 계신다는 사실을 그가 알고 있었기 때문이다.

이 말은 조상들이 율법책에 기록된 하나님의 말씀을 그 자손들에게 제대로 전달하여 가르치지 않았음을 말해주고 있다. 그로 인해 결국 그 자손들이 하나님의 뜻에 관하여 철저히 무지하게 되어 버렸던 것이다. 그들은 율법을 몰랐으므로 하나님께서 어떤 규례를 주셨는지 명확히 알지 못했다. 이는 조상들이 마땅히 행해야 할 일에 순종하지 않으면 그 자손들이 무서운 죄에 빠지게 된다는 사실을 말해주고 있다.

이에 대해서는 신약시대 교회 역시 주의 깊게 생각해 보아야 한다. 만일 우리시대 교회의 어른들이 언약의 자녀들에게 하나님의 말씀을 올바르게 가르치지 않는다면 그 자손들로 하여금 범죄의 자리에 들어서게 하는 것과 다르지 않다. 그와 같은 태도는 자기 자녀를 사랑하는 것이 아니라 무서운 심판의 궁지로 몰아가는 것과 같다. 따라서 교회의 성숙한 성도들은 다음 세대를 위해 하나님 앞에서 경건한 자세를 유지하며 계시된 말씀을 후대에 전달하지 않으면 안 된다.

4. 율법에 기록된 재앙 예언(대하34:22-28)

성전을 정결케 하는 과정에서 특별한 상황에 직면한 제사장 힐기야와 요시야 왕은 몇몇 신하들을 여선지자 훌다[58]에게 보냈다. 그들은 그 선지

---

58) 구약시대 이스라엘 백성 가운데는 왕, 제사장, 선지자 직분들이 있었다. 왕과 제사장 직분자들은 하나님으로부터 직접 선택받아 지명되지 않았다. 그 직분은 혈통적 세습과 연관하여 역사적 과정에서 세워졌으며 남성들에게만 허락되었다. 그에 반해 선지자는 하나님께서 친히 특정 신앙인을 선택하여 지명하셨다. 그들 가운데는 인간들의 판단이 개입되지 않았으며 여선지자가 있기도 했다. 우리가 여기서 주의를 기울여야 할 바는 구약시대 하나님에 의해 직접 세워진 여선지자가 존재한 사실을 두고 신약시대에 여자 목사를 허용하는 것과 직접 연관지어 이해해서는 안 된다는 사실이다.

자를 통해 하나님의 뜻을 듣고자 했다. 훌다라는 여인은 성전에서 예복을 주관하는 직책을 맡은 살룸의 아내로서 예루살렘 둘째 구역에 거주하던 선지자였음을 성경이 말해주고 있다. 제사장과 왕으로부터 보냄을 받은 자들은 그에게 전후 사정에 연관된 모든 사실과 그 내용을 전했다. 그 말을 듣게 된 여선지자 훌다는 자기에게 온 자들을 향해 왕과 제사장에게 자기에게 임한 이스라엘의 하나님 여호와의 말씀을 전하도록 했다.

그 구체적인 내용은 여호와 하나님께서 예루살렘과 그곳에 거하는 백성들에게 무서운 재앙을 내리되 왕 앞에서 서기관 사반이 읽어 준 율법책에 기록된 모든 저주를 내리시리라는 것이었다. 이는 그 백성이 배도에 빠져 여호와 하나님을 버리고 다른 이방신들에게 분향함으로 인해 저들의 모든 가증한 행위가 하나님의 진노를 격발했다는 것이다. 따라서 하나님으로부터 불과 같은 무서운 심판이 그곳에 쏟아 부어지게 되면 결코 꺼지지 않으리라고 했다.

또한 여선지자 훌다는 자기를 방문한 자들에게 하나님으로부터 자기에게 임한 메시지를 요시야 왕에게 분명히 전달하도록 요구했다. 거기에는 그에게 특별한 은총이 베풀어질 것에 연관된 내용이 포함되어 있었다. 즉 이스라엘 자손들이 범한 죄악이 매우 크지만 요시야 왕이 마음을 돌이키고 하나님 앞에서 겸비한 자세로 옷을 찢고 통곡했으므로 하나님께서 그의 순전한 마음을 받아들이셨다는 것이다. 이는 이스라엘 민족 가운데 즉각적인 재앙을 내리는 대신 심판을 유보해 주시리라는 의미를 내포하고 있다.

그러므로 하나님께서 요시야 왕으로 하여금 평안한 가운데 죽어 조상들이 장사된 묘실에 묻히게 해주리라고 하셨다. 유다 왕국에 하나님으로부터 무서운 재앙이 임하겠지만 요시야 왕은 그 참혹한 실상을 직접 목격하지 않으리라는 것이었다. 여선지자 훌다로부터 그 예언의 말씀을 들은 신하들은 왕에게 돌아가 모든 사실을 보고했다.

5. 하나님께 순종키로 한 백성들(대하34:29-33)

요시야 왕은 신하들을 보내 유다와 예루살렘 지역에 살고 있는 모든 장로들을 불러 모았다. 그러자 유다와 예루살렘에 거하는 백성들과 제사장들 및 레위인들이 여호와의 성전으로 올라갔다. 나이의 많고 적음이나 일반적인 신분이나 생활 형편에 상관없이 많은 사람들이 그곳으로 몰려들었다.

왕은 온 백성들이 모인 그 자리에서 성전 내부로부터 발견한 언약책에 기록된 모든 말씀을 읽었다. 제사장이나 선지자 혹은 서기관 가운데 한 사람이 아니라 왕이 직접 그것을 읽었다는 것은 매우 의미심장한 의미를 지니고 있다. 이는 그가 장차 인간의 몸을 입고 이 세상에 오실 메시아의 언약적 조상 가운데 한 사람으로서 율법을 낭독했기 때문이다. 그리하여 그곳에 회집한 모든 사람들이 모세가 기록한 그 율법의 내용을 듣게 되었다.

요시야는 위엄을 갖춘 왕좌에서 일어난 채로 여호와 하나님 앞에서 언약을 세웠다. 그 언약은 그가 다시금 세웠다기보다 이미 존재하고 있던 언약을 확인하고 강화한 의미를 지니는 것으로 보아야 한다. 그는 모든 백성들을 향해 '마음을 다하고 성품을 다하여 여호와를 순종하고 그 계명과 법도와 율례를 지켜 이 책에 기록된 언약의 말씀을 이루리라'(대하34:31)는 선언을 했다.

왕은 그때 특히 예루살렘과 베냐민 지파의 지역에 살고 있는 모든 백성들로 하여금 다 그에 온전히 참가하도록 명령했다. 그들은 예루살렘과 성전을 중심으로 거주하는 자들이었기 때문이다. 왕이 선언한 그 요구를 수용한 자들은 하나님께서 언약의 조상들에게 베푸신 말씀을 기꺼이 받아들여 순종하게 되었다.

또한 요시야 왕은 그와 더불어 이스라엘 자손이 속한 언약의 땅 여기저기에 설치된 가증한 물건들을 모두 제거하기에 이르렀다. 그전에 배도자들이 지은 산당들과 각종 우상들을 철저히 제거했던 것이다. 그렇게 되자 산당을 찾고 우상을 섬기던 배도자들의 종교 활동을 위한 근거와 그 영역이 사라져버릴 수밖에 없었다.

이는 여호와 하나님을 경외하는 자들 가운데 신앙이 어린 백성들에게 임하는 유혹이 줄어든다는 의미를 지니고 있다. 그로 말미암아 언약에 속한 모든 사람들로 하여금 오직 여호와 하나님 한 분만 섬길 수 있도록 할 수 있었다. 따라서 요시야 왕이 살아 있으면서 유다 왕국을 통치하던 시기에는 하나님의 은혜가 저들과 함께했다. 이는 그 백성이 조상들의 하나님께 온전히 복종하며 그의 율법을 떠나지 않았기 때문이었다.

제28장

요시야 왕의 유월절 준수와 불행한 죽음
(대하35:1-27)

■■■■■ 역대하 35장

1. 유월절 절기를 회복한 요시야 왕

(1) 유월절 어린 양과 하나님의 법궤(대하35:1-3)

요시야 왕은 약속의 땅 전역과 예루살렘을 비롯한 성전과 그 주변을 정결케 한 후 절기를 회복하고자 했다. 그리하여 그는 먼저 여호와 하나님 앞에서 온전한 유월절 절기를 지켰다. 정월 십사일이 되자 율법에 따라 유월절 어린 양을 잡아 준비를 갖추었다. 왕은 제사장들에게 그 임무를 맡기고 권면하여 하나님의 성전에서 모든 사무들을 진행하게 했다.

또한 온 이스라엘 백성들에게 율법을 가르치기 위해 여호와 하나님 앞에서 구별된 레위 사람들에게 명령을 내렸다. 당시 그들이 언약의 자손들에게 하나님의 말씀을 가르쳐 그에 순종하도록 지도하는 것은 매우 중요한 일이었다. 따라서 이스라엘 민족 가운데서 레위인들이 차지하고 있던 비중은 엄청나게 컸다.

그런 직책을 맡고 있던 레위인들을 향해 요시야 왕은 거룩한 언약궤를 이스라엘 왕 다윗의 아들 솔로몬이 건축한 성전 가운데 두도록 명령했다. 이는 그 궤를 다른 곳으로 옮기지 말라는 중요한 의미를 내포하고 있다. 그리하여 다시는 그 법궤를 다른 지역으로 옮겨가는 일이 없이 오직 성전에서 여호와 하나님을 섬기며 그의 백성을 위한 봉사의 직무를 감당하라는 것이었다.

(2) 다윗과 솔로몬의 글, 그리고 모세 율법 준수(대하35:4-6)

요시야 왕은 또한 레위인들에게 성경에 기록된 모든 말씀을 지켜 따르도록 명령하고 있다. 그 가운데 특히 '다윗과 솔로몬의 글'을 지켜 준행하라는 요구를 했다(대하35:4). 그것을 근거로 하여 각 족속에 따른 순서대로 모든 것을 준비하여 행하라는 것이었다.

여기서 '다윗과 솔로몬의 글'이란 매우 중요한 의미를 담고 있다. 구약 성경에는 다윗과 솔로몬이 쓴 시편을 비롯한 다양한 노래들이 포함되어 있다. 즉 그들은 율법이나 역사서 혹은 선지서들을 계시 받아 기록하지 않았다. 그 대신 언약의 자손들이 항상 마음에 담아두고 입술로 노래해야 할 진리를 담은 계시적 시가 성경 가운데 존재하고 있다. 역대기 본문에는 그들이 늘 부르는 노래 안에 고백적으로 언급된 내용들을 지켜 준행하도록 요구했던 것이다. 그와 더불어 레위 가문에 속한 관련자들은 성소로 가서 규례에 따라 자신을 성결케 해야만 했다. 그후에 하나님 앞에서 유월절 어린 양을 잡아야 했기 때문이다. 나아가 많은 양들을 특별히 언약의 백성들을 위해 예비해야만 했다. 유월절은 하나님을 위한 희생 제물이 성소에서 바쳐지는 동시에 온 백성을 위한 신령한 절기였기 때문이다.

그러므로 유월절 양 고기를 비롯한 동물의 고기는 온 이스라엘 백성들이 먹도록 제공되어야 했다. 그것을 통해 장차 이땅에 임하시게 될 메시아와 그의 거룩한 몸이 저들에게 허락되리라는 사실에 연관된 언약을 기억할 수 있었기 때문이다. 따라서 그 모든 것은 하나님께서 모세에게 명한 규례대로 행해져야만 했다.

(3) 요시야 왕의 희생 제물 하사(下賜)와 지도자들의 참여(대하35:7-9)

요시야 왕은 한자리에 모인 백성들에게 자기의 소유 양 떼 가운데 어린 양과 어린 염소 삼 만 마리와 수소 삼 천 마리를 하사해 유월절을 지키도록 했다. 그리고 고위 공직자들도 즐거운 마음으로 일반 백성과 제사장들 및 레위인들에게 유월절에 사용할 동물들을 주었다. 뿐만 아니라 성전의 최고 관리자인 힐기야와 스가랴와 여히엘은 제사장들에게 유월절을 지키도록 수천 마리의 양과 수소를 제공했다. 나아가 레위 지파의 두령들도 양과 소를 일반 레위인들에게 주었다.

당시 유월절 절기는 예루살렘 도성과 하나님의 성전 뿐 아니라 약속의 땅 전역에서 행해졌다. 성전에서 모세의 규례에 따라 시행되는 특별한 유월절 제사와 더불어 모든 언약의 백성들이 각 지역에서 유월절을 지켰다. 이를 통해 유월절을 단순한 민족적 축제에 그치는 것이 아니라 메시아를 소망하며 기다리는 중요한 절기로 지켰던 것이다.

그러므로 유월절 절기 행사에는 질서를 유지하기 위한 제도 외에 신분과 빈부 차이가 없었다. 왕을 비롯한 백성의 지도자들이 양과 소를 내어놓음으로써 모두가 공평하게 그 절기에 참여할 수 있었기 때문이다. 이는 백성들 가운데 부자는 유월절 음식을 배부르게 먹고 가난한 자들은 먹지 못하는 일이 발생하지 않았음을 말해준다.

우리가 또한 눈여겨보아야 할 점은 유월절 날 성전 안의 번제단을 통해 바쳐지는 제물은 어린 수양이었지만 온 백성들이 유월절을 지키면서 먹는 음식은 양뿐 아니라 수소가 포함되어 있다는 사실이다. 이는 성전을 통한 메시아를 소망하는 특별한 유월절 제사를 지냄과 동시에 온 백성들에게 허락되는 유월절 음식을 통해 진정한 기쁨과 즐거움을 누리게 된다는 점을 말해주고 있다.

2. 제사장들과 레위 지파의 사역

(1) 제사장 사역과 성물 분배(대하35:10-14)

유월절 절기를 위한 모든 준비가 갖추어지게 되자 제사장들은 왕의 명령에 따라 각기 자기 위치에 서게 되었다. 그리고 레위 지파 사람들은 모두 차례대로 제 자리에 섰다. 그들은 성전에 하나님을 위한 제물로 바쳐질 유월절 양을 잡고자 준비를 갖추었던 것이다.

직무를 맡은 자들은 규례에 따라 유월절 양을 잡았으며 제사장들은 저들의 손에서 피를 받아 제단에 뿌렸다. 그리고 레위 사람들은 잡은 짐승의 가죽을 벗겼다. 또한 담당 책임자들은 언약의 백성들을 위해 바쳐진 제물들을 옮겨 각 족속의 백성들에게 순서대로 나누어주었다.

그 모든 일들은 모세의 율법책에 기록된 규례에 따라 행해졌다. 양과 소 등 동물들은 규례대로 불에 굽기도 하고 그 나머지 성물들은 솥과 가마와 냄비에 삶아 모든 백성들에게 지체하지 않고 분배했다. 이는 번제단 위에서 하나님을 위한 제물로 바쳐지는 어린 양과 구별된 개념을 지니고 있다.

그 직무를 완성한 레위 사람들은 유월절 음식으로 먹게 될 음식을 자신과 제사장들을 위하여 준비했다. 그렇게 한 이유는 아론 지파 제사장들이 쉴 틈없이 번제와 기름을 저녁까지 드려야 했기 때문이다. 따라서 레위인들이 자신과 아론의 자손 제사장들을 위한 유월절 음식을 준비하게 되었던 것이다.

(2) 노래하는 자들과 문지기들의 사역(대하35:15)

유월절 절기는 이스라엘 민족에게 있어서 일 년 중 가장 중요한 최대 명절이다. 그날이 기쁘고 의미가 깊은 까닭은 장차 오실 메시아에 대한 소망에 연관되어 있었기 때문이다. 이는 계시된 예언의 말씀을 배경으로 한 그날을 통해 메시아가 언약의 백성의 중심에 자리잡고 있음을 확인해 보여주고 있다.

그러므로 유월절은 전 이스라엘 백성들 가운데 대대적인 절기 행사로 치러졌다. 언약의 땅에 속한 모든 지역에서 신앙을 되돌아볼 수 있는 소중한 기회로 삼게 되는 것이다. 그것을 위해 아삽의 자손들 가운데 노래하는 자들은 각기 제 자리에서 시편을 노래하며 맡은 바 임무를 감당했다. 그리고 성의 문을 지키는 자들은 맡겨진 경계의 직무를 다하게 되었다. 이는 외부의 불손한 자들이 함부로 드나들지 못하도록 감시하는 성격을 지니고 있다.

유월절 행사에 연관하여 책임을 맡은 모든 담당자들은 개인적인 결단과 자원에 따라 이루어지지 않았다. 그것은 선택된 레위 지파에 속한 사람들에게 맡겨진 직무였기 때문이다. 이는 모세 율법에 명시적으로 기록된 규례에 근거한다는 사실을 말해주고 있다.

(3) 요시야 왕의 유월절과 무교절 준행(대하35:16-19)

언약의 백성들 가운데 유월절 절기를 지키기 위한 준비가 성실하게 갖추어진 후 그 날이 이르게 되었다. 모든 백성들은 각기 자기에게 맡겨진 직무를 감당하여 여호와 하나님을 섬길 준비를 갖추고 있었다. 그런 가운데 요시야 왕이 책임자들에게 명령을 내림으로써 유월절이 시작되어 어린 양을 번제물로 제단에 바쳤다.

백성들은 유월절을 지키고 난 후 그 날로부터 뒤이어 칠일 동안 무교절을 지켰다. 그 절기는 장차 죄 없는 하나님의 아들 메시아가 이땅에 오셔서 하나님께 바쳐지게 될 일에 대한 예언적 성격과 더불어 언약의 자손들의 실제적 삶을 통해 고백적으로 이루어졌다. 백성들은 무교절을 통해 누룩 없는 빵을 먹으면서 타락한 세상의 복락을 추구하는 것이 아니라 영원한 생명을 갈구하는 의미를 드러냈던 것이다.

이스라엘 백성은 오랫동안 유월절과 무교절을 온전히 지키지 못했다. 그 전에도 하나님을 경외하는 선한 왕들 가운데 유월절 회복을 위해 애쓴 이들이 상당수 있었다. 하지만 또 다른 악한 왕들이 등장하여 그 절기를 무시하거나 의미를 축소하는 악행을 되풀이해 왔다.

역대서 기자는 선지자 사무엘 이후 다윗과 솔로몬의 시대를 거치면서 유월절이 약화되기 시작했으며 그후의 왕들도 그 절기를 온전히 회복하지 못했음을 언급하고 있다(대하35:18). 그러나 요시야 왕은 대대적인 개혁을 통해 제사장들과 레위인들을 제 위치에서 절기를 지키는 일에 참여하도록 했으며 온 유다와 북 이스라엘 지역의 백성들 그리고 예루살렘 거민들로 하여금 온전한 절기를 지키도록 했다.

유월절 절기를 회복하게 된 것은 요시야 왕이 즉위한 지 십팔 년이 지난 후였다. 그제야 비로소 절기를 성공적으로 지킬 수 있었던 것이다. 이는 물론 그가 유다 왕국과 옛 북 이스라엘 왕국에 이르는 약속의 땅을 정화하고 유다 지역과 예루살렘 및 그 안에 있는 성전을 정결케 한 일과 밀접하게 연관되어 있었다. 즉 온전한 유월절은 단지 외적인 행사에 국한된 것이 아니라 성전과 약속의 땅에 대한 정화와 밀접하게 연관되어 있었던 것이다.

3. 애굽 왕 바로 느고와 요시야 왕의 므깃도 전투 (대하35:20-23)

요시야 왕은 먼저 하나님의 성전과 예루살렘, 그리고 유대 지역과 과거 북 이스라엘 지역의 모든 땅을 성결케 했다. 그와 더불어 유월절과 무교절을 온전히 회복함으로써 모든 분야를 정돈하게 되었다. 하지만 유다 왕국에서 그런 중대한 일이 진행되고 있을 때도 주변의 국제정세는 민감하게 돌아가고 있었다.

애굽의 바로 느고(Pharaoh Necho)는 기회를 잡아 북쪽의 앗수르 지역을 침공하고자 했다. 그는 앗수르의 중요한 거점 도시인 유프라테스 강 유역에 위치한 갈그미스(Carchemish)를 치려는 계획을 세웠다. 그런데 그가 이끈 애굽 군대가 북쪽 앗수르 지역으로 진격하기 위해서는 유다 왕국을 통과해야만 했다. 그 땅이 지리적으로 남북을 잇는 중요한 길목에 자리잡고 있었기 때문이다.

그러므로 바로 느고의 군대가 앗수르를 침공하기 위해 유다 지역으로 올라왔을 때 요시야 왕으로서는 난감하지 않을 수 없었다. 애굽 군대를 아무런 제재 없이 통과시켜주게 되면 앗수르 왕국과 심각한 문제가 발생하게 될 것이 불을 보듯 뻔했기 때문이다. 진퇴양난(進退兩難)의 위기에 처한 그와 같은 상황에서 요시야 왕은 앗수르 제국의 편에 서기로 작정했다.

그래서 요시야 왕은 유다의 군대를 소집해 애굽 군대가 올라오는 것을 가로막고 방비하고자 했다. 그러자 바로 느고는 요시야에게 사신을 보내 자기의 뜻을 전했다. 자기는 결코 유다 지역을 침공하고자하는 것이 아니며 요시야 왕을 적대시하고 있지 않다는 것이다. 자기가 이끄는 애굽 군대는 오직 앗수르 지역을 공격하고자 할 뿐이라는 것이었다.

그러면서 바로 느고는 자기가 앗수르 제국을 치는 것은 신(神)의 뜻에 의한 것이란 점을 강조했다. 신이 자기에게 명령을 내려 속히 앗수르를 공격하라고 했다는 것이다. 그러니 그 신이 항상 자기와 함께 있다고 주장했다(대하35:21). 따라서 그 가는 길을 가로막는 것은 신의 뜻에 저항하는 행동이라는 것이었다.

따라서 바로 느고는 유다 왕 요시야를 향해 신의 뜻을 거스르지 말라는 경고를 했다. 만일 그렇게 하면 신이 그를 용서하지 않고 파멸시키게 되리라는 점을 강조했다. 물론 애굽의 바로 느고가 요시야 왕을 향해 언급한 신이란 이스라엘 민족이 믿고 있는 여호와 하나님과는 무관한 애굽의 신

에 연관되어 있었다.[59]

요시야 왕은 바로 느고로부터 엄중한 경고를 받았음에도 불구하고 그에 위축되거나 굴복하지 않고 자기 소신대로 행했다. 즉 뒤로 물러서기를 거부하고 애굽 군대와 맞서 싸우고자 했던 것이다. 그리하여 그는 전술상 왕이 입는 총사령관의 군복이 아닌 다른 의상으로 변장하고 애굽 군대와 전투를 벌이기 위해 출전했다.

우리가 여기서 특히 눈여겨보아야 할 대목은 '하나님의 입에서 나온 느고의 말'(대하35:22)이라고 기록된 부분이다. 이 내용은 여호와 하나님의 말씀이 느고의 입술을 통해 나온 것으로 볼 필요가 없다. 그것은 이스라엘 민족의 하나님이 아니라 애굽의 신의 입에서 나온 말로 이해해야 한다. 요시야 왕의 죽음이 하나님의 섭리에 의한 것이라 할지라도 바로 느고가 한 말 자체를 여호와 하나님의 말씀으로 보기 어렵다.[60]

어쨌거나 결과적으로는 유다 왕국의 군대와 애굽의 바로 느고의 군대가 정면으로 대결한 므깃도 골짜기(the valley of Megiddo) 전투에서 요시야 왕이 적군의 화살에 맞아 치명상을 입게 되었다. 중상을 입은 그는 가까이 있던 신복에게 명령을 내려 자기를 전투 현장에서 빠져나갈 수 있도록 하라는 후송을 명했다. 이는 유다 왕국이 그 전투에서 일방적인 패배를 당할 위기에 처하게 되었음을 말해주고 있다. 최고 지휘관이 없는 상태에서 전쟁에

---

59) 대다수 한글 성경에 기록된 '하나님'이라는 단어는 잘못 사용된 것이다(한글 개역, 개역개정, 새번역, 현대인의 성경). 그리고 영어성경에서 이 단어를 대문자 'G'를 사용하여 'God'로 번역한 것도 오해의 소지가 있다(KJV, NASB, NIV). 바로 느고가 사용한 용어 '엘로힘'은 신을 일컫는 일반적인 용어로 사용한 것일 뿐 우리가 신앙하는 '언약의 하나님'과는 다른 존재이다. 이는 여호와 하나님이 애굽의 바로 느고와 항상 함께 계실리가 없기 때문이다.

60) 대다수의 성경번역은 그 말씀이 '여호와 하나님의 입에서 나온 것'이란 식으로 번역하고 있음에도 불구하고 그에 대한 내면적 의미를 생각해 보아야 한다. 즉 본문의 '하나님'(엘로힘)이란 단어는 유대인들의 입장에서 일반적인 '신'으로 이해할 수 있기 때문이다.

서 승리한다는 것은 사실상 불가능했기 때문이다.

4. 요시야 왕의 죽음과 그의 행적 및 애가 (대하35:24-27)

요시야 왕이 므깃도 전투에서 치명적인 중상을 입자 그의 신복이 왕을 자신의 병거로 옮겨 태워 예루살렘으로 후송하게 되었다. 그를 치료하기 위해 할 수 있는 모든 방법을 강구했겠지만 아무런 소용이 없었다. 결국 그는 애굽 군대와의 전투에서 입은 중상으로 말미암아 안타까운 상태로 죽어 조상들의 묘실에 안장되었다.

아무도 예기치 못했던 급작스런 왕의 죽음으로 인해 온 예루살렘과 유다 거민들이 깊은 슬픔에 빠지게 되었다. 이는 유다 왕국이 극한 위기에 처하게 된 사실을 말해주고 있다. 따라서 선지자 예레미야는 요시야 왕이 죽게 된 사실을 안타까워하며 그에 연관된 애가를 지었다. 그 노래는 공적인 의미를 지니는 것으로서 노래하는 직무를 맡은 자들에 의해 불렸다. 물론 그후에 많은 백성들이 그 노래를 불렀을 것이 틀림없다.

그러므로 그것이 이스라엘 민족 가운데 규례가 되어 역대기서가 기록될 당시까지도 백성들의 입술에 오르내렸다. 그 노래의 가사는 애가 중에 기록되었지만 그 구체적인 내용을 알기는 쉽지 않다. 학자들 가운데는 당시 예레미야가 지은 애가가 예레미야서 22장 15,16절에 나타나는 것으로 이해하기도 한다. 그는 요시야 왕이 죽은 후 그의 아들 살룸을 향해 말하는 중 그에 연관된 내용이 들어있다는 것이다.

"네 아버지가 먹거나 마시지 아니하였으며 정의와 공의를 행하지 아니하였느냐 그 때에 그가 형통하였었느니라 그는 가난한 자와 궁핍한 자를 변호하고 형통하였나니 이것이 나를 앎이 아니냐 여호와의 말씀이니라" (렘 22:15,16. 한글개역개정)

하지만 이 말씀을 선지자 예레미야가 요시야 왕의 안타까운 죽음에 대한 애가의 전체 가사로 보기는 어렵다. 따라서 그 내용이 성경에 기록되지 않았으나 구술 예언적 성격을 지닌 그에 연관된 애가가 있었던 것은 분명하다. 비록 우리가 그 내용을 정확하게 알지 못한다고 할지라도 위에 기록된 예레미야서 기록을 통해 그 의미를 짐작해 볼 수는 있다.

요시야 왕이 유다 왕국의 역사 가운데 남긴 사적들이 이스라엘과 유다 열왕기에 기록되었다. 또한 하나님을 진정으로 경외하며 모세 율법에 순종하고자 했던 그의 모든 선한 일들과 신앙적인 행적이 기록되었다. 우리는 그 기록들을 통해 요시야 왕이 이스라엘 민족 가운데 끼친 소중한 영향을 알 수 있게 되는 것이다.

제29장

유다 말기의 왕들과 왕국 패망 및 페르시아 시대의 본토귀환

(대하36:1-23)

▒▒■■■■ 역대하 36장

1. 유다 말기의 여러 왕들

(1) 여호아하스와 여호야김과 여호야긴과 시드기야

요시야 왕이 므깃도 전투에서 애굽 군대에 맞서 싸우다가 치명적인 중상을 입고 죽은 후 유다 왕국에는 극도로 혼란한 시기가 도래했다. 그 상황은 당시 국제관계 가운데서 심각한 문제들을 유발하게 되었다. 앗수르의 편에 서고자 애굽의 바로 느고와 전쟁을 불사했던 예루살렘 지도부에 대하여 애굽 정부가 적극적인 내정 간섭을 시도했기 때문이다.

따라서 그때부터 나라는 급격히 기울어져가기 시작했다. 당시 남쪽의 대국이었던 애굽은 유다 왕국을 좌지우지했으며 북동부 지역에서는 앗수르 제국을 무너뜨린 바벨론 제국이 급격하게 세력을 펼치고 있었다. 그리하여 유다 왕국 말기의 왕들 가운데 여호아하스는 애굽으로 사로잡혀가는 수모를 겪게 되었고 여호야김과 여호야긴 뿐 아니라 유다 왕국의 마지막 왕이었던 시드기야는 바벨론으로 사로잡혀 가는 처참한 신세가 되었던 것이다.

(2) 여호아하스 왕(대하 36:1-4)

요시야 왕이 갑작스럽게 죽은 후 그의 넷째 아들인 여호아하스[61]가 예루살렘에서 유다 왕국의 왕위를 계승하게 되었다. 그의 나이 스물세 살 되던 해 '백성들이' 그를 왕으로 세웠던 것이다(대하36:1). 하지만 그는 최고 통치권자가 되었음에도 불구하고 실제적인 권력을 행사하기 어려웠다. 일반 백성들이 아무리 옹위한다고 할지라도 주변의 강력한 외세를 벗어날 수 없었기 때문이다.

애굽은 여호아하스가 왕위에 오른 지 겨우 석 달이 되었을 때 그로 하여금 왕좌에서 내려오게 했다. 그리고 유다 왕국으로 하여금 '은 일백 달란트와 금 한 달란트'를 조공으로 바치도록 했다.[62] 바로 느고의 애굽 정부가 유다 왕국을 속국으로 만들고자 했던 것이다. 그것은 어처구니없는 일이었지만 힘을 상실한 약소국으로서는 어쩔 수 없는 상황이었다.

애굽이 새로운 유다 왕을 못마땅하게 여긴 것은 나름대로 이유가 있었을 것이 분명하다. 여호아하스는 애굽의 다양한 요구들에 대하여 순순히 응하지 않았던 것으로 보인다. 자기 아버지이자 유다 왕국의 유능한 왕이었던 요시야 왕이 애굽 군대에 의해 불행하게 죽은 터에 애굽을 가까이 할

---

61) 여호아하스는 '살룸'과 동일 인물이다(렘22:11). 역대상 3:15에는 그가 요아스 왕의 넷째 아들이라는 사실을 밝히고 있다. 그의 맏형은 요하난, 둘째 형은 여호야김, 셋째 형은 시드기야였다. 여호야김은 여호아하스를 폐위한 애굽 정부가 세운 허수아비 왕이었으며, 시드기야는 유다 왕국의 마지막 왕이 되어 나라의 패망을 경험하면서 바벨론 땅에서 처참하게 죽었다.

62) 이는 오늘날의 도량형으로 계산할 때 은 3,400킬로그램과 금 34킬로그램에 해당되는 양이다(현대인의 성경, 참조). 그 가격을 현대의 금액으로 환산하면 은 22만 달러, 금 1만 5천 달러 정도 되는 것으로 보인다(위클리프 주석 성경, 참조).

마음이 없었을 것이다.

그와 같은 상황에서 애굽은 여호아하스가 요시야 왕의 넷째 아들이었기 때문에 그것을 문제 삼았을 수도 있다. 여러 형들을 제치고 왕위를 차지하는 것을 두고 일종의 반란으로 몰아갔을 가능성이 없지 않다. 그리하여 유다 왕국의 새로운 통치자가 된 왕의 등극 과정을 문제 삼아 지배국 행세를 하며 벌금조로 조공을 요구했을 것으로 보인다.

결국 애굽의 바로 느고는 왕위에 오른 지 불과 삼 개월 밖에 되지 않는 여호아하스를 폐위시키고 왕좌에서 끌어내렸다.[63] 그 대신 죽은 요아스 왕의 둘째 아들이자 여호아하스의 형인 엘리야김을 왕으로 세웠다. 그리고는 폐위한 여호아하스를 애굽으로 사로 잡아갔다. 그를 예루살렘에 머물도록 하면 유다 백성들이 크게 동요하거나 여러 가지 골치 아픈 일들이 발생할 수 있을 것이라 판단했기 때문이다.

(3) 여호야김 왕(대하36:4-8)

애굽은 여호아하스를 폐위시키고 애굽으로 잡아간 후 저들의 입맛에 맞는 요아스 왕의 둘째 왕자 엘리야김을 왕으로 세웠다. 그는 애굽 정부가 세운 허수아비 왕이 될 수밖에 없었다. 그가 왕위에 오를 때 나이는 이십오 세였다. 애굽의 입장에서는 자국의 유익을 위해 상대하기 좋은 고분고분한 인물을 왕으로 세우는 것이 당연했을지 모른다.

애굽은 왕이 된 엘리야김을 제멋대로 이름을 바꿔 여호야김으로 부르도록 했다. 확실하게 애굽에 예속된 왕으로 만들고자 했기 때문이다. 따라서 그는 '친 애굽' 정책을 펼치며 여호와 하나님 보시기에 악행을 저질렀다. 하나님의 율법을 멀리한 채 애굽 정부에 굽신거리며 불의한 정치를 펼쳤

---

63) 애굽의 바로 느고는 그를 하맛 땅 립나에 일시 동안 감금했다가(왕하23:33) 나중에는 애굽으로 잡아가게 된다. 그는 결국 거기서 죽음을 맞았다(왕하 23:34, 렘22:12).

던 것이다.

그의 입장에서는 자기를 왕위에 오르게 한 애굽에 충성을 다하는 것이 자리를 보전할 수 있는 유일한 길이라 여겼을 것이 틀림없다. 하지만 그와 같은 행동은 자기뿐 아니라 유다 왕국을 패망으로 이끄는 행위에 지나지 않았다. 상식을 갖춘 많은 백성들이 그의 행동을 보며 염려하지 않을 수 없었다.

그렇지만 여호야김은 막무가내(莫無可柰)였다. 그는 진정한 언약의 백성들의 권면을 철저히 외면하고 무시했다. 따라서 하나님의 뜻을 전하며 심판을 외치던 선지자 우리야를 용납하기는커녕 애굽으로 피신해 있던 그를 잡아와 무참히 살해하기에 이르렀다(렘26:21-23). 또한 바룩이 예레미야의 구전을 받아 적은 두루마리 책을 불태우는 악행을 저지르기도 했다(렘36:9-24).

그와 같은 비루한 상황에서 하나님께서는 그를 결코 가만히 두지 않으셨다. 따라서 바벨론 왕 느부갓네살이 올라와 유다 왕국을 습격하게 되었다. 신흥 세력을 갖춘 느부갓네살은 여호야김 왕을 쇠사슬로 결박하여 바벨론으로 끌고 갔다. 당시 지정학적으로 중요한 위치를 차지하고 있던 유다 왕국은 주변 강대국의 관심의 대상이었다. 결국 바벨론은 유다 왕국을 중심에 두고 애굽과 힘겨루기에 돌입하게 되었던 것이다.

여호야김 4년(BC605)에 있었던 '갈그미스(Carchemish) 전투'에서 애굽은 바벨론 군대에 대패하게 되었다. 그로 말미암아 유다 왕국은 바벨론 제국의 영향권 아래로 들어갈 수밖에 없었다. 그때 많은 유력한 유다 백성들이 바벨론 지역으로 사로잡혀 갔는데 그 가운데는 선지자 다니엘이 포함되어 있었다. 또한 바벨론은 예루살렘 성전 안에 보관되어 있던 거룩한 기구들도 빼앗아 저들의 이방 신당에 두게 되었다.

여호야김 왕의 여러 사적들과 그가 행한 모든 가증한 일들이 이스라엘과 유다 열왕기에 기록되었다. 또한 그가 유다 백성들을 버리고 애굽에 대하여 비열한 태도를 보였던 사실들 또한 열왕기에 기록되었다. 그가 얼마나 악한 통치자였던가 하는 것이 역사적 기록 가운데 여실히 남겨지게 되었던 것이다. 그가 바벨론으로 사로잡혀간 후에는 그의 아들 여호야긴이 그를 대신해 왕위에 오르게 되었다.

(4) 여호야긴 왕(대하36:9-10)

여호야김 왕의 아들 여호야긴이 왕위에 오를 때는 나이가 열여덟 살이었다.[64] 성경은 그가 왕위에 올라 악을 행했던 것으로 기록하고 있다. 그는 불과 석 달 열흘의 짧은 기간 동안 왕좌에 앉아 있었을 따름이다. 그는 하나님의 율법을 지키지 않고 자기의 사사로운 판단에 따라 모든 행위를 했던 것으로 보인다.

결국 여호야긴은 해가 바뀐 새해 봄에 바벨론 제국에 의해 폐위되었다. 그는 BC597년에 포로가 되어 바벨론의 이방 지역으로 사로잡혀 갔다(왕하 24:10-16). 그때 많은 백성들이 포로가 되어 함께 잡혀 갔는데 선지자 에스겔도 그 가운데 포함되어 있었다. 그때도 바벨론은 예루살렘 성전의 거룩한 기명들을 빼앗아 갔다. 바벨론 제국은 여호야긴을 이방 지역으로 끌어간 후 그 대신 시드기야를 유다 왕국의 왕좌에 앉히게 되었다.

2. 시드기야 왕과 유다 왕국 패망

(1) 시드기야 왕의 불순종과 배도의 길(대하36:11-16)

유다 왕국의 마지막 왕이 된 시드기야는 바벨론 포로로 잡혀간 여호야

---

64) 여호야긴이 왕위에 오른 연령이 역대하 본문에는 '여덟 살'로 명시되어 있으나(대하36:9) 열왕기에는 '열여덟 살'로 기록되어 있다(왕하24:8). 아마도 두 본문 사이의 차이는 필사과정에서 나타난 오류로 보이며 열왕기의 기록이 옳은 것으로 보인다. 칠십인역과 알렉산드리아 사본에도 여호야긴이 왕에 즉위할 때의 나이를 '열여덟 살'로 기록하고 있다(아가페성경 주해, 참조).

긴 왕의 삼촌이자 요시야 왕의 셋째 아들이었다. 요시야 왕이 죽었을 때
그의 동생이었던 여호아하스가 왕이 되고 그후에 그 형 엘리야김이 왕이
되었지만 그가 배척된 것은 그가 만만치 않은 성격을 지니고 있었기 때문
이었을 것으로 보인다.

시드기야 왕의 원래 이름은 맛다니야였는데 바벨론의 느부갓네살이
BC597년 그의 조카 엘리야긴 대신에 그를 왕위에 오르게 했다.[65] 이는 당
시에는 그의 실제적인 영향력이 별로 없을 것으로 판단했을지 모른다. 물
론 바벨론은 경계의 끈을 놓지 않은 가운데 그의 이름을 강제적으로 바벨
론식의 이름인 시드기야로 개명했다(겔17:11-14).

그가 왕위에 즉위한 지 3년이 되었을 때 유다 왕국에서는 '친 애굽파'가
득세하게 되었다. 그리하여 시드기야 왕은 주변의 군소국들과 세력을 규
합하여 '반 바벨론 동맹'을 결성하기에 이르렀다(렘27:3; 52:3). 그러나 선지
자 예레미야는 이방인들의 세력을 규합하여 동맹을 결성한 그에게 경고했
다. 그것은 인간들의 정략일 뿐 하나님의 뜻이 아니라는 것이었다. 그럼에
도 불구하고 시드기야는 하나님과 그의 선지자 앞에서 겸손한 자세를 가
지지 않았다.

심지어는 바벨론의 느부갓네살 왕조차도 시드기야로 하여금 그와 같은

---

65) 역대하 36:11에 대한 거의 모든 성경의 번역본들은 시드기야가 즉위할 때의
연령이 '21세'인 것으로 기록하고 있다. 이는 초기 필사과정에서 발생한 오
류이거나 필사본의 자연적인 훼손에 의해 생겨난 것으로 보인다. 시드기야의
전후 시대 모든 정황을 감안할 때 당시 그의 나이는 최소한 30대 중반 정도가
되는 것으로 이해해야 한다. 자유주의 신학자들은 앞뒤 정황에 맞지 않는 글
귀를 보고 그것이 마치 성경 자체의 모순인 양 주장한다. 그렇지만 하나님의
말씀을 절대 계시로 믿고 있는 성도들에게는 그와 같은 문제점이 오히려 성
경의 권위를 보증하는 역할을 한다는 사실을 알고 있다. 즉 누가 보아도 분명
한 오류처럼 보이는 내용이라 할지라도 성경을 필사하는 책임자들은 개인적
인 판단이나 해석에 따라 그 글자를 임의로 수정하지 않았다. 그러므로 모순
처럼 보이는 그 내용이 되풀이되는 필사과정을 통해 오늘날까지 역사 가운데
그대로 상속되어 왔던 것이다.

태도를 거두어들이고 유다 왕국의 하나님 여호와의 이름으로 취소를 맹세하도록 요구했다. 올바른 신앙인이 아닌 이방인이 여호와의 이름을 빗대어 자기 목적을 이루고자 했던 것이다. 하지만 시드기야 왕은 자기의 고집을 꺾지 않았다. 즉 느부갓네살의 권면을 별개로 한다 치더라도 시드기야는 여호와 하나님의 뜻 가운데로 돌아오기를 거부했던 것이다.

그렇게 되자 유다 왕국의 제사장들과 장로들과 일반 백성들도 여호와 하나님을 멀리하는 범죄에 빠져들었다. 그들은 이방인들의 가증한 종교행위를 본받아 거룩한 예루살렘 성전을 더럽히는 행위를 했다. 그런 형편 가운데 하나님께서는 선지자들을 보내 저들이 악으로부터 돌이키도록 권면하셨다. 하지만 그들은 하나님의 사자들을 비웃으며 그 말씀을 멸시하는 행동을 되풀이했다. 그 악한 자들은 선지자들을 비방함으로써 하나님의 진노가 저들에게 임하도록 했던 것이다.

결국 바벨론 제국의 느부갓네살은 그와 같은 상황을 가만히 두고 보지 않았다. 그로 말미암아 BC587년 예루살렘이 바벨론에 의해 침공을 받게 되었다. 예루살렘 성은 위기에 처하게 되고 거룩한 성전은 풍전등화(風前燈火)의 위기에 놓일 수밖에 없었다. 시드기야 왕은 그런 상황에서 예루살렘과 성전을 버리고 아라바 광야 쪽으로 도주했다. 하지만 그는 여리고 평지에서 바벨론 군사들에 의해 체포되었다(왕하25:4-6). 바벨론은 자기가 세운 왕이 배반한 것으로 보고 그냥 좌시하지 않았던 것이다.

(2) 하나님의 진노와 예루살렘 성읍과 성전 파괴(대하36:17-20)

하나님께서는 결국 예루살렘 성전을 모독함으로써 배도에 빠진 이스라엘 백성들을 갈대아 왕 곧 바벨론 제국의 느부갓네살의 손에 붙이셨다(왕하25:1-21). 그는 군대를 이끌고 예루살렘과 성전에서 칼로써 청년들뿐 아니라 노인들까지 긍휼히 여기지 않고 잔인하게 살해했다. 그리고 예루살렘 성전과 왕궁을 불사르고 성곽을 허물어 버렸다.

또한 성전 안에 있던 성물들과 귀중품을 탈취했으며 왕과 방백들의 모든 보물들을 빼앗았다. 바벨론 군대는 그 모든 것들을 바벨론으로 가지고 갔다. 이렇게 되자 다윗 왕이 세운 언약의 왕국이 역사의 뒤안길로 급격하게 치달을 수밖에 없었던 것이다.

한편 바벨론의 포로가 된 시드기야 왕은 바벨론 군대의 야전 사령부가 있던 립나로 끌려갔다. 그는 거기서 자기의 두 아들이 비참한 죽임을 당하는 것을 목도해야 했으며 자신도 두 눈이 뽑힌 채 쇠사슬에 묶여 바벨론으로 잡혀가게 되었다. 그리하여 유다 왕국의 마지막 왕이었던 그는 이방 지역의 감옥에서 극심한 고통을 당하다가 여생을 마치는 불운의 삶을 살았다(왕하25:7, 렘52:11).

느부갓네살의 군대는 그와 더불어 유다 지역에 살아남은 많은 백성들을 바벨론으로 사로잡아 갔다. 그들은 이방 지역에서 갈대아 왕 곧 바벨론 왕과 그 자손들의 노예가 되었다. 배도에 빠진 하나님의 백성들이 이방인들의 노예가 되어 페르시아 제국이 바벨론을 정복하고 세력을 얻을 때까지 오랜 기간 동안 처참한 삶을 살 수밖에 없었던 것이다.

3. 페르시아의 고레스 왕 시대의 본토 귀환(대하36:21-23)

이스라엘 백성은 유다 왕국이 패망한 다음 포로가 되어 이방 지역인 바벨론 지역으로 강제 이주 당하게 되었다. 그들은 낯선 이방에 살면서도 '약속의 땅'을 잊을 수 없었다. 언젠가는 가나안 본토로 돌아갈 것을 믿고 기대하며 살아갔다. 그 백성은 때가 되면 하나님께서 다시 약속의 땅으로 인도하실 것을 믿고 있었던 것이다.

본향이 완전히 패망한 상태에서 언약의 자손들이 바벨론의 포로로 잡혀간 후 칠십 년 동안 약속의 땅은 황무한 채 버려진 상태로 있었다. 그 기간은 하나님께서 선지자 예레미야를 통해 예언하신 바였다(렘25:11). 그리하

여 하나님의 약속대로 포로 생활 칠십 년이 끝난 후 다수의 백성들이 가나
안 본토로 귀환하게 되었다.

페르시아 제국이 막강한 바벨론을 멸망시키고 고레스 왕이 즉위하자 그
원년에 특별한 칙령을 내렸다. 정치적으로 볼 때 그것은 신흥 제국의 왕이
내린 칙령이었지만 거기에는 눈에 보이지 않은 하나님의 놀라운 간섭이
있었다.[66] 따라서 고레스 왕은 '하늘의 신 여호와께서 세상 만국으로 내게
주셨고 나를 명하여 유다 예루살렘에 전을 건축하라 하셨나니 너희 중에
무릇 그 백성 된 자는 다 올라갈찌어다 너희 하나님 여호와께서 함께하시
기를 원하노라'(대하36:23)고 했다.

우리는 여기서 하나님의 특별한 경륜을 보게 된다. 성경은 하나님께서
고레스 왕의 마음을 감동시켜 온 나라에 특별한 조서를 내려 공포한 것으
로 말하고 있다.[67] 고레스 왕은 율법에 따라 여호와 하나님을 신앙하는 자
가 아니었지만 정치인으로서 포로가 되어 신음하는 유다 왕국 백성들에
대한 이해를 하고 있었던 것이다.

우리가 특별히 유념해야 할 바는 고레스 왕의 칙령의 중심에 예루살렘
성전이 존재하고 있었다는 사실이다. 즉 나라 잃은 이스라엘 백성으로 하
여금 본토로 귀환하여 평안하게 살도록 해주는 것이 우선적인 목표가 아

---

66) 21세기를 살아가는 오늘날 우리 가운데도 눈에 보이지 않는 하나님의 특별한
간섭이 존재한다는 사실에 대한 인식을 버리지 말아야 한다. 현대의 과학화
된 사회에서는 자기도 모르는 사이 하나님의 역사하심을 상징적인 것으로 여
기거나 그에 관해 둔감하게 될 우려가 있다.

67) 어떤 신학자들은 본문에 기록된 내용을 문자적으로 받아들이면서 고레스 왕
을 하나님을 믿는 자로 주장하기도 한다. 이는 문자 자체를 액면 그대로 읽고
해석하기 때문에 발생하는 문제이다. 하지만 우리는 불신자였던 고레스 왕이
여호와 하나님에 대한 참된 신앙이 없었음에도 불구하고 하나님께서 그의 마
음을 감동시킬 수 있음을 기억해야 한다. 우리 시대에도 하나님께서는 특별
한 경우 불신자인 국가 원수들의 마음을 감동시켜 인간 역사를 이끌어 갈 수
있는 것이다.

니라 하나님의 성전 재건이 그 중심에 놓여 있었던 것이다. 이는 장차 오실 메시아를 준비하는 의미가 그 가운데 존재했음을 보여주고 있는 중요한 내용이다. 우리는 이에 대한 분명한 이해를 하지 않으면 안 된다.

성구색인

〈구약〉

〈신약〉